Erschienen im
Jubiläumsjahr 1997
bei Klett-Cotta

Dina Wardi

Siegel der Erinnerung

Das Trauma des Holocaust
Psychotherapie mit Kindern
von Überlebenden

*Mit einem Vorwort
von Tilmann Moser*

*Aus dem Hebräischen übersetzt von
Almuth Lessing und Antje Clara Naujoks
unter Mitarbeit von Christoph Trunk*

Klett-Cotta

Klett-Cotta
Die Originalausgabe erschien unter dem Titel
Nos 'e ha-hotam
im Verlag Hebrew Edition Maxwell-Macmillan-Keter, Jerusalem
© 1990 Hebrew Edition Maxwell-Macmillan-Keter
© 1992 für die englische Übersetzung Dina Wardi
Für die deutsche Ausgabe
© J. G. Cotta'sche Buchhandlung Nachfolger GmbH, gegr. 1659,
Stuttgart 1997
Fotomechanische Wiedergabe nur mit Genehmigung des Verlages
Printed in Germany
Schutzumschlag: Klett-Cotta-Design
Gesetzt aus der 10 Punkt Stempel Garamond,
gedruckt und in Fadenheftung gebunden von
Freiburger Graphische Betriebe, Freiburg i. Br.
Einbandstoff: Garant-Leinen

Die Deutsche Bibliothek - CIP-Einheitsaufnahme
Wardi, Dina:
Siegel der Erinnerung : das Trauma des Holocaust ; Psychotherapie
mit Kindern von Überlebenden / Dina Wardi. Mit einem Vorw. von
Tilmann Moser. Aus dem Hebr. übers. von Almuth Lessing und
Antje Clara Naujoks unter Mitarb. von Christoph Trunk.
- Stuttgart : Klett-Cotta, 1997
Einheitssacht.: Nos 'e ha-hotam <dt.>
ISBN 3-608-91745-4

Für meine Eltern

Für meinen verstorbenen Vater, dessen Künstlerseele mir Sensibilität und Vorstellungskraft verliehen hat

Für meine Mutter, die mir Mut und Achtung vor dem geschriebenen Wort mitgegeben hat

Inhalt

Über die Weitergabe des stummen Entsetzens.
Vorwort für die deutsche Ausgabe von Tilmann Moser ... 9
Dank ... 19
Vorwort ... 21
Einleitung ... 25

1 Eltern, die den Holocaust überlebt haben – das Trauma der Entwurzelung und Trennung ... 33
2 Kinder von Überlebenden als »Gedenkkerzen« ... 57
3 Der Dialog zwischen überlebenden Müttern und ihren Kindern ... 83
4 Identifikation mit dem Tod ... 132
5 Aggressor und Opfer ... 164
6 Selbstwertgefühl und sexuelle Identität ... 209
7 Loslösung von der Rolle der »Gedenkkerze« ... 286

Bibliographie ... 344
Glossar ... 351

Über die Weitergabe des stummen Entsetzens

Die »Gedenkkerzen« und die Wucht der seelischen Deformation der Opferkinder

Beginnen wir mit dem Paradox, das sich für nichtjüdische Deutsche nur durch Demut erträglich machen läßt: Was Horst Eberhard Richter und Helm Stierlin und andere in den sechziger und siebziger Jahren über Projektion, Delegation und erzwungene innerfamiliäre Rollenübernahme durch die Kinder erforscht haben, vollzog sich an den kurz nach dem Krieg geborenen Kindern von Holocaust-Überlebenden mit einer Tiefe und Unausweichlichkeit, die schaudern macht. Viele nichtjüdische deutsche Psychotherapeuten haben selten oder nie die schmerzliche und heilsame Gelegenheit, mit solchen Opferkindern zu arbeiten. Und gerade deshalb wird Dina Wardis Buch über diese Patienten für viele nichtjüdische deutsche (und viele andere) Psychotherapeuten und Patienten hilfreich sein. Nicht zuletzt kann aus der Analyse des Entsetzlichen auch ein Erkenntnisgewinn im Blick auf die Kinder von Tätern und Mitläufern erwachsen.

Man muß sich 1997 nicht mehr den auch von vielen Deutschen verwendeten Vorwurf zu eigen machen: Wer mit Täterkindern therapeutisch umgeht und ihre Schicksale analysiert, betreibe Schuldeinebnung oder Aufrechnung. Darum geht es nicht. Es geht vielmehr darum, zu erkennen, daß Gewalt, Terror und Völkermord, von einer Generation begangen, die zu Schuld und Scham unfähig war, sich oft genug in den Kindern als Verstörung und Erstarrung zeigen.

Nach jahrzehntelanger Verborgenheit erscheint nun endlich in Neuauflage der große Aufsatz *Zwei Fälle zum Thema „Bewältigung der Vergangenheit"* von Anna Maria Jokl, die bereits in den fünfziger Jahren in Berlin parallel mit Opfer- und Täterkindern gearbeitet hat (Jüdischer Verlag, Frankfurt 1997). Und auch das Werk des israelischen Psychologen Dan Bar-On (*Die Last des Schweigens,* Rowohlt 1996) und sein gelungener Versuch, Täter- und Opferkinder in Gruppen zusammenzubringen, trägt allmählich Früchte, auch wenn er selbst, in Deutschland wie in Israel, immer wieder starken Anfeindungen ausgesetzt ist, eben weil er die seelischen Spätschäden bei beiden Gruppen *in manchen Aspekten* für vergleichbar hält. Ihm wurde vorgeworfen, daß er sich den Deutschen anbiedere und ihre Schuldgefühle mildere. Aber das ist nicht sein Ziel, und es ist nicht meines, Dina Wardis Buch so zu verstehen, als relativierten ihre Einsichten, angewandt auf Täterkinder, die Schuld der ersten Generation. *Die Kluft des Unvergleichbaren bleibt tief genug.* Dina Wardi selbst schreibt in einem Brief zu diesem Thema: »Obwohl die äußere Symptomatologie und Psychopathologie der beiden Gruppen oft ähnlich sind, sind die psychischen Inhalte dieser Symptome extrem unterschiedlich, da sie ihren Ursprung in sehr unterschiedlichen Umständen haben.«

Daß die Kinder der Täter und Mitläufer oft von Angst und Grauen getriebene Lebensläufe hatten, könnte ein anderes, schier unerträgliches Paradox mildern: Die Generation der Täter scheint kaum gebüßt zu haben. Viele ließen ihre Frauen büßen und dann ihre Kinder, da sie weiterhin ihre »Opfer« brauchten; und da wiederum ist es, ganz ähnlich wie in jüdischen Familien, oft nur eines aus der Reihe der Geschwister, das durch Beunruhigung und Leid die verborgene Geschichte ans Licht bringt. Man könnte darin ein Stück transgenerationaler historischer Gerechtigkeit sehen.

Also noch einmal die lapidare Feststellung eines deutschen Lesers: Ich nehme Dina Wardis Buch über ihre Patienten in Israel mit einer doppelten Aufmerksamkeit auf, die ich nicht einfach wegdrängen kann. Einerseits bin ich bedrückt und ergriffen von der Last, die die Opferkinder zu tragen hatten; ihre Lebensläufe sind durch ständiges Todesgrauen geprägt, das niemals Trauer und neue Lebendigkeit zuließ; und andererseits sehe ich dabei Täter- und Mitläuferkinder aus meiner eigenen Praxis vor mir, auch Kollegen, die sich in meinen Seminaren ihrer eigenen NS-Familiengeschichte stellen.

Seit ich einigen jüdischen Kolleginnen begegnet bin, die sich in ihrer Arbeit der Begegnung von Opfer- und Täterkindern widmen – ich nenne nur Julie C. Goschalk aus Boston und Miriam V. Spiegel aus Zürich und schließlich Dan Bar-On selbst –, fällt es mir leichter, das *Paradox der partiellen Ähnlichkeit* in der Seelengeschichte von Täter- und Opferkindern anzunehmen und die viel weiter fortgeschrittene Opferforschung auch für die Täterkinder fruchtbar zu machen.

Entwurzelung, Vertreibung, Trennung, Vernichtung

Versteinerung und Robotisierung sind oft diagnostiziert worden als Folgen des Lebens im Lager oder im Versteck. Was im Eingangskapitel über die Eltern von Wardis Patienten deutlich wird, sind die Traumatisierungen dieser Generation im Blick auf die Fähigkeit, Partner und Eltern zu sein. Neue Liebe bedeutete oft genug Verrat an verlorenen Angehörigen, Partnern und früheren Kindern. Die Eltern der nach 1945 geborenen Kinder trafen eine oft rein zufällige Wahl und fanden nie mehr zu einer tragfähigen Intimität. Ihre Bindung an die verlorenen Angehörigen bestand hauptsächlich aus Schuldgefühl und erstarrter Trauer, weil lebendige Erinnerung und Symbolisierung nicht mehr gelangen. Die Vernichtung aller Gefühle war häufig die Bedingung für das Überleben. Und die tiefste Demütigung brachte der seelische Zwang, in der Regression des Lagers sich auch noch mit den Quälern und Verfolgern zu identifizieren. Es macht die Schwere, aber auch den tiefen Informationsgehalt dieses Buches aus, daß die Familienschicksale im Längsschnitt sichtbar werden: Es wird fühlbar, was es bedeuten kann, auf der Rampe und nach tagelanger Fahrt im Viehwagen brutal von Eltern, Geschwistern oder eigenen Kindern getrennt zu werden. Die Seele faßt es nicht und rettet sich in Erstarrung. »Eineinhalb Millionen jüdischer Kinder wurden im Holocaust ermordet. Nach der Befreiung wurde die Geburt neuer Kinder zum Symbol des Sieges über die Nazis.« Aber was für ein Sieg, unter wieviel neuen Opfern! Und mit welchen Erwartungen an die Kinder!

Die Kinder als Kompensation, Rettungsanker und Ersatz

»Die Annahme, daß sich diese Erwartungen der überlebenden Eltern im Verlauf der Zeit legen und verschwinden würden, erwies sich als falsch. Nicht nur, daß sie nicht verschwanden, sie wurden vielmehr sogar fordernder und extremer.« Dies ist das Schicksal der Kinder, die nicht zu einer eigenen Individualität finden konnten und auch nicht finden durften. Sie wurden zu »Symbolen für das, was ihre Eltern verloren hatten«. Sie wurden überhäuft mit Namen, die sie verkörpern sollten. Wardi greift zu drastischen Formulierungen: Die Kinder waren »Leichenwagen« oder Urnen für die Asche der Toten oder menschlicher Stoff, um die »riesige Leere« aufzufüllen.

Rätselhaft sind die Wege, wie das nie Formulierte, das von den Eltern Beschwiegene, sich dennoch in die Seelen und Körper der Kinder drängte. Was bereits gut erforscht ist im Blick auf die Rolle des »Sündenbocks« in vielen Familien, das vollzog sich hier nach dem Holocaust analog in der Wahl eines »Retters«: Eines der Kinder wurde zum Retter für die Eltern wie für die gesamte ermordete Großfamilie auserkoren, und der Retter trägt eine »messianische Aufgabe und Bestimmung«. Wenn diese Rettung der Eltern oder die Ersetzung von verlorenen, idealisierten Menschen nicht gelang, kam es zu tiefer Enttäuschung, denn die Kinder »werden aus dieser völlig ungerechten Konfrontation immer als Verlierer hervorgehen«. Eine Befreiung aus der aufgezwungenen Rolle wird als drohende Familienkatastrophe erlebt. Oft sind es erst die Träume, die, behutsam gedeutet, Einblick geben in das Ausmaß der Verstrickungen des familiären Unbewußten. »Die unbewußte Botschaft, die die Überlebenden den ›Gedenkkerzen‹ übermitteln und hinterlassen, lautet: ›Erlebt den Holocaust und löst ihn für uns.‹« Anita Eckstaedt hat in ihrem Buch *Nationalsozialismus in der »zweiten Generation«. Psychoanalyse von Hörigkeitsverhältnissen* (Suhrkamp 1996) bei den von ihr behandelten Täterkindern ebenfalls die Figur eines Retters oder Helden ermittelt mit dem Auftrag: Hilf uns, die Niederlage zu verleugnen, indem du ein Held wirst.

Das Fehlen der schützenden Mutter

Viele Patienten scheinen schon im Uterus geschädigt zu sein durch endokrine Botschaften der Mutter, daß das Leben entsetzlich sein kann, oder aber durch die Furcht der Mutter, den Fötus durch ihre seelische Erbschaft aus dem Holocaust zu schädigen. Wichtig ist, in welchem Alter Deportation und Lager die Mütter getroffen hatten: ob sie schon ein Leben »davor« gehabt hatten oder ob ausschließlich das »Dort«, im Lager oder im Versteck, ihr menschliches Erwachen geprägt und verstümmelt hatte. Das Gefühl, von den eigenen Eltern nicht geschützt worden zu sein, drang tief in die Seele ein, hinterließ Trauer und Wut, die nie ausgedrückt werden konnten. Und so sollte oftmals der Ehemann die verlorene Mutter ersetzen; Sexualität wurde, so entfremdet, ein Ersatz für verlorene Wärme und Sicherheit. »Zu diesem Zeitpunkt sahen die meisten überlebenden Frauen in ihrem Partner noch immer eine fremde Person, deren Gegenwart das Gefühl der Einsamkeit keineswegs milderte, sondern die nach dem Verlust der eigenen Familie (insbesondere der Mutter) entstandene Leere noch steigerte.«

Da wirkt die Existenz des Fötus und später des Kindes wie ein zugleich ängstigendes und beruhigendes Medikament, als Beginn einer Überlebens-Symbiose. Und es scheint, daß die unbewußten Botschaften und Aufträge durch diese seelische Nabelschnur auch vermittelt werden. Viele Patienten können sich nicht an einen lebendigen Körperkontakt erinnern. »Das Kind kann aus dem leeren Gesicht der Mutter seine eigene Bedeutung und seinen Wert nicht ablesen und verinnerlichen.« Um so stärker ist es oft einer extremen Kontrolle ausgesetzt, die der Minderung der mütterlichen Angst dient. Dies geht so weit, daß die Patienten oft gar nicht lernen können, zwischen sich und der Mutter zu unterscheiden.

Opfer und Aggressor als archetypische Einheit?

Um die Vorgänge der Identifizierung der Opfer mit den Verfolgern zu erklären, greift Dina Wardi, obwohl sonst eher freudianisch orientiert, auf C. G.

Jungs Archetypenlehre zurück, die bei Jung ja ohne jeden politischen Kontext verwendet wird. Hier sind ihre Analysen vielleicht am ehesten angreifbar, weil der Holocaust dabei quasi nur innerpsychisch abgehandelt wird und die politisch-propagandistische Produktion und Wirkung der enthumanisierenden Stereotypen außer acht gelassen scheinen.

Trotzdem konstatiert und analysiert sie starke Unterschiede in den Familien von »Opfern« und von »Kämpfern«: Die »Opferfamilien«, als psychologische Kategorie verstanden, binden ihre Kinder weit stärker als die »Kämpferfamilien« und geben ihnen Signale der Lähmung und Resignation mit auf den Weg. Die Depression selbst wird zu einer Art seelischer Nahrung, die Sicherheit verleiht.

Therapeutisch aber scheint Jungs Gegensatzpaar von Täter und Opfer als archetypische Einheit fruchtbar zu sein bei dem Versuch, an die verlorenen Spuren des Gegensatzes in der Psyche des einzelnen heranzukommen, der integriert werden muß. Der verinnerlichte Verfolger ist jedoch eine derart monströse Figur, daß die Annäherung an ihn Wut und Panik auslösen kann. Denn die Welt besteht, streng getrennt, aus Gefolterten und aus Folterern, alles andere muß, durch eine tiefe Wand des Mißtrauens hindurch, erst langsam wahrgenommen werden.

Dies führt in den gruppentherapeutischen Sitzungen dazu, daß selbst die israelischen Therapeuten, die man bereits Monate, ja Jahre geprüft hatte, »die Gestalt repressiver und bedrohlicher Aggressoren annehmen«; der Gruppenraum selbst wird zum SS-Hauptquartier. Die Vorbereitung auf den nächsten Holocaust wird in der Gruppe wie auch in vielen der betroffenen Herkunftsfamilien zu einem über längere Zeit sehr bedrückenden Thema. In psychodramatischen Sitzungen konnten einzelne Patienten dann auch SS-Rollen übernehmen, und zwar zunehmend mit Genuß und Zufriedenheit. Selbst die eigenen Eltern verwandeln sich in Träumen in SS-Personal, so wie umgekehrt die Eltern ihre Kinder bei Wutausbrüchen wie »kleine Hitlers« erlebten und so erneut Terror gegen die Kinder ausübten.

Dies alles ist so bedrohlich, daß schließlich eine Identifikation mit dem Tod selbst zu einer Form der Zuflucht und der Sicherheit für die »Gedenkkerzen« wird. Denn Wut bringt nicht nur unendliche Schuld, sondern auch

Todesnähe. Uterus und Sarg rücken zusammen, sie schützen vor den unerträglichen Affekten. Dann müssen auch die widersprüchlichen Identitäten, die sich aus Fragmenten der verschiedensten Toten und Lebenden zusammensetzen, nicht mehr sortiert und entflochten werden, die schwerste Arbeit, die der therapeutische Prozeß mit sich bringt. So stellt ein Patient fest: »Ich lebe eher bei den Toten als bei den Lebenden. Wenn ich am Grab meines Onkels sitze, bin ich ruhig. Wenn ich bei den Lebenden bin, habe ich ziemliche Angst.« Und eine andere Patientin sagt: »Ich fühle mich wohl unter den Toten. Sie fordern nichts von mir.«

Der therapeutische Prozeß

Es ist unverkennbar, daß ein Grundstein von Dina Wardis therapeutischem Repertoire ihre gestalttherapeutische Ausbildung ist, die am Beginn ihrer Laufbahn stand. Sie ist nicht nur eine der ersten, die Gruppentherapie in Israel systematisch bei Kindern von Überlebenden angewandt hat, sondern es gelingt ihr auch, Elemente von Gestalttherapie und Psychodrama mit einer gruppenanalytischen Technik zu verbinden, wie sie später in London ihre bis heute gültige Ausprägung gefunden hat. Dadurch wird es ihr möglich, die in der verwirrenden Gruppenübertragung aufbrechenden Clan-Geschichten in der Einzelarbeit im Rahmen der Gruppe zu integrieren und aus dem Chaos der inneren Objekte und Objektfragmente konkrete und separierte Erinnerungsfiguren entstehen zu lassen. Von einer Patientin heißt es: »Plötzlich begann sie ihre toten Verwandten direkt anzusprechen.« Mit solcher Wendung an die inneren Objekte verliert die kaum auszuhaltende Stimmung von »Mißtrauen, Feindseligkeit und Distanz« ihre Schrecken, und wechselseitige Einfühlung beginnt sich zu entwickeln; denn nun müssen die Verschwundenen wie die Mörder nicht mehr nur in der Gruppenübertragung gesucht werden.

Eine elementare Erfahrung der Patienten in der Therapie ist die: Sie haben Fragmente anderer Personen als vermeintliches eigenes Leben gelebt. Dies alles ist schon von vielen Opfer-Forschern analysiert worden. Was die Einzelanalyse auf diesem Gebiet erarbeiten konnte, findet sich zusammengefaßt in dem Buch *Kinder der Opfer – Kinder der Täter* (Bergmann u. a., S. Fischer, 1995), samt dem Zweifel am Instrument der klassischen Analyse auf diesem Feld überhaupt. Doch in der doppelten Ausfaltung – Übertragungsanalyse und Aufarbeitung im Rollenspiel – gewinnt die Arbeit mit den vom Holocaust Gezeichneten eine gesteigerte Anschaulichkeit und Plausibilität, und sie enthält so auch therapeutische Hoffnung. Dazu gehört auch eine andere »Technik«: dem Protagonisten, der sich einem entsetzlichen, für ihn unerträglichen Anblick oder Affekt nähert, körperlich Beistand zu geben, ihm einen menschlichen Container zu bieten für die Wiederbegegnung mit einer Situation, in der es bis dahin nur Erstarrung als Containment, als Überlebenstechnik gab. Über die wechselseitige Identifizierung der Patienten in der Gruppe verstärkt sich der Mut, die Abgründe zu erforschen und so die Schmerzen der Vorfahren »vom eigenen Schmerz unterscheiden zu können«.

Die sexuelle Dimension des Terrors

Besonders erschütternd sind die Passagen in Dina Wardis Buch, in denen deutlich wird, daß die SS dem Grauen noch eine sexuelle Note aufzwingen konnte: »Es standen da einige SS-Männer und haben ihre Privat-Selektion gemacht.« »Später hat jemand erzählt, daß sie (ausgesuchte Mädchen, T. M.) als Prostituierte für die SS-Offiziere bestimmt waren.« Solche Geschichten tauchen immer wieder auf, sei es als Realität oder als durch die Situation erzwungene bzw. induzierte Phantasien. Und diese Phantasien kehren wieder als Verdächtigungen der Kinder gegenüber den Eltern, weil sie nicht fassen können, wie diese überlebt haben: Entweder müssen sie selbst Schurken oder Dirnen gewesen sein oder unerreichbar idealisierte Helden.

Die sexuellen Terrorträume sind so erniedrigend, daß sie erst nach einigen Jahren Therapie in der Gruppe mitgeteilt werden können. Eine Folge einer solchen inkorporierten Phantasie – oder auch der Erzählung realer Vorkommnisse – ist ein Leben zwanghafter erotischer Maskenhaftigkeit: »Wenn ich mich selbst retten, am Leben bleiben will, dann muß ich hübsch sein.« Tritt aber eine erotische Situation ein, dann gefrieren plötzlich die Gefühle, und der Intimpartner kann von einem Augenblick zum andern zum Feind werden. »Die Gefühlswelt verabscheut ein Vakuum«, schreibt Dina Wardi, und sie erklärt damit, daß sich die riesigen Leerstellen des Schweigens zwangsläufig mit Phantasien füllen, die eine Verbindung zwischen dem Innenleben und der noch entsetzlicheren Realität suchen. Auch hier mußten Männer wie Frauen die von den Eltern »ausgeliehenen psychischen Erfahrungen« blind leben und einen Teil des Holocaust in die zweite Generation hinein verlängern.

Der Schritt in das eigene Leben *mit* der Erinnerung

Dina Wardi überschreibt das Kapitel über die therapeutischen Ergebnisse ihrer Arbeit: »Loslösung von der Rolle der ›Gedenkkerze‹«. In dieser Formulierung wird noch einmal deutlich, daß der Ausstieg aus der Überwältigung durch aufgezwungene Rollen und Aufträge einem Abschied, einer Geburt, fast einer Zellteilung gleicht: »Ich werde nicht mehr, wie all die Jahre, nur ein Leichenwagen sein.« Da ist die Trennung von der ermordeten Großfamilie, die zu individualisierten Erinnerungsbildern geworden ist. Und da ist die Trennung vom elterlichen Auftrag, der mit der Muttermilch und den ersten väterlichen Berührungen eingeflößt wurde: die versunkene Welt, die Würde der Eltern und die Hoffnung auf neues Leben zu erhalten und die Zerstörungen in die eigene Person einzulagern, in der ursprünglichen, gewiß absurden Hoffnung, sie könnten dort ohne Hilfe entweder zerfallen oder saniert werden.

Die Gruppe bildete eine Übergangsfamilie: Sie diente zur Kartographierung der inneren Welt in der Übertragung und als Feld der Einübung neuer Gefühle. Zugleich wurde sie zu einem Ort, in dem »ein Gefühl der Zugehörigkeit zum jüdischen Volk« möglich wurde. »Dieses Empfinden tritt hauptsächlich in ihren Träumen zutage, die nun Symbole und Motive aus Geschichte, Religion und Kultur des jüdischen Volkes enthalten« und eine das verletzte Individuum transzendierende Einbettung in ein größeres Ganzes erlauben.

Spät gelingt es vielen Patienten auch, die Herkunftsländer und Geburtsstädte ihrer Eltern zu besuchen, eine »Reise zu den Wurzeln« zu unternehmen. Denn die »Gedenkkerzen« gleichen »entwurzelten Bäumen«, und um zu leben, brauchen sie neue Wurzeln, in sich selbst, in der Erinnerung an die Ahnen, in anderen Menschen und in einem Bild von früherer Heimat, die nun konkret betrauert werden kann.

Ein Buch für deutsche nichtjüdische Leser?

Dies ist nur scheinbar eine absurde Frage. Wir Deutschen haben den Holocaust in Verbindung mit dem Vernichtungskrieg im Osten organisiert und durchgeführt. In Dina Wardis Buch werden Spätfolgen in der zweiten Generation der Opfer sichtbar, die noch immer unser Schuldkonto belasten. So ist das Buch ein Buch des Gedenkens, der Vergegenwärtigung des Jahrtausendverbrechens und seiner seelischen Spätfolgen. Und eben dieses Verbrechen und die darauf folgende totale Niederlage haben auch in nichtjüdischen deutschen Familien nachträglich gewütet. Viele Angehörige der zweiten Generation bei uns in Deutschland, die selbst Eltern sind, stehen offensichtlich sogar unter einem unbewußten Zwang, Täterfragmente noch an die dritte Generation weiterzugeben. Es ist an der Zeit, daß wir uns dieser Problematik stellen.

Freiburg, Juni 1997
Tilmann Moser

Dank

Mein Dank gilt zuallererst meiner Familie: meinen Töchtern Sharon und Orit sowie meiner Schwester Dafna, die viel Geduld mit mir hatten und mich beim Schreiben des Buches unterstützten und ermunterten, und meinem Mann Emmannuel für seine Bereitschaft, viele Stunden in die erste Überarbeitung der handschriftlichen Aufzeichnungen zu investieren.

Frau Judy Friedgut kommt besonderer Dank zu für ihre Geduld und ihren Einsatz beim Tippen der handschriftlichen Aufzeichnungen.

Mein Dank gilt den inzwischen verstorbenen Prof. Hillel Klein und Dr. Shamai Davidson für ihre Anleitung und Hilfestellung und dafür, daß sie mich an ihrem großen Wissen und ihrer tiefen Einsicht in die traumatischen Nachwirkungen des Holocaust haben teilhaben lassen.

Besonders danke ich meinen Kollegen Dr. Shalom Littmann und Frau Tamar Shoshan, mit denen ich bei der Leitung von Gruppen mit Kindern von Holocaust-Überlebenden viele Stunden zusammenarbeitete. Wir setzten uns gemeinsam mit Schwierigkeiten und Zweifeln auseinander, und gemeinsam erfuhren wir auch eine große Befriedigung durch unsere Arbeit.

Mein Dank gilt Prof. Chaim Dasberg, der aktiv an meinen theoretischen und klinischen Überlegungen Anteil nahm. Seine Anmerkungen und Kommentare zu meinen schriftlichen Ausführungen waren mir eine große Hilfe.

Den Autoren Aharon Appelfeld, David Grossman und Nava Semel sowie den Verlegern von Am Oved, Hakibbutz Hameuchad und Sifriat Poalim danke ich für die Erlaubnis, Passagen aus ihren Büchern zu übernehmen.

Mein tiefster Dank gilt schließlich den Kindern Überlebender, die ich auf der schmerzvollen und bewegenden Reise in ihre innere Welt begleiten durfte. Viele von ihnen verfolgten mit großem Interesse den Schreibprozeß dieses Buches und unterstützten mich sogar dabei; vielleicht ist dies ein Weg für sie, all jenen Kindern von Überlebenden die Hand zu reichen, deren Welt noch immer in Dunkel gehüllt ist.

Die Patientinnen und Patienten, welche in diesem Buch zu Wort kommen, tragen fiktive Namen.

Vorwort

Dina Wardi, die Verfasserin dieses Buches, Tochter einer jüdisch-italienischen Familie, wuchs in Palästina/Israel auf, weit entfernt von den Schrecken des Holocaust. Nach dem Zweiten Weltkrieg besuchte sie 1946 zum ersten Mal ihre Familie in Italien. Ihre Großmutter nahm sie damals in das Kloster mit, in dem sie sich während des Krieges vor den Deutschen versteckt hatte. Dieser Besuch hinterließ bei dem kleinen Mädchen seine Spuren, und es scheint, daß dort der erste Keim der von Generation zu Generation weitergegebenen Erinnerung in ihr Herz gelegt wurde, der dann viele Jahre später in ihrer Arbeit zur Entfaltung kommen sollte.

Dina Wardi absolvierte die Paul-Baerwald-Schule für Sozialarbeit der Hebräischen Universität Jerusalem. Nach Abschluß ihres Studiums arbeitete sie in der Bewährungshilfe für Jugendliche. Danach ging sie in die USA, spezialisierte sich auf klinische Psychologie und schloß ihr Studium mit einem Master of Social Work ab. Sie studierte Familien- und Gruppentherapie sowie die Grundsätze der Gestalttherapie, unter anderem bei dem Begründer dieser Schule, Fritz Perls. Nach ihrer Rückkehr nach Israel begann sie, Gruppentherapie zu lehren, und eröffnete später eine Privatpraxis.

Dina Wardi zählt zu den ersten Psychotherapeuten Israels, die Gruppentherapie als Behandlungsform für Kinder von Holocaust-Überlebenden eingesetzt haben. Nach dem Yom-Kippur-Krieg im Jahre 1973 wandte sie sich der intensiven Gruppentherapie mit jungen Menschen zu und stellte fest, daß viele der Patienten Kinder von Holocaust-Überlebenden waren. Sie alle hatten Erfahrungen, psychische Belastungen und Ausdrucksformen gemeinsam, die für diese Grupppe typisch sind und nur bei ihr vorkommen.

Zu dieser Zeit fanden die Kindern von Überlebenden auch in anderen Ländern zueinander und begannen festzustellen, daß sie nicht nur Erfahrungen gemeinsam hatten, sondern auch in einer gemeinsamen Sprache über sie redeten. Sowohl in Israel als auch im Ausland entdeckte man, daß sich verschiedene Phänomene wie ein roter Faden durch das Leben aller Kinder von Überlebenden ziehen: die Empfindlichkeit gegenüber Trennungserfahrungen, Trauer- und Schuldgefühle, die belastende Tendenz der Eltern zu übertriebener Besorgnis sowie der Wunsch, die eigenen Eltern und leidende Menschen überhaupt zu beschützen.

Und tatsächlich hat der Holocaust tiefe Spuren in den Kindern von Überlebenden hinterlassen. Sie wuchsen im Schatten psychischer Konflikte heran, die von Verlust und Trauer, von Schuldgefühlen und exzessiven Ängsten, von Überbehütung und überzogenen Erwartungen genährt wurden – als Kinder von Eltern mit irreparablen körperlichen und seelischen Schäden. In der Psyche der Kinder jedoch entspann sich ein Kampf um eine unabhängige und eigenständige Identität – um eine persönliche, eine soziale und sogar um eine historische Identität. Die Angehörigen der Zweiten Generation zerbrechen fast unter der drückenden Last, die man ihnen aufgebürdet hat, zugleich aber werden sie – eben durch diese Last, aber auch durch ihre Therapie – immer stärker. Denn wir finden bei ihnen nicht nur Anzeichen für psychische Belastungen und Konflikte und das Bedürfnis nach Therapie, sondern auch psychische Stärke, Durchhaltevermögen und die Fähigkeit, sich in Mitmenschen einzufühlen. Viele Kinder von Überlebenden haben deshalb Berufe im sozialen Bereich und im Gesundheitswesen gewählt und arbeiten als Lehrer, Psychologen, Sozialarbeiter, Krankenpfleger, Ärzte und Psychiater.

Das Bild der »Gedenkkerze« ist von großer Ausdruckskraft. Kerzen sind ein jüdisches Symbol, das mit vielen Emotionen verbunden und von großer Bedeutsamkeit ist, und selbst wenn die »Gedenkkerzen« eine psychische Zwangslage repräsentieren, verkörpern sie doch auch einen Quell des Lichtes und der Hoffnung.

Wir alle stehen unter dem Einfluß des Holocaust, und in Wahrheit sind wir alle Überlebende oder Kinder von Überlebenden. Allerdings wissen die Kinder von denjenigen, die tatsächlich »dort« waren, ganz unmittelbar, was es bedeutet, sowohl Opfer als auch Überlebender zu sein. Dank der Autorin dieses Buches können wir den Erzählungen der Kinder von Überlebenden zuhören, uns etwas von diesem Wissen aneignen und Genaueres darüber erfahren, was sie empfinden, wovon sie träumen und wie die Beziehungen in ihren Familien aussehen. Und da dieses Thema uns alle angeht und zudem von enormer Bedeutung ist, bedarf es seitens der Therapeuten einer ganz spezifischen Vorgehensweise.

Dieses Buch hat mich zutiefst berührt. Beim Lesen wurden mir viele Dinge klar, zu denen ich zuvor keinen Zugang hatte, und mir eröffneten sich neue therapeutische Perspektiven. Aber auch der Laie wird auf dieser Reise in die Vergangenheit, in die Intimität der Familie und die Tiefen der Psyche entdecken, über welche vielfältigen inneren Ressourcen Menschen verfügen und wie unermeßlich die Hoffnung ist.

Prof. Chaim Dasberg
Ehemaliger Leiter des psychiatrischen Krankenhauses »Esrat Nashim«, Jerusalem

Einleitung

In den letzten zwanzig Jahren meiner Tätigkeit als Psychotherapeutin habe ich, in einer Kombination von Einzel- und Gruppentherapie, Dutzende von Söhnen und Töchtern Holocaust-Überlebender behandelt. In dem hier vorliegenden Buch berichte ich über meine Eindrücke aus den zahlreichen Dialogen, an denen ich in den Einzelsitzungen beteiligt war und die ich in den Gruppensitzungen miterlebt habe.

Darüber hinaus gebe ich auch meine Eindrücke aus den vielen Gesprächen wieder, die ich mit Angehörigen der Zweiten Generation von Holocaust-Überlebenden bei verschiedenen Workshops, Konferenzen und Vorträgen, also nicht unbedingt in einem therapeutischen Rahmen, geführt habe.

Im Verlauf einer Therapie, die im allgemeinen vier Jahre dauert, werden Einzel- und Gruppensitzungen kombiniert. Die Gruppen bestehen aus zehn bis zwölf jungen Erwachsenen [im Alter von 25 bis 35 Jahren] beiderlei Geschlechts und sind in bezug auf Bildungsniveau, sozioökonomischen Hintergrund und nach Möglichkeit auch hinsichtlich der Ich-Stärke der Mitglieder und der Art ihrer Konflikte homogen. Dagegen sind die Gruppen heterogen im Hinblick auf den Familienstand [ledig, verheiratet, geschieden] und setzen sich sowohl aus Kindern von Überlebenden als auch aus Personen mit einem anderen familiären Hintergrund zusammen. Auf diese Weise soll vermieden werden, daß im Zuge der Abwehr überstarke Verschmelzungstendenzen entstehen, die einen geregelten Therapieablauf beeinträchtigen könnten. Jeder Klient sieht die Therapeutin oder den Therapeuten zweimal pro Woche: zwei Stunden in der Gruppe und eine Stunde in der Einzeltherapie. In der Gruppentherapie werden dynamische Techniken der analytischen Gruppentherapie angewandt, zum Beispiel Traumanalyse, Reflexion und Interpretation frühkindlicher Erfahrungen sowie Analyse der sich innerhalb der Gruppe abspielenden Interaktionen und Prozesse. Teilweise werden auch andere, nonverbale Techniken herangezogen.

Entschließen sich Angehörige der Zweiten Generation zu einer Therapie, so geschieht dies meist vor Beendigung des dritten oder zu Beginn des vierten Lebensjahrzehnts, also in dem Alter, in dem junge Erwachsene im allgemeinen ein eigenständiges Leben zu führen beginnen. In der Regel ist der Übergang ins Erwachsenenleben mit einer räumlichen und emotionalen Trennung von Familie und Zuhause verbunden. Für viele Angehörige der Zweiten Generation ist diese Trennung besonders schwierig, und sie scheint einer der Hauptgründe dafür zu sein, daß sie sich gerade in diesem Lebensabschnitt einer Therapie zuwenden. Ein anderer Grund ist in den Problemen und Konflikten zu suchen, denen sie sich gegenübersehen, wenn sie eine intime Paarbeziehung aufzubauen versuchen. Ihre Unfähigkeit, mit diesen Schwierigkeiten zurechtzukommen und ihre Konflikte aus eigener Kraft zu lösen, scheint der Auslöser dafür zu sein, daß sie gerade in diesem Stadium therapeutische Hilfe suchen.

Ich konzentriere mich also bereits seit vielen Jahren auf die Therapie mit Kindern von Überlebenden. Von daher ist es auch nicht weiter verwunderlich, daß ich oft gefragt werde, ob ich selbst dieser Gruppe angehöre. Ich muß sagen, daß ich keine eindeutige Antwort auf diese Frage geben kann. Meine Eltern sind zwar keine Holocaust-Überlebenden im engeren Sinne, und keiner von ihren Angehörigen fand im Holocaust den Tod, außer einem entfernten Verwandten meines Vaters. Trotzdem hat der Holocaust, wie bei jedem aus Europa stammenden Juden, verschiedene Schichten meiner inneren Welt entscheidend geprägt. Mein persönlicher Bezug zum Holocaust entstand bereits in meiner frühen Kindheit, doch er wurde mir erst relativ spät bewußt, genau gesagt im Zuge meiner therapeutischen Arbeit mit Angehörigen der Zweiten Generation. Rückblickend vermag ich vier Faktoren zu erkennen, die an der Entstehung dieses persönlichen Bezuges beteiligt waren.

Ich war noch ein Baby, als etwa ein Jahr vor Ausbruch des Zweiten Weltkrieges viele Flüchtlinge, die wegen des Naziregimes Deutschland verlassen hatten, in Italien einzutreffen begannen. Meine Eltern waren Zionisten und beabsichtigten, nach Palästina auszuwandern, konnten diesen Geschehnissen jedoch nicht tatenlos zusehen und verschoben deshalb ihre Abreise. Mein Vater, der Künstler war, ließ alles stehen und liegen und schloß sich einer Gruppe italienischer Juden an, die den Flüchtlingen nach Kräften beizustehen versuchten. Jahre später erzählte mir mein Vater viele Geschichten aus den Tagen, in denen er diesem Hilfswerk seine ganze Zeit gewidmet hatte. Er kam immer erst sehr spät nach Hause, müde und innerlich aufgewühlt, und wenn er mich in den Armen hielt, schlief er dabei ein. Was mag jenes Baby damals wohl von den Gedanken und Ängsten, die seinen Vater beschäftigten, in sich aufgenommen haben? Ganz sicher hat sich ihm etwas davon mitgeteilt.

Das zweite Erlebnis hatte ich Ende 1944 in Palästina, als ich schon etwa fünf Jahre alt war. Eines Tages, als meine Mutter am Spülbecken stand und Geschirr abwusch, sah ich, daß ihr Tränen über die Wangen liefen. Ich weiß noch heute, wie sehr ich damals erschrak und wie angstvoll ich sie fragte, warum sie weine. Sie antwortete, sie habe gerade erfahren, daß ihre Eltern und ihre Schwester noch am Leben seien. Die Nachricht hatte sie auf Umwegen erreicht, während sie freilich vom Schicksal ihrer übrigen Angehörigen noch immer nichts wußte. Was ihre Worte wirklich bedeuteten, vermochte ich damals aus naheliegenden Gründen nicht voll und ganz zu erfassen, denn ich kannte meine Großeltern und meine Tante eigentlich gar nicht. Erst viele Jahre später wurde mir langsam bewußt, wie groß die Anspannung und Angst meiner Mutter in jener Zeit gewesen sein mußten, die sich durch diese Nachricht auf einmal lösten.

In den ersten Jahren meiner Kindheit, den Jahren des Zweiten Weltkrieges, versuchten sich meine Eltern als Landwirte in einer der landwirtschaftlichen Kooperativen der Sharon-Ebene. Zwischen den Obstgärten, Hühnern und Anemonen, die unsere unschuldige, kindliche Welt erfüllten, freuten meine Schwester und ich uns am Frieden und am Glück der Natur, und ich bezweifle, daß wir den Ängsten unserer Eltern um das Schicksal ihrer Angehörigen viel Beachtung schenkten. Ich zweifle jedoch nicht daran, daß wir in den tieferen Schichten unserer jungen Psyche dennoch etwas von ihrer ständigen schrecklichen Besorgnis in uns aufnahmen.

Das dritte Erlebnis war eine Reise als Achtjährige mit meiner Familie in das zerstörte Nachkriegsitalien, wo es zum bewegenden Wiedersehen mit den vielen Verwandten kam, die überlebt hatten. Die Eindrücke vom Besuch in dem Kloster, wo sich meine Großmutter versteckt hatte und überleben konnte, werden mich immer begleiten.

Meine Großmutter war eine stolze und starke Frau, die es trotz der Bedrohung und Angst, welche das Sichverstecken im Kloster mit sich brachte, geschafft hatte, ihre Identität, ihre Ehre und sogar ihre Schönheit zu bewahren. Zwischen ihr und der Äbtissin – außer der niemand im Kloster wußte, daß meine Großmutter Jüdin war – entwickelte sich eine tiefe Freundschaft. Sie spielten zusammen Klavierduette, und meine Großmutter erzählte ihr stolz von ihren Enkelinnen in Palästina. Sie verhielt sich in jeder Hinsicht wie eine Christin und nahm sogar regelmäßig an den Gottesdiensten der Nonnen teil. Obwohl ich in einem völlig säkularen Elternhaus aufwuchs, beunruhigte mich etwas an dieser Geschichte. Ich zögerte nicht lange und fragte meine Großmutter ängstlich und in ziemlich holprigem Italienisch: »Was? Großmutter, hast du etwa mit den anderen zusammen die christlichen Gebete gesprochen?« Meine Großmutter wurde ernst, schaute mir direkt in die Augen, lächelte mir dann aber plötzlich augenzwinkernd zu und sagte: »Keine Angst, Dina, in Wirklichkeit habe ich dabei immer ganz leise, ohne daß es jemand gehört hat, unsere jüdischen Gebete gesprochen.« Ich erinnere mich deutlich, wie mich bei ihren Worten ein Gefühl der Erleichterung überkam und wie mich zugleich Stolz auf diese meine Großmutter erfüllte, die es geschafft hatte, selbst im Versteck ihre Ehre und ihre jüdische Identität zu bewahren. Dieses Gefühl hat mich bis zum heutigen Tag nicht verlassen, und ich hüte es wie einen wertvollen inneren Schatz, den ich von der Familie meiner Mutter geerbt habe.

Mehr als dreißig Jahre vergingen, bis ich erneut das Gefühl bekam, daß der Holocaust mich ganz persönlich angeht. Als ich meine therapeutische Arbeit mit Angehörigen der Zweiten Generation aufnahm, erinnerte mich meine Mutter an den Schriftsteller Primo Levi, einen Verwandten aus Turin, den sie noch in ihrer Kindheit kennengelernt hatte. Sie erzählte mir, was er während des Krieges in den Todeslagern erlebt hatte, und gab mir sein Buch *Ist das ein Mensch?*

Als ich dieses Buch auf italienisch las, das heißt in der Sprache des Autors, die auch meine Muttersprache ist, war ich sehr bewegt und aufgewühlt. Ich erinnere mich insbesonders an meine Empfindungen während des Abschnitts, in dem Levi beschreibt, wie er während einer der Selektionen im Hof des Lagers Auschwitz stand, nackt wie am Tag seiner Geburt. Plötzlich hörte ich zu lesen auf, denn mich durchfuhr ein Gedanke so scharf wie ein Rasiermesser: An Primos Stelle, oder neben ihm, hätte mein Großvater, meine Großmutter oder irgendein anderer meiner zahlreichen Verwandten stehen können, die nur durch ein Wunder diesem Schicksal entronnen waren. In diesem Moment der Erkenntnis überflutete mich eine große Welle von Schmerz und Trauer. Ich zwang mich, zu diesem imaginären Bild meiner Großmutter und meines Großvaters zurückzukehren, wie sie da nackt im Schnee in einer Schlange von Menschen stehen, die in den Tod marschieren. Das Gefühl schrecklicher Demütigung und Angst, das dieses Bild in mir hervorrief, war derart stark, daß ich es nicht ertragen konnte und mich von dem Bild emotional distanzieren mußte. Erst nach einer Weile konnte ich zu ihm zurückkehren. In diesen Momenten, so schien es mir, konnte ich einen winzigen Teil der intensiven Gefühle und Ängste nachempfinden, die in den Tiefen der Psyche eines jeden Kindes von Holocaust-Überlebenden herrschen.

Nachdem ich das Buch zu Ende gelesen hatte, verspürte ich auch Stolz, Dankbarkeit und Bewunderung für Primo Levi, weil er es geschafft hatte, »ein Mensch« zu bleiben und sein Bild vom Menschsein selbst mitten auf jenem »anderen Planeten« zu bewahren. Ich nahm meinen ganzen Mut zusammen und schrieb ihm einen Brief. Ich erzählte ihm von meiner therapeutischen Arbeit mit den Kindern Überlebender, dankte ihm für die eindringliche Erfahrung, die mir sein Buch vermittelt hatte, und erklärte ihm die besondere Bedeutung, die es persönlich wie beruflich für mich hatte. Levi antwortete mir, und bis zu seinem Tod schrieben wir uns noch einige Male.

Im engeren Sinne bin ich also eigentlich nicht die Tochter von Holocaust-Überlebenden, doch wie andere Nachkommen des europäischen Judentums jener Zeit bin ich das Kind von Eltern, die ebensogut zu den überlebenden Opfern des Holocaust hätten zählen können.

Und in der Tat, welcher Jude ist nicht zumindest das Kind von Eltern, deren Schicksal es *auch* hätte sein können, in den Holocaust hineingerissen zu werden und am Ende zu überleben? Ich glaube deshalb, daß die in diesem Buch angesprochenen Probleme den Wesenskern der jüdischen Nation nach dem Holocaust und vor allem den Kern der israelischen Gesellschaft berühren. Das zentrale Thema dieses Buches ist, wie die Traumata von Entwurzelung, Vertreibung und Vernichtung, die unsere Vorfahren im Laufe der Jahrhunderte nur zu oft erlitten haben und deren Ende auch heute noch nicht absehbar ist, von einer Generation an die nächste weitergegeben werden. Vielleicht können meine Beschreibungs- und Erklärungsversuche dazu beitragen, Probleme zu erhellen, mit denen sich viele Menschen in vielen Ländern seit Generationen auseinandersetzen müssen. In Israel jedenfalls leben viele Familien, die solchen Traumata in verschiedener Weise und in unterschiedlichem Maße ausgesetzt waren. Deshalb werden sich wahrscheinlich junge ebenso wie ältere Menschen von den hier dargestellten Problemen angesprochen fühlen, und den Sensibleren kann das Buch vielleicht eine Hilfe sein, ihre Mitmenschen besser zu verstehen.

In der Fachliteratur zu den psychischen Problemen der Kinder von Holocaust-Überlebenden wird immer wieder die Frage aufgeworfen, ob diese spezifischen, von Psychologen festgestellten Syndrome bei allen Kindern von Überlebenden auftreten oder nur bei der klinischen Population zu finden sind, also bei denjenigen, die psychotherapeutische Hilfe suchen. Die Frage stellt sich noch dringlicher, wenn man die überdurchschnittlichen Leistungen der Zweiten Generation auf praktischem und theoretischem Gebiet betrachtet. Sie hat sich in Politik und Geschäftsleben bis hin zur Literaturwissenschaft und Kunst hervorgetan, ohne daß dabei irgendein bedeutsamer Unterschied zu erkennen wäre zwischen denen, die therapeutische Hilfe in Anspruch nehmen, und denen, die keine Therapie machen. Die Antworten sind kontrovers und bergen entweder das Risiko unzulässiger Verallgemeinerungen oder besitzen nur für die klinische Population Gültigkeit. Deutlich ist jedenfalls, daß man, um eine zutreffende Antwort geben zu können, viele unterschiedliche Variablen berücksichtigen muß, zum Beispiel wie alt die überlebenden Eltern zur Zeit des Holocaust waren, in welchen Verhältnissen sie vor dem Krieg lebten und welche Art von Trauma sie während des Holocaust erlitten haben. Alle diese Faktoren können, ebenso wie die psychische Stärke des jeweiligen Kindes der Überlebenden, Art und Intensität der Übertragung von Traumata auf die nächste Generation entscheidend beeinflussen. Die Formen, die diese Übertragung annimmt, sind einander im allgemeinen sehr ähnlich, und auf sie konzentriere ich mich in meinem Buch.

Hinzu kommt, wie in folgendem deutlich werden wird, daß in den meisten Familien von Überlebenden eines der Kinder die Rolle einer »Gedenkkerze« für alle im Holocaust umgekommenen Angehörigen erhält und daß ihm die Last aufgebürdet wird, an der inneren Welt der Eltern in weit stärkerem Maße Anteil nehmen zu müssen als seine Geschwister. Diesem Kind wird auch die besondere Aufgabe übertragen, jenes Verbindungsglied zu sein, das einerseits die Vergangenheit bewahrt, andererseits jedoch die Verbindung zur Gegenwart und Zukunft herstellt. Seine Rolle entspringt dem Bedürfnis, das ungeheure Vakuum, das der Holocaust hinterlassen hat, zu füllen. Weil die natürliche Kontinuität zwischen den Generationen abgeschnitten wurde, ist der Zweiten Generation das Privileg wie auch die Pflicht zugefallen, das Verbindungsglied zu bilden, welches jenes Trauma des Abbruchs heilen und die gewaltigen Erwartungen der Eltern und in gewissem Maße sogar des gesamten jüdischen Volkes erfüllen soll. Die Last dieser Erwartungen ist für die Zweite Generation ein anspornendes und aktivierendes Moment und zugleich auch ein Faktor, der sie in ihrem psychischen Wachstum und ihrer Lebenstüchtigkeit hemmt und behindert. Meiner Meinung nach sind diese beiden inneren Kräfte bei allen Kindern von Überlebenden wirksam, aber bei jedem einzelnen anders ausbalanciert, so daß die Lebenstüchtigkeit und das Bedürfnis nach therapeutischer Hilfe jeweils unterschiedlich stark ausgeprägt sind.

Im Laufe der Jahre habe ich mich also bemüht, die Schwerpunkte der zentralen Konflikte, die die innere Welt der »Gedenkkerzen« beeinträchtigen, ausfindig zu machen, und die Konflikte, die mit dem Holocaust, mit ihren Eltern und den irgendwo in Europa verlorenen Angehörigen zusammenhängen, zu verstehen und aufzulösen, mit der Unterstützung der »Gedenkkerzen« selbst, deren aktive Teilnahme dabei die treibende Kraft ist. Ich hoffe, daß unsere gemeinsame Arbeit, die manchmal sehr schwierig und schmerzhaft, aber auch bewegend und bereichernd war, wirklich Früchte getragen hat.

Kapitel 1

Eltern, die den Holocaust überlebt haben – das Trauma der Entwurzelung und Trennung

> Der Tod in den Konzentrations- und Arbeitslagern der Nazis bedarf keiner Erklärung. Es ist das Überleben, das nach einer Erklärung verlangt, und es sind die Überlebenden der Vernichtung, die uns in Erstaunen versetzen. (Bluhm 1948, S. 25)

Überleben war für die Insassen der Ghettos, der Arbeits-, Konzentrations- und Vernichtungslager das oberste Ziel. Um zu überleben, mobilisierten sie monate- und jahrelang ihre gesamten physischen und psychischen Kräfte. Grauenhafte Folterungen, Krankheiten, fortwährender Hunger, Müdigkeit und Erschöpfung waren das Los der Lagerhäftlinge. Um weiterzuexistieren, entwickelten sie die Fähigkeit, bei plötzlicher Bedrohung und Gefahr schnell zu improvisieren. Die Überlebenschancen hingen weitgehend, aber keineswegs ausschließlich vom Alter und der körperlichen Widerstandskraft des Betreffenden ab. Letzten Endes war das Überleben in den Vernichtungslagern reine Glückssache (Bettelheim 1960).

Der Häftling mußte sich ein Gefühl der Autonomie und Würde sowie einen Sinn für die Realität bewahren, um jede Gelegenheit ausnutzen zu können, der Todesgefahr – und sei es auch nur für einen kleinen Moment – zu entkommen. Zu den Faktoren, die das Überleben ermöglichten, gehörten demnach auch die Gemütsverfassung, die den seelischen Zustand des Häftlings bestimmte, und die psychischen Energien, die er unter den im Reich des Todes herrschenden schrecklichen Bedingungen zu mobilisieren vermochte.

Viele Forscher, die sich mit den psychologischen Aspekten des Holocaust beschäftigen, konzentrieren sich auf die in der Psyche der Überlebenden ablaufenden Veränderungen. Das Hauptziel der psychologischen Kriegführung der Nazis war die Vernichtung des jüdischen Volkes als Kollektiv. Dies wurde unter anderem durch die Zerstörung der Identität und der individuellen Persönlichkeit jedes einzelnen als Mensch wie als Jude erreicht. Die Traumatisierung während der grauenvollen Deportation ins Lager und die erste Selektion am Lagertor, die unablässige Gewalt im Lager selbst und die Isolation, die ein Hoffen auf die Zukunft unmöglich machte, zwangen den Häftlingen regressive Verhaltensweisen auf und führten schließlich zu einer vollständigen Zerstörung jeglicher Individualität.

Das Leben im Lager war ein fortwährender Prozeß der Traumatisierung, der darauf zielte, die gesamte innere Realität und die vertrauten Vorstellungen von der Welt mitsamt allem, wofür diese stand, zu zerstören (Klein 1987).

Identität ist das Ergebnis eines Systems von Identifizierungen und Prozessen, die Säuglinge, Kinder und Jugendliche in ihrer psychischen Entwicklung durchlaufen. Das System der Identifizierungen spielt eine wichtige Rolle sowohl für die Fähigkeit des Menschen, Objektbeziehungen aufzubauen, als auch für die Lernprozesse, die ihn sein Leben lang begleiten. Identifizierung ist auch zentraler Bestandteil der inneren Struktur des Ich und Über-Ich. Jede Unterbrechung oder Störung des Identifizierungsprozesses hat daher weitreichende Folgen.

Die den Häftlingen aufgezwungene äußere Realität drang mit einer solchen Macht auf sie ein, daß sie ihre persönliche Identität und ihre soziale Zugehörigkeit zerstörte. Dieser Verlust hatte nachhaltige Folgen sowohl für die Persönlichkeit und Lebenstüchtigkeit vieler Überlebender nach dem Krieg als auch für ihre Kinder, die der Zweiten Generation nach dem Holocaust angehören.

Die Veränderungen, welche in der Psyche der Überlebenden vor sich gingen, sind demnach das Ergebnis ihrer traumatischen Erfahrungen und zugleich auch der Abwehrmechanismen, deren die verfolgte Psyche bedurfte, um mit den traumatischen Erfahrungen fertigzuwerden. Um zu überleben, mußten die Häftlinge Abwehrmechanismen mobilisieren, die in der inneren Struktur des Ich und des Über-Ich Veränderungen hervorriefen. Die Fähigkeit eines Menschen, sich eine autonome und stabile eigene Identität zu bewahren, hängt von seinem Vermögen ab, sich seine inneren Identifizierungen zu erhalten. Sie sind für die Wahrung eines kontinuierlichen, stabilen Ich-Gefühls sowie für eine sich stetig erweiternde Wahrnehmung von Objekten unbedingt notwendig. Eben diese Fähigkeit, eine autonome und stabile Identität zu wahren, nahm bei den Häftlingen durch die fortwährende psychische Gewalt Schaden.

Die anhaltenden traumatischen Erfahrungen führten zu einer existentiellen Krise, die für die Häftlinge zur größten Prüfung wurde: Inwieweit würden sie sich ihre Identität als Menschen und als Juden bewahren können?

Eines der Themen dieses Buches ist die Frage, inwieweit das System der Nazis sein Ziel erreicht hat, die Identifizierungsprozesse bei den überlebenden Häftlingen, welche während der Zeit im Konzentrationslager noch Kinder oder Jugendliche waren, zum Stillstand zu bringen oder völlig zu zerstören. In welchem Ausmaß gelang es diesem System, die inneren Identifizierungsprozesse zu verzerren, unter anderem also die noch vor dem Krieg gebildeten verinnerlichten Repräsentanzen von Eltern, Geschwistern und anderen Familienangehörigen? Diese Frage ist von größter Relevanz im Hinblick auf das, was an Identität und Identifizierung von einer Generation an die nächste, das heißt von den Überlebenden an ihre Söhne und Töchter, weitergegeben wird.

Die Trennung von der Familie

»Ich sah meine Eltern und Schwestern zum letzten Mal, als sie auf das Lager zugingen. Dieser Moment kehrt Tag und Nacht immer wieder. Der letzte Blick, den sie mir in diesem Augenblick zuwarfen, hat mich seitdem die ganzen Jahre begleitet. Ich glaube, von da an hat sich in meinem Leben nichts mehr ereignet.«

Fania, etwa 50 Jahre alt, verheiratet und Mutter von vier Kindern, war elf, als sie in einem Lager von ihrer Familie getrennt wurde. Oberflächlich betrachtet, lebt sie ein erfülltes Leben. Sie hat geheiratet und vier Kinder geboren und großgezogen. In Wirklichkeit jedoch trägt sie bis zum heutigen Tag eine Last in ihrem Herzen, die in ihrem letzten Satz deutlich wird: »Von da an hat sich in meinem Leben nichts mehr ereignet.«

Man darf sich nicht davon täuschen lassen, daß Überlebende nur selten über die Trennung von ihren Eltern, Geschwistern und Familienangehörigen sprechen. Oft sparen sie das Thema der Trennung bei ihren Berichten über die Zeit des Holocaust aus, oder es verschwindet unter einer Fülle von Ereignissen, die auf den ersten Blick wichtiger erscheinen. Manchmal sind Überlebende nach vielen Jahren soweit, daß sie über die Trennung von ihren Familien berichten können. (Meistens geschieht dies auf direktes Nachfragen ihrer Kinder.) Aber selbst dann sind ihre Schilderungen oftmals nur kurz und werden mit monotoner Stimme vorgetragen. Man darf sich davon nicht irreführen lassen. Bei genauerem Hinsehen erkennt man, daß das Trauma der Trennung von der Familie sehr tief geht und vielleicht das am schwersten zu heilende ist.

Die Trennung von der Familie hat in der Psyche der Überlebenden Schmerz, Wut und Schuldgefühle sowie Gefühle des Verlustes und der Leere hinterlassen. Sie ist eine psychische Wunde geblieben, die immer wieder aufbricht, auch wenn sie sich geschlossen zu haben scheint.

Dieses unbewältigte Erlebnis tritt meistens in Alpträumen, Träumen und Phantasien zutage. Bei einigen Überlebenden aber war das Trauma derart schwerwiegend, daß sie es ganz verdrängt haben und allenfalls auf Umwegen zum – auf den ersten Blick unverständlichen – Ausdruck bringen, etwa in psychosomatischen Symptomen und anderen psychischen Störungen. Bei Kindern und Jugendlichen führte die Trennung von der Familie, insbesondere von den Eltern, zu einem Bruch in ihrer Identität und ließ darin später einen erstarrten Bereich entstehen. Bei den Überlebenden, die zur Zeit des Holocaust schon erwachsen waren, ist der Schaden anders geartet und geringer.

Wie Krystal (1968) und später auch Kestenberg (1972) betonen, verwischen sich die Unterschiede zwischen Kindheits- und Erwachsenentrauma, wenn man bedenkt, welche Regressionen die späteren Überlebenden durchliefen, entweder weil sie abrupt von ihren Angehörigen getrennt wurden oder weil sie als Erwachsene vollständig von anderen Menschen abhängig wurden und ihren Erwachsenenstatus aufgeben mußten, um ihn ihren Verfolgern, den Nazis, zu überlassen.

Die absolute Abhängigkeit der Häftlinge von ihren Aufsehern auch in den geringsten Kleinigkeiten und die Erniedrigung der Eltern vor den Augen ihrer Kinder mußten zwangsläufig dazu führen, daß in einem Kind das Bild von Eltern, die es lieben und beschützen können, zerstört wurde.

Elie Wiesel (1972) ist der Meinung, daß Kinder, die bei ihren Eltern bleiben durften, nicht selten in einen tiefen seelischen Konflikt gerieten. Der Verfall der physischen und psychischen Kräfte der Eltern führte dazu, daß sie von ihren Kindern abhängig wurden und daß das Überleben der Kinder fast immer von ihrer Fähigkeit abhing, die Eltern ihrem Schicksal zu überlassen. Jedoch gerieten nicht nur Kinder in einen seelischen Konflikt. Auch junge Erwachsene, die vor dem Holocaust in einer geborgenen und liebevollen Umgebung aufgewachsen waren, verfielen nicht selten in eine so schwere Regression, daß sie jeden Glauben an ihre Eltern verloren. Viele von ihnen schwanken bis heute zwischen zwei extremen Einstellungen: der Idealisierung ihrer verlorenen Familie und der bitteren Anklage gegen dieselbe Familie, die damals keine Möglichkeit gefunden hat, sie zu beschützen.

Mina, 55 Jahre alt, verheiratet und Mutter einer erwachsenen Tochter, erzählt:

> »Seitdem sind fast vierzig Jahre vergangen, und erst jetzt kann ich ein wenig von dem erzählen, was ich in jenen Monaten und Jahren erlebt habe. Das Unvermögen, dieses Entsetzliche in Worte zu fassen, hat mein ganzes Leben schwer beeinträchtigt – bis auf den heutigen Tag. Hinter meiner Gefühlskälte stehen grauenvolle und traumatische Erlebnisse, Greueltaten, die Menschen an anderen Menschen begangen haben, Folterungen, körperliches und seelisches Leid, für das es keinen Ausgleich geben kann. Ab einem gewissen Punkt, während der Todesmärsche über zig Kilometer, in den unzähligen Stunden der Zwangsarbeit, verlor man

sich selbst. Man gab sich auf, weil man apathisch wurde. Der Mensch ist nicht zum Alleinsein geschaffen, weder in guten noch in schlechten Zeiten. […]

Als ich das Echo des Gewehrschusses hörte, der meine Mutter tötete, die auf diesem Todesmarsch hinter uns ging, wurde ich stumm. Ich brachte kein Wort heraus. Über einen Monat lang konnte ich nicht sprechen. […] Als ich aus den Lagern zurückkehrte, konnte mich niemand verstehen. Ich fühlte mich, als wäre ich hundert Jahre alt, seelisch eine Greisin, obwohl ich, körperlich gesehen, erst sechzehn war. Ich hatte keinerlei Verlangen mehr nach einem geistigen Leben, nach Gesellligkeit, keinen Wunsch mehr zu heiraten. Mich interessierte nichts mehr. Ganz langsam kehrten wir in die Normalität des Alltagslebens zurück, nur zu uns selbst sind wir nie wieder zurückgekehrt. Wir waren nicht verbittert, wir haßten niemanden; wir wollten uns nicht erinnern, nur vergessen wollten wir.«

Man kann in Minas Bericht genau nachvollziehen, an welchem Punkt sie innerlich zerbrochen ist: In dem Augenblick, als sie das Echo des Gewehrschusses hörte, der dem Leben ihrer Mutter ein Ende setzte, zeigte sie keinerlei Reaktion, sondern marschierte weiter auf dem Todesmarsch und erstarrte in sich selbst. Das physische Verstummen dauerte einen Monat, ihr emotionales Verstummen aber hält bis zum heutigen Tag an: »Zu uns selbst sind wir nie wieder zurückgekehrt.« Lifton (1980) beschreibt dieses Verstummen als ein psychisches Sichabschotten [psychic closing-off], das den Überlebenden sein ganzes Leben begleitet, ohne daß er sich daraus lösen kann. Das Verlassen war beiderseitig: Durch ihren Tod ließ Minas Mutter ihre Tochter allein, und Mina ließ ihre Mutter allein, indem sie sie einsam am Wegrand sterben ließ. Auf diese Weise verlor sie auch sich selbst.

In Minas bruchstückhaften Sätzen reihen sich Gefühle von Verlassenheit, Wut, Trauer, Schmerz und Schuld aneinander. Sie sind von solcher Intensität, daß sich das Ich durch den exzessiven Einsatz von Abwehrmechanismen wie Verdrängen und Verleugnen schützen muß: »Wir wollten uns nicht erinnern, nur vergessen wollten wir.« Weil Mina die traumatische Trennung von der

Mutter vollkommen verdrängte, wurde der natürliche Prozeß der Identifizierung mit der Mutter, der für ein junges Mädchen in der Pubertät äußerst wichtig ist, untergraben und kam zum Erliegen. Typisch für die Pubertät sind jedoch auch Gefühle der Wut und Frustration, die in einer solchen Situation allerdings, ebenso wie die Wut über das Verlassenwerden, völlig abgespalten werden. An ihre Stelle treten schwerste Schuldgefühle, und daneben entwickelt sich nicht selten eine Idealisierung der Eltern, insbesondere der Mutter.

Leah wurde in Polen geboren und war neun Jahre alt, als die Deutschen das Städtchen besetzten, in dem ihre Familie wohnte. Die Familie – die Eltern, zwei jüngere Schwestern, Onkel, Tanten, Cousinen und Cousins – versteckte sich im Keller des Hauses. Leah sah älter als neun Jahre aus, und ihre Gesichtszüge wirkten arisch. Sie verließ in einem Kleid der Mutter das Versteck, um für die ganze Familie Lebensmittel zu besorgen.

So verstrichen einige Wochen. Eines Tages kehrte Leah mit zwei unter dem Oberteil des Kleides versteckten Brotlaiben zurück und fand den Keller leer vor. Ihre Angehörigen sah sie niemals wieder.

Leahs Tochter berichtet, daß ihre Mutter dieses Erlebnis mit monotoner und ausdrucksloser Stimme und wie unter Zwang immer wieder erzählt. Auch in diesem Fall wurde der Moment des gegenseitigen Verlassens zu einer wut-, schmerz- und schuldbeladenen Erinnerung. In dem zwanghaften Versuch, in der Erinnerung in diesen leeren Keller zurückzukehren, äußert sich offenbar das Bedürfnis, eine Lösung für einen unlösbaren Konflikt zu finden. Denn weil Leah die entsetzlichen Gefühle nicht zu reaktivieren vermag, die sie verspürte, als sie in der Kellertür stand, ist es ihr unmöglich, das Vakuum in ihrer Psyche zu füllen. Der leere Kellerraum ist auch der leere Raum ihres Inneren, der für sie zu einer ständigen Bedrohung geworden ist.

Die Zerstörung des Elternbildes hatte begonnen, noch bevor sich Leah allein auf der Welt wiederfand, nämlich schon während der Wochen, als die Beschaffung von Lebensmitteln für die gesamte Familie, einschließlich der Onkel, Tanten, Cousinen und Cousins, ausschließlich auf ihr lastete. Die normale, auf Kontinuität zwischen den Generationen basierende Identifizierung, die einen zentralen Bestandteil des Erwachsenwerdens bildet, wurde bei ihr – wie bei vielen anderen Überlebenden, die während des Holocaust Kinder oder Jugendliche waren – unterbrochen. Die Veränderungen in der Einstellung dieser Kinder und Jugendlichen gegenüber den eigenen Vorstellungsbildern von ihren Eltern unterschieden sich nicht wesentlich von denen, die bei Erwachsenen auftraten. Bei den Erwachsenen war jedoch nicht selten ein Hang zur Idealisierung der Elternimagines zu beobachten, der ungeheuer starke Schuldgefühle überdeckte. Die Schuldgefühle und der Schmerz über den Verlust von im Holocaust umgekommenen Lebenspartnern und kleinen Kindern stellen einen weiteren wichtigen Faktor dar, auf den ich weiter unten eingehen werde.

Der Trennung von den Eltern ging oftmals eine lange Zeitspanne voraus, in der die Kinder und Jugendlichen einen sich bei ihren Eltern vollziehenden regressiven Prozeß miterlebten, in dessen Verlauf diese immer weniger imstande waren, für ihre Kinder zu sorgen und ihnen Schutz und Sicherheit zu bieten. Die endgültige Trennung, die am Ende dieses traumatischen Prozesses erfolgte, besiegelte nur definitiv die inneren Spaltungsoperationen, welche den Bezugsrahmen der normalen Identifizierung von Kindern mit ihren Eltern verzerrten. Diese Brüche zogen strukturelle Veränderungen in der Psyche der Kinder und Jugendlichen nach sich, was sich darin zeigte, daß der Prozeß des Erwachsenwerdens bei ihnen beschleunigt ablief. Unter anderem kam es zu einer hastigen Aneignung und Verinnerlichung neuer ethischer und moralischer Wertvorstellungen, die sich von ihren bisherigen völlig unterschieden.

Wir sind somit Zeugen eines exzessiven Einsatzes von Verdrängungs-, Verleugnungs- und Isolierungsmechanismen, die seinerzeit zwar unabdingbar waren, um eine grundlegende Geschlossenheit des Ich zu wahren, aber auch strukturelle Veränderungen in Gang gesetzt haben. Emotionale Erlebnisse, die das Ich überschwemmen und bedrohen, führen letztendlich zu inneren Spaltungen und Brüchen, die an der Deaktivierung von Ich-Funktionen, welche zuvor als Vermittler und Regulatoren der Psyche dienten, zu erkennen sind (A. Freud 1967/1980, S. 1834).

Die zentrale Stellung der Schuldgefühle in der Persönlichkeit des Überlebenden ist nur zu erklären, wenn man sich klarmacht, daß die Kontinuität der

Identifizierung zwischen den Generationen abgerissen ist. Die Schuldgefühle der Überlebenden wurden zu einem Wesenselement, das aufs engste mit dem Kern ihrer Identität verbunden war, und behielten diese Funktion nach der Befreiung noch viele Jahre lang (Klein 1987). Die Schuldgefühle sorgten nicht nur dafür, daß das Gewissen seine zentrale Position behielt, sondern übernahmen auch eine wichtige Funktion bei der Erhaltung der inneren Kontinuität der Selbst- und Objekt-Repräsentanzen, die sich bei den Überlebenden noch vor dem Holocaust gebildet hatten, und bei der Erhaltung des Zeitgefühls. Obwohl es zu einem Bruch in der Identifizierung gekommen war, hielten also gerade die Schuldgefühle, von denen die Überlebenden zeitlebens immer wieder gepeinigt werden, latent oder indirekt eine kontinuierliche Identifizierung mit den Imagines der Eltern und der übrigen Angehörigen aufrecht.

Andererseits beeinträchtigten die Schuldgefühle aber auch oft die Fähigkeit der Überlebenden, sich nach ihrer Befreiung an die neue Welt anzupassen, sowie ihr Vermögen, die zwei grundverschiedenen Welten vor und nach dem Holocaust miteinander zu integrieren.

Die Widersprüchlichkeit der Kontinuität wird uns hier erneut deutlich: Zwar hielten die Schuldgefühle den Kontakt zu den Imagines der verlorenen Familienangehörigen aufrecht, doch zugleich erschwerten sie es den Überlebenden, in den von ihnen nach dem Holocaust gegründeten Familien neue Bindungen aufzubauen.

Das Leben in den Vernichtungslagern

Die Auswirkungen des Holocaust auf die Psyche der Überlebenden wurden in den letzten Jahrzehnten ausführlich untersucht und sowohl in der allgemeinen als auch in der Fachliteratur dokumentiert.

Niederland (1964) betrachtet die Vernichtungslager als eine riesige Maschine, deren Hämmer unaufhörlich zuschlugen und systematisch das psychische Gleichgewicht der Opfer zerstörten. Devoto und Martini (1981) vergleichen bestimmte Charakteristika der Vernichtungslager mit psychiatrischen Anstalten und beschreiben die Vernichtungslager als »totale Institution«. Der

Prozeß der Entmenschlichung begann, noch bevor die Opfer die Todeslager erreichten, während des langen Transports in den Viehwaggons, der mit einer tiefen Demütigung bis hin zum Verlust der Menschenwürde verbunden war. Die Einschüchterungen während der Deportation erfüllten in diesem Prozeß eine entscheidende Funktion. Wer die Selektion überlebt hatte, mußte sich der »totalen Institution« anpassen und sich ein gänzlich neues System von Wertvorstellungen aneignen, in dem das höchste Ziel das nackte Überleben war, das heißt das Manövrieren zwischen Leben und Tod, denn letztendlich war das Konzentrationslager nichts anderes als ein großes Reich des Todes. Für die meisten Häftlinge, vor allem aber für die Kinder, wäre das Aneignen neuer Werte nicht möglich gewesen, wenn sie nicht parallel dazu einen Prozeß der psychischen Anpassung durchlaufen hätten. Laut Frankl (1947) ruft eine anormale Situation auch anormales Verhalten hervor. Der psychische Anpassungsprozeß bestand aus mehreren Schritten. Jedem Schritt waren unterschiedliche psychologische Dimensionen eigen, die nachfolgend dargestellt werden sollen.

Robotisierung

»Ohne recht zu denken oder zu wollen, werden da Menschen bald dahin, bald dorthin getrieben, zusammen- oder auseinandergetrieben, wie eine Herde von Schafen.« (Frankl 1947/1987, S. 84)

Unter den Holocaust-Forschern herrscht Einstimmigkeit darüber, daß eines der wichtigsten Gebote des Überlebens die Fähigkeit war, sich in die Masse einzufügen und in ihr unterzutauchen, was auch aus dem Motto der Häftlinge »Niemals auffallen« hervorgeht. Wer den ersten Schock überwand, legte sich automatische Reaktionen und Verhaltensweisen zu, die ausschließlich auf das Überleben ausgerichtet waren. Er erreichte dies durch eine exzessive Unterdrückung seiner unabhängigen Selbstachtung, seines eigenständigen Urteilsvermögens und des Wunsches, das zum Ausdruck zu bringen, was wirklich in ihm vorging.

Die emotionale Distanzierung führte rasch zum Persönlichkeitsverlust oder zur »Robotisierung«, das heißt zu einer extremen kognitiven Unterdrückung, durch die jedes Gefühl einer eigenen Identität und sogar das Empfinden für Zeit und kausale Zusammenhänge verlorenging (Bettelheim 1960; Levi 1986; Krystal 1968, 1978; Krystal und Niederland 1971).

Da sich der Häftling nicht mehr auf Angstgefühle als Warnsignale vor potentiellen Gefahren verlassen konnte, wechselte er allmählich von einem Zustand der Hyper-Wachsamkeit und der beständigen Todesangst in einen der Inhibition und Unterdrückung seiner emotionalen Sensibilität über (Krystal 1968). Schließlich versetzte die permanente Angst das System der normalen Ich-Funktionen in einen derartigen Schockzustand, daß das Ich existentiell bedroht war. Weil die Fähigkeit, Emotionen verbal auszudrücken, blockiert wurde, kam es zu einer Verminderung oder gar Zerstörung der Fähigkeit zur Symbolisierung. Auch die Phantasie wurde beeinträchtigt und ging in den meisten Fällen völlig verloren. Die Stabilisierung dieses chronischen Zustandes der Traumatisierung bedeutete ein Abstumpfen und Abtöten der Sinne und führte zur Zerstörung der mit dem Selbstwertgefühl verknüpften Empfindungen sowie zur bewußten Unterdrückung und erheblichen Schwächung der Zeit- und Realitätswahrnehmung.

Regression

Der von der SS gegen die Häftlinge geführte psychologische Krieg sollte die Persönlichkeit der Lagerinsassen auslöschen. Darauf zielten die Traumatisierung gleich zu Beginn und das unaufhörliche Aufzwingen abhängigen, regressiven Verhaltens.

Die Lebensbedingungen in den Lagern ebenso wie die totale Abhängigkeit auf Leben und Tod von den SS-Kommandanten trieben die Regression der Häftlinge weiter voran. Einige Forscher sind der Ansicht, daß die Lebensbedingungen im Lager ein regressives Verhalten geradezu erforderten und sogar belohnten, da ein passives und demütiges Verhalten und absoluter Gehorsam zum Erhalt der physischen Kräfte im besonderen, aber auch zum Überleben im allgemeinen beitrugen (Bettelheim 1960).

Es ist daher nicht verwunderlich, daß diese Verhaltensweisen auch nach der Befreiung aus den Lagern noch lange einen integralen Bestandteil der Persönlichkeit von vielen Überlebenden bildeten.

Da den Häftlingen Urvertrauen und gesunder Narzißmus genommen wurden, richteten sie ihre aggressiven Regungen gegen sich selbst. Mit den ersten Anzeichen einer Fragmentierung und Regression der Symbolisierungsfähigkeit ging der Verlust der existentiell wichtigen Fähigkeit zum Selbstschutz und der lebensnotwendigen permanenten Wachsamkeit einher. Dieser regressive Prozeß ließ manche zu einem rein psychomotorisch funktionierenden Organismus werden, dessen automatisches Handeln erstes Anzeichen für seinen baldigen Tod war.

Schutz des Ich

Bei vielen Häftlingen entwickelte sich eine »falsche Persönlichkeit«, die ganz aus einer rigiden, stereotypen Konformität bestand und jegliche Äußerung des eigentlichen Selbst in ihrem spontanen Fluß unterbinden sollte.

Bei vielen wurde die wahre innere Persönlichkeit so weit unterdrückt, daß sie praktisch gesehen als tot gelten konnte. Selbst nach der Befreiung behielten viele im Alltag ihre »falsche Persönlichkeit« bei. Der Häftling hatte sich einen psychischen Panzer konstruiert, der ihn gegen alle schmerzlichen Gefühle abschotten sollte. So wurde der Gefangene, um sich vor jeder Art von Gefühlen zu schützen, rigide und verschlossen.

»Das Verschwinden jeglichen Mutes«, schreibt Levi, »ließ uns, unter der Drohung unserer Folterer, feige und stumpf gegenüber den Schmerzen eines gequälten Kameraden werden, und der ewige Hunger fixierte all unsere Gefühle auf den Magen« (Levi 1947/1979).

Aufgrund der Unfähigkeit, auf Mitmenschen einzugehen, war das Einfühlungsvermögen stark gemindert (Grubrich-Simitis 1979), ebenso wie die Fähigkeit, emotionale Bindungen einzugehen. Da die Riten des Trauerns ihre Bedeutung verloren hatten, verschwand auch die Fähigkeit, beim Tod eines Familienangehörigen oder Kameraden Trauerarbeit zu leisten. Jegliche geistige Aktivität, mit Ausnahme der primitivsten, wurde zerstört und ausgelöscht. Die Persönlichkeit des Häftlings entledigte sich sämtlicher lebendigen Emotionen, bis er am Ende das Gefühl hatte, überhaupt nicht mehr zu existieren.

»Einige Tage später«, erzählt Leah, »als wir in das Vernichtungslager kamen, spürten wir keine Angst und erduldeten die Bestrafungen, ohne eine Logik dahinter erkennen zu können, ohne Phantasie und ohne Träume, ohne Illusionen – wir waren zu Robotern geworden. Ohne Gegenwart und ohne Zukunft, ohne Erinnerungen an die schöne Vergangenheit, denn wir gingen ganz in unserer unmittelbaren Umgebung auf und waren völlig damit beschäftigt zu überleben: von Augenblick zu Augenblick, von Tag zu Tag. Wir wollten nichts. Wir fühlten nichts. Worte wie Hoffnung oder Menschlichkeit klangen seltsam in unseren Ohren. Niemand versuchte, seinem Nächsten Mut zuzusprechen. Wir konnten uns kaum selbst retten. Wenn wir uns hinsetzten und unseren Teller Suppe und das Stückchen Brot aßen, tauschten wir manchmal einen lebendigen Blick, schweigend, aus der Ferne, und freuten uns, daß wir noch lebten, um gegen den Sog der Vernichtung anzukämpfen.«

Die Robotisierung diente in den Jahren des Grauens als Abwehrmechanismus, verschwand jedoch mit der Befreiung nicht, sondern hinterließ noch über viele Jahre hinweg ihre Spuren bei den Überlebenden.

Veränderungen im Über-Ich

Die Häftlinge waren über einen langen Zeitraum hinweg extremer Feindseligkeit und Gewalt ausgesetzt, so daß sich ein innerer Druck in ihnen aufstaute. Sie mußten aber ihre unter den Umständen ganz natürlichen sadistischen Phantasien und Rachegedanken unterdrücken. So büßten diese ihre Signalfunktion ein und waren kein zuverlässiges Warnzeichen mehr, das angesichts unmittelbar drohender Gefahr die Organisation einer entsprechenden Verteidigung einleitet. Die normale Funktion des Über-Ich als Wächter und Beschützer versagte, die Psyche wurde hilf- und schutzlos und sträubte sich dagegen, die Realität wahrzunehmen.

Herkömmliche und allgemein gültige Regeln der Ethik wurden wirkungslos, da durch die beständige Todesdrohung nur ein dünnes Rinnsal von aus der Außenwelt gespeisten Emotionen und Empfindungen übrigblieb und ein neues System von Erwartungen entstand, das ausschließlich auf das nackte Überleben ausgerichtet war.

Weil verbale Kommunikation und Symbolisierung nur noch von begrenztem Nutzen waren, wurden sowohl das Ich als auch das Selbst – und die innere Reflexion äußerer Objekte im Ich – ihrer gesamten Individualität beraubt, so daß sich die Grenzen zwischen Individuum und Kollektiv vollständig verwischten. Daher ist es nicht weiter verwunderlich, daß die Identifizierung mit den Gesetzen der Aggressoren nach und nach an die Stelle des normalen Narzißmus und einer abgegrenzten Identität trat.

Die mehr oder weniger für alle Lagerinsassen charakteristische Anpassungsfähigkeit läßt sich als eine »Notstandsmoral« auffassen. Der Verzicht auf die Unabhängigkeit des Selbst war eine Form der Selbstverteidigung, die den Vorteil bot, eine Distanz zwischen Opfer und Aggressor aufbauen zu können, sowie die Möglichkeit, kommendes Unheil vorauszusehen und ohne Schaden zu überstehen. Einige Forscher sind der Auffassung, daß sich diese »Notstandsmoral« allmählich in einen »moralischen Absolutismus« verwandelte, der auf der Regression des Über-Ich und auf der Angst vor einer externen Autorität beruhte. Um die Psyche vor Verletzungen zu schützen, mußten die Häftlinge primitive, magische und realitätsferne Identifizierungen eingehen, die sich innerhalb von immer enger werdenden psychischen Grenzen abspielten.

Die Atmosphäre von Gefahr und Angst, die ihren Ursprung in der unablässigen Gewalt hatte, brachte die Opfer möglicherweise dazu, die bis dahin verinnerlichten Bilder des Über-Ich zu re-externalisieren. Es ist von daher nicht verwunderlich, daß das Über-Ich der Überlebenden auch nach der Befreiung schwach blieb und weiterhin von Regression und Entdifferenzierung bedroht war.

Einigen Forschern zufolge litten viele Überlebende noch Jahre nach der Befreiung aus den Lagern an einem »KZ-Syndrom«. Zu den Charakteristika dieses Syndroms gehören folgende Symptome:

1. Eine übermäßige Beschäftigung mit sich selbst. Depressive Stimmung, chronische, unverarbeitete Trauer, die von Schuldgefühlen und einem Gefühl der Leere begleitet wird.

2. Emotionale Abstumpfung und Hemmungen. Chronische Angstgefühle, die auf dem Verlust von Urvertrauen und gesundem Narzißmus beruhen. Diese Ängste überfluten die Ich-Funktionen und bedrohen das Individuum in seiner emotionalen Existenz, indem sie die Fähigkeit zur verbalen Artikulation von Gefühlen herabsetzen und die Symbolisierungsfähigkeit und Vorstellungskraft beeinträchtigen.

3. Verschiedene physische und psychosomatische Störungen. Alpträume, extreme Gemütsschwankungen und andere Symptome.

4. Mangelhafte Funktion des Über-Ich. Spaltung des Ich und der im Über-Ich reflektierten Objekte. Diese Defekte rühren von dem Konflikt zwischen der Identifizierung mit der Nazimoral und deren Verurteilung und Ablehnung her.

5. Die Ich-Funktionen laufen weiterhin automatisch und reflexhaft ab. Die Fähigkeit, zwischenmenschliche Beziehungen aufzubauen, ist stark geschwächt und mit ihr auch die Fähigkeit zur Empathie, während das Vermeiden des Trauerns und der inneren Trauerarbeit zu einem Verlust der Bindungsfähigkeit führt.

6. Durch die Folterungen und Erniedrigungen und das Entbehren einer Intimsphäre hat das Bild vom eigenen Körper Schaden genommen. In einigen Fällen deckt es sich mit dem Bild des Juden, das die Nazis propagierten; manche Überlebende haben Aspekte dieses Bildes verinnerlicht und zu einem Teil ihres Weltbildes gemacht.

Die von den Nazis angewandten Methoden der Unterdrückung bedeuteten demnach einen langen Prozeß der vorsätzlichen Traumatisierung, der darauf zielte, die innere Realität der Häftlinge und die gesunden Repräsentanzen der ihnen vertrauten Welt zu zerstören. So wurden Verleugnen, Verdrängen und Isolieren von Emotionen letztendlich zu angemessenen und lebensnotwendigen Abwehrmechanismen.

Doch gilt es, neben den Prozessen, welche die psychische Integration der Häftlinge verzerrten und zerstörten, auch gegenläufige psychische Prozesse zu isolieren und hervorzuheben, die darauf ausgerichtet waren, die innere Integration des Ich und des Selbst soweit wie möglich zu schützen und die totale Desintegration zu verhindern. Selbst in den entsetzlichsten und traumatischsten Situationen lassen sich psychische Prozesse ausmachen, die einerseits zwar zu einer Verengung des Ich und zum Verlust einer eindeutigen Identität führen, andererseits aber auch bestimmte Elemente der Identität und des Selbst sowie eine gewisse Kontinuität bewahren.

Paradoxerweise dienten diese Elemente (etwa der weitreichende Einsatz von Abwehrmechanismen) manchmal gleichzeitig beiden auf den ersten Blick gegensätzlichen Tendenzen, also sowohl der Einschränkung als auch der Wahrung des Ich. Verleugnung und Verdrängung zum Beispiel ermöglichten die Bildung von Phantasien, in denen Ich-Funktionen zum Ausdruck kommen konnten, und ließen eine Trennlinie zwischen der traumatischen, bedrohlichen Realität und der auf Erinnerungen und Tagträumen beruhenden inneren Welt entstehen.

Frankl (1947) beschreibt, wie es ihm gelang, sich von Zeit zu Zeit das Bild seiner geliebten jungen Frau vor Augen zu rufen, sich nach ihr zu sehnen und sich an Glücksgefühle und gemeinsam erlebte wunderbare Augenblicke der Nähe und Intimität zu erinnern. Er wird nicht müde zu betonen, was diese Momente für ihn bedeuteten: Sie gaben ihm die seelische Kraft, standzuhalten und unter Schwäche, Hunger und Mißhandlungen nicht zusammenzubrechen.

Auch H. Klein (1987) betrachtet die Fähigkeit, Erinnerungen wachzurufen, Sehnsucht nach geliebten Menschen zu verspüren und diese Empfindungen inmitten einer vom Bösen durchtränkten Gegenwart immer wieder aufleben zu lassen, als Sieg des Häftlings über seine Folterer. Dazu gehören seiner Meinung nach auch die Gedichte, die mitten im Reich des Todes geschrieben wurden – Gedichte der Liebe und Hoffnung.

Gemeinsam gesungene Lieder und von Einzelpersonen verfaßte Gedichte werden in vielen autobiographischen Berichten erwähnt. Die in den Ghettos und Lagern gesungenen Lieder sind nach Klein (1987) ein unbewußtes Sicherinnern an Wiegenlieder, die Mütter ihrem Baby vorgesungen haben. In den meisten Wiegenliedern sind Urelemente jener »Haltefunktion« [holding], die eine Mutter während des Stillens gegenüber dem Säugling ausübt, deutlich zu erkennen. Die Fähigkeit, den Kontakt zu diesen Urelementen aufrechtzuerhalten, ist eine notwendige Bedingung für die fortschreitende Integration der Psyche und für das – zumindest teilweise – Wahren des Gefühls einer kontinuierlichen eigenen Identität. Ohne diese Fähigkeit hätten die Häftlinge die für das physische Überleben notwendigen Kräfte nicht mobilisieren können.

Die Rückkehr in die Welt nach dem Holocaust

Nach der Befreiung verließen die Überlebenden die Vernichtungslager, die Verstecke und Wälder und begannen umherzuwandern. Viele erreichten am Ende die über ganz Europa verstreuten Camps für Displaced Persons (DPs, Verschleppte). Sie hofften, verschollene Familienangehörige zu finden, und begannen, nach ihnen zu suchen. Sie stellten Nachforschungen an und malten sich die Rückkehr ihrer Angehörigen aus. In den meisten Fällen mündeten diese Erwartungen in bittere Ernüchterung. Sie begriffen, daß sie die einzigen waren, die von ihrer gesamten Familie übriggeblieben waren; ihre Lieben waren umgekommen, sie würden sie niemals wiedersehen. Die Ernüchterung brachte ein Gefühl unerträglicher Einsamkeit mit sich, zu dem bald die Erkenntnis hinzukam, daß sie nicht nur ihre Familie, sondern auch ihre Heimat verloren hatten. Die Gewißheit, daß sie nie mehr an ihren Geburtsort zurückkehren würden, daß ihr Zuhause und ihre Gemeinde zerstört und ausgelöscht worden waren, war ein nicht minder schwerer Schlag als der Verlust der Familie.

Appelfeld (1971, S. 82) beschreibt die zerrissene innere Welt der überlebenden Displaced Persons:

> Nach dem Krieg wurden die Menschen von einem seltsamen Optimismus ergriffen. Der Schmerz der Trennung war noch frisch. Die Menschen wußten das, was mit ihnen geschehen war, nicht einzuordnen. Das Blut in den Adern wußte mehr als der Kopf; und dennoch war da eine Art Optimismus. [...]
>
> Das Blut in den Adern wußte bereits: die Wunde kann nicht mehr genäht werden. Wir sind vertrocknet, verdorrte Samenkörner, aus uns wird kein neues Leben entstehen.

Danach sagt er über die Protagonistin des Buches:

> Betty ließ ihren Schlaf nicht los, war tief im Schlaf versunken. Er verstand: sie suchte nach den Pfaden ihrer Ahnen, ohne sie gab es für sie kein Fortbestehen. Er war klein jetzt, neben ihrem Schlaf. Auch er wollte schlafen, war aber hellwach, wie nach einem Unglück. (S. 82 f.)

Bei der Beschreibung des Protagonisten Grasman sagt er:

> Erst jetzt, nach vielen Jahren, fühlte er, daß sie alle von ihm abgefallen waren, wie eine harte Schale. Er war alleine groß geworden. Selbst sein Vater und seine Mutter hatten sich von ihm abgetrennt. Die Welt hatte ihn wie auf Wellen von Klima zu Klima gestoßen, von Sprache zu Sprache ... Er spürte die Leichtigkeit seines Körpers wie nach einem ausgiebigen Spaziergang. Die Füße gehen weiter, jedoch ohne den Körper. Er fühlte, daß seine Wurzeln weit von hier entfernt sprossen, neben dem Pruth[1], wo sie ohne ihn weiterlebten. (S. 82)

Appelfeld beschreibt die große Welle der Einsamkeit und Leere, die über den Überlebenden zusammenschlug, als ihnen klar wurde, daß die alte Welt nicht mehr existierte. Deshalb konnte der Prozeß der innerpsychischen Spaltung, der in den Lagern begonnen hatte, nicht einfach aufhören.

Ein Teil des Ich lebte weiterhin im Vernichtungslager, völlig ausgeliefert, ohne Schutzpanzer und an die Bilder der verschwundenen Familienangehörigen gekettet. Daneben konsolidierte sich ein anderer Teil des Ich, der das Trauma und den schrecklichen Schmerz leugnete und verdrängte, welcher im gegenseitigen Verlassen und im Bewußtwerden über das Schicksal der Angehörigen begründet lag. Nur durch die Verdrängung des Schmerzes war es dem Ich möglich, weiterhin zu funktionieren und sich an eine neue Welt – eine Welt nach dem Holocaust – zu gewöhnen.

Appelfelds Betty symbolisiert jenen Teil des Ich, der – wenn auch nur

---

[1] Linker Nebenfluß der Donau, zwischen Rumänien und UdSSR (heute Moldawien).

durch den Schlaf, durch eine Art dahindämmernden Bewußtseins – den Kontakt zu der für immer verschwundenen und versiegelten Welt sowie zu den Bildern der niemals wiederkehrenden Eltern aufrechterhält. Denn ohne diesen Kontakt gibt es keine innere Kontinuität, nur einen inneren, unbewußten Kampf. Betty bewahrt sich in ihrem Schlaf das Gefühl der Kontinuität, den Kontakt und die Identifizierung mit den Imagines ihrer toten Eltern.

Dagegen symbolisiert ihr Gefährte Grasman den anderen Teil des Ich, jenen Teil, der versteht, wie wichtig Kontinuität ist, und trotzdem einen Weg findet, sich ihr zu entziehen. Es geht ihm dabei nicht nur darum, sich von den Bildern umgekommener Familienangehöriger abzusetzen, sondern auch von all dem, was man »Wurzeln« nennen könnte. Dabei wird jedoch Grasmans jüdische Identität untergraben, denn schließlich baut sie auf dem Gefühl der Zugehörigkeit zu einer Familie, einer Gemeinde und dem gesamten jüdischen Volk auf.

Der Bruch in Grasmans Identität zeigt sich darin, daß sein Glaube erschüttert wird und daß er sich nicht mehr mit dem Volk zu identifizieren vermag, dem er angehört. Die Sprache der Juden ist ihm entfallen. Seit Jahren hat er kein religiöses Buch mehr aufgeschlagen. Das Blut in seinen Adern ist nicht mehr das Blut seiner Eltern, und ihre Stimmen dringen nicht mehr an sein Ohr. Er spricht ihre Sprache nicht mehr, und durch seine Identität geht ein tiefer Riß.

Wie allgemein bekannt, ist die Stimme der Mutter, die Grasman nicht mehr hört, eines der wichtigsten Elemente der archaischen, präverbalen Welt des Säuglings – einer Welt, die aus Phantasien, Bildern und Stimmen besteht. Sind diese Stimmen Teil eines positiven Muttererlebnisses, so beschwichtigen sie die Ängste des Säuglings und lassen ihn Urgefühle von Ruhe, Wärme und Sicherheit erfahren. Die Stimmen erfreuen das Baby, beruhigen es und werden, nachdem es sie verinnerlicht hat, zu dem Fundament, auf dem die Gefühle der Sicherheit und Zugehörigkeit gründen, die eine so wichtige Komponente bei der Gestaltung des Ich sind.

Appelfeld rührt also an jenen Punkt, an dem die Grundgefühle der Geborgenheit und Zugehörigkeit zerbrechen, die in der archaischen, unbewußten Welt verborgen liegen und das Fundament der sich entwickelnden Identität bilden. Es spricht vieles dafür, daß wir es hier im wesentlichen mit Veränderungen zu tun haben, die sich in der Psyche der Überlebenden abspielten, nachdem sie bereits von der Todesangst befreit waren. In den Lagern war es den Überlebenden gelungen, sich jene ursprünglichen, elementaren Gefühle des »Gehaltenwerdens« [holding] zu bewahren – vielleicht, wie Klein (1987) meint, durch die Lieder, die sie dort sangen. Dies zeigt, daß sie am Kontakt und der Identifizierung mit den verinnerlichten Bildern ihrer Angehörigen festgehalten hatten. So vermochten sie das Gefühl eines intakten Ich und das Empfinden der Kontinuität zu wahren. Diese psychischen Elemente wurden jedoch nach der Befreiung in ihren Grundfesten erschüttert, genau zu der Zeit also, als nicht mehr sämtliche Energien auf das physische Überleben gerichtet waren und die Existenzangst nachließ.

Als nach dem Krieg die Hoffnungen, die alte Ordnung könnte wiederhergestellt werden, in bittere Ernüchterung umschlugen und auch die Überreste der Gefühle von Sicherheit, Zugehörigkeit und Kontinuität erschüttert wurden, blieb in den Herzen der Überlebenden nichts als ein Gefühl abgrundtiefer Leere zurück. Sie stürmte von überallher auf sie ein und erfüllte ihr ganzes Wesen (Davidson 1980).

Appelfeld (1971) drückt dies noch drastischer aus:

> Alle, die sich erinnerten, wurden fortgeweht wie Sägemehl im Wind. Ihre Grübeleien machten sie wahnsinnig, ihre Erinnerungen machten sie wahnsinnig. Nur die, die zu vergessen imstande waren, hatten ein langes Leben vor sich. Alle, die ein ausgezeichnetes Gedächtnis hatten, starben. (S. 61)

Nicht jeder war fähig, sich von seinen Erinnerungen zu lösen. Wessen Herz nicht zu Stein geworden war, überlebte nicht, denn überleben konnte nur, wer sich ganz von seiner Vergangenheit gelöst hatte.

Lifton (1980) definiert diese Loslösung als emotionale Versteinerung und unterscheidet verschiedene Stufen der Depersonalisation. Die Fähigkeit der Überlebenden, anderen Menschen zu vertrauen und sich auf sie zu verlassen, war minimal. Noch einmal zu lieben war für sie nicht nur ein Verrat an den Toten, sondern sie fürchteten auch, die Kontrolle zu verlieren und in einen Strudel von Emotionen hineingerissen zu werden.

Trotz alledem bauten sie neue Beziehungen – genauer gesagt, Verbindungen – auf, und es kam zu vielen Eheschließungen zwischen Überlebenden. Diese Ehen wurden jedoch meistens nach einem oberflächlichen und flüchtigen Sichkennenlernen geschlossen, aus einer Sehnsucht nach Abhängigkeit und dem drängenden Verlangen heraus, der Einsamkeit zu entfliehen und Trauer, Depressionen und die Angst vor dem Verlassenwerden zu betäuben. In den so entstandenen Ehen von Überlebenden kam keine wirkliche emotionale Bindung zwischen den Partnern zustande. Der Auslöser für eine solche Verbindung war oftmals, daß der eine Partner dem anderen irgendeine Art von materieller Sicherheit zu bieten vermochte. Die Wahl des Partners wurde darüber hinaus auch von anderen Faktoren beeinflußt, etwa von der Ähnlichkeit der Verfolgungserfahrungen während des Holocaust oder von der Ähnlichkeit des Partners, und sei sie auch noch so vage, mit einem umgekommenen geliebten Angehörigen.

Appelfeld (1983a) beschreibt eine Begegnung zwischen zwei Überlebenden:

> Er war Rosa am Strand in Italien begegnet, mitten unter den zahllosen verirrten Flüchtlingen, zwischen den Holzhütten am Meer. [...]
> »Komm«, sagte er zu ihr, und sie erhob sich, um ihm zu folgen. Auch am nächsten Tag war sie noch bei ihm. Sie stellte keine Fragen. [...]
> Sie fragte nicht, ob er sie liebe oder wann er zurückkomme. Ja, nicht einmal seinen Namen wollte sie wissen. [...]
> Dieses Schweigen bezauberte ihn. (1983a/1995, S. 18 und 20)

Viele Verbindungen begannen auf diese Weise: eine zufällige Begegnung am Strand, mehr nicht, ohne Werben, ohne langes Kennenlernen, ohne emotionale Begegnung oder ein vertrautes Gespräch. Im Gegenteil, die gesamte Begegnung basiert auf dem Fehlen eines Dialogs: Es ist Rosas Schweigen, das ihn bezaubert.

Und was kam danach? Das Fehlen eines Dialogs war auch für intimere Begegnungen kennzeichnend:

> Oft trafen sie sich, um ein, zwei Stunden beieinander zu liegen. Danach pflegte er sie ohne ein Wort zu verlassen, während sie, ganz matt vom Vergnügen, der Müdigkeit nachgab. Erst nach einer Weile bemerkte er, daß sie glücklich war. Als er ihr zum erstenmal eine Schachtel Konfekt schenkte, nahm sie es und sagte: »Wie schön«. Dann begann sie zu essen, ihm aber bot sie nichts an. (ibid., S. 19)

In Berichten von Angehörigen der Zweiten Generation über das Kennenlernen ihrer Eltern kehrt diese fast zufällige Partnerwahl, die auf einem elementaren, existentiellen – fast nur physisch erlebten – Gefühl der Geborgenheit beruhte, immer wieder.

Schulamit, Jahrgang 1946, Tochter von Überlebenden, erzählt:

> »Meine Mutter war ungefähr 19, als sie aus dem Lager kam. Sie hatte viel durchmachen müssen und war völlig gebrochen. Mit der Befreiung wurde ihr klar, daß sie ganz allein auf der Welt war. Von ihrer Familie war niemand zurückgekommen. Meinem Vater, der etwa zwanzig Jahre älter war, ging es etwas besser. Während des Krieges hatte er in einer Munitionsfabrik gearbeitet und so etwas mehr Nahrung erhalten. Als er dort herauskam, ›organisierte‹ er eine Hütte und fand Arbeit. Als er meine Mutter traf, bot er ihr an, die Hütte mit ihm zu teilen. Er kümmerte sich um sie und pflegte sie, bis es ihr besser ging, und dann blieb sie einfach in der Hütte. Ich weiß nicht, aber ich glaube, ohne diese Hütte hätten sie nie zusammengelebt. Einige Monate später wurde ich geboren.«

Chawa, auch sie Jahrgang 1946 und Tochter Überlebender, beschreibt die Hochzeit ihrer Eltern:

> »Mein Vater und meine Mutter trafen sich in Deutschland, nach dem Krieg. Meine Mutter war ungefähr 16 Jahre alt, und von ihrer Familie

war, außer einer Tante, niemand übriggeblieben. Mein Vater, der ursprünglich aus der Heimatstadt meiner Mutter stammte, hatte auf der ganzen Welt keinen einzigen Verwandten mehr. Als sie sich trafen, klammerten sie sich aneinander und trennten sich nie wieder, obwohl mein Vater fast zwanzig Jahre älter war als meine Mutter. [...]

Die Hochzeit wurde hastig gefeiert. Meine Mutter hat mir einmal erzählt, daß sie in Lumpen gekleidet zu ihrer Hochzeit erschien. Ein Kleid besaß sie noch nicht. Eine ihrer wenigen Bekannten, die zur Hochzeit gekommen war, bemerkte in letzter Minute, wie meine Mutter angezogen war, zog ihr eigenes Kleid aus, das in etwas besserem Zustand war, und paßte es mit Hilfe von Sicherheitsnadeln irgendwie an den schmalen Körper meiner Mutter an. Einige Monate später, noch in Deutschland, wurde ich geboren.«

Die Eltern von Baruch, der 1946 geboren wurde, sind beide Überlebende und trennten sich sofort nach der Hochzeit:

»Nach dem Krieg«, erzählt Baruch, »kamen mein Vater und meine Mutter aus den Vernichtungslagern und wanderten weiter in die Schweiz, wo sie sich trafen. Kurze Zeit später merkte meine Mutter, daß sie schwanger war. Dies war der eigentliche Grund, warum meine Eltern heirateten. Meine Mutter wollte um jeden Preis nach Israel, während mein Vater darauf bestand, in die USA zu gehen. Er dachte, daß man dort leichter reich werden könne. Meine Mutter weigerte sich, ihre zionistischen Aspirationen aufzugeben, und ging in den letzten Monaten ihrer Schwangerschaft allein nach Israel. Ich kam in Israel zur Welt. Meine Mutter lebte allein und kannte, außer ein paar wenigen Freunden, niemanden. Meinen Vater sah ich zum ersten Mal, als ich vier Jahre alt war. Erst dann, nachdem ich ernstlich krank geworden war, wurden wir als Familie wieder vereint.«

In einer Atmosphäre totaler Desorientierung, Verstörung und innerlicher Desintegration, umgeben von einem Gefühl der Leere, das die Ehepartner auch innerlich erfüllte, konnte keine Beziehung zwischen ihnen wachsen, die auf Dialog und zwischenmenschlicher Nähe beruhte. In den meisten Familien von Überlebenden gab es eine solche Beziehung nie, und dies hatte Folgen für die Kinder.

Kapitel 2

Kinder von Überlebenden als »Gedenkkerzen«

Viele Holocaust-Forscher betonen immer wieder, daß sich der Krieg der Nazis gegen das jüdische Volk vor allem gegen seine physische Kontinuität richtete, das heißt gegen sein Reproduktionspotential. Daher ist es nicht verwunderlich, daß viele Überlebende die Gründung neuer Familien als eine Antwort auf diesen elementaren Bestandteil der Pläne der Nazis verstanden.

Eineinhalb Millionen jüdische Kinder wurden im Holocaust ermordet. Nach der Befreiung wurde die Geburt neuer Kinder zum Symbol des Sieges über die Nazis.

Davidson (1980) und andere Forscher heben hervor, welch enorme Bedeutung die Geburt von Kindern im Bewußtsein der Überlebenden hatte. Keiner kann jedoch den Gebärtrieb, der die *She'arit HaPleta* nach Ende des Krieges packte, besser beschreiben als Appelfeld:

> Nach der Befreiung, am Strand, wurden viele Kinder geboren. Sie waren wild und verantwortungslos, nährten sich von Sonne, Sand und Konserven, sprachen eine Vielfalt von Sprachen, strichen oft in den verlassenen Militärlagern umher, viele wurden ausgesetzt. [...]
>
> Die Menschen wurden weiser und verstanden, daß sie nicht Eltern sein konnten. Sie setzten sie aus, in den Wäldern und in den Lagern. Sie haßten jenen Trieb, der sie an das Leben band. Aber jede Flüchtlings-

welle brachte Kinder mit sich, und jeden Tag wurden Kinder geboren. Die Menschen verwelkten, und vor ihnen wuchs eine neue Generation heran.

Die Menschen schliefen viel, aber der Clown des Lebens tat seine Arbeit im stillen. Selbst ältere Frauen wurden schwanger und gebaren […], das Leben schwappte über. Niemand hatte die Kraft, ihm zu widerstehen. (Appelfeld 1971, S. 60f.)

Die Generation von 1946 platzte halb tot, halb lebendig in die Welt, als Kinder völlig desorientierter Eltern voller innerer Widersprüche, die sich trotz des gewaltigen Vakuums, in dem sie sich fanden, vor dem Wunder ihres Überlebens nicht einer gewissen Euphorie erwehren konnten.

Die reale physische Existenz der Neugeborenen vermochte inmitten des Chaos ein wenig Licht zu verbreiten. Diesen Kindern fiel die Rolle zu, zum Rettungsanker für die verstörten Seelen ihrer Eltern zu werden. Die Überlebenden betrachteten ihre Kinder aber nicht nur als Rettungsanker, sondern auch als neuen Lebensinhalt.

Sigal, Silver, Rakoff und Ellin (1973), Rakoff (1966), Trossmann (1968) und andere Autoren betonen, daß die überlebenden Eltern ungeheuer große Erwartungen an ihre Kinder richteten: Sie sollten ihr leeres Leben mit Inhalt füllen und als Kompensation und Ersatz für umgekommene Familienangehörige, ausgelöschte Gemeinden und sogar für ihr eigenes früheres Leben dienen. Hätten sie ihre neugeborenen Kindern nicht als Fortsetzung ihrer verlorenen Lieben betrachten können, so wären ihnen ihr ganzes Leid und ihre Anstrengungen zu überleben als vergebliches Opfer erschienen.

Die Annahme, daß sich diese Erwartungen der überlebenden Eltern im Verlauf der Zeit legen und verschwinden würden, erwies sich als falsch. Es war nicht nur so, daß die Erwartungen nicht verschwanden – sie wurden vielmehr sogar noch fordernder und extremer.

Psychologen, die sich mit dem Thema der unmittelbar nach dem Holocaust geborenen Kinder beschäftigen, sind sich über die Stellung dieser Kinder im Bewußtsein der überlebenden Eltern einig (Russel 1974). Sie wurden nicht als eigenständige Individuen begriffen, sondern als Symbole für das, was ihre Eltern verloren hatten.

Barocas und Barocas (1973) stimmen dieser These zu und fügen an, daß nach den Beobachtungen, die sie als Therapeuten in Familien gemacht haben, der überlebende Elternteil über die Kinder sein Identitätsgefühl wiederherzustellen versucht. Indem sie ihre Kinder als eine Art Verlängerung ihrer selbst betrachten, befriedigen die Eltern ihre Bedürfnisse nach Identität und Identifizierung. Dies verhindert jedoch die Individuation und Bildung einer eigenen Identität bei den Kindern. (Auf dieses Thema gehe ich später noch ausführlicher ein.)

Die Beschreibungen, die viele Angehörige der Zweiten Generation von den Umständen ihrer Geburt geben, bestätigen diese These.

Arieh, ein Mann in den Vierzigern, Sohn Überlebender, erzählt:

»Ich wurde 1946 geboren, nachdem meine Eltern erfahren hatten, daß alle ihre Familienangehörigen umgekommen waren. Ich habe drei Vornamen: Arieh, Zwi und Mosche, und auch drei Familiennamen. Als ich gestern auf irgendeiner Party nach meinem Namen gefragt wurde, kam ich plötzlich durcheinander. Ich trage wirklich die ganze Familie auf meinen Schultern. Meine Schwester, die einige Jahre nach mir geboren wurde, erhielt nur einen Namen, den einer Großmutter, die umgekommen ist. Hätte es den Krieg nicht gegeben, und wäre meine Mutter nicht schwanger geworden, so hat mein Vater mir immer erzählt, hätte er nicht geheiratet. Folglich hat er mich eigentlich gar nicht gewollt. Ich glaube nicht, daß man überhaupt an mich gedacht hat, als man mich mit den Namen all dieser toten Verwandten überhäufte, oder daß man versucht hat, dieses Unrecht irgendwie auszugleichen. Jetzt bleibt mir nichts anderes übrig, als die Toten mit mir herumzuschleppen.«

Auch in Chawas Geschichte kommt das Thema der Mehrfachnamen zur Sprache:

»Ich wurde 1946 in Polen geboren. Meine Mutter war etwa 18 Jahre alt, als ich zur Welt kam, und hatte als einzige ihrer Familie überlebt. Auch mein Vater war, mit Ausnahme eines entfernten Cousins, allein übriggeblieben. Meine Mutter ging sofort nach der Geburt wieder zur Arbeit, und ich wurde zum Teil christlichen Nachbarn zur Pflege überlassen, blieb aber auch viel allein. Ich habe nicht nur drei Namen, die mir meine Eltern gaben, auch die Nachbarn gaben mir einen Namen, einen christlichen Namen. Ich wurde nach den beiden Großmüttern und der kleinen Schwester meiner Mutter benannt, die noch ein kleines Mädchen war, als sie umkam. Meine Schwester wurde erst zehn Jahre später geboren, als wir schon in Israel waren.«

Nehama, ebenfalls 1946 geboren und Tochter von Überlebenden, ist nicht die erste Tochter der Familie. Sie hat eine ältere Schwester, die zusammen mit den Eltern überlebte, doch ihre Geschichte unterscheidet sich nicht wesentlich von denen der anderen:

»Ich kam 1946 zur Welt. Nach Kriegsende erfuhren meine Eltern, daß alle ihre Angehörigen umgekommen waren. Meine Mutter fand erst später heraus, daß eine Tante überlebt hatte. Meine Mutter war bereits ziemlich alt, über vierzig. Meine ältere Schwester war schon über zehn Jahre alt, als sich meine Eltern entschlossen, noch ein Kind zur Welt zu bringen – mich. Es war eine sehr schwierige Geburt, und meine Mutter kam dabei fast ums Leben. Sie war in sehr schlechter körperlicher Verfassung und auch sehr deprimiert. Ich glaube, ich wurde geboren, um diese riesige Leere auszufüllen, die plötzlich entstanden war. Für meinen Vater war ich die Fortsetzung seiner Mutter und seiner Schwester, deren Namen ich trage, und auch die Fortsetzung seines jüngeren Bruders. Ich symbolisierte für ihn Dinge mit einer unangenehmen, beängstigenden Bedeutung, die gleichzeitig aber auch sehr wichtig waren.«

Nehama ist sich, wie viele Kinder von Überlebenden, der besonderen Rolle durchaus bewußt, die ihr noch vor ihrer Geburt zugewiesen wurde. Der einzige Zweck ihrer Existenz sollte sein, die schreckliche Leere auszufüllen, die die ausgelöschte Großfamilie und die zerstörte Gemeinde hinterlassen hatten.

Das Gefühl der schrecklichen Leere, in die sie hineingeboren wurden, und die ihnen zugedachte Rolle des Stellvertreters tauchen in den Berichten der Kinder von Überlebenden immer wieder auf – sie waren vom Moment der Geburt an Symbole. Eigentlich besteht hier kein wesentlicher Unterschied zu Problemfamilien, die dazu neigen, ein Familienmitglied als Sündenbock zu isolieren, um so eine Scheinlösung ihrer Probleme herbeizuführen. Die Rollen, die einem bestimmten Kind in einer Familie zugeschrieben werden können, sind allgemein bekannt: das »dumme«, das »böse« oder das »problematische« Kind. In einer solchen Rolle wird das Kind am Ende oft zum Sündenbock der Familie und infolgedessen tatsächlich sensibler und verletzbarer.

Titchener (1967) betont die Bedeutung bewußter und unbewußter Kanäle der Kommunikation in der Familie. Über diese Kanäle übermittelt der Betreffende Gefühle, die aus seinem Bewußtsein verdrängt sind und in keinerlei Beziehung zur wörtlichen Bedeutung seiner Äußerung stehen, so daß die unbewußte Botschaft die Verdrängungsbarriere des Empfängers unterläuft.

Satir (1968), Jackson (1957), Bell und Vogel (1960) und andere Autoren zeigen auf, wie Eltern ihre Kinder dazu bringen, die elterlichen Konflikte zu übernehmen und ihre Wünsche zu erfüllen, ohne daß sich die Kinder dessen bewußt werden. Richten sich die geheimen Wünsche der Eltern in einer dysfunktionalen Art und Weise auf ein bestimmtes Kind, so wird dieses zum »erklärten Patienten« [identified patient] der Familie. Dieser Prozeß beinhaltet eine beträchtliche kognitive Verzerrung dessen, wie die Eltern das eigentliche Wesen des Kindes wahrnehmen, eine Verzerrung, die es in die Rolle des Sündenbocks oder »erklärten Patienten« drängen soll.

Eines der Erkennungsmerkmale der Familien von Überlebenden ist demnach, daß einem der Kinder die Rolle des Sündenbocks zugeschrieben wird. Im Verlauf meiner jahrelangen therapeutischen Arbeit mit Kindern Überlebender ist mir jedoch deutlich geworden, daß die Sündenbockrolle in diesen Familien besondere Charakteristika, Eigenschaften und Inhalte aufweist, die sich unmittelbar aus der Familiengeschichte und der traumatischen Vergangenheit der Eltern und ihrer umgekommenen Familienangehörigen ableiten.

Es liegt nahe anzunehmen, daß die Überlebenden ihren Kindern auf bewußten wie auf unbewußten Kommunikationskanälen kognitive und emotionale Informationen übermittelt haben, und zwar einerseits über den Holocaust im allgemeinen und andererseits über die Geschichte von bestimmten Familienangehörigen, deren Schicksal Teil ihres persönlichen Holocaust war. So erzählt Chana, Tochter eines Überlebenden, daß ihr Vater zum Pessach-Fest, für das sich alle festlich kleideten, immer sein gestreiftes Hemd aus dem Lager, aus Auschwitz, anzog.

Ausgangspunkt der Botschaften, welche die Überlebenden ihren Kindern übermittelten, war folglich der traumatische innere Abdruck, den der Holocaust auf ihren gequälten Seelen hinterlassen hatte. Die Botschaften enthalten einen teils offenkundigen, teils latenten moralischen und ethischen Appell, der sich in wenigen Sätzen zusammenfassen läßt: »Ihr seid die nachfolgende Generation. Hinter uns liegen Zerstörung, Tod und unendliche emotionale Leere. Es ist eure Pflicht und euer Privileg, das Volk zu erhalten, die verlorene Familie wiederaufzubauen und das riesige physische und emotionale Vakuum, das der Holocaust um uns und in uns hinterlassen hat, zu füllen.« In normalen Familien besteht die wichtigste Funktion eines Sündenbocks darin, daß sich intrapsychische und zwischenmenschliche Konflikte an ihm entladen, während dies in den Familien von Überlebenden nur einen Teil seiner Aufgaben darstellt. Hier muß er nicht nur die ungeheure emotionale Leere füllen, sondern auch, ganz auf sich allein gestellt, die Kontinuität der gesamten Familiengeschichte erarbeiten und so eine verborgene Beziehung zu den im Holocaust umgekommenen Objekten schaffen. Aufgrund der besonderen Bedeutung dieser Rolle will der Ausdruck »Sündenbock« nicht recht passen. Angemessener ist es, solche Kinder »Gedenkkerzen« zu nennen.

Wenn man sich mit der Geschichte von Familien beschäftigt, sollte man bedenken, daß die Kernfamilie nicht in einem Vakuum existiert. Auf der horizontalen Ebene liegt sie im Zentrum verschiedener konzentrischer Kreise – der Großfamilie, der Gemeinde und der Nation –, während sie, vertikal betrachtet, ein Glied in der Kette von Generationen ist, die die langfristige Kontinuität der Familie repräsentiert.

Vor dem Holocaust waren die Kernfamilien der späteren Überlebenden durch soziale Zugehörigkeit und Identifizierung in die Großfamilie, die jeweilige Gemeinde und die Umgebung eingebunden und mit dem jüdischen

Volk verkettet – und zugleich mit den Generationen der Eltern und der Kinder. Der Holocaust riß die Glieder dieser Ketten auseinander und zerstörte jeden Zusammenhang zwischen ihnen. Die Rolle der »Gedenkkerze« ist daher zum einen auf die persönliche Geschichte der Eltern im Holocaust bezogen und stellt zum anderen den Versuch dar, die zerbrochenen Verbindungen zwischen den Eltern, ihren Angehörigen und den Gemeinden, in denen sie vor dem Holocaust gelebt hatten, wiederherzustellen. Überlebende erzählen ihren Kindern im allgemeinen recht wenig über ihre persönliche Geschichte, weil das sehr qualvoll für sie ist. Sie übertragen den »Gedenkkerzen« die Aufgabe, die Leere in ihren Herzen mit Inhalt zu füllen und die zerbrochenen und versteckten Mosaiksteinchen zu einem Ganzen zusammenzufügen.

Meissner (1970) mißt dem Geburtszeitpunkt des zum Sündenbock bestimmten Kindes besondere Bedeutung bei. Seiner Meinung nach hat die Situation, in der sich die Familie zur Zeit der Geburt befindet, großen Einfluß auf die Rolle, die dem Kind innerhalb seiner Familie auferlegt werden wird, sowie auf das Wesen der Beziehungen, die sich zwischen ihm und seinen Eltern und Geschwistern entwickeln werden. Bowen (1960) fügt hinzu, daß die spezifische Rolle eines jeden Kindes in der Familie unter anderem von der Rolle abhängt, in der sich die Mutter zum Zeitpunkt der Geburt unbewußt sieht. Als Beispiel führt er an, daß die sich entfaltende Beziehung zwischen einer Mutter und einem Kind, dessen Geburt in die Zeit nach dem Tod ihrer eigenen Mutter fällt, grundsätzlich anders ist als die Beziehung zu ihren anderen Kindern. Dies könnte eine Erklärung dafür sein, warum die 1946 Geborenen zu »Gedenkkerzen« ausersehen wurden: Sie kamen im traumatischsten Lebensabschnitt ihrer Eltern zur Welt.

Doch nicht alle »Gedenkkerzen« wurden 1946 geboren. Ein Kind wurde oft auch aufgrund anderer Faktoren zur »Gedenkkerze« bestimmt, zum Beispiel weil es Menschen, die umgekommen waren, ähnlich sah oder weil es dasselbe Geschlecht hatte wie ein umgekommener Mensch, der für die Eltern wichtig gewesen war.

Nach Heller (1982) tendierten Überlebende dazu, eher Mädchen als Jungen zu »Gedenkkerzen« zu wählen, vielleicht weil sich gemäß der *Halacha* die Religion des Kindes nach der Religion der Mutter richtet und nicht nach der des Vaters und weil eine Tochter in der Rolle der »Gedenkkerze« somit auch zur Erhaltung des Jüdisch-Seins der Familie beitragen konnte. Hinzu kommt, daß in jüdischen Familien die Rolle, sich der emotionalen Probleme der Familie anzunehmen, zumeist den Frauen zufällt.

Wie wir bereits gesehen haben, wurden viele »Gedenkkerzen« nach einem oder mehreren umgekommenen Familienangehörigen benannt. Zahlreiche Forscher, darunter Axelrod, Schnipper und Rau (1980) und Barocas (1971), stellen dar, wie diese Kinder unbewußt die Identität von vor vielen Jahren verstorbenen Objekten annahmen. Die Übernahme ihrer Identität war ein Versuch, unlösbare emotionale Konflikte der überlebenden Eltern zu lösen. (Dieses Thema wird im folgenden Kapitel ausführlich behandelt.)

Heller (1982) entdeckte außerdem, daß »Gedenkkerzen« im Vergleich zu Kontrollgruppen eine größere Sensibilität für gesellschaftliche Probleme erkennen lassen und daß sie eher auf die Gefühle ihrer Eltern Rücksicht nehmen. Die Sensibilität für gesellschaftliche Fragen zeigt sich vor allem in bezug auf den Holocaust.

Hat eines der Kinder in der Familie die Rolle der »Gedenkkerze« akzeptiert, so sind die Geschwister – zumindest auf der bewußten Ebene – von der emotionalen Last befreit, die seit der Traumatisierung während des Holocaust auf der Familie lastet. Hier sind gewisse Parallelen erkennbar zu den Forschungsergebnissen von Meissner (1970) und anderen Autoren, die Problemfamilien und die Rollenverteilung in ihnen untersucht haben. Die Verhaltensmuster, die sich in diesen Familien zwischen den Eltern und dem als Sündenbock fungierenden Kind herausbilden, unterscheiden sich wesentlich von den Beziehungen zu den anderen Kindern. Weil also die Geschwister weniger im Bann des zentralen Problems der Familie stehen und nicht derart im emotionalen Dickicht verstrickt sind, können sie sich aus der intensiven Abhängigkeit des Mutter-Vater-Kind-Dreiecks besser lösen.

Menachem, Sohn Überlebender und Jahrgang 1946, veranschaulicht mit seiner Geschichte, wie die »Gedenkkerzen« in die Probleme ihrer Eltern hineingezogen werden. Er hat eine ältere und eine jüngere Schwester. Als der einzige Sohn wurde er nach seinem Onkel und nach seinen Großvätern väterlicherseits wie mütterlicherseits benannt. Die Sitzung, in der er die folgende

Geschichte erzählte, fand in einem fortgeschrittenen Stadium der Therapie statt, als sein Bewußtsein von der besonderen Bedeutung seiner Rolle als »Gedenkkerze« bereits recht weit entwickelt war.

»Letzte Nacht hatte ich einen Traum, den ich dir erzählen möchte«, begann Menachem. »In diesem Traum sah ich ein Stück weißes Papier. Auf der einen Seite standen ein paar handgeschriebene Zeilen, die aber unleserlich, unfertig waren. Ich wußte, daß es die Handschrift meiner Mutter war. Auf der anderen Seite war ein seltsames Zeichen zu sehen. Ein Kreis mit einem Kreuz darin, das den Kreis in vier Teile mit jeweils einem Punkt darin teilt. Ich hatte keine Ahnung, um was es sich handelte, aber ich wußte, daß es meiner Mutter gehörte und bestimmt auch meinem Vater. Es hatte mit meiner Beziehung zu ihnen zu tun. Meine Mutter hat sich endlich mit meiner Schwester ein Theaterstück angeschaut, das sich mit dem Holocaust beschäftigt. Als ich sie fragte, wie es gewesen sei und was sie dabei empfunden habe, antwortete sie ziemlich emotionslos, daß sie das ja alles schon kenne. Aber danach sagte sie doch noch etwas. Zum erstenmal seit dreißig Jahren sagte sie: ›Weißt du, als wir das alles durchmachten, befanden wir uns, befand ich mich in einem Zustand völliger Betäubung. Ich hatte keine Ahnung, was ich fühlte oder was vor sich ging.‹ Eigentlich befinden sich mein Vater und sie bis heute in diesem Zustand, in dem ihre Sinne wie umnebelt sind. Und in ebendieser Betäubung haben sie mich gezeugt.

Viele Paare von Überlebenden haben nur ein Kind. Meine kleine Schwester, die einige Jahre nach mir geboren wurde, war im Grunde ein Betriebsunfall. Meine große Schwester war schon vor dem Krieg geboren worden. Mich haben sie gemacht, als sie schon gar keine Kinder mehr wollten. Ein Kind reichte ja, um die Familie weiterzuführen.

Verstehst du, das Problem meiner Eltern bestand darin, so glaube ich, daß sie es nicht über sich brachten, in die Vergangenheit zurückzugehen und wiederzuerleben, was sie dort durchgemacht hatten. Sie konnten auch mit ihren Kindern nicht offen darüber sprechen. Deshalb war der einzige Ausweg, ihre Not und Bedrückung im stillen auf eines der Kinder zu übertragen. Dieses Kind ist dazu bestimmt, die Last der Eltern zu tragen, eine Last, die sie selbst nicht zu tragen vermögen. Aber wieder zurück zu dem Traum. Der Kreis mit dem Kreuz, das bin ich. Es ist eine Art Formel, und die unleserlichen Zeilen der Eltern sind ihre Botschaft. Das ist alles sehr undeutlich. Es gibt wohl einen Text, aber er ist unleserlich.«

An dieser Stelle schwieg Menachem. Nach einer Weile fuhr er fort:

»Weißt du, das Zeichen im Kreis sieht wie ein Kreuz aus ... fast wie ein Hakenkreuz. Es erinnert mich an die Kreuzfahrer. Die machten sich damals mit großen Kreuzen auf den Weg. Manchmal beschlossen sie oder wurden dazu auserwählt, für andere zu sterben, um der heiligen Sache willen. Wir sind ihnen ein bißchen ähnlich, wir tragen das Kreuz für unsere Familien.«

Wenn Menachem so von seinem Traum berichtet, kann man beinahe mit Händen greifen, wie sich sowohl im Symbol des Kreuzes, das später zum Hakenkreuz wird, als auch in der undeutlichen Schrift, deren Bedeutung im Verlauf der Sitzung klarer hervortritt, die unbewußte Botschaft mitteilt.

Menachem ist die »Gedenkkerze« seiner Familie. Einerseits wahrt er für seine Familie die Verbindung zur Vergangenheit und zu ihrer Identität, andererseits trägt er die schwere Bürde von Tod und Verlust, Schuld und Wut. Die Kontinuität der Familie muß gewahrt werden. Wenn die Geschichte der Familie aber an derart bedrohliche Gefühle gebunden ist, daß die Eltern sie nicht bewußt bewältigen können, dann lastet die Bewältigung auf den Schultern der »Gedenkkerzen«, den Kreuzesträgern der Familie.

Andererseits ist gerade diese emotionale Last, die mit der Vergangenheit der Familie und mit den im Holocaust umgekommenen geliebten Menschen verbunden ist, für die überlebenden Eltern der liebste und intimste Teil ihrer Psyche. Deshalb werden die »Gedenkkerzen« letztlich zum neuen Zentrum der Liebe ihrer Eltern, zu innig geliebten Stellvertretern, von denen die Trennung sehr schwerfällt. Da die Kinder ihre besondere Stellung innerhalb der

Familie und den Wert, den sie für ihre Eltern haben, spüren, ist es nicht verwunderlich, daß auch sie sich schwertun, wenn es an der Zeit ist, sich von den Eltern zu lösen und sich von ihrer schweren Aufgabe zu befreien.

Der neunjährige Momik, die Hauptfigur in einem Buch von Grossman (1986), ist der einzige Sohn und die »Gedenkkerze« seiner Eltern. Er ist sich dieser ihm auferlegten, beinahe messianischen Aufgabe und Bestimmung bewußt. Momik ist völlig ins Problem des Holocaust versunken, sowohl im Wachbewußtsein als auch in halbwachem Zustand oder in seinen Träumen, wobei die Realität für ihn völlig zweitrangig ist. Er versucht, Antworten und Lösungen auf all die Fragen und Rätsel zu finden, von denen es in seinem Haus und seiner Nachbarschaft nur so wimmelt. In seinem Viertel wohnen hauptsächlich Holocaust-Überlebende, die in einer zerstörten, beängstigenden und konfusen Welt leben – genau wie seine Eltern und sein Großvater.

Im Land Dort sind alle mit einer ganz dünnen Glasschicht bedeckt, so daß sie sich nicht bewegen können, und man kann sie nicht anfassen, und es ist so, als würden sie leben, aber sie leben nicht, und es gibt nur einen Menschen auf der Welt, der sie retten kann, und das ist Momik. Momik ist fast wie Dr. Herzl, aber anders. Er hat sogar eine blauweiße Fahne für das Land Dort gemacht, und zwischen die beiden blauen Streifen hat er eine große *pulke* gemalt, an deren Ende er den Rückbrenner eines Supermystère angebracht hat, und darunter steht: »Wenn ihr wollt, ist es kein Märchen«, aber er weiß trotzdem nicht, was er machen soll, und das ärgert ihn ein bißchen. (1986/1994, S. 77)

Manchmal, wenn Momik auf dem Bauch im Hinterhalt liegt, sieht er den langen Schornstein des neuen Gebäudes, das man gerade auf dem Herzlberg gebaut hat und das den komischen Namen *Yad Vashem* trägt, und er stellt sich vor, das sei der Schornstein eines Schiffes, das gerade vorbeisegelt und voll ist mit illegalen Einwanderern aus dem Land Dort, die niemand aufnehmen will, wie während der britischen Mandatszeit, *psiakrew*, und auch diese Menschen wird er irgendwie retten ... (ibid., S. 83)

Momik simuliert bestimmte Situationen. Im Keller seines Hauses kreiert er sich seinen eigenen »Holocaust«, eine Welt voll von schrecklichen Tieren, die alle die »Nazi-Bestie« symbolisieren. Diese emotionale Simulation hilft Momik, Ängste, Wünsche und Phantasien zu verarbeiten, die auf die emotionalen Botschaften und Inhalte zurückgehen, welche er von Geburt an aufgesogen hat.

Jedesmal, wenn er in den Keller geht, erneuert er seine Begegnung mit dem Holocaust. Und jedesmal, wenn er ihm lebend entrinnt, auch dann, wenn er sich vor Angst in die Hose macht, erringt er einen doppelten Sieg: sowohl in seinem unbewußten Bemühen, in die geheimen Orte der inneren Welt seiner Eltern einzudringen, als auch in seinen Anstrengungen, sie aus dem Dickicht zu befreien, das der Holocaust in ihrer Psyche hinterlassen hat. Momik ist ein fortwährender Zeuge all dessen, was sich in der alptraumhaften inneren Welt seiner Eltern und seines Großvaters zuträgt, doch er ist keineswegs ein passiver Zeuge. Vielmehr identifiziert er sich mit ihrem Schmerz und teilt ihn.

Darüber hinaus trägt er als Einzelkind das gesamte Gewicht der Familientragödie auf seinen Schultern. Die Schultern eines Kindes sind jedoch zu schmal und zu schwach für eine solch schwere Last. Die Gefühle, die in Momik aufsteigen, stehen deshalb nicht immer im Einklang miteinander und sind manchmal ambivalent. Meistens ist er bereit, die Last zu tragen, und in seinen Phantasien widmet er fast sein ganzes Leben dem Bemühen, seine Angehörigen ihren Erinnerungen zu entreißen. Aber er ist

> irgendwie immer sehr müde, es fällt ihm schwer, sich zu bewegen und zu konzentrieren, und manchmal hat er unschöne Gedanken, zum Beispiel, wozu er das alles nötig hat, und warum ausgerechnet er für alle anderen kämpfen muß, und warum sich niemand einmischt, um ihm zu helfen, warum keiner merkt, was hier geschieht [...] (ibid., S. 104)

Wie ich später ausführlicher erläutern werde, sind Momiks ambivalente Gefühle für die »Gedenkkerzen« typisch.

Sowohl in Menachems Traum als auch in Momiks Geschichte fällt das fast messianische Gefühl auf, eine Mission zu haben. Dieses Gefühl findet sich bei

»Gedenkkerzen« sehr häufig und ist wesentlicher Bestandteil der Interaktion zwischen den Überlebenden und ihren Kindern. Um es konkreter fassen zu können, greift Hazan (1987) auf die biblische Metapher von der vierzigjährigen Wanderung der Kinder Israels zurück. Er vergleicht die Überlebenden mit der Generation der befreiten Sklaven, die Ägypten verließ und vierzig Jahre in der Wüste umherwanderte, das Gelobte Land aber nicht erreichte. Ihre Kinder, die Generation der in der Wüste Geborenen und Aufgewachsenen, wurden zwar als freie Menschen geboren, doch auf ihren Schultern lastete die Aufgabe der wirklichen, der inneren Befreiung.

Dvorah, Jahrgang 1946 und die »Gedenkkerze« ihrer Familie, berichtet:

»Es ist sehr traurig und schnürt mir die Kehle zu. Ich habe über meine Unruhe, mein ständiges Unbehagen, die Leere und Angst nachgedacht, die mit den ganzen Symbolen, Aufgaben und Bedeutungen zusammenhängen, die meine nächste Umgebung mir zuschreibt.

Für meine Mutter war ich etwas nicht unbedingt Erwünschtes, das zur Welt kam, als sie schon relativ alt war. Eine sehr schwere Geburt. Nach der Geburt hatte sie Depressionen – nach dem Holocaust noch eine zusätzliche Komplikation. Für meinen Vater bedeute ich Kontinuität. Die Fortsetzung seiner Schwester Dvorah, seines kleinen Bruders Schmulik, seines Vaters, seiner Mutter, aller. Etwas Überfrachtetes, etwas höchst Schwieriges, etwas, das für beängstigende Dinge steht. Etwas Unangenehmes.

Für meine Schwester Miriam bedeutete ich nichts anderes, als daß ihre Pubertät noch komplizierter wurde; ich war für sie etwas, das sie mit der Trauer und dem Schmerz nach dem Holocaust verband, mit der deprimierten und deprimierenden Stimmung zu Hause, vor der sie als Sechzehnjährige floh. Sie gebar sehr schnell drei Kinder und schuf sich ein Heim. Und ich, ich weine. Ich weine, weil niemand je in mir einfach ein menschliches Wesen gesehen hat, auf das man eingehen und das man vielleicht sogar lieben sollte. Man hat mich mit den Toten lebendig begraben. Es fällt mir schwer, immerzu ihre Toten mit mir herumzuschleppen. Aber sie sagen: ›Leg sie nicht ab. Uns ist es recht so.‹ Ich will, daß sie ihre

Toten wieder an sich nehmen, aber das können sie nicht, und sie tun es nicht. Ich bin doch nicht der Leichenwagen der Familie – aber im Grunde bin ich genau das.

Mein Vater hat nie über den Holocaust gesprochen. Kein Wort. Über keinen einzigen aus seiner Familie. Aber er warf mir oft einen langen Blick zu, voller Trauer und Sehnsucht, und sagte: ›Du siehst wie meine Schwester Dvorah aus, nur nicht so hübsch wie sie.‹ Er meinte seine Schwester Dvorah, nach der ich benannt wurde.«

Der Vater sieht also in Dvorah seine Schwester und überträgt auf sie unbewußt die gesamte Komplexität seiner unverarbeiteten Gefühle. Doch dabei nimmt er Dvorah oder das, was sie fühlt, denkt oder braucht, nicht im geringsten wahr. Darüber hinaus deutet er an, daß sie nie ein hinreichender Ersatz für seine Schwester sein kann, da sie ihr zwar ähnlich sehe, aber »nicht so hübsch wie sie« sei. Dieser vieldeutige Satz macht die ambivalente Stellung der »Gedenkkerzen« im Bewußtsein ihrer Eltern deutlich. Gegen die Bilder der umgekommenen, nach ihrem Tod idealisierten Objekte haben die »Gedenkkerzen« keine Chance und werden in dieser ganz und gar unfairen Gegenüberstellung stets das Nachsehen haben.

Dvorah lebt nicht weit weg von ihren Eltern. Sie ist nicht verheiratet und hat keine Kinder. Sie hat sich noch nicht von den Eltern lösen können, und die Individuation und das Erlangen einer eigenständigen Identität sind bei ihr noch nicht abgeschlossen. Für ihren Vater ist sie ein Symbol all dessen, was in seinem Leben Bedeutung besitzt, aber eben nur ein Symbol. Dvorah ist jedoch nicht nur ein Symbol für die Toten, sondern soll auch auf der emotionalen Ebene die Familie wieder heil machen. Ihre Geburt hat die schreckliche Leere im Leben ihrer Eltern gefüllt; sie zieht den Leichenwagen der Eltern hinter sich her und verwirklicht gleichzeitig auch die unerfüllten Kindheitsträume der Eltern. Sie hat erfolgreich ein humanwissenschaftliches Studium absolviert, was den Eltern versagt geblieben war, da der Holocaust und die Emigration nach Israel ihre Pläne zunichte machten.

Und trotzdem, obwohl Dvorah ihren Eltern Heilung bringt, oder vielleicht sogar gerade deshalb, mangelt es ihr an Selbstwertgefühl und Selbstsicherheit, und sie leidet unter einem Gefühl der Beklemmung. Ihre Identität ist noch immer verschwommen und unklar definiert.

In den zwei Beispielen von Menachem und Dvorah, die ich hier angeführt habe, fällt auf, daß sie den »Leichenwagen der Familie« allein ziehen und die Geschwister keinen Anteil daran haben. Sowohl die Schwestern Menachems als auch Dvorahs Schwester fühlen sich von der Bürde der Eltern nicht belastet. Sie sind verheiratet, haben Kinder zur Welt gebracht und sich ein eigenes Zuhause geschaffen. Dvorah und Menachem dagegen, die »Gedenkkerzen« ihrer Familien, haben das Joch, das sie an ihre Eltern und an die traumatische Geschichte ihrer Familien fesselt, noch nicht abzuschütteln vermocht. Menachems und Dvorahs Geschwister heilen die Familie auf der physischen Ebene; sie sorgen für die physische Kontinuität der Familie und des Volkes. Durch die Geburt ihrer Kinder lassen sie die Familie und die durch den Holocaust fast durchtrennte Verbindung zwischen den Generationen wieder aufleben. Diese Rollenverteilung kommt in Familien Überlebender immer wieder vor: Eines der Kinder, die »Gedenkkerze«, bleibt emotional und seelisch an die Eltern gebunden. Seine Aufgabe ist die emotionale Heilung, und es setzt seine Geschwister frei, damit sie die Heilung auf der physischen Ebene voranbringen, indem sie eigene Familien gründen und damit die ganze Familie wiederaufbauen.

Diese Rollenverteilung stimmt mit den Befunden überein, die Ackermann (1967) zu Problemfamilien vorgelegt hat. Danach bilden in der Regel spezifische Vorstellungen, die sich mit den Differenzen zwischen den Familienmitgliedern verbinden, den Kristallisationskern, um den herum sich die Vorurteile innerhalb der Familie anordnen. In den Familien Überlebender beruhen diese Differenzen hauptsächlich auf der Lebensgeschichte der Eltern – also auf dem Holocaust – und ihren Nachwirkungen, leiten sich also nicht so sehr von einer besonderen Eigenschaft ab, die eines der Kinder aufweist. Nach Ackermann kommen in Problemfamilien neutralisierende Kräfte ins Spiel, die es den Geschwistern ermöglichen, die Rollen zu tauschen: Der Sündenbock wird zu dem, der die Heilung bewirken soll, und umgekehrt. In den Familien der Holocaust-Überlebenden aber sind solche neutralisierenden Kräfte oder ein Rollentausch äußerst selten zu beobachten. Die Kinder, die keine »Gedenkkerzen« sind, bemühen sich ausschließlich um die physische Heilung, während die Rolle der »Gedenkkerze« im allgemeinen streng festgelegt und immer demselben Kind zugedacht bleibt – vielleicht weil die libidinöse Besetzung des Kindes durch einen oder beide Elternteile zu stark ist, als daß sie sich auf eine Verlagerung der Besetzung auf ein anderes Kind einlassen würden.

Man sollte nicht vergessen, daß die »Gedenkkerze« auch die gewöhnliche Rolle des Sündenbocks in der Familie spielt, also für die Entladung der ungelösten und unbewußten Konflikte der Eltern sorgt. Gleichzeitig dient sie aber auch als Bindeglied der überlebenden Eltern zu ihren umgekommenen Eltern und Geschwistern und zu ihrer ausgelöschten Vergangenheit. In Menachems Traum und in Dvorahs Geschichte tritt dieser Aspekt deutlich zutage. Dabei fühlen sich die »Gedenkkerzen« nicht von der Familie zurückgestoßen, sondern geliebt und als etwas Besonderes geschätzt, denn ihre Rolle ist ambivalent oder läßt eine gegenseitige emotionale Verbundenheit entstehen. Menachem, Dvorah und viele andere »Gedenkkerzen« sind also mit dem Problem nicht nur der physischen, sondern vor allem der emotionalen Loslösung von den Eltern und von deren Vergangenheit konfrontiert.

Die Interaktion in der Familie hängt ganz wesentlich vom Familienmythos ab. Sein Einfluß zeigt sich am nachhaltigsten im Ich, das den Mythos verinnerlicht und ihn zum Leitfaden nimmt, um zwischenmenschliche und insbesondere innerfamiliäre Beziehungen verstehen und analysieren zu können. Wenn das Innenleben eines jeden Familienmitgliedes und die Interaktionen in der Familie im Ich zusammengefügt und miteinander verwoben werden, entsteht eine Synthese von Emotionen und verinnerlichten Repräsentanzen der gesamten innerfamiliären Beziehungen (Gill und Klein 1964). Diese Synthese kann sich in Symptomen niederschlagen und eine pathologische Entwicklung hervorrufen, die sich in spezifischen Charakterzügen und in Schwierigkeiten bei der Identitätsfindung äußert. Auf diese Weise verinnerlichen die »Gedenkkerzen« in ihrem Ich unbewußt das mit dem Familienmythos verwobene komplizierte System von Emotionen. Bowen (1960) definiert den Zustand der in einem solchen emotionalen Dickicht gefangenen Familien als einen »Zustand, in dem das Familien-Ich eine undifferenzierte Masse bildet«. Die Loslösung des einzelnen von der Familie und der Aufbau eines klar umrissenen Ich mit einer eigenen Identität ist unter solchen Umständen äußerst schwierig und ohne therapeutische Hilfe manchmal sogar fast unmöglich.

In seiner Schilderung der Beziehung zwischen Rosa und ihren beiden Töchtern gibt Appelfeld (1983a) zu erkennen, wie es dazu kommt, daß in den Familien Überlebender das Ich undifferenziert bleibt:

Im Lauf der Jahre wuchsen sie und die Töchter zu einem einzigen Wesen zusammen. Sie aßen und schliefen gemeinsam und bedienten sich auch einer eigenen Sprache. [...]
    Nach Paulas Hochzeit hatte Rosa die Jüngste ganz für sich allein. Sie fütterte sie, kleidete sie an und behängte sie sogar mit Schmuck. (1983a/1995, S. 28)

In Grossmans Buch (1986) ist sich Momik der Situation innerhalb seiner Familie bewußt:

[...] und einen Augenblick später öffnet sich die Tür, und die Eltern stehen vor ihm und sagen leise guten Abend, und noch im Mantel, mit Handschuhen und in Stiefeln, mit einer Nylontüte über jedem Stiefel, stehen sie da und verschlingen ihn mit den Augen, und obwohl Momik genau spürt, wie sie ihn verschlingen, steht er still da und läßt es über sich ergehen, weil er weiß, daß sie das brauchen [...]. (1986/1994, S. 45)

Die beiden Beispiele veranschaulichen die Stellung der »Gedenkkerzen« innerhalb des undefinierten, undifferenzierten Familien-Ich. Brigitte, die jüngste Tocher von Rosa und Bartfuß, ist ein unverzichtbarer Bestandteil des Familien-Ich, vor allem des Ich ihrer Mutter. Sie ist außerstande, sich von der Mutter zu lösen und zu irgendeiner gefestigten eigenständigen Identität zu gelangen.

Momik dagegen ist stärker. Seine Wachheit gibt ihm innere Kraft. Er sieht, was seine Eltern brauchen, und kooperiert mit ihnen. Sein Wahrnehmungsvermögen gibt ihm aber auch die Möglichkeit, sich freiwillig zu entscheiden, ob und inwieweit er an den verwickelten symbiotischen Beziehungen im Familiendreieck teilnehmen will. Allerdings ist es für ihn wie für alle »Gedenkkerzen« nicht einfach, sich aus dem Netz der Familienbeziehungen herauszuhalten und Abstand dazu zu gewinnen.

Die unterschiedlichen und widersprüchlichen Aufgaben der »Gedenkkerzen« wie auch die Ketten, die sie an einen oder beide Elternteile fesseln, werden verständlich, wenn wir uns das komplizierte System von Identifizierungen und Internalisierungen anschauen, das ihre verwaisten Eltern aufgebaut haben. So wie der Überlebende in seiner verinnerlichten Identifizierung mit den eigenen Eltern mal als Aggressor (als derjenige, der seine Eltern im Stich gelassen hat), mal als Opfer (als derjenige, der von den Eltern verlassen wurde) auftritt, so fließt auch in seine Identifizierung mit dem eigenen Kind eine doppelte Verinnerlichung von dessen Bild hinein: Das Kind erscheint ihm als Aggressor wie auch als Opfer. Um sich aus dem quälenden Konflikt von Wut und Schuldgefühlen zu befreien, zwingt der jeweilige Elternteil das zur »Gedenkkerze« bestimmte Kind, an seinem intrapsychischen Drama teilzunehmen und abwechselnd in die Rolle des Opfers und des Aggressors zu schlüpfen. Manchmal drängt er das Kind in die Rolle des »Bösen« – so sieht sich der Elternteil selbst, weil er seine Eltern im Stich gelassen hat –, damit er das Kind bestrafen und auf diesem Wege sowohl die eigenen Schuldgefühle loswerden als auch sich selbst bestrafen kann. Indem er das Kind in die Rolle des »Bösen« drängt, bestraft er aber auch die eigenen Eltern und erreicht eine Katharsis, denn er gibt der Aggression Ausdruck, die er gegen sie verspürt, weil sie ihn im Stich gelassen haben, und die sich damals nicht hat entladen können. Manchmal weist er dem Kind auch die Rolle des »Guten« zu: So kann er sich selbst in einem versöhnlichen Licht als jemanden sehen, der sein Kind vor dem Tod bewahrt, und zugleich zum Ausdruck bringen, daß er den eigenen Eltern vergibt.

Die überlebenden Eltern legen also – aufgrund ihrer eigenen unbewußten Bedürfnisse und inneren Konflikte – ihren zu »Gedenkkerzen« bestimmten Kindern ein »Holocaust-Mäntelchen« um. Warum sind die Kinder überhaupt bereit, dieses Mäntelchen zu tragen? Wer so fragt, der geht davon aus, daß die

Eltern nur unter Mitwirkung des Kindes die eigenen widersprüchlichen Gefühle auf das Kind übertragen oder projizieren könnten. Wir rühren hier an eine sehr komplexe Thematik, über die kontroverse Ansichten bestehen und auf die ich daher auch nicht ausführlich eingehen möchte. Die folgenden beiden Punkte sollen jedoch kurz angesprochen werden: Erstens sind die »Gedenkkerzen« fortwährend mit Themen beschäftigt, die Aufschluß über die psychische Disposition der Juden während des Holocaust und über ihre – passive oder aktive, versteckte oder offene – Beteiligung am Vernichtungsapparat geben könnten. Der zweite Punkt betrifft die verborgenen Botschaften, die der Zweiten Generation von den überlebenden Eltern übermittelt werden und oftmals zwiespältige Gefühle gegenüber den umgekommenen Verwandten beinhalten. Die Umgekommenen werden im allgemeinen als Helden gesehen, die ihr Leben der Heiligung des Namens Gottes geopfert haben. Wenn aber die Opfer tatsächlich Helden waren, dann sind, verglichen mit ihnen, die Überlebenden nicht nur moralisch unterlegen (da sie selbst nicht bereit waren, ihr Leben zu opfern), sondern tatsächlich schlecht und böse, weil sie, um zu überleben, viele moralische Gesetze übertreten mußten. Bekanntermaßen existierten im Reich des Todes entweder überhaupt keine oder grundsätzlich andere moralische Gesetze.

Von daher wird deutlich, daß die gewaltsame Trennung von den Eltern und den übrigen Verwandten sowie das mit dieser Trennung einhergehende Empfinden, in kein soziales Gefüge mehr eingebunden und mit ihm identifiziert zu sein, den Überlebenden irreparable psychische Schäden zufügten. Die Überlebenden hatten fast nie die Möglichkeit, zu einem inneren Abschluß des Loslösungs- und Individuationsprozesses (Mahler und Furer 1972) zu gelangen. Das Abbrechen dieses Prozesses während der Kindheit, Pubertät oder Adoleszenz verzerrte die Persönlichkeit der Überlebenden und verhinderte die Heilung ihres Identitätsempfindens. Den »Gedenkkerzen« wurde daher die Aufgabe übertragen, diese Heilung herbeizuführen.

Im Verlauf der Therapie wird den Angehörigen der Zweiten Generation ihre Rolle als »Gedenkkerze« bewußt. Bei einem Gespräch, das in einer Gruppe von Angehörigen der Zweiten Generation gegen Ende des zweiten Therapiejahres stattfand, kam dieses Thema immer wieder zur Sprache:

Baruch: »Seit meiner Kindheit lösen Bilder oder Geschichten über den Holocaust große Traurigkeit und Bewegtheit in mir aus, und oft breche ich dann in Tränen aus. Allein das Hören oder Lesen dieser Geschichten, auch dann, wenn sie gar nichts direkt mit mir oder meiner Familie zu tun haben, wühlt mich auf. Bei anderen in meiner Familie habe ich eine solche tiefe Bewegung nie beobachtet, und ich habe nie verstanden, warum ich so aus der Fassung gerate. Oft kam es mir vor, als hätte ich selbst all diese Dinge erlebt. Ich spürte eine starke Identifizierung, die über die Geschichten, die ich von meinen Eltern gehört hatte, hinausreichte. Schließlich war es für sie nicht ganz so furchtbar. Sie wurden erst 1944 verhaftet und kamen nicht ins Vernichtungslager, sondern in ein anderes Lager. Sie sind also relativ gut davongekommen. Seltsamerweise fühlte ich mich aber gerade in die schlimmsten Geschichten hinein, die ich über die Todeslager hörte – eigentlich hätte ich ja erleichtert darüber sein müssen, wie meine Eltern jene Zeit überstanden haben. Ich habe das nie begriffen. Erst jetzt wird mir allmählich klar, daß das zu einer Art Rolle gehörte, die ich irgendwie auf mich nahm. Ich weiß nicht recht, wie ich sie nennen soll. Hüter der Dunkelheit vielleicht. Hüter des Holocaust, des Todes und der Krisen in der Familie. Ich erinnere mich, daß ich als kleines Kind – so als Fünfjähriger, vielleicht ein bißchen älter – stundenlang im Bett wachlag und nicht einschlafen konnte. Halb schlafend und halb wach fühlte ich, wie im Zimmer die Bilder aller meiner toten Verwandten um mich herumschwebten. Das ganze Haus war voll von ihnen. Manchmal fürchtete ich mich sehr und hatte dann später in der Nacht Angstträume, Alpträume. Es beginnt mich zu ärgern, daß man mir in der Familie diese Rolle gegeben hat. Es ist das erste Mal, daß ich das so sehe. Bei ihnen ist es bestimmt genauso unbewußt.«

Yosef: »Also das erinnert mich daran, wie ich in der letzten Sitzung über ein Gefühl von Göttlichkeit sprach. Es hat mit dem zu tun, was vor meiner Geburt geschehen ist. Als Kind hatte ich meinen Vater gefragt, wo die toten Sachen hinkommen, ob man sie später wiedersehen kann. Ich dachte dabei vor allem an einen Hund, den ich gehabt hatte und der verschwunden war. Anders als heute dachte ich damals nicht an alle unsere verschwundenen Verwandten. Mein Vater antwortete, wenn man ins Paradies komme, könne man sie wiedersehen ... Damals freute ich mich darüber, daß man alle noch einmal sehen würde. Ich hatte als Kind das Gefühl, daß ich ihre Rettung war. Es wurde aber nie offen ausgesprochen. Das erinnert mich jetzt an etwas, das mit meiner Mutter zusammenhängt. Ich denke daran, wie sehr wir aufeinander angewiesen waren. Sie ist mir immer alles gewesen. Ohne sie würde ich mich verloren fühlen, aber ebenso war ich für sie ihr ein und alles.«

Therapeutin: »Sich wie Gott zu fühlen kann vieles bedeuten, zum Beispiel, daß man gegen gewöhnliche menschliche Gefühle wie Trauer und Wut geschützt ist, oder auch, daß man eine Berufung oder eine besondere Rolle hat. Es erinnert mich ein bißchen an das, was Baruch vorhin über seine Rolle in der Familie sagte.«

Yosef:« Ja, als ich noch ganz klein war, gaben mir meine Eltern eine Bibel, sagten aber nichts weiter dazu. Oft las ich darin, wie Moses das Volk, als es so ohnmächtig war, aus der Wüste führte. Auch heute noch fühle ich mich manchmal wie Moses, und ich bin mir nicht sicher, ob ich ein Gott oder einfach nur ein normaler Mensch bin. Ich weiß, daß ich kein Gott bin, aber es läßt mir trotzdem keine Ruhe. Dieses Buch, das sie mir gegeben haben, enthielt auch eine Art Botschaft an mich. Als hätte mein Vater mir sagen wollen: ›Du sollst all die Erfahrungen durchleben, die wir selbst hier und jetzt nicht an uns heranlassen können. Ich möchte, daß du all das Leid erlebst, das ich dort in Europa, in den Lagern durchgemacht habe.‹ In Wirklichkeit aber sagte er mir: ›Darüber kann man nicht sprechen. Entweder weiß man es, weil man dort gewesen ist, oder man wird es nie wissen.‹«

Baruch: »Mein Vater hat mir gesagt: ›Du hast nicht die geringste Chance, wirklich dahinterzukommen. Vielleicht wirst du das eine oder andere aus Büchern erfahren, aber aus meinem Munde erfährst du nichts.‹«

Therapeutin: »Das hört sich so an, als hättest du von deinen Eltern über das, was ihnen im Holocaust widerfahren ist und was das mit dir zu tun hat, eine doppeldeutige Botschaft empfangen. Einerseits sagen sie:

›Da du nicht dort warst, wirst du nie wissen, wie das war‹, und andererseits: ›Lies das und finde heraus, was wir dort durchgemacht haben.‹«

Chawa: »Ich habe immer das Gefühl gehabt, daß meine Mutter mir mehr gegeben hat als meinen Brüdern. Ich bin noch in Deutschland zur Welt gekommen, direkt nach dem Krieg. Ich wurde nach meiner Großmutter und nach einer Schwester meiner Mutter benannt, die als kleines Mädchen ›dort‹ geblieben ist. Diese Woche, wie in den ganzen letzten Monaten, habe ich große Trauer und Wut in mir gespürt, aber ich habe mir Gedanken darüber gemacht, daß meine Mutter keine Brüder hatte. Sie hatte nur zwei kleine Schwestern, und ich erinnere sie anscheinend an das, was ihnen zugestoßen ist. Seit einigen Jahren, seitdem ich mich so intensiv mit dem Thema Holocaust beschäftige, gehe ich immer nach *Yad Vashem*, zu jeder Kundgebung und Konferenz, und ich sehe mir alle Sendungen im Fernsehen dazu an. Dieses Jahr, am Holocaust-Gedenktag, war ich sehr aufgewühlt und dachte viel über das nach, was meine Eltern mitgemacht haben. Ich verspürte vielleicht zum ersten Mal den Wunsch, meinen Brüdern davon zu schreiben und sie daran teilhaben zu lassen. Ich habe ihnen sehr viel geschrieben, ohne aber irgendeine Antwort zu erhalten. Schließlich bekam ich eine Antwort von meinem Bruder Yitzhak. Aber er bezog überhaupt keine Stellung zu dem Thema, obwohl sich der Großteil meines Briefes darauf bezogen hatte. Statt dessen stellte er mir alle möglichen Fragen zu meinem neuen Kühlschrank. Ich dachte, ich platze vor lauter Wut, und ich war auch gekränkt. Wie konnte er an den Kühlschrank denken, wenn ich über so ein Thema schreibe!«

Therapeutin: »Es sieht wirklich so aus, als würde das Thema deine Brüder weit weniger als dich beschäftigen und als hätten sie einfach nicht gewußt, wie sie darauf reagieren sollen.«

Menachem: »Mein Vater fühlte sich berufen, eine Art historische Pflicht zu erfüllen, wo immer es um den Holocaust ging: Er wollte dazu beitragen, daß die Menschheit daraus lernt, und Wissen darüber weitergeben, ging also auf eine irgendwie intellektuelle Art damit um. Wenn andere über den Holocaust reden, ist in den Augen meiner Mutter nur Trauer zu lesen; sie bleibt still, man merkt es nur an ihrem Blick. Es ist, als wolle sie sagen: ›Was wißt ihr denn schon davon, was damals geschehen ist?‹ Und meine beiden Schwestern – ich habe keine Ahnung, wie sie zu dem Thema stehen. Ich habe sie nie gefragt und habe sie nie an dem, was ich fühle und denke, teilhaben lassen, ganz anders als du, Chawa. Ich habe immer für die Familie gesorgt. Wenn es irgendeine Krise gab, war ich immer zur Stelle, um mich darum zu kümmern. Ich frage mich, ob das nicht noch etwas anderes zu bedeuten hat. Sogar die Wut, die mit dem Holocaust verbunden ist, nahm bei mir extreme Formen an. Außerdem begleitet mich ständig das Gefühl des ›Mir soll das nicht passieren‹. Wenn hier in unserer Gruppe oder in der Armee oder in irgendeiner anderen Gruppe ein Konflikt oder eine belastende Situation aufkommt oder wenn irgendwie Not am Mann ist, bin ich immer der erste, der aufspringt und nach einer Lösung sucht. Als würde ich mir selbst sagen: ›Ich muß eine Lösung finden, ich werde nicht das durchmachen, was alle anderen durchmachen.‹ Kommt irgendeine bedrohliche Situation auf, sei es in Wirklichkeit oder nur in der Phantasie, bin ich immer der erste, der eine Lösung findet.«

Yosef: »Mir geht es manchmal sehr ähnlich wie dir, gerade was die Familie angeht. Ich habe nie verstanden, was mich immer so auf Trab hält. Zum ersten Mal verstehe ich das jetzt. Ich verstehe nun auch, daß wir uns ähnlich sind, auch ich funktioniere hervorragend in Notsituationen. In normalen Situationen dagegen handele ich, ohne vorher zu überlegen, und manchmal mache ich dann Fehler. Passiert irgend etwas Außergewöhnliches, und ich werde nicht einbezogen, werde ich wütend, weil man mich nicht zeigen läßt, was ich wirklich kann.«

Baruch: »In meiner Familie ist die Aufgabenverteilung zwischen mir und meinen Schwestern besonders auffallend. Sie gehen in den Pflichten des normalen Lebens auf und sind mit ihren Ehemännern, ihren Kindern, mit dem Alltag beschäftigt, mit all dem, was ich nicht habe; ich dagegen bin mit dem Holocaust beschäftigt und mit den Krisen und Ausnahmesituationen in der Familie. Ich sehe, daß dies ein Lebensweg ist, den ich auf mich genommen habe, so wie vielleicht auch du, Yosef. Und ich sehe auch, daß das jeden Bereich meines Lebens beeinflußt.«

Miriam: »Ich mußte gerade an einen Traum denken, den ich immer wieder träume. In diesem Traum befinden sich alle meine Verwandten, die im Holocaust umgekommen sind, auf einem Schiff, und auch meine Eltern und mein Bruder sind unter ihnen. An der Küste sind SS-Männer, die niemanden vom Schiff lassen, und die Menschen schweben in Lebensgefahr. Ich springe vom Schiff und schwimme, schwimme die ganze Nacht, um einen Weg zu ihrer Rettung zu finden. Ich schaffe es, die SS-Leute zu überlisten, erreiche unter Todesgefahr die Küste und kann schließlich einige retten. Dieser Traum kehrt immer wieder, aber er paßt auch ziemlich genau zu dem, wie ich mich in der Familie fühle. Mein Bruder ist glücklich verheiratet, hat vier Kinder und lebt zufrieden in den gewohnten Abläufen seines Alltags. Im Traum aber, auf dem Schiff, bin ich diejenige, die fürchterlich unter Druck steht und etwas zur Rettung der Leute unternehmen muß. Die ganzen Jahre über, mein ganzes Leben lang, war das zu Hause meine Aufgabe. Wenn mein Bruder als Kind zu spät vom Strand nach Hause kam und meine Mutter deswegen Todesängste ausstand, war ich es, die kleine Fünfjährige, die an den Strand ging und suchte und suchte, bis ich ihn fand und nach Hause brachte. Er amüsierte sich am Strand, und ich saß mit meiner Mutter und ihren ganzen Ängsten zu Hause.«

Therapeutin: »Alles, was ihr heute erzählt habt, macht eure besondere Stellung in der Familie deutlich, das Gefühl von Besonderheit, das euch erfüllt, und die Aufgabe, die damit verbunden ist. Ihr müßt schwierige Probleme lösen, in Krisensituationen einspringen, die Last des Holocaust und der Vergangenheit eurer Eltern tragen; unter Umständen müßt ihr etwas für sie oder an ihrer Stelle auf euch nehmen und sie in euren Träumen gar vor dem Tod retten. Bleibt die Frage, was das alles mit dem zu tun hat, was eure Eltern im Holocaust durchgemacht haben. Eine Verbindung existiert zweifellos, und wir werden später versuchen müssen, sie genauer zu verstehen.«

Roni: »Was du eben gesagt hast, erinnert mich an einen Traum, den ich vor kurzem hatte. In letzter Zeit laufe ich meistens mit so einem Gefühl herum, daß ich einer Generation angehöre, die irgendeinen Preis zu zahlen hat. In dem Traum spürte ich die Trauer meiner Mutter und die Depression meines Vaters, doch es lief alles ohne Worte ab. Ich wandere umher und ziehe dabei sehr schwere Pakete hinter mir her. Neben mir geht eine ältere Frau, zu der ich irgendwie gehöre. Sie ähnelt wohl meiner Mutter, aber ich bin mir nicht sicher. Wegen der Pakete komme ich nur langsam voran. Ich weiß nicht, welche Gefühle ich für diese Frau hege, ob ich sie liebe oder nicht. Mir ist aber klar, daß ich alle möglichen Sachen für sie erledigen muß. Wir nähern uns einer schönen Villa mit vielen Bäumen und grünen Rasenflächen rundherum. Durch den Rasen aber zieht sich an der Böschung entlang ein tiefer Graben, und diese Frau ruft mich zu sich, um mir ihre Arbeit zu zeigen, und da stehen Reihe an Reihe Modelle von Gräbern und Gedenksteinen aus irgendeinem weißem Material. Ich bin nicht sicher, ob es Karton oder Stein ist. Die Arbeiten, die ich für sie erledigen muß, haben irgend etwas mit diesen Modellen zu tun.«

In den Gesprächsbeiträgen fallen einige Grundmotive auf. Bei Baruch, Menachem und Yosef ist das Hauptmotiv der Auftrag, den die Eltern ihnen immer wieder erteilen – die Erinnerung an den Holocaust, die Erinnerung an die Toten zu bewahren. Manchmal wird diese Botschaft jedoch unbewußt und undeutlich übermittelt und kann dann verschiedene Formen annehmen. Yosef zum Beispiel begreift sie als prophetischen, messianischen Auftrag. Er spürt, daß man ihn dazu ausersehen hat, seine Familie in die Zukunft zu führen und für ihr Weiterbestehen zu sorgen, so wie Moses das Volk Israel aus der Wüste geführt hat. Die ständige, manchmal obsessive Beschäftigung mit Tod und Holocaust wird aus dem deutlich, was Baruch, Yosef und Chawa erzählen. Sie sind die einzigen in ihrer Familie, die *Yad Vashem* besuchen und Interesse an den persönlichen wie auch allgemeinen Aspekten des Holocaust zeigen. Es fällt auch auf, wie sehr sich ihre Rolle in der Familie von der Rolle ihrer Geschwister unterscheidet. Chawa beschreibt diesen Unterschied als den abgrundtiefen Gegensatz zwischen dem Beschäftigtsein mit dem Tod und dem Beschäftigtsein mit dem Leben, mit dem Alltäglichen: »Ich mache mir Gedanken über den Holocaust, und mein Bruder macht sich Gedanken über meinen neuen Kühlschrank!«

Ein weiteres Motiv, das bei Chawa, Miriam und Menachem zutage tritt, ist die Rettung der Familie. Die Rettungsbemühungen spielen sich auf zwei Ebenen ab, auf der konkreten und auf der emotionalen: In der konkreten Realität neigen viele »Gedenkkerzen« dazu, der Familie in jeder Krise und jedem Konflikt, und seien sie auch nur imaginär, zu Hilfe zu eilen und nach einer Lösung zu suchen. Auf der emotionalen Ebene tendieren sie dazu, sich in Krisensituationen die gesamte Verantwortung aufzuladen, ohne die Geschwister daran beteiligen zu wollen oder zu können.

Das Motiv einer »Auflösung des Holocaust« oder einer »Rückkehr zum Holocaust« kommt in den Erzählungen der Gruppenmitglieder auf einer unbewußten, fast symbolischen Ebene zum Vorschein. Die unbewußte Botschaft, die die Überlebenden den »Gedenkkerzen« übermitteln und hinterlassen, lautet: »Erlebt den Holocaust und findet eine Lösung für uns.« Damit läßt sich auch das Motiv der Rettung der Familie erklären: Die »Gedenkkerzen« erleben eine jede Krisensituation, selbst wenn sie in der objektiven Realität keine ernsten Formen annimmt, subjektiv als etwas Gewaltiges, das beinahe die Dimensionen des Holocaust hat. Darin äußert sich das zwanghafte Bedürfnis der miteinander in ein symbiotisches System verstrickten überlebenden Eltern und »Gedenkkerzen«, zum Holocaust zurückzugehen und ihm immer wieder von neuem lebend zu entkommen. Durch diese wiederholten Simulationen versuchen sie, eine Lösung für den Holocaust zu finden und seine verborgenen Geheimnisse zu enthüllen. Auch Momik verfährt auf diese Weise: Ängstlich und zitternd kehrt er immer wieder in den Keller zurück, der von furchterregenden Tieren wimmelt, und rekonstruiert auf diese Weise den Holocaust, den seine Eltern erlebt haben, um für sie das Dickicht der Vergangenheit zu entflechten. Doch das obsessive Ritual, immer wieder zum Holocaust zurückzukehren und aus ihm zu entkommen, hat letztlich nicht die Macht, sie aus dem Dickicht der Vergangenheit zu befreien.

Kapitel 3

Der Dialog zwischen überlebenden Müttern und ihren Kindern

Du hast mir den Geruch des kleinen Todes übertragen, vielleicht mit der Milch, vielleicht mit dem Blut, vielleicht mit dem Traum, vielleicht mit deinen nächtlichen Schreien [...] Nicht umsonst untersuche ich all meine Gliedmaßen, um zu sehen, ob ich verletzt bin. Nicht umsonst schickt sie Blutproben an die Ärzte. Dieses Blut wird niemals frei sein von der Erinnerung, von der Verzeihung. (Semel 1985, S. 80)

Die meisten überlebenden Frauen waren noch jung, als sie Mutter wurden. Sie brachten ihre Kinder in den DP-Camps zur Welt, auf der Straße, an den Stränden Italiens oder in Israel, während sie versuchten, sich in dem neuen Land einzugewöhnen.

Zwar unterschieden sich die überlebenden Frauen in ihrer Persönlichkeit und im jeweiligen Verlauf und der erreichten Stufe ihrer psychischen Entwicklung, und auch die Traumata, die sie erlitten hatten, waren in Art und Ausmaß sehr unterschiedlich. Sie alle aber hatten den Schrecken des Holocaust erlebt, der Vernichtung des europäischen Judentums. Sie wurden gewaltsam aus ihrer vertrauten Umgebung entwurzelt, verloren ihre Angehörigen, erduldeten über einen langen Zeitraum hinweg Erniedrigungen, Hunger, Folter und manchmal sogar sexuellen Mißbrauch, dem sie selbst oder nahe Verwandte ausgesetzt waren, und mußten ihre physische Existenz unter ständiger Todesdrohung verteidigen: All dies hinterließ Narben in ihren Seelen. Nach dem Holocaust hatten sowohl junge als auch reifere Frauen das Empfinden, sich in einem unendlichen existentiellen Vakuum zu befinden. Tiefe Einsamkeit erfüllte ihr inneres Wesen. So ging es allen Überlebenden, ganz gleich, wie alt sie waren.

Einige Psychologen, insbesondere Erikson (1959), sind der Auffassung, daß die Identität als Mutter im Empfinden der Kontinuität und Ähnlichkeit zwischen den Generationen verankert ist, an dem die Mutter selbst, die engere Familie und das gesamte soziale Umfeld teilhaben. Erikson betont, daß die Identität als Mutter auch auf der Konsolidierung von früheren Identifizierungen beruht, die den inneren Trieben und Bedürfnissen der Frau einerseits und ihren gesellschaftlichen Rollen andererseits entweder entsprechen oder widersprechen.

Auch Benedek (1956) betrachtet die Erfahrung der Elternschaft als eine biopsychologische Erfahrung, die in der Mutter einen Entwicklungsprozeß in Gang setzt und hält, der sie ihren Platz in der Abfolge der Generationen finden läßt. Der Holocaust aber hat diese Kette der Generationen durchbrochen und die wenigen verbliebenen Glieder in alle Winde verstreut. Als die jungen Überlebenden sahen, daß es für sie keine Verbindungsglieder mehr gab, durch die sie an die Generationskette angeschlossen waren, verloren sie die innere Bindung an ihre Vergangenheit und ihre Wurzeln. Das Band zwischen den Generationen war nicht nur durch die physische Vernichtung ihrer Familienangehörigen zerrissen worden, sondern auch durch die Notwendigkeit, ihre Lieben zu vergessen und den Schmerz über ihren Verlust zu unterdrücken. In ebendiesem Vergessen und Unterdrücken, das zuvor die Voraussetzung für ihr physisches Überleben gewesen war, verbargen sich jetzt die Minen, die im Endeffekt ihre psychische Intaktheit gefährdeten.

Ein wichtiger Faktor für den Aufbau und die Konsolidierung einer Identität als Mutter besteht also darin, daß eine Mutter die Verbindung und Identifizierung mit der eigenen Vergangenheit und insbesondere mit der eigenen Mutter – das heißt die Grundelemente der weiblichen und mütterlichen Identität – wiederzubeleben vermag. Psychologen unterscheiden drei Hauptfaktoren, die auf die sich verändernde Identität einer werdenden Mutter Einfluß nehmen: Welcher Art ist die Identifizierung der werdenden Mutter mit ihrer eigenen Mutter? Inwieweit hat sie die Identitätskonflikte der Pubertät zu lösen vermocht? Wie leicht fällt es ihr, in schwierigen, schmerzvollen oder spannungsgeladenen Zeiten die Hilfe ihrer Mutter und anderer Familienangehöriger als eine Quelle der Unterstützung und des Trostes anzunehmen?

In der psychoanalytischen Fachliteratur herrscht die Annahme vor, daß sich die einflußreichsten und wichtigsten Identifizierungen einer Tochter mit ihrer Mutter herausbilden, kurz bevor die Tochter selbst Mutter wird. Die Identifizierungen der neuen Mutter mit ihrer eigenen Mutter gründen sich nicht unbedingt auf bewußt wahrgenommene Eigenschaften, sondern vorzugsweise auf solche, die im Vorbewußten oder sogar im Unbewußten verankert sind. Jede dieser Identifizierungen kann mit positiven oder negativen Empfindungen aufgeladen sein, ist aber in ihrer Form in jedem Fall dem Ich der Tochter angepaßt.

Eine Mutter gibt ihrer Tochter, unmittelbar bevor diese selbst Mutter wird, das Gefühl weiter, eine »gute Mutter« zu sein – ein Gefühl, dem Deutsch (1946) große Bedeutung zumißt. Empirische Forschungen haben erwiesen, daß die Fähigkeit einer werdenden Mutter, sich in ihre neue Rolle zu finden, positiv damit korreliert, in welchem Maße sie sich über die Art der Beziehung zu ihrer eigenen Mutter bewußt ist. Die Identitätskrise, von der die Geburt des ersten Kindes manchmal begleitet wird, rührt häufig daher, daß die neue Mutter Schwierigkeiten hat oder außerstande ist, die Identifizierungen mit ihrer eigenen Mutter einer Synthese zuzuführen. Das Gelingen einer solchen Synthese hängt zum einen davon ab, ob sie zu ihrem verinnerlichten bewußten Mutterbild ein positives Verhältnis hat, und zum anderen davon, ob sie den Konflikt der eigenen Abhängigkeit von ihrer Mutter zu lösen und sich von ihr abzugrenzen vermag, ohne dabei das Gefühl der Nähe und Kontinuität zu verlieren.

Es liegen nur unzureichende Daten darüber vor, wie die Identifizierungen von Überlebenden mit ihren Müttern in der Zeit vor dem Holocaust aussahen. Dennoch ist anzunehmen, daß wir hier auf dieselbe Spannweite von Identifizierungen stoßen würden wie bei Frauen generell – von der engsten und höchst positiven Identifizierung bis hin zur äußerst distanzierten und negativen. Der

Holocaust aber unterbrach die natürlichen Identifizierungsprozesse bei den Überlebenden, und erst danach entwickelte sich in ihrer Psyche ein neuer Identifizierungsprozeß. Dieser neue Prozeß wurde zweifelsohne von Erinnerungsfragmenten aus Kindheit und Jugend genährt, war aber in erster Linie vom Leben in den Lagern und dem Trauma der Trennung von der Familie gekennzeichnet. Um die typische Art und Weise verstehen zu können, in der überlebende Frauen nach dem Holocaust die Mutterrolle ausfüllten, müssen wir ermitteln, inwieweit sie weibliche und mütterliche Identitäten erfolgreich zu rekonstruieren vermochten. Die Rekonstruktion dieser Identitäten hing im wesentlichen davon ab, ob sie sich einerseits aus der inneren Abhängigkeit vom Bild der (umgekommenen) Mutter zu lösen vermochten und ob ihnen andererseits die unerläßliche Synthese ihrer verschiedenen Identifizierungen mit dem Bild der Mutter oder einer anderen ihnen nahestehenden Frau gelang, so daß sie sich als Individuum abgrenzen und eine Identität aufbauen konnten, die sie befähigte, allein mit der Welt zurechtzukommen.

Unmittelbar nach dem Holocaust aber, und vielleicht sogar schon währenddessen, fand in der Psyche der jungen Überlebenden, die nun bald selbst Mütter werden sollten, ein innerer Kampf statt. In diesem Kampf standen Teile des Ich, Über-Ich und Es, die in einem Latenzzustand verharrten, um die Flut der Gefühle von Angst, Schmerz und Sehnsucht einzudämmen, einem anderen Teil des Ich gegenüber, der darum rang, die neuen, von der gegenwärtigen Situation geweckten Gefühle sowie Gefühlsfragmente aus der Vergangenheit erleben zu dürfen. Die Traumata des Holocaust führten bei den Überlebenden zu einem Identitätsbruch und bei denen, deren Identität noch nicht gefestigt gewesen war, zu einem Stillstand der Identitätsentwicklung. Die regressiven Situationen, denen sie ausgesetzt waren, hatten eine Zerstörung oder Verzerrung jener Elemente ihrer Identität zur Folge, die bereits vor dem Krieg aufgebaut und verinnerlicht worden waren.

Diese Identitätselemente waren nicht bei allen überlebenden Müttern im selben Ausmaß verzerrt und zerstört. Anscheinend gerieten aber alle von ihnen unmittelbar nach dem Holocaust in einen Konflikt: Einerseits wollten sie die während des Krieges aufgebauten Abwehrmechanismen wahren, die ihnen halfen, eine unerträgliche Konfrontation mit dem Gefühl des totalen Verlustes zu vermeiden, doch andererseits hatten sie das Verlangen, eine neue Verbindung zu den Imagines der verlorenen Verwandten und den Erinnerungen an sie zu knüpfen, um die eigene Identität und damit auch das Empfinden der Kontinuität rekonstruieren zu können. Ob eine Überlebende sich zumindest teilweise in ihrer Identität und Rolle als Mutter sicher fühlte, hing letztendlich davon ab, inwieweit sie diesen Konflikt zu lösen vermochte und welche Mittel sie dazu einsetzte.

Die primäre verinnerlichte Identifizierung mit der Mutter, die verzerrt oder zerstört worden war, unterlag nunmehr einem inneren Prozeß der Konservierung, der allerdings oft mit einer Idealisierung des Mutterbildes einherging. Dies half der Überlebenden, ihr Empfinden, daß sie und ihre Angehörigen sich gegenseitig im Stich gelassen hätten, sowie ihre Schuldgefühle und ihre Wut zu unterdrücken, und sie konnte sich auf diese Weise sogar die Erinnerung an die »gute Mutter« bewahren und damit die unerläßliche Grundlage für eine Identität als Mutter. Ein solches inneres Ringen beschreibt Appelfeld (1971). Betty, die vergeblich versucht, ihre physische und emotionale Sterilität zu bekämpfen, erinnert sich an ihre vielen Jahre in Sibirien, wo sie durch das Eis und die unendliche Entfernung von zu Hause und von allem, was ihr teuer war, nach und nach die innere Verbindung zu ihrem Selbst und ihrer Vergangenheit und insbesondere zu den verinnerlichten Elementen ihrer mütterlichen Identität verloren hat.

> Und so saß Betty und sann nach [...] das erste Jahr in Sibirien: Die Kälte, die Sehnsucht. Im zweiten Jahr aber verliert ein Mensch sein Gedächtnis, erinnert sich einfach an nichts mehr. Es ist sinnlos, daß sich die Menschen quälen; sie werden sich nicht mehr erinnern. Im dritten Jahr hören die Menschen auf, ihr Gedächtnis zu quälen. (S. 96)

Im Grunde ihres Herzens weiß Betty, daß das Geheimnis ihrer Unfruchtbarkeit in ihrer emotionalen Blindheit zu suchen ist, in ihrem Unvermögen, die abgesperrten Bereiche ihrer inneren Existenz wahrzunehmen. Sie schläft unaufhörlich, und ihr Körper blüht und lebt auch ohne sie, losgelöst von ihrer inneren Existenz, die nach und nach in tiefem Vergessen versinkt.

Grasman, Bettys Ehemann, versteht, daß sie einen Zugang zu ihren Vorfahren finden möchte und eine neue Verbindung zu ihren gekappten Wurzeln herzustellen versucht. »Nur in Sibirien erreicht man ein derartiges Ausmaß des Vergessens [...]. Er wußte, daß sie selbst nicht wußte, denn hätte sie gewußt, so hätte der Schmerz des Wissens sie aufgezehrt.« (ibid., S. 65)

Grasman ist an dem intrapsychischen Kampf Bettys beteiligt und hat in ihrem inneren Konflikt den aktiven Part inne, das heißt den Part dessen, der gegen das Kappen von Verbindungen und das Vergessen ankämpft, denn Grasman ist sich der Realität bewußt. Er ist nicht »blind« wie Betty und sieht daher deutlich, wie ihre Abwehr derart rigide und undurchdringlich werden konnte. »In seiner Naivität glaubt der Mensch unter die dünne Decke des Vergessens entkommen zu können, sich in einem verlassenen Raum zusammenkauern, schlafen, die Erinnerungen tagtäglich abtöten zu können, bis sie eines Tages tot sind« (ibid., S. 30). Er sieht, wie seine Betty so sehr von sich selbst abgeschnitten ist, daß sie aufgehört hat zu sprechen und keinen Schmerz und keine Schuldgefühle mehr spürt. Er versucht daraufhin, sie wachzurütteln: »Du erinnerst dich doch, setzte er manchmal an« (ibid., S. 60), und für einen Moment scheint Betty aus ihrer Lethargie aufzuwachen und nach ihren Erinnerungen zu greifen, kann sie allerdings kaum und nur für kurze Zeit festhalten.

So wie ihre Versuche, schwanger zu werden, zum Scheitern verurteilt sind, stirbt auch das für einen Moment in ihr aufkeimende Gefühlsleben schnell ab. Ihren Bemühungen, die eigene emotionale Sterilität zu bekämpfen, ist ein ähnliches Schicksal beschert wie ihrem Kampf gegen die physische Unfruchtbarkeit. Im Grunde ist Betty in einem Zustand diffuser chronischer Depression befangen: »Sie war weder fröhlich noch traurig. Langsam war sie und schwerfällig, wie ein Fluß mit gleichmäßiger Strömung, so als hätten die Jahreszeiten keinen Einfluß.« (ibid., S. 62) In der realen Welt funktioniert sie wie eine normale Frau, sie kocht und putzt das Haus, näht und arbeitet im Garten. Doch durch das Absterben ihrer Gefühle und den Verlust der emotionalen Bindung an ihre Mutter und ihre Familie breitet sich eine tiefe Einsamkeit in ihr aus. Betty schafft es nicht, über ihre Unfruchtbarkeit hinwegzukommen und ein Kind zu empfangen. Obwohl sie verheiratet ist und mit ihrem Mann zusammenlebt, wirkt sie wie eine alleinstehende Frau.

Die Figur Bettys bringt etwas zum Ausdruck, was in unterschiedlicher Form und unterschiedlichem Maße im tiefsten Innern eines jeden Überlebenden verborgen ist: Ein Teil ihrer Persönlichkeit hat das Gefühl der eigenen Kontinuität eingebüßt. Diese Kontinuität ist das im Gefühlsleben einer jeden Mutter unentbehrliche Identitätsempfinden, das sich aus der Identifizierung mit den vorherigen Generationen speist und das sie auf den Fötus und später auf das Neugeborene überträgt.

Wie bereits erwähnt, war der Schaden, den die in der Psyche noch vor dem Holocaust gebildeten und verinnerlichten Identitätselemente nahmen, nicht bei allen Überlebenden gleich groß. Es lassen sich drei Hauptgruppen von überlebenden Frauen unterscheiden, je nachdem, auf welcher emotionalen Entwicklungsstufe sie zu Beginn des Holocaust standen, wie weit zu der Zeit die Konsolidierung ihrer Identität als Frau und Mutter fortgeschritten war und in welcher Situation sie sich unmittelbar nach dem Holocaust befanden. Die erste Gruppe umfaßt Frauen, die zum Zeitpunkt des Holocaust noch Mädchen in der Latenzperiode oder Adoleszenz waren. Ihre weibliche Identität hatte gerade erst begonnen, sich auszubilden. Zur zweiten Gruppe gehören Frauen, die kurz vor dem Ende ihrer Adoleszenz standen oder sie gerade durchlaufen hatten, als der Holocaust begann, und deren weibliche Identität zu der Zeit bereits teilweise oder vollständig konsolidiert war. Frauen, die schon vor dem Holocaust erwachsen waren, bilden die dritte Gruppe. Sie waren zum Teil bereits verheiratet und hatten Kinder zur Welt gebracht, das heißt, nicht nur ihre weibliche Identität, sondern auch ihre Identität als Mutter war bereits ausgebildet. Unmittelbar nach dem Holocaust, bei der ersten Begegnung mit dem Bild der Mutter, durchlebten die Überlebenden aller drei Gruppen einen inneren Kampf, der sich jedoch von Gruppe zu Gruppe unterschiedlich gestaltete.

Die Überlebenden der ersten Gruppe waren noch im Mädchenalter, als sie von ihren engsten Bezugspersonen, unter deren Schutz sie bis dahin gestanden hatten, getrennt wurden und von Anfang an um ihre Existenz kämpfen mußten. Es ist daher nicht verwunderlich, daß sie vor der Zeit heranreiften und die üblichen Stadien des physischen und emotionalen Erwachsenwerdens übersprangen. Darüber hinaus waren sie gezwungen, auf sich allein gestellt mit den ersten Anzeichen ihrer Weiblichkeit zurechtzukommen, während sie ständig um ihr Leben fürchten mußten und traumatischen Erfahrungen ausgesetzt waren; bei manchen kam noch hinzu, daß sowohl sie selbst als auch Frauen um sie herum sexuell mißbraucht wurden. Ihre gebrochene und unfertige Psyche vermochte diese Traumata nicht zu bewältigen, so daß ihr Selbstbild und insbesondere ihr Körperbild bleibende Narben davontrugen.

Nach Kestenberg (1982), Krystal (1968) und andere Psychologinnen und Psychologen durchlebten sogar Mädchen, die aus liebevollen Familien voller Wärme kamen und eine positive Identifizierung mit ihren Müttern aufgebaut hatten, angesichts der Erniedrigungen ihrer Mütter im Lager eine derart extreme Regression, daß sie jedes Vertrauen in sie verloren. Der natürliche Identifizierungsprozeß wurde unterbrochen, und viele Mädchen gerieten in den Sog eines unaufhörlichen Hin und Her zwischen bitterer Wut auf die Eltern, die sie nicht verteidigt hatten, und Idealisierung des Elternbildes. Zum Verlust des Vertrauens und dem Schwanken zwischen Idealisierung und Wut kam nach dem Holocaust noch die schreckliche Erkenntnis hinzu, daß sie die wenigsten ihrer Angehörigen oder sogar keinen einzigen von ihnen wiedersehen würden. Die Folgen waren nicht nur Einsamkeit und eine schreckliche innere Leere, sondern auch quälende Schuldgefühle, weil nicht ihre Verwandten, sondern statt dessen sie selbst noch am Leben waren.

Unmittelbar nach dem Holocaust verdrängten die Überlebenden ihre Wut, während Verlust und unendliche Trauer von ihrem Bewußtsein Besitz ergriffen und es vollständig ausfüllten. Weil sie ihre Wut verdrängten, wuchs bei den Mädchen das Bedürfnis, sich die Erinnerung an ein noch unversehrtes Mutterbild zu bewahren. Die Kehrseite der Schuldgefühle war also eine Idealisierung, die darüber hinaus einem weiteren wichtigen Zweck diente: dem Bewahren der Erinnerungen an die »gute Mutter«, die unerläßlich sind, um das Empfinden der Kontinuität über die Generationen hinweg aufrechtzuerhalten und damit ein Gefühl der Desintegration und ein Zusammenbrechen des Ich zu verhindern. Fragmente der Identifizierung mit dem Bild der Mutter, die noch vor dem Holocaust verinnerlicht, in seinem Verlauf aber zerstört oder verzerrt worden waren, wurden im Bewußtsein der überlebenden Tochter nun rekonstruiert. Nur so vermochte sie eine zumindest teilweise Synthese von Identifizierungen herzustellen, ohne die sie eine eigene Identität als Mutter nicht hätte aufbauen können. Freilich waren dazu nicht alle Frauen in der Lage. Angesichts der Traumata des Holocaust und der tiefen inneren Konflikte, die sie hervorriefen, war die Synthese der Identifizierungen mit großen Schwierigkeiten verbunden und manchmal völlig unmöglich. Betty ist nicht die einzige, die kinderlos blieb – auch viele andere Überlebende fanden nicht die Kraft, ihre Identität zu rekonstruieren, und blieben folglich ebenfalls kinderlos.

Wenn eine junge Frau Mutter wird, sind im allgemeinen die eigene Mutter und andere weibliche Verwandte und Freundinnen in der Nähe, um Beistand zu leisten – paradoxerweise, um ihr zu helfen, sich von der Mutter abzunabeln und eine neue und ausdifferenzierte eigene Identität als junge Mutter aufzubauen. Die jungen Überlebenden jedoch, deren Adoleszenz im Schatten des Holocaust stand, wurden Mutter in einem Zustand totaler Isolation, ohne die eigene Mutter oder irgendeine andere weibliche Gestalt an ihrer Seite zu haben. Hinzu kam, daß sie zum einen unter Gefühlen von Verlust und Schuld litten und zum anderen Sehnsucht nach der Mutter hatten und sie idealisierten. Dies erschwerte die Loslösung von der Mutter noch mehr. Nach dem Holocaust fanden sich die meisten überlebenden Frauen in Einsamkeit und Depression wieder, und viele versuchten, ihre Psyche gegen diese Gefühle abzuschotten, indem sie übereilte Ehen eingingen, ohne daß zuvor ausreichend Gelegenheit gewesen war, sich kennenzulernen und einander näherzukommen. Sie übertrugen die Gefühle, die sie für ihre Mütter und Verwandten hegten, und damit auch ihre unaufgelösten intensiven Abhängigkeitsgefühle einfach auf den nächstbesten ungebundenen Mann. Deshalb ist es auch nicht weiter verwunderlich, daß in den unmittelbar nach dem Holocaust geschlossenen Ehen das vorherrschende Muster eine entweder gegenseitige oder einseitige Abhängigkeit ist.

Tzili, die Heldin eines Buches von Appelfeld (1983b), hat im Alter von ungefähr elf Jahren, also auf dem Höhepunkt der Latenzperiode, als einzige ihrer Familie überlebt. Während sie allein und von schrecklicher Existenzangst geschüttelt von Bauernhof zu Bauernhof irrt, bemerkt sie an sich die ersten

Anzeichen dafür, daß sie vom Mädchen zur Frau wird. Als sie zum erstenmal wahrnimmt, wie Blut aus ihrem Körper fließt, ist nicht eine einzige Vertraute in ihrer Nähe, um sie zu beruhigen und ihr die körperlichen Zeichen ihrer Weiblichkeit zu erklären. Todesangst überfällt sie, und aus einem tierhaften Instinkt heraus steigt sie in einen Fluß, um sich zu waschen. Tzili überspringt im Grunde alle Stadien der Pubertät. Als sie etwa 15 Jahre alt ist, trifft sie den ebenfalls allein durch Europa irrenden Mark. Mark und Tzili klammern sich sofort aneinander. Für Tzili ist ihre sexuelle Beziehung ein Ersatz für die Wärme und Sicherheit, die sie verloren hat. Als sie feststellt, daß sie schwanger ist, ist sie wieder allein, denn inzwischen hat sie auch Mark verloren. Zu Beginn ihrer Schwangerschaft ruft sie sich das Bild ihrer Mutter in Erinnerung, wohl in einem Versuch, den Faden der Kontinuität wieder aufzunehmen, der mit ihr überlebt hat.

> In dieser angenehmen, warmen Nacht mußte Tzili an den kleinen Hof ihres Elternhauses denken, in dem sie einen so großen Teil ihrer Zeit verbracht hatte. Ab und zu rief die Mutter: »Tzili!«, und Tzili antwortete: »Ich bin hier.« Das war alles, was von ihrer Kindheit geblieben war. Sehnsucht überkam sie. Der Hof schien ein Zipfel vom Garten Eden. (1983b/1991, S. 160f.)

Mit aller Kraft hält Tzili an ihren Kindheitserinnerungen fest, und sofort setzt ein Prozeß der Idealisierung ein. Das Haus wird das Tor zum Paradies, und ihre Mutter erscheint ihr vollkommen sanft und einfühlsam. Tatsächlich jedoch wurde Tzili geboren, als ihre Eltern schon relativ alt waren. Ihr Vater war krank, ihre Mutter überlastet, und Tzili wuchs, sich selbst überlassen, inmitten des Unrats auf dem Hof auf. Doch sie klammert sich nun noch an den kleinsten Zipfel von Sicherheit und Zugehörigkeit, weil sie sonst jedes Gefühl für die eigene Identität und sogar jede Verbindung zu sich selbst verlieren würde und wie ein Blatt im Wind wäre. Der kleine Hof war immerhin ein vertrauter und sicherer Ort, an den Tzili hingehörte. Dieses Geborgensein ging ihr verloren, als sie aus ihrem Zuhause und ihrer Familie herausgerissen wurde. Tzili ruft sich ins Gedächtnis, wie sie auf dem Hof die Mutter hin und wieder undeutlich rufen hörte, und nimmt dies nun als Anhaltspunkt für das herzliche Verhältnis der Mutter zu ihr. Durch diese Erinnerungen, an denen sie mit aller Macht festhält, ist sie in die Lage, jenes Bild einer »guten Mutter« aufzubauen, das Benedek (1956) und Deutsch (1946) als unerläßlich für die Entwicklung der eigenen Identität als Mutter ansehen.

> Tzili war zufrieden. Doch war es keine Zufriedenheit, die sich nach außen hin mitteilte. Das Kind, das in ihrem Bauch wuchs, weckte ihren Appetit und ihren Lebenswillen.
>
> Den anderen ging es nicht so wie ihr: Selbst an ihren Kleidern haftete der Tod. Sie versuchten ihn durch die Heftigkeit ihrer Schritte abzuschütteln. (ibid., S. 157 f.)

Aus ihrer Schwangerschaft und der Verbindung zu ihrer Vergangenheit und ihrer Mutter schöpft Tzili, wenn auch nur für kurze Zeit, Lebenswillen und ein wenig Glück. Doch ist diese lückenhafte Verbindung zu der erinnerten Vergangenheit und der »guten Mutter« eine ausreichend solide Grundlage für den Aufbau einer Identität als Frau und Mutter? Tzili hat nicht nur in ihrer Kindheit keine wirkliche Mütterlichkeit und umfassende elterliche Zuneigung erfahren, sondern erlebt auch ihr Erwachsenwerden ohne Wärme, Sicherheit oder Unterstützung. Ihre Identität ruht somit auf eher wackeligen und brüchigen Fundamenten. Aus den unterdrückten Wut- und Schuldgefühlen der verlorenen Familie gegenüber sind unzureichend durchgearbeitete Gefühle von Depression und Trauer geworden. Während sie Kraft und Freude daraus zieht, daß ein Kind in ihr heranwächst, suchen sie zugleich Gefühle von Verlust und Depression heim:

> Dennoch waren die Leute nicht zufrieden. Kummer hatte sich über den leuchtenden Tag gesenkt. Tzili rührte sich nicht von der Stelle. Die Trübsal, die aufgekommen war, verfinsterte auch ihr Gesicht. Da begriff sie, was sie zuvor nicht verstanden hatte: Was einmal war, war für immer vorbei. Von nun an würde sie allein sein, für immer allein. Auch das Kind in ihrem Bauch würde, da es in ihr war, allein sein wie sie. Niemand

sollte fragen, woher und warum. Sollte die Frage aber dennoch gestellt werden, würde sie nicht darauf antworten. (ibid, S. 143f.)

H. Klein (1971) hat, wie viele andere Autoren, Überlegungen dazu angestellt, wie oft überlebende Frauen insgesamt und insbesondere Frauen, die zur Zeit des Holocaust noch Mädchen waren und sich in der Latenzperiode oder in der Adoleszenz befanden, während ihrer Schwangerschaft unter mehr oder weniger starken Depressionen und Angstzuständen litten. Im Holocaust nahm das Selbstbild dieser Mädchen und insbesondere ihr Bild vom eigenen Körper schweren Schaden, was nicht selten dazu führte, daß sie sich emotional von ihrem Körper distanzierten, weil er ihnen als etwas Unreines und Verbotenes erschien. Dieses Gefühl der Stigmatisierung war derart stark, daß es ihnen vorkam, als würde sich das Stigma sogar auf das in ihnen heranwachsende Kind, ihr eigenes Fleisch und Blut, übertragen.

Ariela, eine der Teilnehmerinnen an den Therapiesitzungen, zeigte mir einmal ein Muttermal auf ihrem Oberarm und sagte mit großer Verwirrung: »Das habe ich von meiner Mutter geerbt ...«, und beschämt fügte sie hinzu: »Die ganzen Jahre, von klein auf, wußte ich, daß ich dieses Mal von meiner Mutter geerbt habe.« Als ich sie bat, mir zu erklären, was sie damit meine, sagte sie, daß ihre Mutter genau an derselben Stelle eine große, sehr unansehnliche Narbe hatte. Die Narbe stammte von Schnitten, die man der Mutter immer wieder an derselben Stelle zugefügt hatte, als man an ihr Versuche durchführte. »Ich weiß nicht, ob mir meine Mutter etwas über mein Muttermal erzählt hat, aber als ich sie nach der Narbe fragte, die genau an derselben Stelle wie mein Muttermal ist, war ich mir sicher, daß ich es von ihr geerbt habe ...«

Die sofort nach dem Holocaust schwanger gewordenen Überlebenden setzten große Erwartungen in ihr Kind, hatten aber auch Angst, weil sie sich in der Gefahr sahen, die eigenen Verletzungen an die Nachkommen weiterzugeben und so das Stigma gewissermaßen fortzuschreiben. Sie fürchteten sich auch vor Katastrophen, die die Zukunft möglicherweise für ihre Kinder bereithielt. Arielas Worte zeigen deutlich, daß sie die nonverbalen und beinahe unbewußten Botschaften ihrer Mutter verinnerlicht hat, die seit mehr als dreißig Jahren ein Teil ihrer Identität sind. Die jungen Überlebenden litten unter schrecklichen Alpträumen und Zwangsvorstellungen, die sich alle in der einen oder anderen Form auf die Gesundheit und Unversehrtheit ihrer zukünftigen Kinder bezogen. Nach Auffassung von Russel (1974) waren diese Angstzustände und das verzerrte Selbstbild der jungen Überlebenden die Hauptursachen sowohl für die schweren Blutungen, die bei vielen von ihnen während der Schwangerschaft auftraten, als auch für Fehlgeburten oder völlige Sterilität.

Auf die besonders hohe Rate von Fehlgeburten gerade unter Überlebenden, die zur Zeit des Holocaust Mädchen und Jugendliche gewesen waren, weist Krystal (1968) hin. Derselbe Befund ist auch dem zu entnehmen, was viele »Gedenkkerzen«, die zum Teil Einzelkinder geblieben sind, von den häufigen und zumeist mit Fehlgeburten endenden Schwangerschaften ihrer Mütter berichten. Ahuva, deren Mutter als Mädchen während ihrer Latenzperiode in ein Konzentrationslager deportiert worden war, erzählt, daß ihre Geburt für alle, und insbesondere für ihre Mutter, ein himmlisches Wunder war. Vor und nach Ahuvas Geburt war die Mutter insgesamt mehr als ein dutzendmal schwanger, und immer endete die Schwangerschaft mit einer Totgeburt. »Du wurdest nur aufgrund deiner eigenen Kraft geboren«, sagte ihr die Mutter. »Du warst stark und hast um dein Leben gekämpft, und so hast du es geschafft, geboren zu werden, anders als die anderen.« Mit diesem Satz brachte Ahuvas Mutter ihren inneren Zwiespalt zum Ausdruck sowie den ungeheueren Lebenswillen, der sie dazu trieb, trotz ihrer Schwäche und Depression, trotz der Schuldgefühle, die sich in ihr eingenistet hatten, und trotz ihrer Identifizierung mit dem Tod so viele Male schwanger zu werden.

Die intrauterine Kommunikation zwischen Mutter und Fötus sowie die Reaktion des Fötus auf die Gefühle, die ihm die Mutter übermittelt, wurden von vielen Psychologen untersucht, unter anderem von Verny und Kelly (1981). Sie stellten fest, daß der Bindungsaufbau [bonding] zwischen Mutter und Kind bereits im Körper der Mutter beginnt. Sontag (zitiert bei Verny und Kelly 1981, S. 98) untersuchte somatopsychische Phänomene, nämlich den Einfluß grundlegender physiologischer Prozesse auf die Persönlichkeitsstruktur des Individuums und auf das Niveau seiner Wahrnehmungs- und

Leistungsfähigkeit. Er stellte fest, daß die Drüsen einer angespannten, gestreßten, depressiven oder ängstlichen Schwangeren erhöhte Mengen an neurohormonalen Substanzen wie Adrenalin, Noradrenalin und Serotonin ausstoßen. Einige dieser Substanzen, die in den Blutkreislauf abgegeben werden, gelangen in die Plazenta und gehen somit auch ins Blut des Fötus über. Sie erhöhen seine biologische Sensibilität und erzeugen eine Prädisposition für zukünftige psychologische Störungen wie Ängstlichkeit und Depressivität. Andere Untersuchungen zeigen, daß neurohormonale Substanzen Schrecken und Angst beim Fötus auslösen. Man hat auch festgestellt, daß bei einem erhöhten Puls der Mutter der Herzschlag des Fötus ebenfalls schneller wird und daß der Fötus ab dem sechsten Schwangerschaftsmonat auf die emotionalen Botschaften seiner Mutter reagiert. Mit diesen Befunden lassen sich die zahlreichen Fehlgeburten und schwierigen Schwangerschaften bei vielen, insbesondere den jüngsten Überlebenden zumindest zum Teil erklären. Die bei starker Angst und Depression der Mutter ausgeschütteten und in den Körper des Fötus übertragenen neurohormonalen Substanzen können höchst massive Reaktionen bei ihm auslösen und sogar seinen Tod verursachen.

Rottman (1974) untersuchte die emotionale Einstellung von Frauen zu ihrer Schwangerschaft, das heißt inwieweit die Schwangerschaft bewußt und unbewußt erwünscht war. Er legte den Frauen psychologische Tests vor und teilte sie anhand ihrer Testergebnisse in vier Gruppen ein. Die erste Gruppe umfaßte Frauen, die ihrer Schwangerschaft äußerst negativ gegenüberstanden. Er stellte fest, daß diese Frauen während ihrer Schwangerschaft mit schwerwiegenden Problemen zu kämpfen hatten. Der Anteil der Frühgeburten war hoch, das Geburtsgewicht der Säuglinge lag unter dem Durchschnitt, und wenn die Kinder älter wurden, traten psychische Probleme bei ihnen zutage. In die zweite Gruppe fielen Frauen, die eine ambivalente Einstellung zu ihrer Schwangerschaft hatten – nach außen hin wirkten sie zufrieden, während sie unbewußt anders empfanden. Ihre Föten nahmen jedoch auch diese unbewußten Botschaften auf und reagierten nach der Geburt mit Verhaltensproblemen wie Hyperaktivität und Verdauungsstörungen. Zur dritten Gruppe gehörten Frauen, deren Einstellung zu ihrer Schwangerschaft ebenfalls ambivalent war, aber mit umgekehrter Tendenz; das heißt, nach außen hatte es den

Anschein, als würde die Schwangerschaft sie in ihren Plänen und Ambitionen behindern, während sie unbewußt durchaus erwünscht war. Ihre Säuglinge ließen eine Verwirrung erkennen, die auf die noch im Mutterleib aufgenommenen widersprüchlichen Botschaften zurückzuführen war. Viele von ihnen waren apathisch und lethargisch. Die vierte Gruppe bestand aus Frauen, die ihrer Schwangerschaft gegenüber sowohl bewußt als auch unbewußt positiv eingestellt waren.

Anscheinend haben die meisten Überlebenden, die unmittelbar nach dem Holocaust Kinder zur Welt brachten, ihre komplexen Gefühle unwillkürlich auf die Föten übertragen. In dieser verworrenen emotionalen Welt wurde die Generation des Jahres 1946 gezeugt und geboren.

Wie bereits erwähnt, fühlten sich die meisten überlebenden Frauen, die kurz nach dem Holocaust ein Kind bekamen, einsam und leer, sogar dann, wenn ihre Ehemänner oder Partner bei ihnen waren. So auch Tzili, die Heldin der Geschichte von Appelfeld (1983b), die ihr Kind in einem Feldkrankenhaus am Ende der Welt und in völliger Anonymität gebärt. So auch Ahuvas Mutter, die ihre Tochter in Israel zur Welt brachte und sich, obwohl ihr Ehemann sowie einige wenige Verwandte bei ihr waren, sehr einsam fühlte: »Als ich dich zur Welt brachte«, so erzählte sie Ahuva, »wußte ich nicht, wo dein Vater war. Ich hatte das Gefühl, daß er sehr weit weg war. Ich kann mich nicht erinnern, daß irgend jemand direkt bei mir gewesen wäre, und vor allem war meine Mutter nicht bei mir. Wenn sie dagewesen wäre, wäre alles anders gewesen.« Zu diesem Zeitpunkt sahen die meisten überlebenden Frauen in ihrem Partner noch immer eine fremde Person, deren Gegenwart das Gefühl der Einsamkeit keineswegs milderte, sondern die nach dem Verlust der eigenen Familie (insbesondere der Mutter) entstandene Leere noch steigerte.

Zwia, Tochter einer Überlebenden, berichtete in einer Therapiesitzung, wie die Mutter ihr das Erlebnis ihrer Niederkunft schilderte:

»Meine Mutter erzählte mir, daß sie direkt nach meiner Geburt zwei Wochen lang im Bett lag und nicht aufhören konnte zu weinen. Sie war völlig allein, ohne Mutter, ohne Schwester, ohne Großmutter, denn alle waren ›dort‹ geblieben. Auch die physische Gegenwart meines Vaters half ihr nicht viel und änderte ihr Empfinden kaum. Sie schilderte mir dieses Gefühl der unendlichen Leere, das sie von allen Seiten umgab. Auch ich konnte diese Leere nicht für sie ausfüllen, denn sie war viel zu groß.«

Über die zweite Gruppe von Überlebenden brach der Holocaust herein, als sie physisch und psychisch schon reifer waren. Sie waren in ihrer emotionalen Identität und Entwicklung bereits gefestigter, so daß sie einige Mittel zur Verfügung hatten, um einerseits mit dem Herausgerissenwerden aus ihrem Zuhause und der Trennung von ihren Familienangehörigen und andererseits mit den schweren Traumata in den Lagern umzugehen. Oft waren diese jungen Frauen verschiedenen Formen sexuellen Mißbrauchs ausgesetzt, doch manchmal setzten sie ihre Sexualität auch selbst als Waffe im Überlebenskampf ein. In jedem Fall hinterließen die traumatischen Erfahrungen tiefe Narben in ihrer Seele und ließen schwerwiegende Konflikte und ein ambivalentes Verhältnis zu ihrer sexuellen Identität entstehen, was sich später in ihren intimen Partnerbeziehungen zeigen sollte. Dennoch waren die ihrem physischen und psychischen Selbstbild zugefügten Schäden weniger schwerwiegend als bei den Überlebenden der ersten Gruppe. Sie hatten sich bereits vor dem Holocaust aus ihrer Abhängigkeit von der Mutterfigur gelöst und konnten daher besser mit Depression und Angst umgehen.

Rosa, die Heldin eines anderen Buches von Appelfeld (1983a/1995), repräsentiert diese zweite Gruppe von überlebenden Frauen. Rosa reagiert auf Schwangerschaft und Entbindung grundlegend anders als Tzili, doch haben sich die beiden während des Holocaust auch in unterschiedlichen Situationen befunden. Zwar hat auch Rosa ihre gesamten Familienangehörigen im Holocaust verloren, und auch sie hat während dieser Zeit als Magd auf Bauernhöfen gearbeitet, doch war sie dabei bereits eine junge Erwachsene. Ihre Weiblichkeit und ihre Sexualität dienten ihr als Waffe im Überlebenskampf. Es liegt daher nahe, daß sie, weil sie über eine reife weibliche Identität verfügte und die Synthese der Identifizierungen mit ihrer Mutter und ihren Schwestern bereits verinnerlicht hatte, die Integrität ihrer Persönlichkeit eher zu wahren vermochte, trotz der tiefen Narben, die der Holocaust auch in ihrer Psyche hinterlassen hat. Sowohl während ihrer Schwangerschaft als auch während und nach der Entbindung vermag Rosa nicht nur Depression und physische und emotionale Entkräftung abzuwehren, sondern wird sogar stärker und stärker. Der lebendige Fötus in ihrem Körper erfüllt ihre innere Existenz mit einer Kraft und Sicherheit, die sie bis dahin nie besessen hat. Sie macht eine Veränderung durch, welche ihrem Mann Bartfuß nicht verborgen bleibt:

> Stundenlang saß er da und beobachtete sie. Auch zuvor war sie nicht anmutig gewesen, doch jetzt, mit dem Kind in ihrem Leib, kam sie ihm geradezu schwerfällig vor. Und trotzdem schien sie von einer Kraft erfüllt, die er nicht zu ergründen vermochte. […]
> Gleich nach Paulas Geburt begann sich Rosas Gesicht zu verwandeln. Muskeln legten sich um ihr weiches Kinn. Anfangs glaubte er, es handele sich um eine vorübergehende Erscheinung, aber das erwies sich als Irrtum. Die Geburt ihres Kindes steigerte Rosas Selbstsicherheit. (S. 23)

Und später heißt es:

> Zu jener Zeit schien es ihm, als verwandle sich Rosa tagtäglich, doch bekam er sie nie mehr allein zu Gesicht, dauernd kuschelten sich ihre Welpen an sie. Und Rosa überschüttete sie mit all ihrer Liebe. Vor allem Brigitte, das schwächliche, verwirrte Kind, wich keinen Moment von ihrer Seite.
> Insgeheim mußte er zugeben: So soll es wohl sein … Rosa ist ihre Mutter […]. (ibid., S. 27 f.)
> Rosa verband sich hingebungsvoll und begehrlich mit ihren Töchtern. Als sie heranwuchsen, kleideten sie sich in dieselben Farben wie sie. (ibid., S. 35)

Die symbiotische Verstrickung von Kind und Mutter befreit die überlebende Mutter von ihrer Einsamkeit und der Notwendigkeit, sich mit ihrer komplizierten inneren Welt und den Problemen ihrer Partnerschaft auseinanderzusetzen. Vor dem Hintergrund der symbiotischen Abhängigkeitsbeziehungen, die Rosa mit ihren Töchtern aufbaut, wird um so schmerzlicher deutlich, daß sie und ihren Ehemann emotional nichts miteinander verbindet.

Nach der Geburt ihrer Kinder neigen viele Überlebende zu Depressionen (H. Klein 1973, Krystal 1968 und andere Autoren). Manchmal ist diese Depression offenkundig und zeigt sich in Apathie, Gleichgültigkeit gegenüber dem Säugling und Weinen – in dieser Weise reagierte zum Beispiel Zwias Mutter. In anderen Fällen ist die Depression latent und äußert sich indirekt in Entkräftung und psychosomatischen Beschwerden – wie bei Tzili nach der Totgeburt ihres Kindes:

> Tzili lag wach. Nichts schien von ihrem zerstückelten Leben übrig zu sein. Selbst ihr Körper gehörte ihr nicht länger. Ein Gewirr aus Stimmen und Flecken strömte in die Leere ihres Innern, ohne sie zu berühren. [...]
> Erst als sie am folgenden Tag aufstand, bemerkte sie, daß auch ihr Gleichgewichtssinn aus ihrem Körper herausgerissen schien. Sie lehnte sich an die Wand und glaubte einen Augenblick lang, nie wieder ohne Stütze stehen zu können. (Appelfeld 1983b/1991, S. 181, 183)

Sowohl die offenkundige als auch die latente Depression zwingt die Mutter, für längere Zeit im Bett zu verweilen und den Säugling der Pflege anderer Personen zu überlassen. Doch wie bereits erwähnt, gibt die Geburt eines Kindes dem Leben mancher Überlebender Sinn und Bedeutung. Ihr Kind verleiht ihnen nie gekannte physische und psychische Kräfte, die ihnen helfen, ihre Depressionen und Schuldgefühle zu leugnen.

Ein anderes Verhaltensmuster überlebender Mütter ist von einer aktiven und oft auch übertrieben aktiven Lebensweise charakterisiert. Diese Mütter haben keine enge Bindung an ihre Säuglinge entwickelt. Vielmehr werden sie, wenn sie beim Kind zu Hause bleiben, schon nach kurzer Zeit rastlos und wollen so schnell wie möglich an ihren Arbeitsplatz zurück, auch wenn sie ohne die zusätzlichen Einkünfte auskommen. Daß sie Schwierigkeiten damit haben, zu Hause zu bleiben und sich der Pflege des Kindes zu widmen, dürfte mit einer inneren Unruhe zu erklären sein, die auf ungelösten Konflikten beruht und auf dem ständigen Bemühen, den Konflikten zu entfliehen und sie zu verdrängen.

Oft werden die verschiedenen Verhaltensmuster überlebender Mütter deutlich, wenn Angehörige der Zweiten Generation berichten, was man ihnen über den Zustand, in dem sich ihre Mutter nach der Entbindung befand, und über die Entwicklung des allerersten Zwiegesprächs zwischen Mutter und Kind erzählt hat. (Diese Berichte werden weiter unten vorgestellt.)

Die Überlebenden der dritten Gruppe sind schon vor dem Holocaust verheiratet gewesen und Mutter geworden. Die meisten haben ihre Eltern, ihre Schwestern und Brüder, ihre Partner und – der schwerste Verlust von allen – ihre Kinder verloren. Appelfeld (1983b) schildert die Empfindungen einer Überlebenden, der ihre Kinder während des Holocaust entrissen worden sind:

> Nun begann die Frau zu erzählen: »Ich habe all meine Kinder verloren. Ich glaube, daß ich alles Mögliche für sie getan habe, und doch habe ich sie verloren. Der Ältere war neun und der Jüngere sieben. Und du siehst: Trotzdem lebe ich und habe sogar Appetit. Sie haben mir nichts antun können. Ich muß wohl aus Stahl sein.« (S. 159 f.)

Eltern und insbesondere Mütter werden, wenn sie ihre Kinder verlieren, in ihren elementarsten und grundlegendsten Instinkten erschüttert. Die ihrer Kinder beraubte Mutter mag überleben, aber die Erinnerung wird sie nicht loslassen, und vor ihrem inneren Auge wird sie für immer die Bilder ihrer Kinder sehen:

> Mutters Kinder schreien, kleben an ihrem Körper, versuchen an ihren Platz im Fleisch der Mutter zurückzukehren. Sie schreit: »Nehmt sie mir nicht weg!« Sie hat sie niemals wiedergesehen. Im Kopf der Mutter liegen sie hingestreckt da, auf dem Rücken. Ein Friedhof der Erinnerungen. (Semel 1985, S. 44 f.)

Der Holocaust hat die natürliche Kontinuität der Generationskette auf höchst grausame und gewaltsame Weise durchbrochen: Die Mutter ist gerettet und lebt weiter, während ihre Kinder – die Essenz ihrer Existenz und Kontinuität – umgekommen sind.

Daß die überlebenden Mütter von Schuldgefühlen gepeinigt wurden, sie hätten ihre Kinder »im Stich gelassen«, war vor allem auf einen inneren Konflikt zurückzuführen: Sie hatten das Gefühl, betrogen worden zu sein – ihr Instinkt hatte sie verraten. Jede Mutter verfügt über einen elementaren Urinstinkt, der den Zweck hat, ihre Wahrnehmung zu lenken, damit sie Gefahren, die ihren Nachkommen drohen, aufspüren und sie vor ihnen schützen und retten kann. Dieser Instinkt funktionierte im Holocaust gar nicht oder aber zu spät, wenn die Kinder nicht mehr zu retten waren und die Mütter sie in absoluter Hilflosigkeit verloren geben mußten. Weil sie die ihren Kindern drohenden Gefahren nicht wahrgenommen und frühzeitig erkannt hatten, glaubten die Überlebenden, ihr Mutterinstinkt habe versagt oder sei gestört.

> Zwei blonde Kinder sitzen neben ihr, eines an jeder Seite, und schauen angespannt in die Kamera. Der Junge hat einen seltsamen Hut auf, das Mädchen ist in Spitzenärmel und weiße Kniestrümpfe gekleidet. Dies sind eure toten Geschwister. Sie starben, bevor ihr geboren wurdet. Papa, tut es weh, wenn man verbrannt wird? Man spürt es nicht, denn die Dusche saugt alle Schreie auf. Man sagt ihnen, sie würden verreisen, und sie glauben es, denn sie sehen ihre Mutter mit einem kleinen Koffer. (ibid., S. 35)
> So sitzt sie da, meine verschlossene Mutter, vergraben in ihren Geheimnissen, in ihrer Scham. Ich bin frei von jeder Schuld, und ich wußte es nicht. Die Kinder werden niemals wiederkommen. (ibid., S. 52)

Als die Mutter den Zug bestieg, ihren Koffer in der Hand und ihre beiden Kinder neben sich, war sie ohne Zweifel ein hilfloses Opfer der von den Nazis gezielt organisierten Täuschung. Ihr selbst aber kam es später so vor, als sei allein sie für diesen grausamen Betrug verantwortlich gewesen. Ihre Kinder hatten ihr vertraut und sich auf sie verlassen, und sie hatte ihr Vertrauen enttäuscht. Dieses unüberwindliche Schuldgefühl trägt die überlebende Mutter in ihrem Herzen.

Bei den Überlebenden der dritten Gruppe war, wie erwähnt, der Prozeß des Erwachsenwerdens und der Loslösung aus der emotionalen Abhängigkeit von der Mutter schon vor dem Holocaust abgeschlossen. Als der Holocaust über sie hereinbrach, verfügten sie (wie die Überlebenden der zweiten Gruppe) bereits über eine abgegrenzte und eigenständige Identität und hatten schon ihre Erfahrungen mit Schwangerschaft, Geburt und dem Leben mit einem Partner gemacht. Sie hatten sich mit ihrer Identität als Mutter in einer vertrauten und sicheren Umgebung, umgeben von ihrer Familie, auseinandersetzen können. Der ihrer Persönlichkeit durch den Holocaust zugefügte Schaden war weniger schwerwiegend als bei der ersten und zweiten Gruppe. Über den Verlust ihrer Kinder jedoch, der in ihrem Inneren ein emotionales Vakuum entstehen ließ, konnten sie nie hinwegkommen, zumal sie nie die Möglichkeit bekamen, richtig um sie zu trauern.

> Mutter zerriß nicht ihre Kleider, um die Trauer um ihre Kinder zu zeigen. Selbst die Erleichterung des üblichen Trauerrituals blieb ihr versagt. Sie zerriß ihr Fleisch während neununddreißig Trauerjahren. Das Leid stieg in ihr auf wie eine überfällige Geburt. Noch nicht einmal im Traum wiederholte sie ihre Namen. Sie konnte sich noch nicht einmal nach ihnen sehnen. Man drängte sie zu vergessen und eiligst Kopien dieser Kinder in die Welt zu setzen. Etwas ein zweites Mal hervorzubringen und zu rekonstruieren, ist aber eine schwere Aufgabe, und so, wie sie in ihrer zweiten Ehe gescheitert war, war sie vielleicht auch mit der Kopie ihrer Tochter gescheitert. (ibid., S. 54)

Keine Mutter konnte ihr früheres Leben vergessen, es blieb ihr auf Leib und Seele geschrieben. Wenn sie noch einmal heiratete und wieder Mutter wurde, blieben das für sie unweigerlich Versuche zu kopieren, was einmal gewesen war. Ihre ersten Kinder, um die sie nicht hatte trauern und von denen sie sich nicht hatte verabschieden dürfen, ließen ihr keine Ruhe.

Somit leben die neuen Partner und Kinder der Überlebenden mit dem Gefühl, daß etwas fehlt, daß etwas unvollständig ist; sie wissen, daß sie ein schwacher Ersatz für das sind, was ihre Mutter und Ehefrau »vorher« gehabt hat. »›Sie sagte mir, daß es ihr damals besser gegangen sei. Mit ihm, mit ihrem ersten Ehemann.‹ Mit dem gesichtslosen Mann der Vorzeit. Und vielleicht war es ihr ja auch mit ihren ersten Kindern besser gegangen.« (ibid., S. 35) Die Überlebende kann mit ihrer neuen Familie nicht wirklich glücklich werden. Die Bilder ihres ersten Ehemannes und ihrer Kinder stehen immer im Hintergrund, sie kommen immer wieder und werfen ihren Schatten auf das neue Leben.

Aus der Literatur und aus dem, was viele Söhne und Töchter von überlebenden Müttern, die zur dritten Gruppe gehören, mir erzählt haben, ist für mich deutlich geworden, daß diese Überlebenden aus der Geburt ihrer neuen Kinder keine Kraft schöpfen konnten (im Gegensatz zu einigen Überlebenden der zweiten Gruppe). Sie versanken in chronischer Trauer und waren deshalb nicht in der Lage, eine starke, eindeutige Bindung [bonding] zu ihren neuen Babys aufzubauen. Denn eine solche Bindung hätte die starken Gefühle, die sie für ihre ersten, verlorenen Kinder empfunden hatten, wieder aufleben lassen und das fragile Gleichgewicht ihrer Psyche untergraben. Eine direkte Begegnung mit dem Gefühl des Verlustes hätte den Schmerz verstärkt, und um sich vor einer Überflutung des Ich mit unerträglichen Gefühlen zu schützen, mußten sie eine emotionale Distanz zu den Alpträumen der Vergangenheit wahren und sich davon abkoppeln.

Viele »Gedenkkerzen« äußern das Empfinden, nur ein Ersatz zu sein, eine Kopie anderer Kinder, ohne selbst einen klar definierten und unverwechselbaren Ort zu haben. »Ich habe nichts von dir genommen, was mir nicht gehörte – immer habe ich um Erlaubnis gefragt. Immer zögerte sie. So, als ob hinter dem kleinen Mädchen die Schatten der früheren Kinder stünden.« (ibid., S. 36) Die Kindheitserinnerungen der »Gedenkkerzen« zeichnen vielleicht ein zu strenges Bild – es ist durchaus möglich, daß die Erinnerungen im Laufe der Jahre grellere Farben annahmen, als das der Wirklichkeit entsprochen hätte –, doch sollte man bedenken, daß Kindheitserinnerungen unsere real durchlebten Erfahrungen nie vollständig wiedergeben. Was uns in der Nüchternheit unseres Erwachsenenlebens bleibt, sind undeutliche, weitgehend verdrängte, aber höchst bedeutungsvolle Empfindungen, die uns seit frühester Kindheit begleiten. Im Laufe einer Therapie mit den Kindern von Überlebenden treten diese Gefühle an die Oberfläche. Manchmal sind es Einsamkeit und Verlorenheit, manchmal das Gefühl, zu ersticken – denn die Eltern, insbesondere die Mutter, haben sich an sie geklammert. Kinder von Überlebenden der dritten Gruppe haben das Gefühl, daß sie nicht um ihrer selbst willen geboren wurden und nicht um ihrer selbst willen leben – daß ihr Leben nichts als ein Ersatz ist für das Leben ihrer Brüder und Schwestern, die »dort« umgekommen sind.

Während der Schwangerschaft laufen komplexe psychologische Prozesse ab. Wie Colman (1969) und andere Autoren aufzeigen, kommen die Hauptkonflikte schwangerer Frauen darin zum Ausdruck, daß sie ihre Schwangerschaft ablehnen, ihre emotionale Energie nach innen kehren und ein ambivalentes Verhältnis zum Muttersein haben. Blitzer und Murray (1964) sowie Smith (1968) beschreiben narzißtische Zustände, die mit Hoffnungslosigkeit, Haß, Neid, Angst und Einsamkeit einhergehen und sich insbesondere in den letzten Schwangerschaftsmonaten zuspitzen. Alle diese Gefühle und Konflikte waren bei den unmittelbar nach dem Holocaust schwanger gewordenen Überlebenden eindeutig und vielleicht sogar in verstärktem Maße vorhanden. Darüber hinaus litten diese Frauen unter einem weiteren, nur bei ihnen zu findenden Konflikt, der auf dem Widerspruch zwischen der besonderen Bedeutung, die sie der Geburt eines Kindes zumaßen, und ihrer psychischen Verfassung beruhte. Die Geburt eines Kindes war für sie ein Versuch, sowohl ihre leere und zerstörte innere Welt zu heilen und ihrem Leben einen neuen Sinn zu geben als auch die zerrissene Kette der Generationen wieder zusammenzufügen, auf der Ebene ihrer eigenen Familie und auch der ganzen Nation. Das schiere Ausmaß der Aufgabe, die sie sich da stellten, steigerte ihre Sehnsucht nur noch mehr. Die Sehnsucht aber stand im Widerspruch zur Wirklichkeit: zur psychischen Verfassung der Überlebenden, zu ihrer existentiellen Einsamkeit, zu den Bedingungen, unter denen sie als Migranten leben mußten, zur übereilten Bindung an einen Partner und zum Fehlen der Unterstützung durch Freunde und Familie. Viele Psychologen, die die psychische Verfassung von überlebenden Müttern untersucht haben, unter ihnen Lipkowitz (1973), Rakoff (1966) und Sigal (1971), heben hervor, daß sich diese Mütter in einem chronischen Zustand unverarbeiteter Trauer befanden und, vor allem unmittelbar nach dem Holocaust, ständig mit sich selbst beschäftigt waren. Somit waren die psychischen Reserven, die sie ihren Föten während der Schwangerschaft und ihren Kindern nach der Geburt bieten konnten, sehr begrenzt und zweifellos unzureichend.

Semel (1985) bezieht sich auf diesen Aspekt:

> Ich dachte, es kann kein Zufall sein, daß alle diese Überlebenden nur zwei Kinder haben. Das ist ihre gesamte emotionale Kapazität. Sie können es nicht riskieren, nur ein Kind zu haben, für den Fall, daß ihm etwas zustößt, und zwei Kinder war alles, was sie ertragen konnten. (S. 142)

Naomi, ein nach dem Holocaust geborenes Einzelkind, beschreibt die Atmosphäre zur Zeit ihrer Geburt:

> »Vor nicht allzulanger Zeit erzählte mir meine Mutter, was bei meiner Geburt geschah. Nicht daß sie das freiwillig tat, aber dieses Mal bestand ich darauf und fragte anders als sonst. Sie erzählte wirklich davon und versuchte nicht wie in der Vergangenheit, sich herauszuwinden. Ich wußte schon immer, daß sie bei ihren anderen Schwangerschaften [die alle mit Fehl- und Totgeburten geendet hatten] lange Zeit im Bett lag, über Monate hinweg. In letzter Zeit habe ich darüber nachgedacht, daß es ihr sehr schwergefallen sein muß, denn sie ist, genau wie ich, ein energiegeladener Typ, der immer etwas tun muß. Als ich sie fragte, wie es für sie damals war, mit mir schwanger zu sein, antwortete sie, daß sie sich sofort ins Bett legte, als sie spürte, daß ich mich bewegte, und sich ab diesem Zeitpunkt nicht mehr rührte, da sie schreckliche Angst vor einer erneuten Fehlgeburt hatte. Als ich vor kurzem die ganze Zeit zu Hause war und im Bett lag [wegen einer langwierigen Krankheit], dachte ich sehr viel über jene Zeit nach, wie das für sie und mich, für mich in ihrem Bauch, tatsächlich gewesen sein muß – als sie mit dieser Angst so dalag, über Monate hinweg, ohne sich zu bewegen, und monatelang allein ... Ja, sie erzählte mir, daß mein Vater während dieser Zeit kaum zu Hause war. Immer hatte er irgendwelche Geschäfte. Er rannte draußen herum und war emotional nicht verfügbar; er war nicht in der Lage, an der Seite meiner Mutter und bei mir zu sein, und das in einer derart kritischen Phase. Jetzt, da ich darüber rede, erlaube ich mir auch zum ersten Mal, etwas von der Wut auf meinen Vater zu spüren, darüber, daß er nicht wirklich da war. Ich habe

nie gewußt, vielleicht wollte ich es aber auch gar nicht wissen, wie unzulänglich und unbefriedigend die Beziehung zwischen meinen Eltern war, wie wenig wirkliche Gemeinsamkeit im Grunde da war. Natürlich wußte ich, daß meine Mutter ab und zu allein ins Ausland fuhr, und auch, daß mein Vater andere Beziehungen hatte, aber ich wußte nicht, daß es so schlimm war. Als meine Mutter es mir diese Woche erzählte, konnte ich zum ersten Mal ihre schreckliche Einsamkeit nachempfinden. Sie sagte mir auch noch einen sehr prägnanten Satz: ›Wenn meine Mutter hier gewesen wäre, in meiner Nähe, wäre alles anders gewesen.‹ Ich aber bin nach meiner Großmutter benannt, meiner Großmutter, die ›dort‹ geblieben ist, als man sie auf dem Todesmarsch erschoß und meine Mutter weitermarschierte ... Weißt du, ich wurde am Geburtstag meiner Großmutter geboren ... Nein, das ist nicht ganz richtig, eigentlich war es zwei Tage später. Meine Mutter erzählte mir, daß sie es während der gesamten Schwangerschaft geplant und sich so sehr gewünscht hatte, mich am Geburtstag meiner Großmutter zur Welt zu bringen. Als dann der Tag schließlich kam, setzten die Wehen ein, und sie ging ins Krankenhaus. Es war allerdings nur falscher Alarm, und die Ärzte schickten sie wieder nach Hause. Ich wurde erst zwei Tage später geboren. Meine Mutter sagt immer, daß ich und Großmutter am gleichen Tag Geburtstag haben. Sie erzählte auch, daß sie mich sofort nach der Geburt sehen wollte. Sie wollte sehen, ob ich in Ordnung war. Mir fehlte nichts, und sie beruhigte sich, als sie sah, daß alles da war. Meine langen Finger fielen ihr sofort auf, und sie entschied damals sogleich, daß ich, so wie sie und meine Großmutter, Klavier spielen würde.«

Die Geburt ihres Kindes rief in den Überlebenden also bewußte und unbewußte Konflikte wach, die mit dem Verlust ihnen nahestehender Objekte zusammenhingen und ein verknotetes und schwer entwirrbares Knäuel aus Gefühlsfragmenten bildeten. Doch selbst wenn die Gefühle in diesem Knäuel bruchstückhaft waren, so konnten die Überlebenden nur darin das Material finden, um das Gewebe der Beziehung zu ihren Kindern zu knüpfen und damit auch die Fäden der Kontinuität zusammenzufügen, die sie mit ihren Müttern und ihrer Vergangenheit verbanden. Betrachten wir nun, was die Überlebenden aus diesem Knäuel zu retten vermochten und welche unverwechselbaren Elemente den Dialog zwischen ihnen und ihren nach dem Holocaust geborenen Kindern kennzeichnen.

»Meine Mutter stillte mich ungefähr zwei Monate lang. Danach hörte sie auf«, erzählte Chawa in einer der Gruppensitzungen. »Ich weiß nicht genau, was passiert ist. Vielleicht hatte sie nicht mehr genug Milch, vielleicht nicht mehr genug Geduld. Sie ging sofort wieder zur Arbeit, und ich blieb bei einer Tagesmutter. Meine Mutter war erst zwanzig, und mein Vater erzählte mir, daß sie überhaupt keine Ahnung hatte, was sie mit mir anfangen sollte. Sie stand die ganze Zeit unter Druck und war ängstlich, und wenn ich weinte – und den Erzählungen nach habe ich anscheinend viel geweint –, konnte sie mich nicht auf den Arm nehmen. Sie überließ es meinem Vater, mich auf den Arm zu nehmen, denn sie wußte einfach nicht, wie sie mich hätte beruhigen sollen. Sie geriet in eine solche Anspannung, daß sie völlig außerstande war, ihre Mutterrolle auszufüllen. Sie war nicht glücklich mit mir.«

Henia: »Meine Mutter hat es mir immer wieder erzählt – die ganzen Jahre bekam ich zu hören, daß sie bei meiner Geburt wirklich fast gestorben ist. Die Entbindung zog sich über drei Tage hin, und in ihrem Verlauf gab es viele Probleme, so daß unklar war, ob wir beide es unversehrt überstehen würden. Nach der Geburt war sie so schwach und depressiv, daß sie für mehrere Monate im Bett bleiben mußte oder wollte. Sie war praktisch außer Gefecht gesetzt. Man versuchte, ein Kindermädchen zu finden, aber auch das reichte nicht aus. Ich habe wohl viel geweint und wollte nicht essen. Als ich neun Monate alt war, entschlossen sie sich, mich in ein Heim der WIZO [*Women's International Zionist Organization*] zu geben, und dort begann ich, den Erzählungen zufolge, wenigstens ein bißchen zu essen, während das Weinen ganz aufhörte. Mein Vater hat mir erzählt, daß er mich, als er einmal zu Besuch kam, stundenlang im Bett stehen und mit versteinertem Gesichtsausdruck hin- und herwippen sah. Ich hatte fast völlig aufgehört, auf meine Umgebung zu reagieren. Ich war dort mehr als ein halbes Jahr, dann hatte meine Mutter sich erholt, und sie holten mich nach Hause.«

Mordechai: »Meine Mutter hat mir erzählt, daß sie mich dort im Hotel stillte. [In dem Hotel lebten vier Familien für mehrere Monate zusammen in einem Raum, bevor sie nach Israel einwandern konnten.] Ich weiß nicht, wie das damals wirklich war. Sie ist immer so unruhig. Bis heute kann sie nicht stillsitzen, sich einfach entspannen und etwas genießen. Immer macht sie etwas, immer rennt sie umher, geht von hier nach da. Wenn ich versuche, mir die Situation dort vorzustellen, in einem Viertel des Hotelzimmers, wo eine Familie von der anderen nur durch eine Decke abgeteilt war ... Ich denke, da hat sich sehr viel Druck aufgestaut. Ich kann mir meine Mutter vorstellen, wie sie dasitzt, mich hält und mich stillt. Aber sie schaut mich dabei nicht an, ihr Blick wandert umher. Der Druck und die Angst, die nach wie vor auf ihr lasten, waren damals sicherlich noch stärker. Jeden Moment kam jemand anderes herein, ein Angehöriger der eigenen Familie oder einer der anderen Bewohner. Alle waren angespannt, denn keiner wußte genau, was geschehen würde. Sie hatten sich zwar aus der Hölle retten können, doch so vieles hatten sie ›dort‹ zurücklassen müssen. Sie wußten im Grunde auch nicht, was ihnen die Zukunft in dem neuen Land bringen würde, in dem sie leben wollten und das ihnen doch so fremd war.
Es gab keinen Moment Ruhe für dieses Baby, das ich war, und ich hatte bestimmt kein eigenes Bett. Es gab überhaupt keine Privatsphäre. Bis zum heutigen Tag habe ich Mühe, wirklich an meine Mutter heranzukommen, es fällt mir schwer, wirklich mit ihr zu reden. Wenn ich es versuche, stehe ich unter einer besonders starken Anspannung. Wenn ich schon mal rede, dann eher mit meinem Vater oder wenn die ganze Familie da ist. Wenn ich mit meiner Mutter allein bin, fällt es mir sehr schwer.«

Ahuva: »Meine Mutter hat mir erzählt, daß sie nach meiner Geburt zu arbeiten aufhörte und zu Hause blieb, um ganz für mich da zu sein. Sie versuchte, mich zu stillen, hatte aber nicht genug Milch. Sie gab sich die größte Mühe, saß stundenlang da und drückte Tropfen um Tropfen aus ihren Brüsten. Sie hatte mich auf dem Schoß und flößte mir diese Tropfen mit einem Löffel ein.«

Malka: »Weißt Du, es kommt mir seltsam vor, daß sie dich so fütterte, mit einem Löffel, auf ihrem Schoß. Als ich meinen Sohn stillte, und selbst als ich ihm die Flasche gab, weil ich nicht genug Milch hatte, hielt ich ihn immer ganz nahe an mich gedrückt. Für mich, und ich glaube auch für ihn, war es das Wichtigste, die Nähe zu spüren.«

Ahuva: »Meine Mutter dagegen hat sich abgemüht ... und saß stundenlang da und preßte ihre Brüste. Vielleicht hat das damit zu tun, daß ihr das erste Baby unter den Händen verhungert ist, dort im Ghetto ... Sie sagte mir einmal, daß es dort überhaupt nichts zu essen gab, so daß sie keine Milch für sie hatte, und so ist sie gestorben ... Ich weiß nicht genau, was dort geschehen ist.«

Schimon: »Also ich weiß nicht. Die Geschichte von Ahuva kommt mir gar nicht so seltsam vor. Meine Mutter hat mir eine recht ähnliche Geschichte erzählt. Sie sagte, daß sie Probleme bekam, wenn ich saugte. Es tat ihr weh, mich zu stillen, denn die Haut um die Brustwarzen herum war wund.« Verlegen lächelnd fügte er hinzu: »Vielleicht war sie wund, weil ich so zugebissen hatte. Sie nahm dann so eine Art Schlauch, mit dem man Milch aus den Brüsten pumpen kann, und ich sog an diesem langen Schlauch. Jetzt kommt mir das wirklich schrecklich vor, daß ich mit meiner Mutter über einen Schlauch und nicht direkt mit ihr verbunden war.«

Zipora: »Ich kann mir gar nicht vorstellen, daß ich an den Brüsten meiner Mutter gesaugt habe, und nicht einmal, daß ich ruhig auf ihren Knien gesessen bin und mich dabei wohlgefühlt habe. Allein schon bei der Vorstellung verkrampfe ich mich. Es gibt Babyphotos von mir, auf denen ich wirklich schrecklich fett aussehe, mit so einem runden und vollen Puppengesicht. Das einzige, was mir meine Mutter gab, war Essen. Mehr Essen und noch mehr Essen. Auf diesen Photos aber sieht mein Gesicht leer aus, völlig ausdruckslos.«

Yitzhak: »Da ist das Gefühl in mir, oder eine Erinnerung, tief in meinem Innersten – ich weiß nicht genau, woher dieses Gefühl kommt, denn schließlich ist es unmöglich, so frühe Erinnerungen zu haben –, jedenfalls hatte ich als Baby das Gefühl, daß meine Mutter wohl um mich herum war, in der Nähe, mich aber nicht wirklich nahe an sich gedrückt hielt. Aus späteren Jahren erinnere ich mich daran, daß ich mich all die Jahre danach sehnte, gehalten zu werden, ihren Körper zu spüren. Alles in allem habe ich mich immer sehr einsam gefühlt.«

Arieh: »Ich erinnere mich, daß meine Mutter, als ich noch sehr klein war, oft in einem verschlossenen, abgedunkelten Zimmer mit halb heruntergelassenen Jalousien saß und eine Zigarette nach der anderen rauchte. Manchmal saß sie auch auf einem Stuhl, hielt meine Schwester, die damals noch ein Baby war, in ihren Armen und wiegte sie stundenlang – sogar wenn sie überhaupt nicht weinte. Meine Mutter drückte sie ganz eng an ihre Brust und murmelte unverständliche Dinge vor sich hin, so etwas zwischen Sprechen und Weinen, oder gab eine Art unablässiges Seufzen von sich. Wenn ich reinging, stellte ich mich in die Ecke und schaute sie ruhig an, und sie merkte noch nicht einmal, daß ich da war. Schließlich, wenn sie die Augen hob, warf sie mir so einen komischen Blick zu. Ihr Gesichtsausdruck war wie versteinert, und ihre Augen flößten mir Angst ein. Sie hatte einen glasigen und leeren Blick, so als würde sie mich nicht erkennen, als wäre sie ganz woanders, weit weg. Das war unheimlich. Damals wußte ich natürlich nicht, was das in mir auslöste. Wenn ich diesen Blick aber heute manchmal bei meiner Mutter sehe, ärgert er mich. Ich möchte sie am liebsten schütteln. Heute verstehe ich, daß ihr Blick eine ziemlich starke Angst in mir weckt oder so eine Art Unruhe; ich spüre mein Herz pochen, so wie manchmal auch hier und in anderen Situationen. Ich entziehe mich dann dieser Situation, flüchte vor der Angst. Ich weiß nicht, wovor ich mich in diesen Momenten fürchte. Jetzt, zum ersten Mal, bringe ich das irgendwie mit meiner Mutter in Verbindung, mit ihrem glasigen, leeren Blick. Sie reagiert nicht auf mich, spürt weder sich noch mich. Ihre Einsamkeit vermischt sich mit meiner.«

Chawa: »Als Baby, so erzählten sie mir, habe ich geschrien und geweint. Tagelang habe ich geweint, und meine Mutter wußte nicht, was sie tun sollte. Sie konnte mit meinem Weinen nicht umgehen. Bis heute weiß ich nicht warum. Vielleicht habe auch ich mich so einsam gefühlt, wie Yitzhak es beschreibt.«

Ganz bleich und aufgewühlt schaltete sich jetzt Ahuva wieder in das Gespräch ein: »Im Vergleich dazu war ich – so erzählt meine Mutter es zumindest – ein schrecklich braves Baby. Ich weinte überhaupt nicht. Meine Mutter sagt, als ich einige Wochen alt gewesen bin, habe sie mir beigebracht, nicht zu weinen. Ich hätte sehr schnell gelernt und mit dem Weinen aufgehört. Eigentlich habe ich, seit jener Zeit bis heute, fast nie mehr geweint. Selbst wenn ich sehr gerne weinen würde, merke ich, daß ich es nicht wirklich kann. Ich kann an einer Hand abzählen, wie oft ich in meinem Leben geweint habe. Sogar in der Therapie.«

Ich antwortete ihr, wir hätten tatsächlich bemerkt, daß sie es sich sogar hier in der Therapiegruppe nicht erlaube zu weinen. Ich erläuterte, daß Weinen ein Weg ist, starke Gefühle auszudrücken, und daß für ein Baby, das noch nicht sprechen kann, das Weinen eines der wenigen Mittel ist, mit dem es seinem Unbehagen und seinen Bedürfnissen Ausdruck verleihen kann.

Malka kam mir zu Hilfe: »Wenn mein Kind nicht weinen würde, wüßte ich nicht, was es will oder braucht. Ich wüßte sonst oft nicht, wie ich reagieren soll. Was bedeutet es für dich, Ahuva, daß deine Mutter nicht wollte, daß du weinst? Wie konnte sie überhaupt mit dir kommunizieren?«

Ich merkte dazu an, daß das Weinen Ahuvas für ihre Mutter möglicherweise höchst qualvoll war, weil es sie an ihr erstes Kind erinnerte, das geweint und geweint hatte, das vor ihren Augen verhungert war und das sie nicht hatte retten können.

Ahuva begann leise zu schluchzen. Die anderen Gruppenmitglieder waren tief bewegt, und einige begannen ebenfalls zu weinen. Ahuva murmelte schließlich unter Tränen: »Vielleicht konnte sie mich deshalb nicht an sich gedrückt halten. Es wäre gewesen, als würde sie wieder dieses andere Baby halten.«

Wahrscheinlich mußte Ahuvas Mutter sich vor jenen Gefühlen schützen, die ihre Psyche überflutet hätten, wenn sie die weinende Ahuva im Arm gehalten hätte. Denn dann hätte sie selbst weinen müssen, und zwar nicht nur um ihr totes Baby, sondern auch um ihre Eltern und ihre Schwestern, um ihren jungen Ehemann, um ihre Großväter und Großmütter. Wenn sie einmal angefangen hätte zu weinen, dann hätte sie vielleicht nicht mehr aufhören können.

Der erste postnatale Dialog zwischen Mutter und Kind findet zumeist beim Stillen statt. Melanie Klein (1948) geht davon aus, daß das Stillen entscheidenden Einfluß auf die seelische Entwicklung eines Säuglings nimmt, da während des Stillens eine echte Interaktion zwischen Mutter und Kind stattfindet, durch die es zur Verinnerlichung der Objektbeziehungen in der Psyche des Säuglings kommt.

Die Berichte der »Gedenkkerzen« gründen zwar in der Welt der Träume, Phantasien und innersten Empfindungen, lassen aber auch eine zunächst erstaunlich anmutende Tatsache erkennen: Trotz ihrer schlechten physischen und psychischen Verfassung stillten die meisten überlebenden Mütter ihre Kinder. Einige stillen nur für kurze Zeit, zwei, drei Monate lang, und manche von ihnen gingen, nachdem sie abgestillt hatten, außer Haus arbeiten. Andere hatten verschiedene Schwierigkeiten beim Stillen, gaben aber dennoch nicht auf und rangen beharrlich darum, mit dem Stillen weitermachen zu können. Ihr Kampf ums Stillen gründete offenbar in jener emotionalen Polarität, die schon die verschiedenen Stadien ihrer Schwangerschaft und Entbindung geprägt hatte. Einerseits sehnte sich die überlebende Mutter nach der Geburt eines lebenden Kindes, dessen Existenz als Entschädigung für alles Verlorene dienen sollte. Andererseits litt sie unter Depression, Angst und anhaltender Trauer. War das Kind einmal auf der Welt – wie durch ein Wunder gesund und an allen Gliedmaßen unversehrt –, dann hatte die Mutter das Gefühl, es um jeden Preis nähren zu müssen, damit es stark und widerstandsfähig wurde. Denn das Kind, und einzig und allein das Kind, hatte die Aufgabe, um der Mutter und ihrer umgekommenen Lieben willen das Leben zu verteidigen und die Kette der Generationen wieder zusammenzufügen.

Selbst wenn die Mutter nur wenig Milch in ihren Brüsten hatte oder Tropfen um Tropfen herausdrücken mußte, war die Milch ein Symbol für die Essenz ihrer Psyche und das bißchen Lebenskraft, was ihr geblieben war. Sie würde ihr helfen, die natürliche Kontinuität der Familie aufrechtzuerhalten. Ihre Großmutter hatte ihre Mutter gestillt und ihre Mutter sie, und somit war es jetzt an ihr, ihr Kind zu stillen.

Wenn die überlebende Mutter »um jeden Preis« stillt, obwohl es ihr Schwierigkeiten bereitet und an ihren Kräften zehrt, ist das ein Zeichen ihrer Lebensenergie, die sich aus dem Urinstinkt von Säugetieren speist, das Junge weiterzusäugen, auch wenn sie selbst in Gefahr, krank oder hungrig sind. Diese Lebenskraft ist nichts anderes als der körperliche Ausdruck des Arterhaltungstriebes und des Willens der Überlebenden, Trennung und Verlust zu bewältigen.

Ahuvas und Schimons Mütter träufelten beharrlich ihre Milch in die Münder ihrer Kinder, waren jedoch unfähig, sie an ihr Herz zu drücken. Sie nahmen mit Hilfe von Löffeln oder Schläuchen Verbindung zu ihren Kindern auf, so daß die entstehende emotionale Bindung [attachment] nur eine indirekte sein konnte. Die überlebenden Mütter fühlen sich auf das engste mit ihren Kindern verbunden. Sie hängen sehr an ihnen, sie brauchen sie und sind auf sie angewiesen – darauf, daß sie da sind, und besonders darauf, sie ganz konkret und körperlich neben sich zu spüren. Gleichzeitig sind sie von Ängsten und Konflikten erfüllt und nicht in der Lage, die wahren Bedürfnisse ihrer Kinder wahrzunehmen. Die Bindung an ihre Kinder schließt somit eine gewisse Abhängigkeit von ihnen sowie Angst und Sorge um ihre Existenz ein, doch im allgemeinen fehlt das gelassene Gefühl der Sicherheit und Ruhe, das für die normale Entwicklung des Kindes unerläßlich ist (Bowlby 1951).

Viele überlebende Mütter haben Schwierigkeiten, ihren Kindern emotionalen »Halt« zu bieten [»holding«]. Benedek (1956) bezeichnet das Vermögen, das Kind zu »halten«, als »Mütterlichkeit«, die sie der bloßen »Mutterschaft« gegenüberstellt. Laut Winnicott (1965) und anderen Psychologen bedeutet dieses »Halten« mehr, als das Kind ganz konkret nah am eigenen Körper zu halten; allerdings fiel selbst diese Form des Haltens den überlebenden Müttern schwer. Zum »Halten« gehört auch, daß die Mutter in der Lage ist, das Kind mit Vergnügen und Freude anzuschauen, weil sie die physischen und emotionalen Bedürfnisse des Kindes zu erspüren und darauf zu reagieren vermag. Ist die Mutter jedoch depressiv, dann ist sie emotional nicht ansprechbar. Auf ihrem Gesicht spiegeln sich weder Vergnügen noch Freude, sondern es bleibt, wie einige »Gedenkkerzen« es weiter oben beschrieben haben, ausdruckslos. Das Gesicht der Mutter, das die Stimmungen des Kindes wie ein Spiegel reflektieren sollte, verschließt sich und vermag nicht das Geringste wiederzugeben. An dem leeren Gesicht der Mutter kann das Kind nicht ablesen, was es ihr bedeutet, und folglich den Wert, den es für sie hat, nicht verinnerlichen. Wie kann es dann aber erfahren, daß es tatsächlich existiert? Wie kann sich in ihm ein eigenständiges und sicheres Ich bilden? Ziporas ausdrucksloses Gesicht spiegelt nichts anderes als das Gesicht ihrer Mutter wider.

Winnicott (1965) sagt, man könne ein Kind wohl auch ohne Liebe füttern, doch könne bei neutraler Pflege ohne Liebe und Freude kein selbständiges Kind heranwachsen. Zipora beschreibt, wie viele andere »Gedenkkerzen«, eine derartige Situation: einerseits ein bloßes Abfüttern und andererseits ein Kind, das keine Eigenständigkeit gewinnt. Wie Bowlby (1951) erläutert, kann eine Mutter körperlich anwesend und zugleich emotional abwesend sein. Viele Psychologen haben festgestellt, daß für überlebende Mütter, die in chronischer Depression und ungelöster Trauer versanken, ihr Kind zu einer emotionalen Last wurde. Ziporas ausdrucksloses Gesicht, das »Abgerichtetwerden« Ahuvas dazu, nicht zu weinen, und die bedrückende Leere, die Yitzhak empfindet, der sich nicht an eine einzige Umarmung seiner Mutter erinnert, sind glaubwürdige Zeugnisse dafür, daß die überlebende Mutter ihrem Kind wohl körperliche Pflege angedeihen ließ, während ein großer Teil ihrer inneren Existenz von ihrer eigenen Qual und Not in Anspruch genommen wurde, so daß sie nicht fähig war, das Kind emotional zu »halten«.

Die allererste Wahrnehmung des Bildes der Mutter – die Objekterfahrung des Säuglings – bildet die Grundlage, auf der sich die Fähigkeit entwickelt, im Verlauf des Lebens immer wieder zwischenmenschliche Beziehungen aufzubauen. Die Objekterfahrung hat zwei Dimensionen: »Sein« und »Tun« (Ehrlich 1987). Die konstante Präsenz des Objektes (zumeist der Mutter) stellt die zentrale Erfahrung des »Seins« dar, zu der physische Empfindungen und das primäre Sichbewußtwerden über das Selbst und den anderen gehören. Diese

Erfahrung ist in der Regel von einem freudigen Gefühl begleitet, ihr Kern jedoch ist die Präsenz als solche. Die Erfahrung des »Tuns« hingegen ist mit einer Handlung oder einer Abfolge von Handlungen verknüpft. Das Selbst erfährt sich dabei in der Interaktion mit anderen. »Sein« und »Tun« sind zwei Dimensionen, die am Lebensbeginn die Erfahrung des Selbst und des Objektes (des anderen) leiten. Manchmal sind die beiden Erfahrungsweisen auch ineinander verwoben.

Nach vielen Therapiejahren schilderte Dalia die früheste Beziehung zu ihrer Mutter, die während des Holocaust noch ein junges Mädchen gewesen war:

»Dieses bedrückende Gefühl begleitet mich bis heute: Da wurde ein entzückendes Mädchen geboren, und ihre Mutter war unfähig, ihr mehr als nur Kleidung und Essen zu geben. Darüber bin ich auch wütend und aufgebracht. Ist denn so etwas möglich? Anscheinend schon, aber wie? Wie ist es möglich, daß man ein Kind wie eine Puppe behandelt? Wie eine Porzellanpuppe? Hat ein Kind denn keine Empfindungen? Braucht es keine Wärme, Liebe und Aufmerksamkeit? Muß man es denn nicht wahrnehmen und verstehen? Ich spüre die Wut in mir, aber sie ist mit einer Leere vermischt. Und dann kehrt der Druck im Kopf wieder, der Druck der Abwesenheit, des Mangels, dessen, was ich von meiner Mutter nie bekommen habe und nie bekommen werde. Jahrelang war ich eine Porzellanpuppe. Immer nett, adrett, hübsch, schön angezogen und herausgeputzt. Die ißt und ißt, was immer man ihr auch gibt. Empfindet keine Liebe, ist nicht wütend, fühlt nicht. Die ganzen Jahre war alles verschüttet. Wie bei meiner Mutter, so ist auch bei mir alles verschüttet. Ich konnte nichts herauslassen. So wie ich für sie eine Porzellanpuppe war, war ich danach auch für mich selbst eine Porzellanpuppe. Die ganzen Jahre habe ich nichts empfunden. Alles spielte sich nur in meinem Kopf ab. Die Puppe war nur für sie bestimmt, und sie hielt sie mit beiden Händen fest, damit alle wußten, daß ich ihr gehöre und sie nicht alleine ist. Ich war ihr süßes Baby, ohne das sie nicht existieren, nicht weiterleben konnte. Ihr Leben war damals, im Holocaust, angehalten worden, und sie wünschte so sehr, daß es nach diesem ganzen Sterben wieder von neuem begann. Ich frage mich heute, was für eine Mutter ich in Wirklichkeit hatte – eine Mutter, die mich nicht umarmte, nicht lieben wollte, die nur wußte, wie man kocht, einkauft, den Körper versorgt und so tut, als sei man wirklich anwesend. Das ist meine Mutter. Meine Mutter jetzt und für immer. Die Mutter, die ihr Töchterchen immer so hübsch angezogen hat, alles schön gebügelt und zugeknöpft. In Wirklichkeit aber hat sie mich nie gesehen oder gespürt. Meine Gefühle und Probleme hat sie nie verstehen können. So war das damals, und so ist es heute immer noch.«

Aus Dalias Erzählung wird deutlich, wie sehr sie als Kind die Erfahrung der »Seinsdimension« entbehrt hat und wie sehr sie diese bis auf den heutigen Tag vermißt.

Der Holocaust prägt in die Seelen der überlebenden Mütter die ständige Angst vor einer Katastrophe ein, die sich jederzeit ereignen könnte. Diese Angst trat in der Einstellung zu ihren Kindern zutage: Sie wollten sie möglichst nahe bei sich wissen (dies geht aus den Erzählungen vieler »Gedenkkerzen« hervor, die relativ lange im Elternhaus wohnen blieben) und neigten dazu, die Kinder überzubehüten und zu dominieren.

Darüber hinaus wird in Dalias Erzählung ein weiteres Verhaltensmuster sichtbar – die Unfähigkeit der Mutter, sich in die Gefühle der Tochter hineinzuversetzen. Um die Gründe für die Entstehung dieses Musters zu verstehen, müssen wir uns mit dem Begriff des kumulativen psychischen Traumas befassen. Khan (1963) benutzt diesen Begriff, um zu erklären, warum es manchen Müttern nicht gelingt, dem Kind in seiner primären Beziehung zu ihnen eine ausreichend geschützte Umwelt zu bieten. Eines der wichtigsten Elemente, das die Mutter zu der Interaktion zwischen sich und dem Kind beisteuert, ist die Regulierung der Stärke von internen und externen Reizen, die ein Kind aus seiner unmittelbaren Umwelt sowie der Welt im allgemeinen empfängt. Zwar versucht das Kind, diese Stimulation aus eigener Kraft heraus zu regulieren (indem es Interaktionen ausweicht oder auf verschiedene Reize negativ reagiert), doch dies reicht nicht aus. Offenbar ist die Sensibilität der Mutter herabgesetzt, wenn ihre seelische Verfassung – weil sie nicht über genügend emotionale Reserven verfügt, depressiv ist oder unter einer Verarmung ihres Ich leidet – nicht genügend gefestigt ist. Sie ist dann unfähig, die Reaktionen ihres Kindes wahrzunehmen und die Hinweise auf ein zu hohes Reizniveau, die es ihr gibt, zu interpretieren. Folglich kann sie nicht angemessen reagieren und vermag dem Kind nicht zu helfen, das Reizniveau zu senken oder den Reiz, falls notwendig, zeitweilig zu unterbrechen. Unter diesen Umständen bilden sich bei der Mutter wahrscheinlich bevormundende und kontrollierende Interaktionsmuster aus, die zwangsläufig eine Überreizung des Kindes bedeuten, und sie scheitert an dem, was Khan (1963/1977) »das Errichten des Schutzschildes« [setting up the protective shield] nennt. Fehlt dieser Schutzschild, so wirkt sich das negativ auf die normale seelische Entwicklung eines Kindes aus.

Die psychischen Kräfte der überlebenden Mütter waren derart geschwächt, daß sie nicht nur außerstande waren, die Funktion eines Schutzschildes für ihre Kinder zu übernehmen und das Niveau der auf sie eindringenden Reize zu regulieren, sondern sich auch an ihre lebendigen und gesunden Kinder klammerten, um Erleichterung für die eigenen Qualen und Ängste zu finden. Rosa, die Heldin einer Geschichte von Appelfeld (1983a/1995), klammert sich, sobald ihre Töchter auf der Welt sind, mit aller Kraft an sie und kämpft wie eine Tigerin um ihre und die eigene Existenz. Ebenso wie andere überlebende Mütter schöpft sie aus ihren Töchtern das Gefühl der eigenen Lebendigkeit und das Selbstwertgefühl, die während des Holocaust in ihr zerstört worden sind.

Die traumatische Erinnerung an ihre völlige Hilflosigkeit ist den Überlebenden in ihrem Innersten noch immer gegenwärtig, und sie haben Angst, in eine Situation zu geraten, die der damaligen, und sei es auch nur im entferntesten, ähnlich ist. Der sicherste Weg, um solchen Situationen zu entgehen, besteht darin, den Spieß umzudrehen und völlige und ausschließliche Kontrolle über das Leben ihrer Kinder auszuüben. Rosa zum Beispiel klammert sich an ihre Töchter und überwacht jeden ihrer Schritte, so daß Brigitte, die mit der totalitären Gängelung durch die Mutter nicht zurechtkommt, nicht einmal ein differenziertes und unabhängiges Ich aufzubauen vermag.

Wird einem Kind die »Seinserfahrung« verwehrt, so schlägt sich das vor allem darin nieder, daß seine Selbstwahrnehmung von einem Gefühl des Versagens geprägt ist (Ehrlich 1987). Doch häufig geschieht auch das Gegenteil: Manchmal ist das Ich von Kindern dadurch, daß ihre Mütter bei der Erziehung übermäßig besorgt oder überbehütend waren, in vielen Bereichen gestärkt worden, und sie werden zu sehr lebenstüchtigen und anpassungsfähigen Erwachsenen. Man führt dies auf einen Prozeß der Kompensation zurück, bei dem das Ich den Bereich des »Tuns« überbetont und ausweitet, um so auszugleichen, daß Teile der »Seinserfahrung« verleugnet wurden oder sich aufgelöst haben. Viele Angehörige der Zweiten Generation, insbesondere die »Gedenkkerzen«, haben Herausragendes geleistet. Dalia und Yitzhak zum Beispiel haben bei allem, was sie taten, stets geglänzt: in Kindergarten, Schule, Armee und Studium und schließlich auch in ihrem Beruf. Mehr als einmal war ich darüber erstaunt, wie bei manchen »Gedenkkerzen« ihre ausgesprochene Tüchtigkeit, ihre Talente und ihre Leistungen auf intellektuellem, sozialem und öffentlichem Gebiet in krassem Gegensatz stehen zu den elementaren Schwierigkeiten im zwischenmenschlichen Bereich, derentwegen sie in Behandlung kommen. Kinder von Überlebenden beginnen meistens eine Therapie, weil sie Schwierigkeiten haben, intime Partnerbeziehungen sowie überhaupt Beziehungen zu anderen Menschen aufzubauen und über einen längeren Zeitraum aufrechtzuerhalten. Zwar haben einige tatsächlich intime Partnerbeziehungen aufgebaut und sogar geheiratet und Kinder zur Welt gebracht, doch in ihrem Eheleben leiden sie dennoch unter Schwierigkeiten und Krisen, die auf sexuelle und/oder emotionale Probleme zurückgehen.

Es scheint somit, daß die beiden hier vorgestellten Hypothesen – daß die »Gedenkkerzen« in ihrer frühen Kindheit unregulierter Stimulation ausgesetzt waren und daß ihr Leben von der Erfahrung des »Tuns« dominiert ist – die Kluft in ihrer Persönlichkeit zu erklären vermögen. Einerseits haben die unregulierte Stimulation in der Kindheit und die nur eingeschränkte emotionale Präsenz der Mutter zu einem Ungleichgewicht in ihrer »Seinserfahrung« geführt, das in den tiefgreifenden Störungen ihres Selbstgefühls zutage tritt. Doch andererseits hat, weil die Mutter sie überbehütete und in ihrem Leben auf massive Weise körperlich präsent war, das Ich in anderen Bereichen eine

Stärkung erfahren, so daß sie sehr leistungsfähig sind und auf bestimmten Gebieten sogar Herausragendes vollbringen können. Für die Leistungen der Kinder von Überlebenden gibt es noch eine weitere Erklärung: Von frühester Kindheit an vermittelten die Eltern ihnen ein Gefühl der Einzigartigkeit und setzten große Hoffnungen in sie. Zur Stärkung ihrer Persönlichkeitsstruktur trug ebenfalls bei, daß allein schon ihre bloße Existenz von höchster Bedeutsamkeit war und daß hohe Erfolgserwartungen an sie gestellt wurden. Die zentrale Stellung, die sie im Leben der Eltern einnahmen, war für die »Gedenkkerzen« zweifellos – trotz der emotionalen Entbehrung, unter der sie litten – der Ansporn, zum einen ihr Bestes zu geben, um erfolgreich zu sein und den Erwartungen der Eltern zu entsprechen, und sich zum anderen zu bemühen, den Eltern keinerlei Sorge zu bereiten und sie in keiner Beziehung zu enttäuschen. Auf ihnen, und allein auf ihnen, lastete die Verpflichtung, die ungeheuren Verluste auszugleichen, die ihre Mütter und Väter erlitten hatten. Sie konnten es sich nicht leisten, den Eltern zusätzlichen Schmerz zuzufügen.

Man darf allerdings nicht vergessen, daß sich hinter diesen beeindruckenden Leistungen eine defiziente, von Frustrationen und Konflikten überschattete »Seinserfahrung« verbirgt. Kernberg (1975), Masterson und Rinsley (1975) und andere Psychologen, die sich mit dem Thema Narzißmus beschäftigten, fanden heraus, daß Kinder ein »falsches Selbst« [false self] ausbilden, um defensives und regressives Verhalten zu rechtfertigen und unter allen Umständen Depression und Angst vorzubeugen. Das »falsche Selbst« reagiert auf die Handlungen und Unterlassungen der Mutter mit gespielter Unterwerfung und Einwilligung, während es zugleich ein System aus pathologischen Abwehroperationen entwickelt. Dieses intrapsychische System wird später verinnerlicht und, wenn notwendig, auf die Umwelt projiziert. Am Ende nimmt das »falsche Selbst« gegenüber der Umwelt und der äußeren Realität dieselbe Position ein, in der es die Mutter erlebt hat: Wie sie vermeidet es jede Reaktion, die den Ausdruck von Gefühlen oder wirklichen Bedürfnissen einschließen würde. Eine Mutter also, die unter Depressionen, Apathie oder einem Gefühl der Leere leidet – wie das bei den überlebenden Müttern in den Jahren nach dem Holocaust oft der Fall war –, ignoriert die Grundbedürfnisse ihres Kindes und löst damit die Entwicklung eines »falschen Selbst« aus.

Ein weiteres zentrales und lebenswichtiges Bedürfnis des sich entwickelnden Kindes, das der überlebenden Mutter Schwierigkeiten bereitet, hat mit Differenzierung und Loslösung zu tun. Der Loslösungsprozeß ist, wie bereits erwähnt, für die seelische Entwicklung des Säuglings und Kleinkindes von entscheidender Relevanz (Mahler und Furer 1972). Für die Überlebende aber bedeutet jede Trennung, daß sie das Trauma der Entwurzelung und des Verlustes ihrer Angehörigen von neuem durchlebt. Es ist unvermeidlich, daß die starke emotionale Aufladung des Themas Trennung auch in den Beziehungen zwischen der überlebenden Mutter und ihren Kindern hervortritt, und so überrascht es nicht, daß sie sich in jeder Lebenssituation, die mit Trennung von ihren Kindern zu tun hat, bedroht fühlt und Angst hat. Diese Schwierigkeit, Trennungen zu akzeptieren, wirkt sich zwangsläufig darauf aus, wie die Entwicklung der »Gedenkkerzen« verläuft und inwieweit sie fähig sind, eine getrennte und eigenständige Identität zu konsolidieren.

Es ist anzunehmen, daß die überlebende Mutter oft Anzeichen des Loslösungs- und Individuationsprozesses bei ihrem Kind entweder ignorierte oder mit dem Versuch reagierte, das Kind zu dominieren. Eine Mutter, die auf die entwicklungsbedingten Bedürfnisse ihres Kindes nicht eingehen kann, klammert sich an das Kind und unterbindet jedes Verhalten, das auf eine Tendenz zur Loslösung hinweisen könnte. Im Grunde hält sie das Kind damit zu regressivem Verhalten an. Andererseits kann sie die Abhängigkeitsbekundungen des Kindes manchmal auch nicht ertragen und ermuntert es dann, nicht Abhängigkeit, sondern Fortschritte in seinem Individuationsprozeß zu zeigen. Sie tut das allerdings in unpassender Form und zu einem Zeitpunkt, wenn das Kind noch nicht dazu bereit ist.

Die hauptsächlichen Verhaltensmuster überlebender Mütter gegenüber ihren Kindern, insbesondere denen, die unmittelbar nach dem Holocaust zur Welt kamen, sind also einerseits ein zwanghaftes Festklammern und andererseits ein Fördern von Eigenständigkeit und Individuation. Die Berichte von Dalia, Chawa, Yitzhak und Ahuva haben diese manchmal gleichzeitig auftretenden Verhaltensmuster anschaulich gemacht.

Das Kind interpretiert jedes der beiden Verhaltensmuster so, daß seine Mutter die von ihm ausgesendeten Signale nicht zu entschlüsseln und auf sie zu antworten vermag. Dieses Ausbleiben einer Reaktion verarbeitet es so, als würde die Mutter es im Stich lassen und seine wesentlichen Bedürfnisse absichtlich ignorieren. Das Kind verinnerlicht die eigene Reaktion so, als sei sie auch ein Element des sich entziehenden mütterlichen Objektes. Später dann verinnerlicht es diese Erfahrung der Beziehung zwischen Selbst und Objekt (oder Selbst und anderem) als einen Teil des eigenen Selbst, der aber mittlerweile Depressionen auslöst, weil er mit dem Gefühl verknüpft ist, im Stich gelassen worden zu sein. In Reaktion darauf baut es sich ein Abwehrsystem auf, das eine Kombination aus primären Abwehrmechanismen wie Spaltung, Verleugnung, Verdrängung und Isolierung ist und ihm hilft, Angst und Depression auszuweichen. Das meint Dalia, wenn sie sagt: »Die ganzen Jahre habe ich nichts empfunden. Alles spielte sich nur in meinem Kopf ab.« Tatsächlich leistete dieses Abwehrsystem Dalia viele Jahre lang sehr gute Dienste.

In der Anfangsphase der Therapie tritt das Motiv, im Stich gelassen worden zu sein, zumeist noch nicht hervor. Zunächst lernen die »Gedenkkerzen«, Selbstvertrauen und grundlegendes Vertrauen in das therapeutische Setting und die Therapeutin aufzubauen. Meistens macht sich das Motiv, im Stich gelassen worden zu sein, zuerst in Träumen und Phantasien bemerkbar. Seltener ist der Fall, daß es auch – allerdings nur in ziemlich distanzierter und gefühlsferner Form – in Erinnerungen zutage tritt. Die »Gedenkkerzen« ringen im allgemeinen hartnäckig und mit aller Kraft darum, eine emotionale Bindung an depressive Empfindungen und an die Angst vor dem Verlassenwerden abzuwehren.

Ahuva: »Ich hatte einen Traum, den ich erzählen möchte. In diesem Traum kam ein Haus voller verlassener Kinder vor. Ich befinde mich in diesem Haus, und es sind viele Jungen und Mädchen da. Man erzählt sich, daß ein Junge und ein Mädchen aus dem Heim weggelaufen sind. Das Heim liegt abgeschieden auf einem Hügel, und da sind weiße Gebäude, die wie ein Gefängnis aussehen, aus dem eine Flucht unmöglich ist, und es gibt nur einen einzigen Zug, der die ganze Zeit dahin und wieder zurückfährt. Ich bin in diesem Heim und sorge mich sehr um diese Kinder. Da ist ein Mädchen, das immerzu weint und mir erzählt, daß seine Eltern es verlassen haben und es nicht besuchen kommen. Ich gehe von dort weg und sehe noch mehr Kinder. Da ist auch ein See, und ich habe Angst, sie könnten ins Wasser fallen. Danach gehe ich zu dieser Mutter, die in ihrem Haus ist. Ich bin sehr wütend auf sie, weil sie ihre Tochter nicht besuchen kommt. Sie erklärt es irgendwie und entschuldigt sich, aber anscheinend kümmert es sie überhaupt nicht.«

Die zwei Mädchen in Ahuvas Traum – das weinende Mädchen, das sich im Stich gelassen fühlt, und das Mädchen, das weggerannt ist – repräsentieren die beiden Seiten von Ahuvas Persönlichkeit. Ich fragte Ahuva, wer die Jungen und Mädchen in ihrem Traum seien. Mit einem Lächeln antwortete Ahuva, das seien vielleicht die Mitglieder der Therapiegruppe; in letzter Zeit fühle sie sich ihnen sehr nahe und habe sogar begonnen, sich mit ihnen zu identifizieren. Ich entgegnete, daß sie sich wohl vor allem mit den Gefühlen identifizierte, von denen die Gruppenmitglieder in letzter Zeit offen zu sprechen begonnen hatten. Diese Gefühle hatten mit verschiedenen Situationen zu tun, in denen sie von ihren Eltern nicht das bekamen, was sie erwartet hatten oder brauchten.

Ahuva antwortete: »Ja, es fällt mir noch ein bißchen schwer, das direkt mit meinen Eltern in Verbindung zu bringen. Aber ich weiß, daß es mit dem zu tun hat, was ich in der letzten Sitzung gesagt habe. Was ich da über die Beziehung zwischen mir und meiner Mutter gesagt habe, hat mich seitdem sehr beschäftigt – wie sie hartnäckig darauf bestand, mir das bißchen Milch, das sie hatte, mit einem Löffel einzuflößen, und wie sie mir beibrachte, nicht zu weinen. Mir ist klargeworden, daß ich viel von Kindern und von Essen träume. Mir scheint, daß der Teil des Traumes mit den weißen Häusern und dem Zug irgendwie mit dem Holocaust zu tun hat. Ein abgeriegelter Ort, den man nicht verlassen kann, und der Zug. Das ist vielleicht das Ghetto, wo meine Mutter ... wo das erste Baby meiner Mutter verhungert ist. Daß das Baby dort zurückblieb, daß meine Mutter trotzdem weiterlebte und nach Israel kam, daß sie das verhungerte Baby dort zurückließ – mir ist das immer so vorgekommen, als hätte meine Mutter ihre Tochter dort im Stich gelassen. Und weißt du, in unserer Familie ist Essen überhaupt so eine Geschichte.

Auch heute noch kann ich mein Elternhaus nicht verlassen, ohne daß sie mir Töpfe voll mit Essen mitgeben. In unserem Haus fehlte es niemals an Essen, auch nicht, als ich ein Schlüsselkind war und mich, wenn ich von der Schule nach Hause kam, bis in die Abendstunden allein herumtrieb, bis meine Eltern von der Arbeit heimkehrten – selbst da war immer für Essen gesorgt. Mutter hatte vorgekocht und das Essen bei der Nachbarin gelassen, bei der ich dann aß, weil meine Eltern den ganzen Tag nicht zu Hause waren. Wenn ich heute darüber nachdenke, glaube ich, daß ich mich wohl alleingelassen fühlte. Ich erinnere mich, daß ich nie Angst hatte und niemals weinte. Vielmehr fand ich es toll, daß ich mich so allein rumtreiben konnte. Vielleicht ist das weinende Mädchen in dem Traum, auf dessen Mutter ich wütend bin, in Wirklichkeit ich selbst. Endlich gestehe ich mir meine Gefühle zu, zumindest im Traum – aber eigentlich nicht nur im Traum. Ich lasse es zu, daß ich weine, und auch, daß ich wütend bin. Und ich fange auch an, mich lebendiger zu fühlen ...«

Das Motiv des Verlassenwerdens kommt in Ahuvas Erzählung auf verschiedenen Bewußtseinsebenen zum Vorschein. Die Bilder sind miteinander verflochten, eben so, wie Ahuva sie in ihrem innersten Selbst verinnerlicht hat. Ahuvas Mutter wurde im Holocaust von ihren Eltern, ihren fünf Geschwistern, ihrem Ehemann und der übrigen Familie verlassen. Sie selbst ließ ihre kleine Tochter dort zurück. Und nun wurde Ahuva jeden Tag mehrere Stunden lang von ihren Eltern alleingelassen. Doch ihr Gefühl, daß sie tatsächlich alleingelassen worden ist, mischt sich mit der Erkenntnis, daß die Mutter ihr nie eine »gute Mutter« war, die ihre kleine Tochter hätte »halten« und ihre kindlichen Bedürfnisse hätte auffangen können, insbesondere den heftigen Drang, ihren Empfindungen durch Weinen Ausdruck zu verschaffen. Deshalb hat Ahuva seit ihrer Kindheit sämtliche Gefühle verdrängt und verleugnet, insbesondere ihre Traurigkeit und Wut.

Nurit, die im Kibbutz geboren wurde, war von Ahuvas Traum tief bewegt: »In meinen Kindheitserinnerungen komme ich überhaupt nicht mit meiner Mutter zusammen vor. Meine Eltern haben mir nie etwas abgeschlagen. Nie haben sie mir Grenzen gesetzt oder nein gesagt. Deshalb kann ich sie um nichts bitten. Immer mußte ich mir selbst Grenzen setzen. Das bedeutete eine große Verantwortung für mich und hat mich unter großen Druck gesetzt.«

Therapeutin: »Und wie ging es dir mit diesem Druck?«

Nurit: »Jetzt, da ich darüber rede, spüre ich diesen Druck zum ersten Mal deutlich in meinem Bauch, aber selbst jetzt geht er nur bis irgendwo in der Brust. Ich lasse das Gefühl nicht voll und ganz zu. Aber ich erinnere mich, daß ich jahrelang überhaupt nichts fühlte. Ich habe vom Kopf her über alles geredet, ohne irgendwelche Probleme an mich heranzulassen, ich war völlig abgeschnitten davon. Jetzt ist das weniger stark ... Als ich ein kleines Mädchen war, ging ich abends sehr oft zusammen mit der Familie von einem der Kinder in meiner Gruppe in den gemeinsamen Speisesaal zum Essen – das war meine Adoptivfamilie, das heißt die Familie, die ich mir adoptiert hatte. Damals rang ich sehr mit mir, ob das meinen Eltern gegenüber fair war oder nicht. Von sich aus haben sie nie etwas gesagt.«

Malka: »Wie kam es, daß du mit der Adoptivfamilie zum Essen gingst?«

Nurit: »Ich hatte schon den ganzen Nachmittag mit ihnen verbracht, also ging ich auch einfach mit ihnen zum Abendessen. Aber es lastete doch auf meinem Gewissen ... Ich kann mich nicht so gut wie Ahuva erinnern. Ich erinnere mich kaum daran, wie ich mit meiner Mutter in unserem Haus war, nur daß ich immer heimkam, und es war dunkel, und sie schliefen – um fünf Uhr nachmittags, wenn alle Eltern mit ihren Kindern draußen auf dem Rasen waren. Meine Mutter schlief im Dunkeln, und man durfte sie um Himmels willen nicht stören. Ich erinnere mich nur an eine Sache, nämlich daß ich manchmal auf der Terrasse spielte. Das war, als ich so vier oder fünf Jahre alt war, und ich spielte mit meiner Puppenstube. Ich schob die Schränke, Tische und Stühle zurecht, ohne allerdings mit den Puppen zu spielen. Ich habe fast nie mit den Puppen gespielt. Auf dem Puppengeschirr bereitete ich Essen für die Puppen zu – aus Zigarettenasche.«

Therapeutin: »Aus Zigarettenasche?«

Nurit: »Ja. Meine Eltern haben nämlich viel geraucht. Es gab immer viel Asche in allen möglichen Aschenbechern. Essen gab es im Haus nicht, also habe ich aus der Asche Essen gemacht. Ich rede nicht nur davon, daß meine Mutter nie Kuchen gebacken hat. Wenn ich eine Möhre suchte oder ein Stückchen Brot, gab es nicht einmal das. Das Haus war einfach leer. Bei der Adoptivmutter gab es immer Schokoladenkuchen, und sie hoben ein Stück für mich auf.«

Therapeutin: »Und hast du deine Mutter einmal darauf angesprochen?«

Nurit: »Nein. Niemals. Sie hat nie auf irgend etwas davon reagiert, und ich auch nicht. Es war immer so ein erdrückendes Schweigen um sie herum. Deshalb wollte ich nicht zu Hause sein, und oft blieb ich zusammen mit einem anderen Kind den ganzen Nachmittag im Kinderhaus. Ich fand es einfach toll, daß mir niemand sagte, was ich tun und lassen sollte. Ich dachte, ich wäre frei. Heute bin ich mir nicht mehr ganz sicher, daß das so toll war ... Ich weiß es nicht.«

Im Gegensatz zu Ahuvas Mutter und vielen anderen überlebenden Müttern klammerte sich Nurits Mutter nicht an ihre Tochter, nicht einmal, was die grundlegendsten körperlichen Bedürfnisse anging. Im Haus war weder Essen noch Leben, da die Mutter völlig in ihrer Arbeit oder in ihrer Depression versunken war. So ließ sie im Grunde auf paradoxe Weise den Hunger fortbestehen, der »dort« geherrscht hatte. Nurits Schwierigkeiten in Objektbeziehungen wurden bereits sehr früh deutlich: Sie spielte nicht mit Puppen, sondern mit deren Möbeln und Geschirr. Offenbar rekonstruierte sie in ihrem Spiel, insbesondere mit dem Essen, das sie den Puppen aus Asche zubereitete, die in ihrer Psyche verinnerlichte Erfahrung der frühen Beziehung zu ihrer Mutter.

Viele »Gedenkkerzen« haben große Probleme, dauerhafte und vertrauensvolle Beziehungen zu ihren Partnern und ihren Kindern aufzubauen. In ihren Beziehungen zu nahestehenden Objekten rekonstruieren sie anscheinend das Verhalten des »falschen Selbst«, das sie in der frühen Kindheit aus der primären Beziehung zur Mutter heraus verinnerlicht haben. Dieses Selbst ist es so sehr gewohnt, jeder Reaktion und Gefühlsregung aus dem Weg zu gehen, daß ihm die Erfahrung einer bedeutsamen und intimen Beziehung fremd geblieben ist und folglich auch bedrohlich erscheint.

Die Bilder und Vorstellungen, die sich für die »Gedenkkerzen« mit Objektbeziehungen verbinden, lassen in ihnen meistens auch Gefühle der Leere, des Verlassenseins und sogar der Feindseligkeit aufsteigen. Ihre Psyche hat diese Bilder in sich aufgenommen, so daß sie zu einem integralen Bestandteil des Selbstbildes geworden sind. Bevor die »Gedenkkerzen« die Therapiephase erreichen, in der es ihnen gelingt, sich den bislang verdrängten schwierigen und schmerzvollen Gefühlen und Inhalten zu stellen, bleibt jeder Versuch zum Scheitern verurteilt, Wut, Frustration und Feindseligkeit zu verspüren. »Gedenkkerzen« stehen in der Beziehung zu ihren Eltern vor einer doppelten Schwierigkeit: Die Eltern waren unfähig, die Grenzlinie zwischen sich und ihren Kindern zu ziehen, während die Kinder nicht in der Lage sind, mit irgendeiner Form von Aggression umzugehen.

Arieh beschrieb die frühe Interaktion zwischen sich und seiner überlebenden Mutter während einer Therapiephase, in der er seinen Abwehrpanzer zu durchbrechen versuchte. Der Panzer hatte ihn bisher davor bewahrt, die Depression wirklich fühlen zu müssen, in die das Alleingelassenwerden ihn gestürzt hatte.

»Es gibt da immer noch einen Teil in mir, der mich an meine Mutter bindet und auf den ich noch nicht so ganz bereit bin zu verzichten. Es ist so eine Art phantasierte Umarmung. Wenn ich darauf verzichte, dann verzichte ich auf einen Ruhepunkt. In meiner Depression kann ich bei ihr sein. Es reicht aus, daß ich zusammengerollt neben ihr liegen kann, sie muß mich nicht einmal berühren. Ich liege irgendwie zusammengerollt an ihrer Seite, und das hat etwas Warmes und Einhüllendes.«

Therapeutin: »Du meinst, daß dich die Traurigkeit umhüllt wie eine Umarmung?«

Arieh: »Ja, genau. Ich liege zusammengerollt wie ein Fötus. Ich fühle mich wie im Mutterleib. Weißt du, sich mit viel Gefühl und Freude umarmen, das habe ich mit niemandem erlebt. Nicht mit meiner Mutter, nicht mit meinem Vater und schon gar nicht mit meiner Schwester. Wenn ich so daliege [er lehnt sich zurück und nimmt eine fötale Haltung ein], verkrampfe ich mich aber auch, denn es kommt mir vor, als werde die Gebärmutter mich verschlingen. Ich will da heraus. Es ist, als wolle meine Mutter mich tatsächlich so haben – passiv, in der Gebärmutter drinnen. Als ich dort drinnen war, mußte sie sich nicht anstrengen, nicht fühlen, nicht denken. Ich war ganz von selbst bei ihr.«

Therapeutin: »Als du aber noch in ihrem Schoß warst, hatte sie doch auch etwas Lebendiges in sich.«

Arieh: »Ja, richtig, so habe ich das bisher noch nie gesehen.«

Therapeutin: »Denk daran, daß du ihr ein wenig Leben gabst, als du dort drinnen warst, für einige Monate zumindest, und als du herauskamst, war sie wieder allein mit sich selbst, mit ihrer Einsamkeit und mit dem Tod.«

Arieh: »Ich bin ja so früh herausgekommen. Aber andererseits kommt es mir manchmal vor, als sei ich vielleicht noch gar nicht ganz draußen. Sie ist so unglücklich. Ich habe ihr Elend in allen möglichen Situationen gespürt – nicht nur, wenn ich mit ihr stritt, sondern auch, wenn ich sie aufzumuntern und zum Lachen zu bringen versuchte.«

Therapeutin: »Es ist dir offenbar ein Anliegen, daß du darin fortfährst, deine Mutter zum Leben zu erwecken und ihr Freude zu bereiten.«

Arieh: »Weißt du, es gab Jahre, in denen sie etwas lebendiger war, aber danach hatte sie zwanzig Jahre lang überhaupt kein Leben in sich. Depressionen, lange Aufenthalte in psychiatrischen Kliniken und viele Tabletten. Jetzt geht es ihr, Gott sei Dank, wieder besser. Ich bin jetzt traurig, wenn ich an sie denke, aber nicht allzusehr. Ich merke, daß ich jetzt ruhiger und mit weniger Anspannung dasitzen und sogar daliegen kann, aber ich brauche einen Anker da draußen, der mir die Sicherheit gibt, daß ich da rauskommen werde.«

Therapeutin: »Anscheinend ist die Therapie ein Anker für dich. Du fühlst dich immer noch nicht selbstsicher genug, also mußt du dir einen Anker außerhalb deiner selbst suchen.«

Arieh: »Der Ort, an dem es mir am besten ging, das war dort, in meiner Mutter, aber seitdem ich draußen bin, seit ich da rauskam, habe ich das verloren. Jetzt fühle ich mich zwar manchmal wohl, wenn ich mit Edna, meiner Freundin, zusammen bin, wenn sie bei mir ist und mich streichelt. Dann kann ich mich entspannen, bin ruhig und nicht nervös und nach außen hin sogar recht fröhlich. Aber sehr bald meldet sich in mir drinnen diese Anspannung und ergreift Besitz von mir. Selbst meine Fröhlichkeit kann nichts gegen sie ausrichten. Wie kann ich es schaffen, von diesem Teil meiner selbst Abschied zu nehmen?«

Therapeutin: »Du meinst den Teil, zu dem Trauer, Tod, Sehnsucht und Passivität gehören?«

Arieh: »Ja, er enthält auch eine ganze Menge Passivität. Wenn meine Mutter vor ihrer Depression und Passivität kapitulierte, ärgerte mich das sehr. Es machte mich rasend. Ich ließ niemals zu, daß sie mich damit kleinkriegte. Ich wurde wütend und verteidigte mich dagegen, obwohl es mich andererseits sehr anzog. Der aktive und der passive Teil in mir haben noch keinen Frieden miteinander geschlossen.«

Therapeutin: »Deine Mutter kapitulierte vor Depression und Passivität. Dieses Recht nahm sie sich, denn nach allem, was sie ›dort‹ erlebt und verloren hatte, blieb ihr gar keine andere Wahl. Aber du warst für sie nicht wirklich ›dort‹.«

Arieh: »Ja, dieses Recht hat sie sich genommen. Damit kam ich nicht zurecht, ebensowenig wie meine Schwester, denn die ruhige, die langsame und entspannte Seite unserer Mutter war immer mit derart beängstigenden, schrecklichen Bildern verbunden, daß ich diese Seite an ihr nicht akzeptieren konnte. Vielleicht versuche ich gerade zu begreifen, daß ich zur Ruhe kommen kann, daß ich nicht so nervös und aggressiv und brillant in allem sein muß und daß zu dieser Ruhe nicht unbedingt die Bilder von ›dort‹ gehören müssen, die immer so beängstigend waren.«

Therapeutin: »Weißt du etwas über deine Mutter aus der Zeit vor dem Holocaust, als sie noch ein Mädchen war?«

Arieh: »Eigentlich hat sie viele Geschichten aus jener Zeit erzählt, Geschichten von einem schönen Leben, von Spaziergängen im Wald, vom

Schwimmen im Fluß. Ich glaube, daß meine Mutter glücklich war als Kind. Sie hatte auch das Gefühl dazuzugehören. Sie hat viele Spiele beschrieben, die sie mit anderen gespielt hat, mit ihren Brüdern, ihrer Schwester, ihren Freundinnen. Sie war anderen eine gute Freundin. Freundschaft war ihr sehr wichtig. Ich bin mir nicht so sicher, daß das bei meinem Vater auch so war. Ich denke, daß er auch vorher schon Probleme mit seinen Beziehungen hatte. Nicht so meine Mutter. So wie sie die Beziehung zu ihrer Schwester beschreibt, sind sie sehr vertraut und liebevoll miteinander umgegangen.«

Therapeutin: »Dieser Teil von ihr blieb dir völlig vorenthalten, du hattest keine Möglichkeit, ihre lebendige Seite kennenzulernen.«

Arieh: »Ja. Die Frage ist vielleicht nicht nur, wieviel Aktivität und Passivität in mir ist, sondern es geht auch darum, wie man sich der Erfahrung von Glück, Nähe und Erregung öffnen soll. Vielleicht ist etwas davon tief in ihr drinnen übriggeblieben, aber das zu erspüren und gemeinsam mit ihr zu erleben, war immer sehr schwierig.«

Arieh ist in einer Angst gefangen, von der er sich nicht einmal in friedvollen Momenten mit seiner Freundin zu befreien vermag. Sandler (1960b) spricht von einem »Hintergrundgefühl innerhalb des Ich, einem Gefühl, das man Sicherheit oder vielleicht Geborgenheit nennen kann« und das den Gegenpol von Angst darstellt. »Dies ist«, so meint er, »ein Gefühl des Wohlbefindens, eine Art Grundstimmung des Ich [ego-tone] [...]. Die Sicherheitssignale, die von diesem Gefühl ausgehen, haben beispielsweise mit dem Bewußtsein zu tun, daß man, etwa durch die bestätigende Gegenwart der Mutter, geborgen ist.« (S. 353f.)

Viele »Gedenkkerzen« hoffen, durch eine Therapie dieses Wohlbefinden erreichen zu können. Es ist in der Regel nur dann vorhanden, wenn die »Seinserfahrung« mit dem Mutter-Objekt während der Stillphase und Kindheit normentsprechend und positiv verlaufen ist. In der frühen Beziehung vieler »Gedenkkerzen« zu ihrer überlebenden Mutter gab es diese Erfahrung entweder überhaupt nicht, oder sie war unvollständig und unzureichend. Falls diese Erfahrung ausbleibt oder unvollständig ist, entsteht ein Gefühl des

Nicht-Existierens. Es beruht darauf, daß dem Ich das Empfinden der eigenen Intaktheit abgeht und daß auch kein Empfinden der Kontinuität des Selbst vorhanden ist. Diese beiden Empfindungen sind für die Existenz und weitere Entwicklung des Kindes unabdingbar. Sich wirklich zu fühlen, sagt Winnicott (1965), ist viel mehr als nur zu existieren. Dazu gehört auch, daß das Kind herausfindet, wie es innerhalb eines selbständigen und sinnerfüllten Selbst existieren kann. Nur dann kann es ein Selbst haben, auf das es sich zurückziehen kann, um sich zu entspannen und sich wohl zu fühlen. Arieh bekämpfte sein Gefühl des Nicht-Existierens viele Jahre lang mit Abwehrmechanismen wie Spaltung, Verdrängung, Aggressivität und Kontrollieren. In einem fortgeschrittenen Therapiestadium begann er, sich Personen, die für ihn bedeutsam waren – die Therapeuten, die Mitglieder seiner Therapiegruppe, seine Freundin –, zu Ankern zu wählen, die für ihn Schutz und Ruhe bedeuteten.

Kapitel 4

Identifikation mit dem Tod

Auch nach dem Krieg herrschte noch überall der Tod. Viele Überlebende starben an Krankheiten, an Erschöpfung oder an zu vielem und zu plötzlichem Essen. Jeder fühlte sich vom Tod umgeben und war von Depressionen, unverarbeiteter Trauer, Wut und Schuldgefühlen erfüllt. Es ist daher nicht verwunderlich, daß sowohl die direkt nach dem Krieg als auch viele etwas später geborenen Kinder diese Todesnähe, die ihre Eltern umgab, in sich aufnahmen und davon beeinflußt wurden. Für manche wurde die Identifizierung mit dem Tod zum zentralen Bestandteil ihrer Persönlichkeit.

In diesem Kapitel befasse ich mich mit der wichtigen Rolle, die der Identifizierung mit dem Tod bei der Übertragung des Traumas auf die nachfolgenden Generationen zukommt. Ich versuche aufzuzeigen, wie das Verhältnis, das die »Gedenkkerzen« zum Motiv des Todes haben, und die zentrale Position, die das Motiv in ihrer Persönlichkeit innehat, mit den traumatischen Erfahrungen ihrer Eltern zusammenhängen.

Lifton (1980) betont, daß die Persönlichkeit der Holocaust-Überlebenden den Stempel des Todes trägt: Der Rauch, der Geruch der Krematorien, die Gaskammern, die grausamen Morde, die gewaltsame Trennung von Familie und Freunden – all dies begleitet und beschäftigt sie ihr Leben lang. Für viele Überlebende ist der Tod in seiner schrecklichsten Gestalt zu einer Art Prisma geworden, durch das sie ihr Leben nach dem Holocaust wahrnehmen. Zwar hätten die Bilder des Todes für manche Holocaust-Überlebenden auch eine wichtige Energiequelle darstellen können, doch hatten sie in den meisten Fällen eine lähmende Wirkung und gaben den Überlebenden das Gefühl, die Zeit würde stillstehen.

Zahlreiche Forscher, unter ihnen H. Klein (1987), haben gezeigt, daß die Bilder des Todes, die sich ins Bewußtsein der Überlebenden eingegraben haben, mit heftigen Schuldgefühlen verbunden sind – mit einer »Todesschuld«. Es besteht kein Zweifel, daß manche der Überlebenden in der Welt dieser Bilder gefangen blieben, was zum Teil an der Verpflichtung und Verantwortung lag, die sie gegenüber den Umgekommenen verspürten. Die Schuldgefühle sind vor allem mit dem Tod von Familienangehörigen und Freunden verknüpft, aber auch mit der Erinnerung an die Tausende anonymer Menschen, die vor den Augen der Überlebenden den Tod fanden. Bei den Überlebenden der Vernichtungslager sind diese Schuldgefühle besonders ausgeprägt, doch findet man sie auch bei denen, die den Krieg in Verstecken überstanden hatten und denen es vorkam, als hätten sie auf Kosten anderer Menschen überlebt. Die »Todesschuld« hat ihren Ursprung darin, daß eine tiefe Kluft besteht zwischen der emotionalen und physischen Hilflosigkeit, in der die Opfer des Holocaust angesichts seiner Schrecken verharren mußten, und dem Bild der Überlebenden davon, wie sie sich entsprechend den eigenen Erwartungen und denen der Gesellschaft unter diesen Umständen eigentlich hätten verhalten sollen.

Appelfeld (1983b) beschreibt dieses massive Schuldgefühl, die Angehörigen im Stich gelassen zu haben.

> Plötzlich sprang der Mann wieder auf und rief erneut: »Was tue ich hier bloß?«
> »Was soll die Frage? Du spielst Karten«, antworteten die anderen.
> »Ich bin ein Mörder.« Er sprach ohne Zorn, mit einer Art Klarsicht, als habe sich der Schrei, der in seiner Kehle steckte, innerhalb weniger Augenblicke in ein klar formuliertes Geständnis verwandelt.
> »So darfst du nicht sprechen«, schalten sie ihn.
> »Ihr wißt es so gut wie ich: Es wird der Tag kommen, an dem ihr in aller Ehrlichkeit über mich Zeugnis ablegen müßt.«

»Gewiß, der Tag wird kommen.«

»Und ihr werdet sagen, daß Sigi Baum ein Mörder ist.« [...]

»Ein Mann, der seine Frau, seine Kinder, seinen Vater und seine Mutter im Stich gelassen hat – ist er kein Mörder?« Als er aufblickte, streifte ein Lächeln sein Gesicht. Er wirkte wie jemand, der getan hatte, was ihm auferlegt worden war, und der sich nun wieder seinen eigentlichen Aufgaben widmen würde. (1983b/1991, S. 152 f.)

Bewußtsein und Unterbewußtsein der vielen Überlebenden werden sowohl im Wachen als auch in Träumen und Alpträumen von den Bildern des Todes heimgesucht und überflutet. Solche heftigen, im Ich versteinerten Schuldgefühle mußten zwangsläufig Besitz von der Existenz der Überlebenden ergreifen, so daß sie völlig im Reich der Toten versanken. In den meisten Fällen fanden sie nicht die Kraft, mit dieser Situation fertigzuwerden, und entwickelten Ausweichmanöver, die in einem psychischen Sichabschotten mündeten. Dieses Sichabschotten ist begleitet von Unbehagen, Niedergeschlagenheit und der Unfähigkeit, die im Innern keimende und aufsteigende Wut unter Kontrolle zu halten.

Im folgenden soll aufgezeigt werden, wie sich diese Gefühle des Todes im Bewußtsein der Zweiten Generation widerspiegeln und welche Bilder des Todes ihre Eltern an sie weitergegeben haben.

Ariela erzählte mir einen ihrer Träume:

»Ein großer Saal. Es riecht nach Rauch. Dunkelheit, brennende Fackeln. In der Mitte des Saales steht ein Sarg, aus dem Blut strömt. Der Sarg steht in der Mitte, und auf ihm sitzt ein kleiner Vogel. Ich habe große Angst vor diesem Vogel. Plötzlich hüpft er vom Sarg herunter und nähert sich mir. Mich befällt echte Todesangst.«

Nachdem sie ihren Traum erzählt hatte, verstummte Ariela und war in sich selbst versunken. Nach einer Weile begann sie, mit gesenktem Kopf und leiser, tonloser Stimme wieder zu sprechen:

»Es ist ziemlich seltsam: Mit dem Sarg, aus dem Blut strömt, komme ich noch zurecht, aber nicht mit dem lebenden Vogel. Ich bin so durcheinander und hilflos. Überhaupt fällt es mir in so vielen Bereichen schwer, mit dem Leben fertigzuwerden. Mit den Toten ist es einfacher.«

Es ist viele Jahre her, seit Ariela mir ihren Traum erzählte, und doch ist er in meiner Erinnerung noch immer sehr präsent. Damals war mir das Motiv der Begegnung mit dem Tod, das zur Persönlichkeit der Zweiten Generation dazugehört, noch nicht so vertraut, und der Traum rief bei mir nicht nur großes Interesse, sondern auch Verwunderung hervor. In den vielen Therapiesitzungen aber, die ich seitdem miterlebt habe, wurde mir klar, daß Arielas Traum keine Ausnahme ist. Der Dualismus von Leben und Tod ist bei vielen Angehörigen der Zweiten Generation ein zentraler Bestandteil ihrer Persönlichkeit. In jener Therapiesitzung sagte Ariela mir auch, daß der Sarg in ihrem Traum sie ein bißchen an die Kommode im Behandlungszimmer erinnere und daß ihre Angst vor dem Vogel mit einer Angst vor Tieren und insbesondere vor Hunden zusammenhänge – einer Angst, von der sie bis heute beherrscht wird.

Als ich sie fragte, was ihr zu Hunden einfalle, wurde Ariela verlegen und murmelte etwas Unverständliches über ihre Mutter: Sie fürchte sich ebenfalls vor Hunden und möge grundsätzlich keine Tiere, und das habe vielleicht mit etwas zu tun, das sie »dort« erlebt habe. Im Anfangsstadium der Therapie fielen Ariela keine weiteren Assoziationen oder Erinnerungen dazu ein.

Arielas Traumvision ist sehr bildhaft: Der alte, düstere, von Fackeln beleuchtete Saal entstammt wahrscheinlich den Geschichten, die sie über das Leben der Ritter im Mittelalter gehört hat. Durch Symbolik und Zeremoniell des Traumes entsteht eine Trennlinie, die Arielas Traumerleben von seiner Quelle abspaltet, die bei den Eltern zu suchen ist. Die Anspielung auf Tod und Holocaust ergibt sich paradoxerweise erst aus den Assoziationen, die der Vogel in ihr weckt: Er verweist auf die Hunde, die ihr ebenso wie ihrer Mutter Angst machen.

Der kleine Vogel auf dem Sarg, vor dem Hintergrund des düsteren Saales, symbolisiert möglicherweise das Leben, das Streben nach Freiheit und Bewegung, oder bringt eine instinktive oder sexuelle Regung zum Ausdruck. Gemessen an der Dunkelheit und dem Tod, die den Traum beherrschen, ist er jedoch winzig. Die Angst vor dem Vogel – vor dem Leben – ist bei Ariela immer noch sehr groß und wird in der Verhaltenheit und emotionalen Verschlossenheit deutlich, mit der sie flüsternd und murmelnd auf meine Fragen antwortete.

Wenn sie mit dem Sarg die Kommode im Behandlungszimmer assoziiert, so sprechen daraus die Ängstlichkeit und das Mißtrauen, die sich zu Beginn einer jeden Therapie einstellen. Denn hier im Behandlungszimmer soll man den »Sarg« öffnen und seinem bisher verborgenen Inhalt bei Tageslicht gegenübertreten. Der Sarg repräsentiert somit auch den dicken Schutzpanzer, den sich Ariela bereits in ihrer Kindheit zugelegt hat. Und vielleicht stellt das Blut, das aus dem Sarg strömt, einen kleinen Riß in diesem Schutzpanzer dar, durch den nun der Schmerz hervorbricht.

Meiner Ansicht nach repräsentiert der Sarg auch den Mutterschoß. Nach dem Holocaust versuchte Arielas Mutter, weitere Kinder zur Welt zu bringen, erlitt aber, wie viele andere Überlebende, nur Fehlgeburten. Für Ariela bedeutet der Mutterleib folglich Tod. Die Angst in Arielas Traum ist an sich nicht außergewöhnlich. Außergewöhnlich sind das Ausmaß der Angst und das in ihm vorherrschende Todesmotiv. Viele Angehörige der Zweiten Generation, vor allem aber die »Gedenkkerzen«, sind von Angst und Argwohn durchdrungen, die mit Todesmotiven verwoben sind und bis hin zur Feindseligkeit gehen können. Diese Kombination ist ausschließlich bei den Kindern von Überlebenden anzutreffen und äußert sich zu Beginn der Therapie.

Ruth, 28 Jahre alt, Tochter von Überlebenden, erzählte einen Traum, den sie oft hatte:

»Mein Vater und ich befinden uns auf einer Tour durch das Weizmann-Institut. Der Ort ist wunderschön und voller Grün. Überall sind Rasenflächen, Bäume und Blumen. Wir kommen zu Weizmanns Grab, und dort, mitten auf dem Rasen, unter dem Baum neben seinem Grab, holen wir einen Picknicktisch und Stühle aus dem Auto und fangen an, im Freien zu essen. Wir essen Graupensuppe, wie sie Mutter gewöhnlich zu

Hause zubereitet. Plötzlich jedoch, während wir essen, merke ich, daß die Suppe einen seltsamen Geruch und Geschmack hat. In den Graupen ist so etwas Klebriges, und auf einmal weiß ich, daß sie aus gemahlenen Menschenknochen gemacht sind. Ich höre auf zu essen und verspüre starke Übelkeit. Ich schaue auf meinen Vater, der aber nichts zu merken scheint und mit Appetit weiterißt.«

Ruth erzählte den Traum distanziert und teilnahmslos, und über ihr Gesicht ging ab und zu ein unergründliches Lächeln, das in keiner Beziehung zum Trauminhalt stand. Als ich sie fragte, was der Traum ihrer Meinung nach zu bedeuten hatte, fiel ihr eine klare Antwort schwer. Sie habe kürzlich im Rahmen ihrer Arbeit das Weizmann-Institut besucht und vielleicht deswegen davon geträumt. Auf die besondere Beziehung zu ihrem Vater, von der sie mir in früheren Sitzungen erzählt hatte, kam sie dabei gar nicht zu sprechen, obwohl wir beide genau wußten, daß der Vater ganz vom Verlust seiner Eltern, seiner Schwester und seiner übrigen Angehörigen in Anspruch genommen war und die Beziehung zwischen ihm und Ruth auf Empfindungen von Tod und Verlust basierte.

Auch in Ruths Traum sticht der surreale Kontrast zwischen Leben und Tod ins Auge – zwischen der Schönheit des Grüns, der Rasenflächen und der Blumen um das wissenschaftliche Institut, das Fortschritt und Erneuerung symbolisiert, und der Grabstätte, wo sie ihr Picknick halten. Bei dieser Familienfeier in der freien Natur sind Ruth und ihr Vater die einzigen Mitwirkenden. Die Mutter ist abwesend, hat jedoch die Graupensuppe aus gemahlenen Menschenknochen gekocht – es gibt keine Feier, in die der Tod sich nicht einschleicht. Wer psychoanalytisch bewandert ist, wird das ödipale Verhältnis nicht übersehen können, das in den Traum hineinspielt. Die Tochter, die deswegen Schuldgefühle und Ängste verspürt, wird auch sofort bestraft: Die »vergiftete« Suppe hat die Mutter zubereitet. Folgt man M. Kleins (1948) Hypothesen, so ist die Suppe aus den Knochen der Toten Ruths archaischer Welt zuzurechnen, der fragmentarischen Welt des Säuglings – einer Welt voller Phantasien und Halluzinationen, in der sämtliche Ängste und Aggressionen auf die Brüste der Mutter projiziert werden, die alles Gute und alles Böse im

Leben des Kindes repräsentieren. Somit symbolisiert für Ruth die Suppe aus den Knochen der Toten die Milch, die sie aus den Brüsten ihrer Mutter gesogen hat. Diese Milch ist voller Bitterkeit, in die der Tod »hineingemahlen« wurde. So ist der Tod ein entscheidendes Bindeglied zwischen Ruth und ihren Eltern.

Elijahu, 35 Jahre alt, Sohn von Überlebenden, erzählte mir in der Anfangsphase der Therapie folgenden Traum:

»Ich bin in Europa, wandere auf einem Friedhof herum, vielleicht auf so einem wie dem der britischen Armee hier aus dem Ersten Weltkrieg. Die Sonne scheint, alles um mich herum ist grün und voller Bäume. Zwischen den Gräbern laufen viele Touristen herum. Auch ich bin als Tourist dort, habe einen Photoapparat umhängen. Ich sehe dort einen Pfarrer und um ihn herum betende Menschen, so als würden sie eine Gedenkzeremonie für die gefallenen Soldaten abhalten. Ich sehe von weitem zu. Fühle mich nicht zu ihnen gehörig. Plötzlich sehe ich einen schwarzgekleideten Juden mit langem Bart, eine Art Rabbiner, der auch dort betet. Er ruft mich, und ich gehe zu ihm. Er sagt mir, daß hier Gräber ausgehoben werden müssen, und gibt mir einen Spaten in die Hand. Ich fange an, kleine Löcher zu graben, aber der Rabbi sagt, daß sie nicht tief genug sind. Ich grabe neue Löcher, aber jetzt sagt er, daß sie nicht an der richtigen Stelle sind. Schließlich kommen wir bei einer Art runder Höhle an, gehen hinein, und ich beginne, in der Höhle zu graben. Da sagt er: ›Ja, das ist die richtige Stelle.‹«

Als ich Elijahu fragte, was ihm zu dem Traum in den Sinn komme, antwortete er mir, er habe keine Ahnung, und fügte in sachlichem und beinahe fröhlichem Tonfall hinzu: »Eigentlich hat es Spaß gemacht, dort als Tourist herumzulaufen, ohne dazuzugehören und ohne irgend jemandem irgend etwas schuldig zu sein.« Was die Gräber zu bedeuten hatten, war ihm völlig unklar. Als ich aber meine Assoziation zu den kleinen Gräbern äußerte, daß das Kindergräber sein könnten, schien er überrascht und flüsterte: »Daran hab ich nicht gedacht. Ich glaube nicht, daß das etwas mit meinem Vater zu tun hat. Er hatte eine Frau und drei kleine Töchter, die im Holocaust umgekommen sind.« Ich war erstaunt, denn Elijahu hatte in der Therapie kein einziges Mal seine Halbschwestern erwähnt, und sagte zu ihm, darauf müßten wir später noch zurückkommen. Dies verwirrte ihn, und er murmelte in ausdruckslosem Ton: »Zu Hause gab es drei große, dunkle Bilder, über die mein Vater immerzu sprach. Ich habe weder Kraft noch Lust, darauf einzugehen. Ich hatte damals schon genug davon ...«

Im weiteren Verlauf der Therapie versuchten wir erneut, den Traum zu deuten. Der Rabbiner repräsentiert anscheinend eine Autoritätsfigur, einen Vater oder einen Therapeuten, der ihm die Stelle zeigt, an der er anfangen muß zu »graben« – das heißt, wo er anfangen muß, nach der Grabstätte der toten Anteile seiner Psyche zu suchen, also nach den in seiner Kindheit verdrängten Konflikten. Diese Stelle ist eine Höhle, steht also für die Tiefen seines Ich oder vielleicht sogar für den Schoß seiner Mutter, die noch in Europa gleich nach dem Holocaust mit Elijahu schwanger wurde.

Das Gräberausheben in Elijahus Traum hat große Ähnlichkeit mit dem Öffnen des Sarges in Arielas Traum. Beide wissen, daß sie im Verlauf der Therapie in die Tiefen ihrer Seele vordringen und Bilder aus der Vergangenheit ihrer Eltern hervorholen müssen, Bilder, die die Eltern in ihnen vergraben haben. Doch sollten wir dabei den anderen Aspekt der Schuldgefühle und Todesbilder nicht vergessen: Sie sind das Bindeglied der Holocaust-Überlebenden zu sich selbst und zu ihrer Vergangenheit. Paradoxerweise sind also die Schuldgefühle und die unverarbeitete Trauer um die toten Objekte, die sie verinnerlicht haben, die lebendige Mitte der Überlebenden.

In der Psyche der Überlebenden sprudelte im stillen noch immer der biologisch-kulturelle Urtrieb, den Fortbestand zu erhalten. Sie übertrugen den »Gedenkkerzen« die Aufgabe, über den Abgrund, der sich vor ihnen aufgetan hatte, eine Brücke der Kontinuität zu schlagen und sie instand zu halten. Für die Kinder der Überlebenden war es lebensnotwendig und unausweichlich, die Bilder des Todes zu verinnerlichen und sich mit ihnen zu identifizieren, denn in ihnen steckte das Samenkorn des Lebens. Die Begegnung mit dem Tod, so düster und schmerzhaft sie auch sein mochte, wurde nach und nach zu einem Dialog mit Gestalten, die Konturen annahmen und Gesichter bekamen, und mit einer Vergangenheit, die in lebhafte Farben getaucht und von den Gerüchen des Lebens erfüllt war. In der Begegnung mit dem Tod verbarg sich also die einzige wirkliche Chance, die Kontinuität zwischen den Generationen wiederherzustellen.

Kestenberg (1972, 1982), Grubrich-Simitis (1979) und andere Psychologinnen und Psychologen sind der Meinung, daß viele Angehörige der Zweiten Generation nicht nur »Gedenkkerzen« für den Holocaust im allgemeinen sind, sondern auch als lebende Denkmäler für die Toten, und zwar zumeist für die umgekommenen Familienangehörigen, dienen. Sie wurden zu einem unverzichtbaren Bestandteil des Trauerrituals, das in den Herzen der Überlebenden zu der Zeit erstarrt war, als es ihnen verwehrt blieb, ihren Schmerz zu bewältigen und normale Trauerarbeit zu leisten. Viele Überlebende bewahren also die Erinnerung an die Familienangehörigen in ihren Kindern auf und geben ihnen die Namen der toten Verwandten. Auf diese Weise zwingen sie ihren Kindern eine Doppelidentität und ein zweigeteiltes Gefühlsleben auf: Die Kinder müssen gleichzeitig als sie selbst und als die Angehörigen leben, deren Namen sie tragen. Es handelt sich hier nicht nur um eine bloße Identifizierung mit den Umgekommenen, sondern um einen komplexeren Mechanismus: Die Gegenwart wird von der Welt der Vergangenheit überlagert. Im Verlauf dieser Überlagerung[1] entsteht ein gespaltenes Ich, in dem zwei oder mehr Identitäten gleichzeitig und nebeneinander existieren.

Nach Gampel (1982) lassen die den Überlebenden und ihren Kindern gemeinsamen Träume und Phantasien die Illusion entstehen, die nach dem Holocaust geborenen Kinder wären immer schon bei den Eltern gewesen, auch in der Zeit vor ihrer Geburt. Diese gemeinsame Illusion dient offensichtlich dazu, die Einsamkeit der Eltern zu verleugnen: Denn wären die Kinder mit ihnen im Lager gewesen, so würde dies bedeuten, daß sie selbst nie

---

[1] Der Ausdruck »Überlagerung« entspricht in etwa dem Begriff »Transposition«, der in *Spuren der Verfolgung* (hg. von Gertrud Hardtmann, Gerlingen: Bleicher, 1992, S. 269) folgendermaßen definiert wird: »Ein Begriff von Judith Kestenberg, mit dem sie beschreibt, daß Holocaust-Überlebende unbewußt ihre Kinder wie durch einen ›Zeittunnel‹ in ihre Vergangenheit transponieren, damit ein Verstehen und eine Auseinandersetzung möglich werden«.

völlig alleingelassen wurden und umgekehrt ihre Familie nie im Stich gelassen haben.

Laut Epstein (1979) führte diese gemeinsame Illusion manchmal dazu, daß die Kinder die Empfindungen ihrer überlebenden Eltern nachvollzogen und sogar bereit waren, in den magischen Kreis der alptraumhaften Realität einzutreten, wo sie und ihre Eltern in einem gemeinsamen Schicksal und gemeinsamen Schuldgefühlen gefangen waren. In diesem magischen Kreis konnte das Kind den Platz eines Vaters oder einer Mutter, einer Tochter oder eines Sohnes oder irgendeines anderen geliebten und verschwundenen Angehörigen einnehmen. Die »Gedenkkerze« half den Eltern dann, den Verlust, um den sie damals nicht gebührend hatten trauern können, weiter zu leugnen und zugleich die Erinnerung an ihn zu wahren. Es geht hier aber nicht nur um doppelte Identitäten. Denn oft kamen einem Kind von Überlebenden gleich mehrere Identitäten zu, weil einer oder beide Elternteile mittels projektiver Identifizierung nicht nur einen, sondern mehrere ihrer verlorenen Lieben in dem Kind sahen.

Semel (1985) beschreibt den verzweifelten Kampf eines Mädchens, das nach der im Holocaust umgekommenen Schwester ihres Vaters benannt ist. Es will einen dreitägigen Schulausflug mitmachen und die Ketten, die es an seinen Vater fesseln, ein wenig lockern:

»Aber Vater ... du erlaubst mir nie etwas. Nur dieses eine Mal! Bitte!«
Sie erinnert sich, wie sie flehte, fast auf die Knie fiel.
»Bei uns ist man nie auf irgendwelche Ausflüge gegangen. Deine Tante blieb zu Hause, bis sie geheiratet hat. Sie hat nur einen einzigen Ausflug gemacht. Einen sehr langen Ausflug ...«
»Welche Tante?«, dachte sie. »Ich kenne keine Tante, vielleicht hat es sie überhaupt nicht gegeben.« Mit langsam schwindender Stimme sagte sie: »Das war zu einer anderen Zeit.«
»Eine andere Zeit existiert nicht«, hielt er ihr entgegen.
Dann sprach sie zu ihm, als wolle sie ihm eine schreckliche Entdeckung mitteilen: »Deine Schwester ist tot.«
[...] »Sie ist tot! Tot! Tot! Und ich lebe!« (S. 110)

»Du bist alles, was mir geblieben ist. Wenn dir etwas zustößt, werde ich nicht weiterleben können.« Es war, als würde er den Henker um sein Leben bitten ... Er hatte ihr eine schwere Verantwortung auferlegt. Ihr Leben war die Garantie für sein eigenes. Er vergrub das Gesicht in den Händen und sagte: »Ich lege einen Schalter in meinem Kopf um und bin wieder in meinem früheren Leben. Meine Schwester bringt ihr Baby ins Bett, damals vor den Verordnungen, sie spielt mit ihm auf ihren Knien.« Dann sagte er zu ihr: »Komm!«, und nahm sie mit in das dunkle Hinterzimmer. Dort an den Wänden hatte er seine verlorenen Lieben mit dem Pinsel wieder zum Leben erweckt und die Bilder wie die einer kaiserlichen Dynastie aufgehängt, mit ihrer Tante und dem Baby in der Mitte. Er erklomm die Mauern der Erinnerung und fand dort nichts, an das er sich halten konnte. Er zwang sie, sich vor jeden dieser Fremden auf den Bildern zu stellen und zu sagen: »Ich bitte um Verzeihung.« Sie gab nach, aber ihr Herz war voller Verbitterung. Wer will schon im nachhinein trauern? (S. 113)

Der Mechanismus der Überlagerung wird hier sehr deutlich: Der Vater hat der Tochter die Last seiner geliebten Objekte aufgebürdet, von denen er sich nicht zu trennen vermag. Die Tochter ist in der inneren Welt des Vaters gefangen, wo Angst vor Tod und Verlust herrschen, und repräsentiert seine Schwester und die anderen Gestalten, die in sein Herz eingraviert sind. Der Vater kann nicht unterscheiden zwischen Vergangenheit und Gegenwart, zwischen »dort« und hier, zwischen seiner Schwester, die er verloren hat, und seiner Tochter, die lediglich einen dreitägigen Schulausflug mitmachen möchte. Die Tochter ist gefangen und hilflos. Sie ist verbittert und versucht, um ihr Recht auf eine eigene, unabhängige Identität zu kämpfen. Der Versuch mißlingt jedoch, und sie gibt nach.

Momik, der Held eines Buches von Grossman (1986), hat viele Namen. Momik beschreibt, wie die Repräsentanzen von Familienangehörigen auf ihn übertragen wurden: Er vertritt nicht nur die Angehörigen, nach denen er benannt wurde, sondern auch viele andere Menschen, mit denen ihn seine

Großmutter offen und bewußt und seine Eltern in einer Verschwörung des Schweigens gleichgesetzt haben.

Und auch sein voller Name sollte nicht unerwähnt bleiben: Schlomo Ephraim Neuman. Im Andenken an den und den und den. Wenn es möglich gewesen wäre, hätten sie ihm hundert Namen gegeben. Großmutter Henny tat das die ganze Zeit. Sie nannte ihn Mordechai und Leibele und Schepsele und Mendel und Anschel und Scholem und Chumak und Schlomo-Chaim, und so lernte Momik sie alle kennen, […] und Klein Anschel, der immer der zarteste von allen war, man machte sich Sorgen, daß er den Winter nicht überstehen würde […], da ist er auf dem Bild im Matrosenanzug, mit einem lustigen Scheitel in der Mitte, so ernst schaut er drein mit seiner großen Brille, Du meine Güte, klatschte die Großmutter in die Hände, wie ähnlich du ihm bist. Sie hatte ihm vor vielen Jahren von all diesen Leuten erzählt, als sie sich noch erinnern konnte und alle dachten, daß er noch zu klein sei, um etwas zu verstehen, aber als die Mutter einmal sah, daß seine Augen keineswegs leer vor sich hinstarrten, sagte sie zu der Großmutter, sie solle sofort damit aufhören, und versteckte das Album mit den wunderbaren Fotos […]. Und jetzt versucht Momik, sich mit aller Kraft zu erinnern, was auf diesen Fotos und in den Geschichten war. (1986/1994, S. 41–43)

Gampel (1987) schreibt:

Ein Kind sucht sich weder seinen Namen noch seine Eltern, noch seinen Körper aus. Mit seinem Eintritt in die Welt nimmt es einen Platz ein, einen Platz der Liebe oder des Hasses. Es ist Ergebnis einer Sehnsucht oder eines Fehlers, ihm wird entweder genügend Raum zum Leben geboten, oder es füllt ein Vakuum.

Unser Name begleitet uns. Er ist der Wesenskern unseres Menschseins. Es reicht aus, ein paar Phoneme auszusprechen, ein paar Silben zu sagen, die fast keine Bedeutung besitzen. Ihre bloße Äußerung weckt Liebe oder Haß, glückliche oder traurige Erinnerungen, stiftet Verwirrung oder Klarheit – das alles knüpft sich an den Menschen, der diesen Namen trägt. (S. 28)

Ein Kind nach seinen Vorfahren zu benennen ist eine Art Zuschreibungsritual, das dem Individuum einen Platz in einer langen Kette von Bildern aus der Vergangenheit zuweist. Der Name wird zu einem Mittel, der zerstörerischen Wirkung der Zeit Einhalt zu gebieten. Indem die Familie die Namen der toten Angehörigen wieder aufgreift, strukturiert sie die historische Zeit und stellt eine Kontinuität zwischen Vergangenheit und Zukunft her. In den Familien von Überlebenden werden nicht die Bilder der toten Angehörigen verinnerlicht, sondern vielmehr die Toten selbst wiederbelebt.

Daß Kinder nach verstorbenen Familienangehörigen benannt werden, kommt natürlich nicht nur in Familien von Überlebenden vor, ist bei ihnen aber besonders häufig, weil diese unbewußt die Umgekommenen dadurch wieder zum Leben erwecken wollen, daß sie die Kinder nach ihnen benennen.

Viele »Gedenkkerzen« wachsen von Geburt an mit einem Gefühl tiefer semantischer Verwirrung und absoluter Fragmentierung ihrer Identität auf. Ihre vielen Namen repräsentieren die Identitäten unterschiedlicher Figuren und stehen für verschiedene Segmente ihrer Persönlichkeit. Von daher ist es nicht verwunderlich, daß sie solche Mühe haben, eine klar definierte und eigenständige Selbstidentität zu konsolidieren.

In einer längeren Therapiesitzung, die vor kurzem stattfand, wurden die Gruppenmitglieder gebeten, aus Modelliermasse ein Bild von sich selbst zu formen. Chana, der ältesten Tochter von zwei Überlebenden des Holocaust, gelang es nicht, eine menschliche Figur mit einer eindeutigen Identität zu gestalten. Ihr Vater war während des Holocaust noch ein Kind gewesen und auf mysteriöse Weise gerettet worden; ihre Mutter hatte alle ihre Angehörigen verloren. Chana modellierte ein kompliziertes Geflecht, aus dem ineinander verwobene Seile heraushingen. Anfangs war mir die Bedeutung dieser Seile nicht klar. Später jedoch verstand ich durch Chanas Kommentare, daß die Seile in erster Linie die im Holocaust verlorenen Bezugspersonen ihrer Eltern symbolisierten. Sie wurden auf Chana projiziert und übertragen, und sie führt sie in ihrer Psyche mit sich, als wären sie Teile ihrer eigenen Identität und Persönlichkeit.

In den Gruppensitzungen machte Chana des öfteren den Eindruck, als sei nur ein Teil von ihr anwesend. Sie war sich dessen bewußt und sagte über sich:

»Ich kann mit einem Freund zusammensitzen und eine sehr persönliche Unterhaltung führen, aber ein Teil von mir ist nicht anwesend. Ich weiß nicht, wohin der Teil verschwunden ist oder was mich derart beschäftigt. Ich habe aber immer das Gefühl, daß ein Teil von mir besetzt und nicht frei für die Realität ist.«

In derselben Sitzung modellierte Ruth zwei wie siamesische Zwillinge ineinander verschlungene Figuren: zwei Beine, zwei Arme, zwei Oberkörper und zwei Köpfe. Die Figuren hatten unterschiedliche Farben. Die eine stellte eine Frau und die andere ein junges Mädchen dar. Ruth sagte:

»Jede dieser Figuren hat mehrere Identitäten. Die ältere ist meine Mutter, die jüngere bin ich – manchmal spüre ich beide Teile in mir. Eigentlich könnte die ältere auch meine Großmutter sein, die ›dort‹ geblieben ist und deren Bild bei uns zu Hause an der Wand hängt. Meine Mutter ist als junges Mädchen von ihr getrennt worden und hat sie nie wiedergesehen …«

Im Ich der »Gedenkkerzen« liegt also eine komplexe Synthese von Identifizierungen mit den Gestalten der Toten vor, eine Synthese, die auf einer Anpassung sowohl an die gegenwärtige Realität als auch an die Welt des Holocaust beruht. Diese Anpassung hält zwar ihre Persönlichkeit zusammen, verursacht aber auch vielfältige Widersprüche in ihrer Identität. Somit kann eine echte und vollständige Integration der Persönlichkeit nur am Ende eines langen, komplexen Prozesses erfolgen, in dem Teile des Ich aufgedeckt werden und der Patient sich den vielen in ihm durcheinanderwirbelnden Identitäten nach und nach stellt. In den ersten Stadien ihrer Therapie wandern die Kinder von Überlebenden hin und her zwischen der verborgenen, unbekannten Vergangenheit ihrer Eltern und Familien und der unbegriffenen Unbestimmtheit der eigenen Psyche. Der Sarg in Arielas Traum und die Höhle in

Elijahus Traum repräsentieren diese beiden Elemente: die Vergangenheit der Eltern und ebenso die eigene Innenwelt.

Es gilt zu unterscheiden zwischen der Identifizierung mit der Vergangenheit der Eltern und der Überlagerung, aus der sich den »Gedenkkerzen« die Bilder der Toten erschließen. Das Grundmuster der Überlagerung läßt sich als ein Versuch verstehen, zwei Kapitel der Geschichte durch eine Brücke miteinander zu verbinden, um so die Anpassung an die Gegenwart zu ermöglichen. Mit diesem Muster schaffen die Kinder von Überlebenden wahrscheinlich einen Ersatz für die Trauer um verlorene und geliebte Angehörige, mit deren Tod sich die Eltern selbst nicht abgefunden haben. Solange die »Gedenkkerze« bereit ist, sich in die Vergangenheit zu versenken und dabei sowohl die Rolle der Eltern als auch die der umgekommenen Angehörigen zu übernehmen, müssen sich die Eltern dem Verlust ihrer Lieben nicht stellen und sich nicht wirklich mit ihm abfinden (H. Klein 1973).

Mitscherlich (1979) und andere Autoren betonen die Unfähigkeit von Überlebenden, wirklich zu trauern. Sie findet sich auch bei den »Gedenkkerzen«: Sie scheinen in Trauer versunken, doch es handelt sich dabei nicht um echte Trauer, sondern um einen depressiven Zustand, der mit Trauer nur äußerliche Ähnlichkeit hat.

Der normale Trauerprozeß führt neben der Identifizierung mit dem verlorenen Objekt auch mehr und mehr zur emotionalen Loslösung von ihm, so daß die Psyche des Trauernden wieder ins Gleichgewicht kommt. Um mit dem Verlust ihrer Familienangehörigen fertigwerden zu können, müssen die »Gedenkkerzen« die unbewußt auf sie übertragenen Objekte durch einen Überlagerungsprozeß in eindeutige und lebendige Objekte mit einer Gestalt und einer Identität verwandeln, damit einerseits wirklich um sie getrauert werden kann und damit sie andererseits als Quelle von Identität und Kontinuität genutzt werden können. Der Bruch in der Familie und der Gemeinde wird durch die emotionale Begegnung der »Gedenkkerzen« mit der Vergangenheit ihrer Eltern und Angehörigen geheilt. Diese Begegnung setzt die Fähigkeit voraus, sich mit dem Schmerz des Verlustes abzufinden und Trauer zu erleben. Das therapeutische Setting soll den »Gedenkkerzen« dabei helfen.

Chana machte sich, wie viele Kinder von Überlebenden, die Welt ihres Vaters mitsamt ihren Objekten zu eigen und nahm es auf sich, diese Objekte wiederzubeleben, statt sich von ihnen freizumachen. Sie sandte also zweifellos Signale aus, daß sie sich mit der Vergangenheit ihrer Eltern vertraut machen und um die Angehörigen, die sie selbst nie kennengelernt hatte, trauern wollte. Chana nahm die Aufgabe an, sie in greifbare Figuren zu verwandeln, was ihr aber fast unmöglich war, weil sich ihr Vater wie viele andere Überlebende weigerte, über die Vergangenheit zu sprechen.

Chanas Seele wurde hin- und hergerissen zwischen dem Verlangen, zu wissen und zu weinen, und dem Verbot, sich der betreffenden Gefühle bewußt zu sein und sie zu äußern. In einer der Gruppensitzungen erzählte sie:

»Nicht weit vom Haus meiner Eltern wurde vor kurzem eine Gedenktafel errichtet, auf der die Namen aller im Holocaust Umgekommenen aus dem Städtchen meines Vaters eingraviert sind. Ich hatte den großen Wunsch, mit ihm zu dieser Gedenktafel zu gehen. Ich war ganz aufgeregt und dachte, das sei die Gelegenheit für mich, ihn endlich zu fragen und mit ihm über all die Verwandten zu sprechen, deren Namen ich noch nicht mal weiß. Über den Vater meines Vaters, seine Brüder und Schwestern. Nur den Namen seiner Mutter weiß ich. Weil es mein Name ist. Ich hoffte, mein Vater würde sich dieses Mal so weit gehen lassen, daß er mir davon erzählte, und vielleicht würde er sogar weinen.« Hier wurde sie still. Nach einer Weile fuhr sie fort: »Ich habe ihn noch nie weinen sehen, nicht deswegen und auch nicht wegen etwas anderem. Vielleicht hatte ich sogar den Wunsch, endlich einmal gemeinsam mit ihm zu weinen. Als ich ihn fragte, ob er dorthin mitkommen wolle, war er gerne bereit dazu, und ich war glücklich. Als wir aber hinkamen, stand er da wie ein Holzklotz, und ich konnte fast nichts von dem zum Ausdruck bringen, was ich zuvor im Sinn gehabt und empfunden hatte. Mein Vater stand da und redete über die ästhetische Gestaltung der Gedenktafel und wieviel sie wohl gekostet haben mochte. Ich war schockiert, gelähmt, innerlich erstarrt. Ich schaffte es lediglich, ihn nach den Namen von allen Angehörigen zu fragen, die auf der Gedenktafel eingraviert waren, und nach seinem Platz in diesem Stammbaum. Er gab ohne jede Gefühlsregung Auskunft. Während des ganzen Heimweges und auch in der darauffolgenden Woche wiederholte ich die Namen immer wieder und murmelte sie vor mich hin, und ich werde sie hoffentlich nie mehr vergessen.«

Indem Chana die Namen der verlorenen Angehörigen wiederholt und vor sich hinmurmelt, versucht sie, das Ende eines Fadens festzuhalten, der vielleicht die erste wirkliche Verbindung zur Vergangenheit ist, die man ihr je angeboten hat. Durch diesen Faden findet sie möglicherweise zu einer emotionalen Begegnung mit den Toten und kann die Vergangenheit ihres Vaters wiederbeleben.

Yoel ist etwa vierzig Jahre alt und Sohn von Überlebenden. Seine Mutter hat im Holocaust ihren Mann, ihre beiden acht und zehn Jahre alten Töchter und alle ihre Verwandten verloren. Während der meisten Gruppensitzungen saß Yoel schweigend und verschlossen da. In einer der Sitzungen erzählte er mit gepreßter, erstickter Stimme:

»In dem Photoalbum, das wir seit meiner Kindheit bei uns zu Hause haben, waren auch die Bilder von zwei Mädchen, etwa acht und zehn Jahre alt. Ich glaube, das waren die Töchter meiner Mutter. Ich habe sie nie direkt danach gefragt, und sie hat mir nie etwas erzählt. Vierzig Jahre ... Auch heute noch weiß ich nicht genau, ob ich mit ihr darüber reden will oder kann ... Ich weiß gar nichts, weder ihre Namen noch was ihnen zugestoßen ist. Sie spricht nie von ihnen ...«

Wie bereits erwähnt, ist für den überlebenden Elternteil die wohl schwerste und mit den meisten Gefühlen befrachtete emotionale Begegnung die mit ihren im Holocaust umgekommenen Kindern. Der Vater bzw. die Mutter ist gefangen zwischen der Unfähigkeit, wirklich zu trauern, und einer chronischen Trauer, aus der er oder sie sich nicht befreien kann. Die »Gedenkkerze« ist sich über ihre besondere Stellung durchaus im klaren: Sie ist Stellvertreterin der Toten im allgemeinen und Ersatz für die toten Kinder im besonderen.

Sie spürt die Schatten ihrer Vorgänger und lädt sich die emotionale Last der Eltern auf die eigenen Schultern.

> Woher hatte ihre Mutter die Kraft genommen, wieder schwanger zu werden? Mit ihr, der dritten Tochter. Wie sehr hatte sie sie getäuscht! An jedem Geburtstag sagte sie zu ihr: »Du bist meine Älteste, meine Einzige«, und doch war sie nur ein Ersatz für die Vorherigen. Warum hat sie mir nicht gesagt: »Du bist die einzige, die mir geblieben ist. Ich habe dich geboren, damit ich die Vorherigen – Gott behüte – nicht vergesse«? (Semel 1985, S. 48)

An einer anderen Stelle heißt es bei Semel:

> Der Mensch versucht die Fäden zu zerreißen, die ihn an eine frühere Lebensgeschichte binden, die er sich nicht ausgesucht hat, an eine Last, die er nicht zu tragen verlangt hat, aber er kann es nicht.
> Der versteckte Faden war in sie hineingewoben. Jetzt wußte sie, daß auch die ersten Kinder ihrer Mutter in ihr nisteten [...]. (ibid., S. 56)

Die »Gedenkkerze« ahnt die Schatten der toten Kinder hinter sich und spürt, daß ihr das selbstverständliche Recht auf die Hingabe, die jedes Kind von seinen Eltern erwartet, verwehrt ist. »Ich habe nichts von dir genommen, was mir nicht gehörte – immer habe ich um Erlaubnis gefragt.« (ibid., S. 36) Der »Gedenkkerze« wird dies aber meistens erst klar, wenn sie schon erwachsen ist und ihre Kindheit und Jugend durchlebt hat, ohne ihres selbstverständlichen Anrechtes gewahr zu sein. Für die überlebenden Eltern ist der Verlust ihrer Kinder wie eine offene Wunde in ihrer Seele. Die Last dieses Schmerzes geben sie an die »Gedenkkerze« weiter, die sich nicht davon zu befreien vermag. Die Therapie verschafft der »Gedenkkerze« die Möglichkeit, sich ihrer schweren Bürde bewußt zu werden und sich mit ihr auseinanderzusetzen.

Der therapeutische Prozeß

Im gleichen Maße, wie die Überlebenden ihr Herz vor ihren Kindern verschließen, vermeiden es die Kinder, Gefühle offen auszudrücken oder darüber zu sprechen. Ihre Verschlossenheit tritt besonders stark zu Beginn der Therapie zutage (sowohl in der Einzel- als auch in der Gruppentherapie). In vielen Sitzungen versinken sie in langes Schweigen oder nehmen eine extrem passive Haltung ein. Meistens wird ihr Schweigen nur durchbrochen, wenn die Therapeuten oder andere Gruppenmitglieder die Initiative ergreifen und Fragen an sie richten. In der Anfangsphase vermeiden sie es durchweg, von sich aus einen Dialog in Gang zu setzen, ganz zu schweigen von Interaktionen, mit denen sie sich eine Blöße geben könnten. Ihr Gesichtsausdruck und ihre Körpersprache vermitteln den Eindruck der Erstarrung und Undurchdringlichkeit. Die Atmosphäre in der Gruppe ist voller Spannung, Feindseligkeit und Mißtrauen. Aus den spärlichen Bemerkungen, die sie an die Therapeuten richten, spricht im allgemeinen die Erwartung, daß die Therapeuten die volle Verantwortung für das Geschehen in der Gruppe übernehmen werden.

Damit ist allerdings nur das beobachtbare Verhalten beschrieben. Wie aber fühlen sich die Angehörigen der Zweiten Generation während dieser Phase in der Gruppe? Eine treffende Antwort auf diese Frage ist ein Satz, der zu Beginn der Therapie oft von ihnen zu hören ist: »Ich fühle mich, als wäre ich aus Glas«, was heißen soll: »Bitte geht vorsichtig mit mir um, sonst zerbreche ich.« Die ungewohnte Umgebung – die Gruppenmitglieder und die Therapeuten – ruft bei einem jeden Patienten große Ängste wach. Bei Angehörigen der Zweiten Generation nehmen die Ängste jedoch ein extremes Ausmaß an und gehen manchmal bis hin zur Apathie und Lähmung. Bei ihren wenigen Äußerungen greifen sie in massiver und fast zwanghafter Weise auf Abwehrmechanismen wie Verleugnung, Rationalisierung, Isolierung und projektive Identifizierung zurück, die schließlich in eine emotionale Distanzierung münden.

Ein weiteres Charakteristikum der ersten gruppentherapeutischen Sitzungen mit Kindern von Überlebenden ist, wie sie das Thema Tod zur Sprache bringen. Oft erzählen sie viele Geschichten über verschiedene Unglücksfälle und über *Jahrzeiten* und Beerdigungen, an denen sie teilgenommen haben. So wird der Tod gleich zu Therapiebeginn zum Thema. Dies aber läuft ihrem Bedürfnis nach Verleugnung zuwider und steht in Widerspruch zu ihrem Unwillen und ihrer Unfähigkeit, an den entsprechenden Abschnitt in der traumatischen Vergangenheit ihrer Eltern zu rühren; falls sie ihn überhaupt ansprechen, dann nur als eine bloße biographische Tatsache ohne jede weitere Bedeutung, ohne daß sie die geringste emotionale Beteiligung erkennen lassen.

In einer Therapiesitzung eröffnete Zwia das Gespräch. Zwia ist etwa 35 Jahre alt, Mutter von zwei Töchtern und Tochter einer Überlebenden. Sie erzählte, daß sie direkt vom Friedhof komme, von der Beerdigung einer Freundin. Nachdem sie dieses Thema erschöpfend behandelt hatte, begann sie von einem Cousin zu erzählen, der im Yom-Kippur-Krieg gefallen war.

In einer anderen Gruppe, in der die meisten Teilnehmer Psychologen und Kinder von Überlebenden waren, begann die erste Sitzung mit einem langen Schweigen, das eine sehr blaß und angespannt aussehende Teilnehmerin (eine Tochter von Überlebenden) dann mit einer dramatischen Ankündigung durchbrach: Sie müsse vorzeitig gehen, um noch rechtzeitig zur Beerdigung eines Arbeitskollegen zu kommen.

Aus diesen zwei Beispielen ist zu ersehen – ebenso wie aus vielen anderen, auf die ich hier nicht eingehe –, daß das erste Thema, das zu Beginn einer Therapie mit Kindern von Überlebenden aufgeworfen wird, der Tod ist, obgleich das Thema Holocaust, wie gesagt, in dieser Phase noch gar nicht zur Sprache gekommen ist.

In der ersten Therapiephase sind die Gruppenmitglieder sehr verwirrt und verwechseln oft die Ebenen von tiefergehenden und äußerlichen Gefühlen, von Realität und Phantasie, von Gegenwart und Vergangenheit. Das Anschneiden des Themas Tod ist möglicherweise ein Abwehrmanöver dagegen, sich mit den zu Beginn der Therapie auftretenden Ängsten auseinandersetzen zu müssen.

Die Atmosphäre in der Gruppe und die Interaktion zwischen den Gruppenmitgliedern sind geprägt von einem Unvermögen, wirklich von sich zu sprechen und einander wirklich zuzuhören. Die Angehörigen der Zweiten Generation projizieren die eisige Atmosphäre und die Kommunikationsschwierigkeiten in ihrer Familie auf die Gruppe. Von der ersten Sitzung an wird die Interaktion in der Gruppe zu einem Gewebe teils bewußter, meist jedoch unbewußter fragmentarischer Kommunikationsversuche, in dem jedes Gruppenmitglied die Bilder seiner toten Angehörigen oder verinnerlichte Anteile seines Ich auf die Gruppe überträgt und projiziert (Foulkes 1984; Bion 1961). Mit der Zeit wird die Gruppe zu einer Gemeinschaft, die sowohl die jetzige Kernfamilie der Überlebenden repräsentiert als auch die Großfamilie, von der viele Angehörige umgekommen sind und im Bewußtsein der Familie als verschwommene Bilder von Toten oder als Geister existieren.

»Bei uns zu Hause gibt es keine wirkliche Kommunikation«, sagte eines der Gruppenmitglieder, eine Tochter von Überlebenden. »Wenn alle zusammensitzen, ist jeder nur in sich selbst versunken, und wenn schon einmal geredet wird, dann redet jeder am anderen vorbei.«

Eine andere Tochter Überlebender fügte hinzu:

>»Ich habe das Gefühl, daß alles tief in mir vergraben ist. Deshalb kann ich mich nur schwer ausdrücken. Das kommt von meiner Erziehung, von dem feststehenden Vokabular unserer Familie, in dem Sätze wie ›Ich liebe dich‹, ›Ich bin wütend‹ oder ›Ich habe Angst‹ nicht vorkommen. Wir haben unsere Gefühle nie in Worte umgesetzt.«

Erst nach vielen Monaten Gruppentherapie beginnen die Kinder von Überlebenden, ihre verborgenen Empfindungen miteinander zu teilen, jene Bilder des Todes, die sie seit Jahren in ihrem Innern versteckt halten und niemandem mitzuteilen wagen, vor allem nicht ihren Eltern und Geschwistern. Und doch ist, so paradox dies vielleicht auch klingen mag, das erste Thema, bei dem es den Gruppenmitgliedern gelingt, sich miteinander zu verständigen, das Thema der Identifizierung mit dem Tod.

Das folgende Gespräch fand in einer Gruppe statt, deren meiste Mitglieder die »Gedenkkerze« ihrer Familie sind. Hauptthema der Gruppe war der Tod. Nach einer etwa viertelstündigen bedrückenden Stille brach Arieh das Schweigen und sprach flüsternd:

»Wißt ihr, ich habe viel darüber nachgedacht, wie ich letzte Woche zur Gruppe gekommen bin. Ich war auf Reservedienst im Süden und mußte lange auf eine Mitfahrgelegenheit warten, kein einziges Auto hielt an. Als ich schon aufgeben wollte und glaubte, ich würde nicht rechtzeitig zur Gruppe kommen, fuhr plötzlich ein Leichenwagen der *Chevra Kadischa* vorbei. Ohne lange zu zögern, winkte ich dem Fahrer, er solle anhalten, und stieg hinten ein.«

Arieh verstummte, und ich fragte ihn, wie er sich dort im Leichenwagen gefühlt habe.

»Ziemlich seltsam«, antwortete Arieh, »wie ich so stundenlang in diesem schwarzen Wagen für die Toten dahinfuhr. Aber wißt ihr was? Ich hab mich richtig wohl gefühlt, einfach behaglich. Ich saß ziemlich deprimiert und traurig da, weil ich mich in der letzten Zeit ganz allgemein so fühle, aber ich spürte auch eine Art Ruhe. Anscheinend gehöre ich dahin.«

Therapeutin: »Im Grunde sagst du, daß die Reise im Leichenwagen zu deiner inneren Verfassung gepaßt hat.«

Chawa: »Ja, das habe ich auch gedacht. Einerseits ist es ziemlich merkwürdig, daß du in einem Leichenwagen gefahren bist. Die meisten Menschen würden sich wahrscheinlich davor fürchten, dort zu sitzen, wo die Toten liegen. Aber andererseits verstehe ich dich ziemlich gut, denn in letzter Zeit merke ich, daß ich die ›Gedenkkerze‹ meiner ganzen Familie bin ... Als ich letzte Woche am Grab meines Onkels war, sprach ich ihn an, als wäre er noch am Leben. Ich fragte ihn: ›Wie geht es dir da drinnen? Wie ist das, dort zu ruhen, weit weg von dieser Welt? Wie ist das, den Lebenden zuzuschauen, wie sie immerzu herumrennen und dauernd mit irgend etwas beschäftigt sind – und weit weg von ihnen zu sein?‹ Ich lebe eher bei den Toten als bei den Lebenden. Wenn ich am Grab meines Onkels sitze, bin ich ruhig. Wenn ich bei den Lebenden bin, habe ich ziemliche Angst. Ich sehe immer alles in den schwärzesten Farben. Ich habe nicht das Gefühl, wirklich lebendig zu sein. Eigentlich komme ich mit den Lebenden nicht besonders gut zurecht. Ein Teil von mir will leben und ein anderer nicht.«

Therapeutin: »Ich erinnere mich, daß du letzte Woche gesagt hast, du kommst nur in der Natur zur Ruhe. Auf dem Friedhof, unter den Toten, geht es dir gut. Du beschreibst da eine Art Todesgefühl, bei dem es dir gut geht, so wie Arieh sich im Leichenwagen wohl fühlt.«

Chawa: »Ich fühle mich wohl unter den Toten. Sie fordern nichts von mir. Ich muß mich nicht wirklich mit ihnen auseinandersetzen. Ich erinnere mich, daß ich als Kind oft stundenlang im Bett lag und nicht einschlafen konnte. Ich konnte förmlich sehen, wie der ganze Raum und das ganze Haus voller Geisterfiguren und Skelette war. Ich verstand nicht, was das für Gestalten waren, aber ich fürchtete mich auch nicht wirklich vor ihnen, denn ich hörte meine Eltern im anderen Zimmer laut miteinander streiten, und das machte mir mehr angst. Im Grunde ist alles Lebendige schlecht. Nach außen hin lache ich, aber innerlich weine ich meistens.«

Baruch: »Auch ich habe als Kind immer alle möglichen Gestalten vor mir gesehen und sie mir wie Geister ohne richtige Gesichter vorgestellt. Manchmal, wenn ich sehr einsam war, hatte ich das Gefühl, daß sie meine einzigen Freunde waren. Und jetzt frage ich mich, wie du dich hier bei uns fühlst. Was sind wir – lebendig oder tot? Ich zum Beispiel fühle mich in letzter Zeit so tot.«

Therapeutin: »Wie unsere ganzen letzten Sitzungen ist auch die heutige Sitzung von einer gedrückten Stimmung beherrscht. Es kommt mir vor, als ob diese unangenehme Stimmung paradoxerweise auch irgend etwas Beschützendes hat.«

Menachem: »In letzter Zeit habe ich das Gefühl, daß alles tief in mir vergraben ist. Ich habe mir oft gesagt, daß ich in meiner eigenen Grabeshöhle lebe. Es ist sehr still dort, man hört keinen Lärm, nicht einmal ein Summen. Ich liege dort drinnen, und es geht mir gut, ich bin irgendwie ruhig… Man ist auch sehr geborgen dort… Mir fällt ein, daß ich diese Woche einen seltsamen Traum hatte. Ich will ihn euch erzählen. Ich bin in Europa, in der Schweiz, wo ich ja geboren bin. Da ist etwas Quadratisches, Weißes, wie eine Holztafel, aber es ist nicht wirklich aus Holz. Auf diese Tafel sind Buchstaben geschrieben. Es sind die Buchstaben meines Namens, aber sie sind durcheinander, und es gibt zwei Sorten davon. Die einen Buchstaben sind normal geschrieben, die anderen stehen auf dem Kopf, so als wären es zwei Namen und als gäbe es zwei Menachems. Auf dem Geschriebenen liegt ein Strauß mit roten und blauen Blumen. Meine Eltern haben das für meine Geburt vorbereitet und mir dann zu geben vergessen.«

Hier unterbrach ihn Chawa und fragte: »Was glaubst du, was dieses Weiße ist? Die Tafel erinnert mich an ein Grab oder an einen Grabstein wie den meines Onkels.«

Menachem: »Ja, es erinnert mich ein bißchen an einen Grabstein. Da klingt dieses Gefühl weißer Kühle an, das ich spüre, wenn ich in meiner Grabeshöhle liege. Ich weiß noch, wie ich hier in der Gruppe einmal von dieser Kühle erzählt habe. Aber damals war das sehr unangenehm.«

Therapeutin: »Menachem, was genau ist mit deinem Namen in dem Traum geschehen? Etwas war da ziemlich unklar. Der Name war zweigeteilt, und die eine Hälfte stand auf dem Kopf. Vielleicht erinnert dich das Zerschneiden deines Namens an das, was in letzter Zeit in dir vorgegangen ist, während wir gemeinsam an vielen Themen gearbeitet haben: Ein Teil deines Namens und deiner Identität ist schon geklärt, aber ein anderer ist noch immer unklar oder verdreht.«

Menachem: »Ja, ich glaube, daß ich vielleicht in Zukunft das, was sie für mich arrangiert haben, ändern kann – meinen Namen zurechtrücken …«

Chawa: »Interessanterweise ist mir vor kurzem zum Beispiel aufgefallen, daß viele meiner ›Zeitvertreibe‹ mit dem Tod zu tun haben. Ich versäume keine einzige *Jahrzeit* oder Grabsteinsetzung oder Beerdigung und bin bei allen möglichen traurigen Anlässen anwesend, sowohl im Kibbutz als auch bei meinen Freunden in der Stadt. Ich bin immer sehr bewegt bei diesen Ereignissen und weine auch oft. In anderen Situationen passiert mir das nicht so leicht. Vielleicht sind das die einzigen Orte, an denen ich wirklich etwas empfinden kann.«

Yoram: »Ich glaube, meine Frau reagiert in den verschiedensten Situationen, die mit Trennung und Tod zu tun haben, ganz anders als ich. Ich habe ein anderes Verhältnis dazu als sie. Ich weiß nicht genau warum. Als wir im Ausland waren und dort manchmal in die Nähe von Friedhöfen kamen, spürte ich den Wunsch, hineinzugehen und mich umzuschauen. Es interessierte mich. Ich ging da hinein, als wäre nichts dabei. Für mich sind die Toten ein Teil des Lebens, und einen Friedhof zu betreten, ist nichts Besonderes für mich, wohingegen meine Frau immer Angst hatte und es ihr sehr schwerfiel. Sie war jedesmal ziemlich mitgenommen und zitterte. Und bei mir – nichts. Mir ist auch aufgefallen, daß ich in letzter Zeit von meinem Vater und meiner ersten Frau träume. In den Träumen sind sie beide völlig lebendig, und es gibt keinerlei Hinweis darauf, daß sie gestorben sind.«

Therapeutin: »Das könnte bedeuten, daß ein Teil von dir ihren Tod noch nicht ganz akzeptiert hat, vielleicht weil du nicht die Gelegenheit hattest oder sie dir nicht zugestanden hast, wirklich um sie zu trauern und dich dem Schmerz und Kummer der Trennung von ihnen ganz zu überlassen.«

Yoram: »Ja. Nein. Ich weiß nicht genau. So etwa könnte es gewesen sein. Ich erinnere mich, daß ich selbst beim Tod meines Vaters – ich war bei ihm im Zimmer, als er im Krankenhaus starb – nichts empfand als Erleichterung. Ich war erleichtert, daß sein Leiden ein Ende hatte. Ich war nicht besonders traurig, und geweint habe ich überhaupt nicht. Ich bin einer von denen, die nicht weinen. Ich weiß zum Beispiel nicht mehr, wann ich das letzte Mal geweint habe.«

»Und wie war das, als deine Frau starb?«, platzte Chawa heraus.

Yoram: »Auch damals war ich nur damit beschäftigt, zusammen mit dem Baby, das mir geblieben war, einfach weiterzuexistieren. Wie würden wir jetzt zurechtkommen, was war zu tun? Selbst damals habe ich kein einziges Mal geweint.«

Chawa: »Es ist seltsam, ich bin wie du, immerzu auf dem Friedhof, nur daß ich viel weine. Einfach so, über alles mögliche, nicht über den Tod eines mir wichtigen Menschen, eines Verwandten, der gestorben wäre. Außer diesem Onkel, von dem ich erzählt habe, ist noch niemand gestorben, der mir sehr nahe stand. Aber du, dem der Vater und die Frau gestorben sind, du weinst nie.«

Chawa wurde still, dachte nach und fuhr nach einer Weile fort: »Aber vielleicht ist das gar nicht so seltsam. Auch meine Eltern habe ich nie richtig weinen sehen, und dabei sind so viele von ihren Angehörigen gestorben. Du bist ja auch dort geboren, direkt nach dem Krieg.«

Yoram: »Ja, dort in Polen, in Warschau, gibt es in jeder zweiten Straße ein Schild: ›Hier sind soundso viele umgekommen‹ ,oder ›Hier sind soundso viele Partisanen erschossen worden‹, und wo du nur hinschaust, ist alles von Tod erfüllt. Als Kinder haben wir dort inmitten dieses Todes gespielt. Er war ein normaler und selbstverständlicher Teil des Lebens.«

Baruch: »Seltsam, auch ich träume immer wieder vom Tod, von Beerdigungen, aber ich erinnere mich, daß ich als Kind sehr große Angst davor hatte, einen echten Toten zu sehen oder einem nahe zu kommen – nicht so wie du, dem das überhaupt nichts ausmacht.«

Es ist nicht zu übersehen, daß bei allen Gruppenmitgliedern das Thema Tod im Mittelpunkt ihrer Gesprächsbeiträge stand. Und tatsächlich taucht der Tod in der Welt der Kinder von Überlebenden immer und immer wieder auf. Orte oder Ereignisse, die den Geruch des Todes verströmen, ziehen sie an: Friedhöfe, die Gedenkstätte *Yad Vashem*, Beerdigungen, *Jahrzeiten* und sogar Leichenwagen. An diesen Orten und bei diesen Ereignissen anwesend zu sein, ist in ihren Augen nichts Ungewöhnliches. Sie fühlen sich dabei wohl, ruhig und sicher, während das Leben ihnen angst macht und sie zurückscheuen läßt.

»Gedenkkerzen« leben also in einer zweigeteilten Realität: in der Gegenwart, als junge Menschen, die sich ihr eigenes Leben und ihre eigene Familie aufbauen, und in der Vergangenheit ihrer Eltern. Kurz gesagt, ist ein großer und wichtiger Teil ihrer emotionalen Welt in der Vergangenheit angesiedelt, wo der Tod der Dreh- und Angelpunkt des Lebens war. Die Identifizierung mit den Eltern spielt sich jedoch in einer nebelhaften Sphäre ab, wo sich Schuldgefühle und Todesgefühle in ihrem wie im Bewußtsein ihrer Eltern miteinander vermischen. Hinter der Anziehungskraft, die der Tod ausübt, verbergen sich Schuldgefühle, die Kindern wie Eltern keine Ruhe lassen und das kleinste bißchen Vergnügen oder Fröhlichkeit zunichte machen (Epstein 1979).

Die Trieb- und Gefühlswelt vieler »Gedenkkerzen« ist von Verdrängung und Depression beherrscht. Das Leben ist furchterregend und bedrohlich – wie der kleine Vogel in Arielas Traum –, und am besten sollte jeglicher Kontakt mit ihm vermieden werden. Die Begegnung mit dem Tod dagegen hat für sie etwas Beruhigendes und gibt ihnen ein Gefühl von Sicherheit. Wie bereits erwähnt, mündete das psychische Sichabschotten der Holocaust-Opfer, das für viele zum wichtigsten psychischen Schutz wurde, im Verlauf der Zeit in eine Tendenz zu Apathie, Depressivität oder Kapitulation vor der Hoffnungslosigkeit oder aber in eine übertriebene Betriebsamkeit, die aus einer inneren Rastlosigkeit entsprang. Das psychische Sichabschotten zwang die Überlebenden darüber hinaus, zu anderen Menschen und insbesondere zu ihren Angehörigen emotionale Distanz zu wahren. Die Söhne und Töchter von Überlebenden waren diesen Stimmungen ihrer Eltern die ganze Kindheit hindurch ausgesetzt und absorbierten und assimilierten die hauptsächliche emotionale Botschaft, die darin enthalten war: »Hütet euch vor Gefühlsausbrüchen, denn sie bergen die Gefahr des Todes.« Die chronische psychische Ambivalenz der Kinder von Überlebenden hat ihre Wurzeln in dieser Botschaft. Die Folge war ein »erlösendes« psychisches Sichabschotten, das ihrem Bedürfnis entsprach, sich mit den Eltern und ihren umgekommenen Angehörigen zu identifizieren und somit zu »Gedenkkerzen« zu werden, wie es von ihnen erwartet wurde.

Nachum, die »Gedenkkerze« seiner Familie, schildert einen Traum, der die genannten Merkmale aufweist:

> »Eine Beerdigung. Eine lange Schlange von Menschen bewegt sich langsam auf das Grab zu. Zunächst bin ich ganz am Ende der Schlange, aber plötzlich finde ich mich in der ersten Reihe wieder, direkt neben dem offenen Grab. Mir ist nicht ganz klar, wer der Tote ist, aber es ist ein kleiner Junge. Szenenwechsel. Ich bin jetzt in einem kalten Keller mit vielen Türen. Mir ist kalt, und ich habe Angst. Ich will hinausgehen und probiere eine Tür nach der anderen aus. Neben einer bleibe ich stehen, und dort, hinter dieser Tür, das weiß ich irgendwie, wäscht man die Toten. Ich höre eine Stimme, die nach mir ruft. Ich öffne die Tür einen Spalt

und sehe einen Mann mit Bart, der einen toten Jungen hält und wäscht. ›Komm und hilf mir‹, sagt er und schaut mich mit einem seltsamen Blick an. Von dem Kind tropft Blut herab. Das macht mir angst, aber ich muß bleiben und ihm helfen. Ich glaube, der Mann sieht meinem Vater ein bißchen ähnlich.«

Nachum, der Sohn, muß seinem Vater, dem »Leichenbestatter«, beim Waschen der Toten helfen. Das Gleichnis ist eindeutig: Der Sohn muß Anteil nehmen an der Trauer seines Vaters, weil der Vater »dort« keinerlei Hilfe zur Trauer bekommen hat. Doch das ist nicht so einfach. Chawa hat sich sehr gewünscht, daß ihr Vater endlich weinen und erzählen und darüber sprechen kann. Als sie aber mit ihrem Vater vor der Gedenktafel steht – einem Ersatz für ein wirkliches Grab und einen wirklichen Grabstein –, ist ihr Herz wie zugefroren, und ihre Gefühle sind versteinert. Weder sie noch ihr Vater sind fähig, wirklich mit dem Trauern zu beginnen, denn Chawa tut es ihrem Vater gleich und macht bei der Verleugung von Kummer und Trauer mit. Der Versuch, sich vom Tod zu befreien, erschöpft sich darin, daß sie die Namen der Angehörigen, die ihr so gut wie fremd sind, vor sich hinmurmelt. Erst nach einer umfassenden Therapie war Chawa fähig, zu dieser Szene zurückzukehren und ihre volle Bedeutung zu erfassen.

Dasselbe gilt für Nachum. In seinem Traum geht auch er, als Assistent eines Leichenbestatters, auf Friedhöfen ein und aus, als sei es sein eigener Grund und Boden. Seine Aufgabe ist es, bei Beerdigungen behilflich zu sein, das *Kaddisch* zu sagen und der Familie am Beginn der Trennung von einem ihrer Lieben beizustehen. Zwar hat Nachum als »Gedenkkerze« diese schwere Aufgabe unbewußt auf sich genommen, doch er ist nicht imstande, auf ihre emotionalen Aspekte anzusprechen. Er kann nicht weinen, Schmerz verspüren oder sich gemeinsam mit seinem Vater auf den Prozeß des Trauerns einlassen. Gleichzeitig ist er, wie viele andere »Gedenkkerzen« auch, nicht in der Lage, seine Aufgabe angemessen zu erfüllen. Das heißt, er gerät in eine ambivalente Position und steht im Konflikt zwischen der zwanghaften Beschäftigung mit dem Tod und der Unfähigkeit, mit ihm emotional zu Rande zu kommen.

Um die Veränderungen zu veranschaulichen, die in der Persönlichkeit von Angehörigen der Zweiten Generation während der Therapie ablaufen, will ich einiges von dem zitieren, was Chawa während einer Therapiesitzung sagte. In dieser Sitzung benutzte ich die Technik der »gelenkten Imagination«, mit deren Hilfe Chawa den Repräsentanzen von toten Objekten in ihrer Innenwelt direkt gegenübertreten konnte. Diese Innenwelt war nichts als eine Projektion der inneren Welt ihrer Mutter, die mit neun Jahren als einzige ihrer ganzen Familie am Leben geblieben war.

Chawa: »Ich sehe eine Gestalt. Mir ist nicht klar, ob es sich dabei um meine Mutter oder um mich selber handelt. Zwei Stimmen drehen sich in meinem Kopf …« Chawa beginnt lautlos zu weinen, spricht aber weiter: »… Eine Stimme sagt: ›Du darfst nicht leben‹, und die andere: ›Nein, nein, ich will leben‹, und es gelingt mir nicht, sie miteinander zu vereinen. Ich schreie: ›Ich will leben. Ich will nicht bei den Toten leben. Ich gehöre nicht dorthin. Das ist sehr schwer für mich.‹ Jetzt endlich ist die andere Stimme still.«

Therapeutin: »Wem gehört diese andere Stimme? Wer ist diese andere Gestalt? Kannst du sie erkennen?«

Chawa: »Die Gestalt sagt zu mir: ›Wie kannst du in dieser Ruine leben?‹ Ich sehe ihre Familie, das ist die Familie meiner Mutter, die Großmütter und die Schwestern, und sie sagen zu ihr: ›Du darfst nicht leben.‹«

Therapeutin: «Wem sagen sie das, deiner Mutter oder dir?«

Chawa: »Ich weiß nicht. Vielleicht sagen sie es ja mir und nicht ihr.«

Therapeutin: »Du verwechselst dich und deine Mutter, das ist unverkennbar. Vielleicht denkst du, daß es dir noch weniger als deiner Mutter erlaubt ist zu leben?«

Chawa: »Ich sehe alle vor mir, die zur Familie gehören. Zwei Bilder: In dem einen sind mein Vater, meine Mutter und meine Brüder und im zweiten meine Mutter mit ihrer ganzen Familie. Ich sehe zwei Sachen, die eigentlich eins sind. Ich habe die Stimmen der Toten mit meinen lebenden Angehörigen zusammengefügt, und ich bin auf der anderen Seite des Tisches, getrennt von ihnen, und will nicht bei ihnen sein.«

Therapeutin: »Eigentlich hast du ja all die Jahre, dein Leben lang, ihren ganzen Schmerz in dir getragen.«

Chawa: »Aber jetzt spüre ich, wie ich den Stimmen der Toten näher komme oder mich ihren Stimmen anschließe, doch zugleich sondere ich mich von meiner Familie ab und betrachte sie von außen.«

Therapeutin: »Und was siehst du, wenn du deine Angehörigen so betrachtest?«

Chawa: »Sie kommen mir vor wie eingefroren, wie Wachsfiguren. Sie sehen aus, als wären sie lebendig, aber sie sind es nicht.«

Therapeutin: »Laß uns die Dinge ein wenig ordnen. Du weißt nicht genau, wer hier lebendig und wer tot ist. Du bist bei den Toten, die vor ihrem Tod eigentlich sehr lebendig waren, und betrachtest die Lebenden, deren emotionale Seite abgestorben ist.«

Chawa: »Ja, ich stehe hier immer noch mit offenem Mund und frage mich, wo ich eigentlich bin.«

Therapeutin: »Auf der einen Seite stehen die Toten – die Tanten, die Großmütter, die Schwestern und Eltern deiner Mutter, die sie in ihrem Herzen so bewahrt hat, als wären sie noch lebendig. Auf der anderen Seite stehen die Lebenden – dein Vater, deine Mutter, deine Brüder –, deren Gefühlsleben tot ist. Du mußt entweder zwischen ihnen wählen oder sie zusammenbringen.«

Chawa sitzt ganz verkrampft da und reibt sich über die Arme: »Es ist sehr kalt hier«, murmelt sie, » es ist wie in einem Horrorfilm. Es ist Wahnsinn, ich kann nicht aufhören hinzuschauen. Ich schreie, es ist schrecklich, aber ich kann nicht aufhören.«

Therapeutin: »Es ist etwas in dir, das offensichtlich weitermachen will. Etwas, das durch den Tod angezogen wird und sich noch immer nicht losreißen und von dort lösen kann.«

Chawa: »Ich will mich abwenden und gehen.«

Therapeutin: »Jetzt, wo du die Toten gesehen und wirklich kennengelernt hast, mußt du die Greuel, all diese schrecklichen Dinge, nicht weiter anschauen. Du kannst damit aufhören!«

Chawa: »Ich trage schwarze Kleider, alles um mich herum ist schwarz. Ich drehe meinen Kopf weg, drehe mich um.« Chawa schaut auf den Boden und fängt wieder an zu weinen. »Ich weiß nicht, was ich tun soll, ich weiß nicht, was ich tun soll ... Alles um mich herum ist schwarz. Ich weiß nicht, was werden soll. Ich weine nur. Ich habe Lust umherzuwandern, aber eigentlich will ich es doch nicht. Ich will nicht. Ich gehe weiter.«

Therapeutin: »Weißt du, du kannst ihnen sagen, daß du sie verläßt, dich von ihnen trennst, von ihnen weggehst.«

Chawa sagt mit sehr schwacher und zögerlicher Stimme: »Ich gehe von euch weg, ich gehe von euch weg, ich gehe von euch weg.« Ihre Stimme wird kräftiger. »Ich kann nichts tun. Ich gehe und trage den Schmerz in mir. Gerade eben habe ich zurückgeschaut und mit einemmal eine Stimme gehört, die mir sagte: ›Geh ruhig, das ist schon in Ordnung so.‹«

Sie schaut vom Boden auf, und ein Lächeln geht über ihr Gesicht.

Therapeutin: »Wer hat dir zugelächelt? Und warum lächelst du?«

Chawa: »Sie lächeln alle. Sie wollen, daß ich gehe.«

Therapeutin: »Glaubst du, daß sie wirklich zufrieden sind und dich gehen lassen?«

Chawa: »Ja, denn sie lachen jetzt mit mir und nicht über mich. Nun wird es mir leichter fallen, von ihnen Abschied zu nehmen.«

In diesem Gespräch werden zwei Ebenen in Chawas Leben deutlich: Gegenwart und Vergangenheit, Leben und Tod. In ihrer Psyche und in der ihrer Mutter treten die toten Objekte als lebendige auf. Der weiter oben beschriebene Vorgang der Überlagerung ist hier gut zu erkennen und führt dazu, daß Chawa sich und ihre Mutter verwechselt. In anderen Therapiesitzungen zeigte sich, daß in Chawas Identität eine zweifache Verwirrung herrschte. Sie verwechselte nicht nur sich selbst und ihre Mutter, sondern in ihrem Inneren waren auch andere Gestalten aus der Familie ihrer Mutter, darunter ihre Großmutter und ihre Tanten, ineinander verwoben. Jede dieser Figuren hatte klare Konturen, obwohl sie nicht vollständig voneinander abgegrenzt waren.

In einer fortgeschrittenen Phase der Therapie war Chawa in der Lage, diese verinnerlichten Figuren eine nach der anderen zu identifizieren und in den Dramen aus dem Leben ihrer Mutter und ihres Vaters in sämtliche Rollen zu schlüpfen.

Die komplexe, widerspruchsvolle Synthese, die sich in Chawas Ich konsolidiert hat, setzt sich, wie erwähnt, aus zwei Ebenen zusammen: aus dem Holocaust, wie ihn ihre Eltern und insbesondere ihre Mutter erlebt haben, und aus der gegenwärtigen Realität, repräsentiert durch die Kernfamilie, in der sie lebt. Mit Hilfe der »gelenkten Imagination« blickte Chawa zum ersten Mal dem emotionalen Tod ins Gesicht, der sich im Innern ihrer Eltern verbarg.

Im letzten Teil des obigen Dialogs ist zu erkennen, wie sich bei Chawa ein Gefühl der Erleichterung und Befreiung einstellte. Dies war möglich, weil sie über die Fähigkeit verfügte, sich in ihrer komplexen Innenwelt mit Inhalten und Gestalten, die mit dem Tod zu tun haben, und mit Repräsentanzen toter Objekte auseinanderzusetzen. Die Begegnung und der Dialog zwischen den verschiedenen Stimmen – also zwischen den Lebenden und den Toten beider Familien (ihrer Familie und der Familie ihrer Mutter), die verschiedene Aspekte ihrer Identität repräsentieren – bahnen den Weg zu einer neuen und realitätsgerechteren Integration ihrer Identität.

Und tatsächlich war diese Sitzung für Chawa ein »Startschuß«. Natürlich gab es noch viele Rückschritte und Abstürze, doch sie war nun auf einem neuen Weg und ließ damit eine lange und schwierige Phase hinter sich, die sie stumm und in psychischer Abschottung durchlebt hatte.

Kapitel 5

Aggressor und Opfer

Uniformierte, vor Gesundheit strotzende Nazis mit polierten Stiefeln, Waffen und Helmen; ihnen gegenüber menschliche Skelette, barfüßige Juden in gestreifter Kleidung, Berge um Berge gestaltloser Leichen. Herrschende Aggressoren auf der einen und beherrschte Opfer auf der anderen Seite – dieses Bild haben wir im allgemeinen vor Augen, wenn wir an den Holocaust denken.

In den Vernichtungslagern Europas wurde die Theorie Jungs (1946, 1952) über den Aggressor-Opfer-Archetypus in einem so erschreckenden Ausmaß Wirklichkeit, wie es die westliche Zivilisation und vielleicht sogar die gesamte Welt bis dahin nicht gekannt hatte. Die Archetypen, so meint Jung, finden ihren Ausdruck in alltäglichen Bildern, Symbolen und Verhaltensmustern. Im Alltagsleben treten die beiden Aspekte des Aggressor-Opfer-Archetypus in charakteristischen Verhaltensmustern zutage: Der Aggressor gibt sich stark, beherrschend und gewalttätig, das Opfer ist schwach, unterwürfig und verwundbar.

Doch sind Aggressor und Opfer nichts anderes als die zwei Aspekte eines einzigen Archetypus, die in ein und derselben Person existieren. Der aktive Aspekt der Persönlichkeit trägt die Maske des Aggressors, der passive hingegen die des verfolgten Opfers. In jedem von uns ist somit der Verfolger wie auch der Verfolgte vorhanden, und beide zusammen stellen nichts anderes dar als die gegensätzlichen Aspekte desselben Archetypus. Betrachtet man also den Archetypus als ein rein intrapsychisches Phänomen, ist der Aggressor zugleich auch Opfer und umgekehrt. Jung ist der Auffassung, daß in psychotischen Zuständen das bewußte Denken vom kollektiven Unbewußten mit archetypischen Gestalten überflutet wird. Handelte es sich beim Holocaust um einen derartigen Zustand, der nicht die Psyche eines Individuums, sondern die einer gesamten Gesellschaft erfaßte? Nach Jung beeinflussen archetypische Bilder jedes menschliche Verhalten, und so trägt jeder antisemitische Nichtjude in sich sein »ganz eigenes« Bild des Juden, das in sich alles vereint, was er in seiner eigenen Persönlichkeit nicht ertragen kann (Dreyfus 1984).

Der psychische Prozeß, der mit der Projektion des Bildes vom »inneren Juden« auf einen real existierenden Juden einsetzt, läßt letztendlich ein Stereotyp entstehen, das sämtliche verachtenswerten Charaktereigenschaften dieses Bildes umfaßt. Von da ist es nur ein kurzer Schritt zu dem, was wir »Vorurteile« nennen. Shoham (1985) und viele andere Forscher sind überzeugt, das Hervorbrechen der Vorurteile gegen Juden zu Beginn des Naziregimes sei der Auslöser dafür gewesen, daß Juden zu den Sündenböcken des deutschen Volkes wurden und es während der gesamten Zeit der Naziherrschaft blieben. Mit der Projektion alles »Bösen« auf das Bild des »inneren Juden« wurde der real existierende Jude zum Objekt par excellence des antisemitischen Hasses. Der Antisemit ist unfähig, sich mit dem Bild des »inneren Juden« in seiner Psyche auseinanderzusetzen und es als einen Teil seiner selbst zu akzeptieren. Deshalb empfindet er Haß gegen den real existierenden Juden außerhalb seiner selbst, und manchmal erhebt er sich gegen ihn.

Laut Shoham glauben viele Nazis tatsächlich, die »Weisen von Zion« beherrschten die Welt und hätten die vernichtende Niederlage des Ersten Weltkrieges über Deutschland gebracht. Der SS-General von dem Bach-Zelewski zum Beispiel sagte bei den Nürnberger Prozessen aus, daß er erst, als er sah, wie hilflose Juden massenweise abgeschlachtet wurden und niemand ihnen zu Hilfe kam, nicht mehr an die Allmacht der »Weisen von Zion« glaubte. Das Vorurteil hatte den Sündenbock geboren.

Andererseits sind Juden aufgrund ihrer langen Leidensgeschichte seit Jahrhunderten in dem emotionalen Konzept des »ewigen Opfers« gefangen. Die

Juden sind wie Isaak, der wie ein Lamm zur Schlachtbank geführt wurde, und wie er identifizieren sie sich mit der Opferrolle. Die bewußte Identifizierung mit der Opferrolle ist ein Kernelement im Archetypus der Opferung, denn niemand kann zum Opfer werden, ohne daß ein Aggressor ihn dazu macht. Diese Identifizierung hat im allgemeinen auch Kooperation zur Folge. Einige Forscher sind der Ansicht, daß während des Holocaust oft eine unbewußte Kooperation zwischen Opfer und Aggressor bestand und daß Juden stärkeren Widerstand hätten leisten und den Nazis das Abschlachten hätten schwerer machen können, wenn sie nicht diese gemeinsame unbewußte Tendenz zum Selbstopfer gehabt hätten. Die Juden glaubten, ihre Bereitschaft, zu Opfern zu werden, würde ihre nationale Einzigartigkeit und moralische Stärke festigen. Das Motiv der »Heiligung des Namens Gottes« – sein Leben opfern, um die eigenen moralischen Prinzipien zu wahren und zu stärken – zieht sich wie ein roter Faden durch die menschliche Kultur im allgemeinen und durch die jüdische Kultur im besonderen, zum Beispiel in der Geschichte von der Opferung Isaaks, der Kreuzigung Jesu und dem Tod Janusz Korczaks im Holocaust.

Doch nicht alle teilen die Ansicht, daß Angehörige des jüdischen Volkes eine unbewußte Neigung zum Selbstopfer haben. In einem völlig anderen Kontext gibt Rotenberg (1987) der Geschichte von der Opferung Isaaks eine Deutung, die der Shohams (1985) genau entgegengesetzt ist. Aus Shohams Sicht manifestiert sich in dieser Geschichte der Mythos vom Kampf auf Leben und Tod zwischen den Generationen, dessen Essenz die Vorbereitung der Opferung ist, während der Rettung Isaaks nur geringfügige Bedeutung zukommt. Für Rotenberg dagegen ist die wundersame Rettung von entscheidender Wichtigkeit. Seiner Ansicht nach verändern das Erscheinen des Widders und die Annullierung der Opferung die Situation von Grund auf: Das Opfer wird gerettet, und die beiden Generationen stehen Seite an Seite. Die antithetische Beziehung zwischen den Generationen wird aufgehoben und durch eine dialogische Beziehung ersetzt. Rotenberg sieht in dem Dialog zwischen Eltern und Kindern, durch den die Kinder dahin kommen, den Weg der Eltern fortzusetzen, das einzigartige Merkmal der Beziehung zwischen den Generationen in der jüdischen Weltanschauung. Mit dieser Interpretation weist er die Schlußfolgerung von Shohams Auslegung zurück, Juden würden unbewußt zum Selbstopfer tendieren.

Selbst wenn man akzeptiert, daß Juden in ihrer Seele das Bild des »ewigen Opfers« tragen, darf man nicht über die Tatsache hinwegsehen, daß jede Regel stets auch ihr Gegenteil einschließt (wie im Jungschen Archetypus). Dies würde heißen, daß die Psyche des Juden auch die Empfindungen des aggressiven, haßerfüllten und kampfeslustigen Kriegers in sich birgt. Mit diesen Empfindungen besetzt er sein Alter ego, den »Goi« – Nichtjuden – in seinem Herzen. Doch ist er sich der Existenz dieses Alter ego nicht immer bewußt, und wer sich der eigenen aggressiven Triebe nicht bewußt ist, projiziert sie eines Tages möglicherweise auf andere oder gar auf sich selbst, so daß er am Ende von ihnen beherrscht wird (Dreyfus 1984).

»Opfer« und »Kämpfer«

Danieli (1980) unterteilt die Familien von Holocaust-Überlebenden je nach den Erfahrungen, die die Überlebenden hinter sich haben, in vier Hauptkategorien – die »Kämpfer«, die »Erfolgreichen«, die »Opfer« und die »Versteinerten« (im Sinne eines psychischen Sichabschottens [psychic closing-off]). Ihre Forschungen ergaben, daß die Erfahrungen der Überlebenden während des Holocaust Einfluß darauf hatten, welche Verhaltensmuster sie sich danach zu eigen machten. Die »Kämpfer« und die »Erfolgreichen« hatten die Zeit des Weltkriegs aus einer aktiven Position heraus erlebt – ob sie nun als Partisanen in den Wäldern oder als Aufständische im Ghetto kämpften, ob sie an Fluchtversuchen teilnahmen, andere außer Landes schmuggelten und retteten oder sich in den Ghettos und Konzentrationslagern entschlossen einsetzten und Verantwortung übernahmen. Dagegen waren die Erfahrungen, die die »Opfer« und die »Versteinerten« zur selben Zeit in Ghettos, in Verstecken und in Zwangsarbeits- oder Vernichtungslagern gemacht hatten, von Passivität geprägt.

In der inneren Welt der Überlebenden nahm das eigene Überleben entsprechend unterschiedliche Bedeutungen an: Es erschien ihnen entweder als ein gezielt und aktiv beeinflußtes und keineswegs zufälliges Geschehen oder aber als eine passive Erfahrung, die eigentlich nur dem Zufall zu verdanken war und wie ein Versehen des Schicksals wirkte.

In diesem Kapitel soll es vor allem um die beiden Hauptgruppen der »Kämpfer« und der »Opfer« gehen, deren Charakteristika sich mit denen der beiden anderen Kategorien – der »Erfolgreichen« und der »Versteinerten« – zum Teil überschneiden.

Die »Opfer«-Familien

Die in den »Opfer«-Familien herrschende Atmosphäre ist von Depression, Angst und Sorge geprägt (Epstein 1979; Zwerling 1982). Die Familienmitglieder klammern sich oftmals in symbiotischer Weise aneinander, während sie auf ihre nähere Umgebung, ganz zu schweigen von ihrem weiteren Umfeld, mit Mißtrauen, Argwohn und Angst reagieren.

Sarah ist die Tochter von Überlebenden, die eine typische »Opfer«-Familie gründeten. Sie kam im Kibbutz zur Welt und wuchs auch dort auf. Sie beschreibt die Atmosphäre in ihrer Familie folgendermaßen:

»Die ganzen Jahre hatte ich ein richtiggehend zwanghaftes Bedürfnis, mich den ganzen Tag lang im Zimmer meiner Eltern aufzuhalten. Auf dem Gymnasium kam die Zeit, als sich die anderen gegen ihre Eltern auflehnten und sich mit ihnen stritten – das brachte ich nie fertig. Ich hatte das Bedürfnis, meine Mutter an allem teilhaben zu lassen und ihr alles anzuvertrauen, was mir widerfuhr. Meine Mutter kannte alle meine Freunde, so als wäre sie meine beste Freundin. Allerdings frage ich mich manchmal, wie echt diese Nähe zwischen uns tatsächlich war. Unser Haus, das heißt das Zimmer meiner Eltern, war in meinem Leben das einzig Stabile, an das ich mich anlehnen konnte. Das einzige, was sicher war. Im Gegensatz zu dem Unbehagen, das ich draußen verspürte, im Kibbutz wie auch anderswo, fühlte ich mich bei meinen Eltern beschützt und sicher. Manchmal schloß ich mich Gleichaltrigen im Kibbutz an, doch das war immer nur vorübergehend, wie Sternschnuppen. Wenn ich mich mit den anderen Kindern stritt oder wenn es mir schlecht ging, saß ich danach stundenlang allein im Zimmer meiner Mutter. Anschließend nahm ich meine Mutter mit, damit sie die Dinge dort draußen in Ordnung brachte. Ich war immer falsch, wie meine Mutter, nach außen immer nett zu allen, ›denn vielleicht braucht man sie ja einmal‹, während ich meine wahren Gefühle für mich behielt. Für meine Mutter ist es wahnsinnig wichtig, daß alles unter uns bleibt, daß es nur uns gibt, die Familie, und niemand anders bei uns Fuß faßt, nicht einmal die Tanten und Onkel, die außerhalb des Kibbutz wohnen. Wir haben keine echte, sondern nur eine formelle Beziehung zu ihnen.«

Sarahs Schilderung steht im Einklang mit den Befunden von H. Klein (1971), der Familien von Überlebenden in israelischen Kibbutzim untersuchte. Klein fiel auf, daß die Kinder von Überlebenden ihren Eltern intensive Gefühle entgegenbringen, die sich in ihrer engen Bindung an ihr Zuhause ausdrücken. Seine Untersuchungsergebnisse zeigen, daß Kinder von Überlebenden ihr Elternhaus tatsächlich öfter besuchen und länger dort verweilen als Kinder anderer Eltern.

Mit seiner Untersuchung über Kinder von Überlebenden in den USA untermauert Zwerling (1982) die Annahmen seiner Kollegen (Klein 1971; Lipkowitz 1973; Sigal 1973). Auch er stellte fest, daß Kinder von Überlebenden ihre Eltern nach dem Auszug aus dem Elternhaus öfter besuchten und mehr Heimweh hatten als die Angehörigen einer Kontrollgruppe. Des weiteren ermittelte er, daß die Kinder von Überlebenden viel stärker als die Kontrollgruppe das Bedürfnis verspürten, ihre Familie und insbesondere ihre Mutter vor Krankheiten oder emotionalen Problemen zu schützen.

Nira, ungefähr dreißig Jahre alt und einziges Kind einer »Opfer«-Familie, erzählt, daß sie ihren Urlaub bislang meistens allein mit ihren Eltern verbracht hat und daß sie jedesmal, wenn sie körperlich oder psychisch eine schwierige Phase durchmacht, in ihrem Elternhaus Zuflucht findet. Die Eltern begleiten sie nach wie vor, wenn sie einen Arzt aufsucht. Geht es ihr schlecht, vermag sie ihre Not mit niemandem zu teilen, der ihr nahesteht, weder mit Freunden noch mit Arbeitskollegen, und eilt jedesmal, so wie in ihrer Kindheit, zu ihren Eltern.

Einige Psychologen, unter ihnen Russel (1974), sind der Meinung, daß in »Opfer«-Familien die Eltern und insbesondere die Mütter in bezug auf ihre Kinder zu übertriebenen Ängsten und zum Überbehüten neigen. Der Ursprung ihrer Ängste ist zweifellos in ihren Erinnerungen an den Holocaust zu suchen, aufgrund derer sie eine niedrige Schmerzgrenze haben. Sie reagieren so, weil ihr Bild von der Zukunft durch Katastrophenerwartungen geprägt ist. Da die überlebenden Eltern Angst davor haben, daß ihre Kinder durch Einwirkung von außen körperlich Schaden nehmen könnten, warnen sie ihre Kinder immer wieder vor verborgenen Gefahren, die gleichsam draußen vor dem Elternhaus auf sie lauern würden. Die Überlebenden versuchen auf jede nur erdenkliche Weise, ihre Kinder vor schmerzlichen und leidvollen Erfahrungen zu bewahren. Am Ende verwandeln ihre zwanghaften Ängste oft auch Feste und Feierlichkeiten in Zeiten des Kummers und der Trauer.

Semel (1985) beschreibt die Schwierigkeiten, die eine Überlebenden-Familie damit hat, wahrhaft freudige Anlässe zu erleben und zu begehen:

> Mutter verzieht ihr Gesicht, und Verachtung liegt auf ihren Lippen. Wie können Menschen es wagen, fröhlich zu sein? Eine Familie ist so etwas wie ein Buckel, den man auf den Schultern mit sich schleppt. Mutter fährt fort, die Last ihres toten Lebens fast mit Vergnügen zu tragen. Sie verteilt ihre Liebe wie eine Wohltätigkeitsspende, in dünnen Scheiben, die sie zu Pulver zermahlt. (S. 36)

Ich war oft bei Hochzeiten von Angehörigen der Zweiten Generation, die bei mir in Therapie gewesen waren. Ich erinnere mich insbesondere an die Hochzeit von David, einem etwa 32jährigen jungen Mann, Sohn von Überlebenden, die zur »Opfer«-Gruppe zu zählen sind. Von Anfang an lag über den vielen geladenen Gästen eine Atmosphäre gedämpfter Fröhlichkeit. Als die Mutter des Bräutigams hereinkam und unter die *Chuppa* neben die Braut trat, konnte niemand den scharfen Gegensatz übersehen: Die Braut trug Weiß, und die Mutter des Bräutigams war von Kopf bis Fuß in Schwarz gekleidet; sogar das kostbare Spitzentuch auf ihrem Kopf war schwarz. Tiefe Traurigkeit lag auf ihrem Gesicht, so als würde sie im Innersten ihres Herzens sagen: »Wie kann ich glücklich sein, wenn ich weiß, daß sie, sie alle, ›dort‹ geblieben sind und an unserer Fröhlichkeit nicht teilhaben können?«

Auf der Hochzeit Ziporas, die ebenfalls Kind einer »Opfer«-Familie ist, trug die Mutter zwar nicht Schwarz, sondern ein sehr farbenfrohes, festliches Kleid, war aber sehr verstört und unruhig und wanderte während der gesamten Feier unter den Gästen herum, wobei sie Angst und Anspannung ausstrahlte. Von Zeit zu Zeit ging sie zu ihrer Tochter hinüber und schalt sie wütend in einem zusammenhanglosen Gemurmel aus polnischen, jiddischen, englischen und hebräischen Brocken, kritisierte ihr Kleid, ihre Frisur oder die Gäste und schimpfte über alles, was ihr gerade in den Sinn kam. Ihre Tochter antwortete zurückhaltend und versuchte, sie zu beruhigen, konnte sich jedoch nicht den Gästen widmen und an ihrem Hochzeitstag glücklich und fröhlich sein, da sie sich verpflichtet fühlte, sich um ihre Mutter zu kümmern. Angst, Wut, Depression und Schuldgefühle machten, vermischt mit undeutlichen Erinnerungen, die Freude zunichte.

Semel (1985) beschreibt die Hochzeitsvorbereitungen von Veronika und Uria, einem Sohn von Überlebenden. Veronika näht ihr Hochzeitskleid:

Ich ging in ein Stoffgeschäft und suchte mir einen dünnen, weißen Stoff aus. Vielleicht ist das der Stoff, aus dem Leichenhemden gemacht werden, in den der gewaschene Tote gekleidet wird [...]. Unter dem Brautschleier werde ich mich verstecken. Ich werde deinem Vater und deiner Mutter nicht unter die Augen treten, Uria, denn ich will ihren Schmerz nicht sehen. (S. 173)

Veronika nimmt den Schmerz und die Traurigkeit, die mit der Freude ihrer Hochzeit vermengt sind, in sich auf. Leben und Tod vermischen sich miteinander: Ihr Brautkleid näht Veronika aus Stoff für Leichenhemden.

Ein weiteres Charakteristikum der »Opfer«-Familien ist ihre beinahe zwanghafte Beschäftigung mit dem physischen Überleben. Alles, was mit Essen zu tun hat, nimmt sie sehr stark in Anspruch. Ganz und gar übliche Erscheinungen in diesen Familien sind etwa, daß sie Lebensmittel horten und daß die

Kinder überfüttert oder zumindest dazu gedrängt werden, Unmengen zu essen. Dies führt dazu, daß viele Angehörige der Zweiten Generation ein gestörtes Verhältnis zum Essen haben und unter verschiedenen Eßstörungen leiden, etwa unter einem zwanghaftem Freßdrang oder aber im Gegenteil unter Magersucht.

Semel (1985) beschreibt die Angst und Zwanghaftigkeit, mit denen in einer Familie von Überlebenden das Horten von Lebensmitteln und das Essen behaftet sind:

> Wie betäubt stand sie vor dem Anblick der fein säuberlich aufgestapelten Lebensmittelkonserven, die nach ihrem Inhalt geordnet waren und bis zur Decke des Schrankes reichten. Und nicht nur das. Zwischen die Konserven waren kleine Säckchen mit Zucker gestopft und hohe Ölflaschen und Plastiktüten mit Brot darin, ein Laib auf dem anderen, wie in einem Schaukasten bei einer naturwissenschaftlichen Ausstellung.
>
> »Mutter«, flüsterte sie und wagte es, ihre herabhängende Schulter zu berühren, »bereitest du dich auf eine Belagerung vor?« […]
>
> »Faß das nicht an, Naomi«, sagte sie mit einem fremden Blick in den Augen, »ich habe dir doch bereits gesagt, daß es eine Hungersnot geben wird!« […]
>
> Dann sah sie, daß die Gabel in der Hand ihrer Mutter wie ein kleiner Zauberstab war, der das Essen die hohen Wände entlang dirigierte, so daß in der Mitte eine leere, konkave Öffnung blieb, die von einem geschlossenen Kreis umgeben war. Oder sie antwortete auf ihre Frage mit: »Ich habe schon gegessen, gerade bevor du gekommen bist«, und drängte sie: »Iß! Iß!«, wachsam neben ihr stehend, angespannt wie die Sehne eines Bogens, bis der Teller völlig leer war. Dann sah sie traurig auf die unvermeidlichen Überreste. Einmal sagte sie dazu beschwörend: »Wir müssen Kräfte für die kommenden Tage sammeln.« (S. 117f.)

»Ich war diese Woche schrecklich angespannt«, erzählte Mira. »Anscheinend habe ich eine ziemliche Wut in mir. Wieder einmal habe ich gegessen und gegessen. Gestern erinnerte ich mich daran, daß ich auf Fotos von mir, als ich so vier Jahre alt war, wie ein aufgeblasener Ballon aussehe. Als ich ungefähr in diesem Alter in den Kindergarten kam, nannten mich die anderen Kinder tatsächlich ›Ballon‹, und sie lachten und machten sich über mich lustig. Ich war wirklich fett. Meine Mutter mästete mich immer weiter... Vier Jahre lang bin ich immer nur bei ihr zu Hause geblieben. Ich kann mich nicht erinnern, daß wir etwas gemeinsam unternommen haben, ich sitze dort in einer Ecke des Hauses in totaler Passivität und mache überhaupt nichts, außer daß mich meine Mutter von Zeit zu Zeit füttert.«

Ein anderes Symptom der »Opfer«-Familien ist extreme Angst um die Sicherheit von Besitztümern und Menschen, so als könnten sie einfach verschwinden. Diese Angst führt zu einem zwanghaften Verhalten bei allem, was mit dem Schließen und Öffnen von Türen zu tun hat.

»Die Außentür unserer Wohnung«, erzählte Zwia, »war immer mit mehreren Schlössern verriegelt. Wenn jemand an der Tür klingelte, schaute mein Vater zunächst lange durch den Türspion und öffnete erst, wenn er sich ganz sicher war, wer auf der anderen Seite stand. Manchmal hatten wir das Gefühl, daß die Wohnung eine Art abgeriegelte Festung war, sehr sicher, aber auch erstickend. In der Wohnung selbst aber blieben die Türen stets offen. Ich kann mich nicht erinnern, wie das ist, eine Zimmertür zu schließen. Die Eltern schliefen bei offener Schlafzimmertür und ebenso ich und mein Bruder. Sogar wenn ich auf die Toilette ging, beschwerte sich meine Mutter, wenn ich die Tür abschloß. Oft kam sie zu mir herein, selbst als ich schon erwachsen war. Es gab keine Grenzen und keine Privatsphäre. Wenn ich nachts im Bett lag und mich schlafend stellte, kamen meine Eltern und prüften, ob ich noch atmete. Auch ich tue das heute manchmal bei meinen Töchtern. Ich weiß, das ist verrückt, aber ich kann mich da nicht beherrschen. Es ist stärker als ich.«

Auch Semel (1985) beschreibt in ihren Erzählungen die Verschlossenheit und das Mißtrauen, die in vielen Familien von Überlebenden herrschten:

Ihr Vater lebte absichtlich auf einem Berg, von wo man ohne Schwierigkeiten verschwinden und bestimmte Dinge getrost ignorieren kann. Sie fragte ihn: »Warum wohnen wir nicht in einem großen Haus mit Fahrstuhl? Wo man die Knöpfe drücken und auf allen Etagen anhalten kann und wo man, wenn im Halbdunkel eine Tür offensteht, erfahren kann, wie die Wohnungen von Fremden aussehen?« Ihr Vater sagte: »Ich verachte alle, die dort unten rumlaufen. Hüte dich vor allem, was näherkommt. So gut du auch die Jalousien verschließt, ein boshafter Lichtstrahl wird immer noch hereinfallen.« (S. 106)

Den Angehörigen der Zweiten Generation – und wie aus Zwias Bericht hervorgeht, ebenso denen der dritten Generation – wurde ein allumfassendes Mißtrauen gegen ihre Mitmenschen eingeimpft, die Vorstellung, daß man sich auf niemanden verlassen darf, der nicht zum engsten Familienkreis gehört. Danieli (1980) liefert eine Erklärung dafür, warum die Eltern verzweifelt dagegen ankämpften, daß die Türen innerhalb der Wohnung geschlossen wurden: In »Opfer«-Familien sehen die Eltern durch die Versuche der Kinder, ganz normale Grenzen und Trennlinien zwischen sich und ihren Eltern zu ziehen, die Einheit und Vollständigkeit der Familie bedroht; sich voneinander zu lösen bedeutet für sie, daß das Gegenüber verschwindet und für immer verloren ist.

Russel (1974) und Trossmann (1968) zitieren in ihren Studien Kinder von Überlebenden, die aus ihrer Kindheit berichten, daß die Eltern sie nie zu Eigenständigkeit, Selbstbehauptung und einer gesunden Form von Rebellion ermutigten und ihre Privatsphäre nie respektierten. Wann immer die Kinder das kleinste bißchen Autonomie zeigten, wurden sie, ob versteckt oder offen, dafür gescholten, denn die Eltern faßten es stets als Zeichen von Treulosigkeit und Verrat und als ein Imstichlassen auf.

Überlebende Eltern im allgemeinen und die zur »Opfer«-Gruppe zählenden im besonderen neigen aufgrund ihrer beständigen Angst dazu, Gefühle der Zufriedenheit durchweg zu entwerten. Sicherheit ist das einzige bedeutsame und erstrebenswerte Ziel; Glück, Streben nach Selbstverwirklichung und Kreativität sind nur wertloser Luxus.

Miriam beschrieb die Atmosphäre in ihrem Zuhause so:

»Sie [die Mutter] saß wie ein Vogel da und beschützte ihre Brut und nichts anderes. Als mein Bruder zur Armee mußte und mit seinem Kommandanten aneinandergeriet, ging meine Mutter zum Kommandanten, um mit ihm zu reden. Sie konnte nicht anders als über uns zu wachen. Als dann die Reihe an mir war, in die Armee eingezogen zu werden, schrieb sie Briefe an die zuständigen Stellen, damit man mich nicht weit weg von zu Hause stationierte.« Nach kurzem Schweigen fuhr sie fort: »Ich hätte wütend sein müssen, aber ich konnte es nicht. Das hätte ich nie gewagt. Welches Recht hatte ich, auf sie böse zu sein, nach allem, was sie durchgemacht hatte? Trotz alledem lebte sie weiter, ging ihren Pflichten nach, sorgte sich um das Wohl der anderen. Jeder Ausflug löste eine schreckliche Besorgtheit aus. Jedesmal wenn ich zum Strand ging – tausend Warnungen. Sogar als kleines Mädchen verstand ich, daß meine Mutter sich sorgte, daß sie das Recht hatte, sich zu sorgen. Heute kann ich die Angst, wir würden ihr entschwinden, mit dem Verschwinden ihrer gesamten Familie in Zusammenhang bringen – damals, als ihre Mutter entschwand, die man nahm und auf den Lastwagen hob, und als sie rannte und die Deutschen anflehte, sie gegen ihre Mutter auszutauschen. Doch sie erlaubten es nicht, und sie sah ihre Mutter niemals wieder...« Miriam begann zu schluchzen. »Es ist das erste Mal, daß ich ihre Besorgtheit mit dem Verschwinden ihrer Familie in Verbindung bringe. Ich beginne den Schmerz, den sie spürte, zu fühlen. Ich wundere mich, wie sie nach all dem, was ihr widerfahren war, weiterleben, eine Familie gründen konnte, so als sei nichts geschehen. Ich möchte wütend werden, und dann denke ich sofort: Man kann ihr doch keine Schuld geben! Ich muß sie auch jetzt, auch hier immer noch beschützen, ich spüre es. Eigentlich habe ich das immer getan, auf unterschiedlichste Weise, seit ich denken kann: Meine Mutter hat in ihrem Leben genug gelitten – das geht mir immer durch den Kopf. Es bleibt unausgesprochen, ist in meinem Kopf, nur in meinem Kopf, nur in meinem Kopf, ohne den Weg ins Fühlen zu finden... Heute habe ich es ein bißchen herausgelassen, und es tut weh.«

Miriams Wut verweist darauf, wie die Kinder von Überlebenden auf die sorgenvolle Atmosphäre in ihrem Elternhaus reagieren. H. Klein (1971) geht ausführlich auf die psychischen Konflikte der Kinder ein, die sich in der Beziehung zu den Eltern entwickeln, und auf ihre Tendenz, diese Konflikte soweit wie möglich zu leugnen. Nach zwei Jahren Therapie schaffte es Miriam, sich diesen massiven Konflikten direkt zu stellen, aber sofort stiegen Schuldgefühle in ihr auf und blockierten diejenigen Gefühle, die nach Ausdruck verlangten. Tatsächlich werden bei den Kindern von Überlebenden stets schwere Schuldgefühle wach, sobald sie sich auch nur ein wenig Aggressivität gegenüber ihren Eltern zugestehen (Sigal et al. 1973).

Russel (1974) bestätigt die Ergebnisse von Sigal et al. und zeigt auf, daß manche Kinder von Überlebenden zwar hin und wieder versuchen aufzubegehren, aufgrund ihrer Schuldgefühle aber in der Regel nicht sehr weit damit kommen, so daß ihre Rebellion im Keim erstickt wird.

> Ihr Vater berührt sie nie, streichelt ihr nicht einmal über den Kopf. Sie merkt, wie er sie zornig anstarrt. Er ist wütend, weil sie den Platz der anderen eingenommen hat. Nachts träumt sie, wie sie sich gegen ihn auflehnen wird, tagsüber jedoch ist sie in Scham eingehüllt. (Semel 1985, S. 109)

Mit der eigenen Aggression und Wut zurechtzukommen, war für die Gruppe der »Opfer« während des Holocaust eines der schwierigsten Probleme. Jedes Äußern von Wut gegen die Nazis war so gut wie unmöglich, denn man setzte damit immer sein Leben aufs Spiel. Selbst das bloße Empfinden von Wut war für die Opfer zu bedrohlich, weil es die Überreste ihres psychischen Gleichgewichts gefährdete, das ohnehin bis in die Grundfesten erschüttert war. Deshalb blieb den Opfern keine andere Wahl, als jeden Funken von Wut und Aggression in sich zu ersticken. Aber auch nach dem Holocaust ergaben sich für sie keine geeigneten Gelegenheiten, die Last der Wut abzuladen, die sich in ihrem Herzen über Jahre hinweg angestaut hatte. In ihrer Psyche entstand somit unweigerlich ein tiefer Konflikt, der die Einstellung gegenüber der eigenen Aggressivität verzerrte. Dieser Konflikt äußerte sich zum einen in ihrem Unvermögen, im Alltag Wut und Aggression klar und in angemessenem Rahmen zum Ausdruck zu bringen, zum anderen in plötzlichen, unkontrollierten Wutausbrüchen gegenüber ihren Kindern, bei denen sie Worte und Bilder verwendeten, die dem Holocaust entstammten, während die »Verfehlung« der Kinder nur in völlig normalem kindlichem Verhalten bestand: »Du führst dich auf wie Hitler«, »Du bist schlimmer als die Nazis«, »Selbst Eichmann ist besser als du« – diese Sätze waren in Familien von Überlebenden oft zu hören, vor allem bei den Gruppen der »Opfer« und der »Versteinerten«.

In seltenen Fällen schlugen diese verbalen Wutausbrüche in körperliche Gewalt um. Arieh beschrieb einen gewalttätigen Ausbruch seines Vaters:

> »Als ich ungefähr sechs war, brachte man mich zum ersten Mal zur Schule. Mein Vater begleitete mich. Alle Kinder und Lehrer standen im Hof, bis es Zeit war, in die Klassenzimmer zu gehen. Da bekam ich Angst, wollte nicht ins Klassenzimmer gehen und brach in Tränen aus. Mein Vater wurde sehr wütend. Er befahl mir, sofort mit dem Weinen aufzuhören. Tränen konnte er überhaupt nicht ausstehen. Als ich nicht aufhörte, zog er seinen Gürtel von der Hose und begann mich mitten auf dem Hof vor aller Augen zu schlagen.«

Und Chaya: »Meine Mutter schlug mich wegen der geringsten Kleinigkeiten schon von klein auf, im Grunde seit ich denken kann. Wann immer sie mich berührte, schlug sie mich. Ich erinnere mich an keine Umarmungen, keine Küsse, nur an Schläge. Ich war froh, daß ich schon sehr früh in den Kindergarten kam, denn dort schlug man mich wenigstens nicht.«

Ich weiß nicht, wie häufig solche gewalttätigen Ausbrüche überlebender Eltern vorkamen, doch sie standen jedenfalls in völligem Gegensatz dazu, daß die Eltern maßlos besorgt um ihre Kinder waren und sie »in Watte packten«. Sowohl Arieh als auch Chaya waren die »Gedenkkerze« der Familie, und ihnen wurde die enorme emotionale Last aufgeladen – Hoffnungen und Sorge auf der einen Seite, Enttäuschung und Wut auf der anderen.

Nach ihren Wutausbrüchen verfielen die Eltern oft in heftige Schuldgefühle und tiefe Reue, doch ihr widersprüchliches Verhalten brachte nur noch mehr Komplikationen in die Psyche ihrer Kinder. Viele Forscher sind der Ansicht, der ungelöste Aggressionskonflikt der Eltern habe dazu geführt, daß ihre Kinder große Schwierigkeiten hatten, sich mit ihnen zu identifizieren und sie als Autoritätsfiguren anzuerkennen. Und als ob das nicht genug wäre, tun sich die Eltern nicht nur schwer damit, ihre latente Aggression konstruktiv umzusetzen, sondern können auch keine klaren Grenzen zwischen sich und ihren Kindern ziehen, so daß folglich auch die Kinder Schwierigkeiten haben, Wut zu empfinden und auszudrücken, und beinahe außerstande sind, mit Autorität aufzutreten und entschlossen zu handeln.

Diese Unfähigkeit oder Unwilligkeit der Überlebenden und ihrer Kinder, sich zu behaupten, beeinflußt oft ihre Berufswahl. Sie vermeiden Positionen, in denen Initiative und Autorität gefragt sind oder Konkurrenz und Auseinandersetzung im Vordergrund stehen. Dies ist nicht, wie man erwarten würde, nur auf einen Mangel an Selbstbewußtsein zurückzuführen, sondern vor allem auf ihre Angst davor, sie könnten die Grenzen des Erlaubten überschreiten, ihre Autorität in übertriebener Weise ausnutzen oder sich in einer Konkurrenzsituation unangemessen verhalten. Das Opfer hat Angst, zum Aggressor zu werden. Dieses Vermeidungsverhalten ist unter den Überlebenden selbst besonders häufig zu finden, tritt aber auch bei der Zweiten Generation auf. Man sollte sich in Erinnerung rufen, daß während des Holocaust die Grenzen zwischen Erlaubtem und Verbotenem verwischt oder sogar zerstört waren und daß die Überlebenden ihren Kindern niemals klare Grenzen setzten – eben jene Grenzen, die Kindern ein Gefühl der Sicherheit geben.

Es gibt einen weiteren Faktor, der die Berufswahl von Angehörigen der »Opfer«-Familien beeinflußt. Hazan (1977) zeigt auf, daß Überlebende, die sich selbst über ihre Opferrolle definieren, im allgemeinen dazu neigen, Tätigkeiten anzunehmen, die mit geringem Ansehen und körperlicher Arbeit verbunden sind, selbst wenn sie ihren intellektuellen Fähigkeiten oder ihrem sozioökonomischen Status überhaupt nicht entsprechen und ihnen keinerlei Befriedigung bieten. Außerdem löst eine Verbesserung der Arbeitsbedingungen oder eine Hebung des sozialen Status bei ihnen oft schwere, von Depressionen begleitete psychische Krisen aus (Niederland 1964). Möglicherweise erinnert ihre niedere Arbeit sie an die Lebensumstände in den Zwangsarbeitslagern. An dieses Leben hatten sie sich gewöhnt, und wenn nun eine andere Art von Leben an seine Stelle tritt, weckt das unterschwellige Angst in ihnen – sie leben noch immer nach dem Motto der Gefangenenlager: »Falle niemals auf!« Andererseits ist es auch möglich, daß die Wahl einer gering angesehenen Tätigkeit dem Willen der Überlebenden entspringt, für ihre »Sünden« zu büßen und die heftigen Schuldgefühle, die sich in ihrem Herzen eingenistet haben, zu beschwichtigen. Denkbar ist natürlich auch, daß beide Erklärungen zutreffen.

Wie bereits beschrieben, übernahmen Kinder von Überlebenden diese Syndrome in ihre Psyche. Nur wenige von ihnen wählten »prestigeträchtige« Berufe, bei denen die Gefahr drohte, daß das damit verbundene Ansehen die Kluft zwischen ihnen und ihren Eltern allzu deutlich hervortreten ließ und die Eltern in ihren Augen herabsetzte. Selbst in den von ihnen gewählten Berufen halten sie sich im allgemeinen »im Hintergrund« und achten darauf, sich nicht zu sehr hervorzutun. »Nicht auffallen«, schärften die Lagerhäftlinge sich ein, und nun folgen ihre Kinder der Überlebensregel, die sie ihnen überliefert haben.

Wir haben gesehen, daß viele Kinder der »Opfer«-Familien sich mit den Schmerzen und Leiden ihrer Eltern identifizieren und in sie hineinfühlen. Die Folge ist, daß sie sowohl gegenüber Individuen als auch gegenüber der Gesellschaft im allgemeinen sensibler reagieren. Ihr Gerechtigkeitssinn ist sehr stark ausgeprägt, und die Rechte des Individuums und von Minoritäten und Randgruppen liegen ihnen sehr am Herzen. Deshalb wählen viele von ihnen Berufe, in denen sie anderen helfen oder sie beschützen, zum Beispiel im Bereich der Sozialarbeit, der Medizin oder der Psychologie. Die Kinder der »Opfer« sind also durchaus in der Lage, sich für andere zu engagieren, setzen sich aber nie für sich selbst ein.

Die »Kämpfer«-Familien

»Kämpfer« in diesem Sinne ist nicht nur, wer im Untergrund oder mit Partisanen gekämpft hat oder aus einem Lager entkommen konnte, sondern auch und vielleicht vor allem jemand, der in den Ghettos und Konzentrationslagern Verantwortung für sein eigenes Schicksal und das seiner Mitmenschen übernommen hat. Die Identität von »Kämpfern« und »Erfolgreichen« ist entscheidend davon geprägt, daß sie sich selbst, ihre Mitmenschen und die Gesellschaft als aktiv Handelnde begreifen. Diese Einstellung half vielen, den Holocaust zu überleben. Man darf jedoch nicht vergessen, daß beim Überleben von Juden im Holocaust auch Glück und Zufall eine wichtige Rolle spielten und daß die Todesgefahr manchmal gerade durch aktive Versuche, zu entkommen und sich zur Wehr zu setzen, größer wurde.

Einigen Überlebenden dieser Gruppe dient ihre Identität als »Kämpfer« dazu, ihre Angst, Hilflosigkeit, Trauer und Scham zu überdecken. Deshalb können viele »Kämpfer« Situationen und Gefühle kaum ertragen, die sie als Ausdruck von Schwäche ansehen – eben die Gefühle, auf denen die Identität der »Opfer« aufbaut.

Im Gegensatz zu den »Opfer«-Familien zeichnet die der »Kämpfer« ein sehr starker, manchmal fast zwanghafter Drang aus, tätig, kreativ und leistungsfähig zu sein. Die »Kämpfer« wurden, wie auch die anderen Überlebenden, aus ihrem Umfeld und ihrer Familie herausgerissen, doch nach dem Holocaust schafften es viele von ihnen, zu studieren und einen Beruf mit hohem sozialem Status zu ergreifen. Viele verwandten den Großteil ihrer psychischen Ressourcen auf den Kampf darum, ihr Berufsziel zu erreichen, und einige von ihnen vollbrachten bedeutsame Leistungen in der akademischen Welt, in der Geschäftswelt, im öffentlichen Dienst, in der Armee und im Kulturbereich. Die Sache hat allerdings einen Haken: Ihr aktives Leben dient den »Kämpfern« zwar als Abwehr gegen Depressionen, vermag aber die Schrecken des Holocaust nicht aus ihrer Psyche zu tilgen. Arbeitssucht und das aufreibende Streben nach Spitzenleistungen sind für sie, insbesondere für die Männer unter ihnen, zu einem Rauschmittel geworden, zu einer Art hypomanischem Abwehrmanöver, ohne das ihr gesamtes Abwehrsystem zusammenbräche. Da eine perfekte Abwehr jedoch unmöglich ist, kamen durch die Risse in ihrem Panzer schwerwiegende körperliche Symptome zum Vorschein, die oft ihre Arbeitsfähigkeit beeinträchtigten. Niederland (1964) zeigt auf, daß 82 Prozent der arbeitssüchtigen Überlebenden solche Symptome aufwiesen. Hazan (1977) stellt fest, daß zehn Prozent dieser »Workaholics«

von Zeit zu Zeit Zusammenbrüche erlitten und dann völlig ausgebrannt waren.

Wie bereits gesagt, unterscheidet sich die Atmosphäre in den »Kämpfer«-Familien grundlegend von der in »Opfer«-Familien. Bei den »Kämpfern« waren Gastfreundschaft und Lächeln an der Tagesordnung. Alles mußte »in Ordnung« sein, alle mußten immer guter Laune sein. Depression, Traurigkeit und Schwäche oder irgendein Verhalten, das auf Schwäche hätte schließen lassen, galten als unannehmbar und überflüssig – und Weinen als besonders unerträglich. Es wurde als »hysterisch« empfunden, und die »Kämpfer«-Eltern waren außerstande, es zu akzeptieren. Wenn ihre Kinder, wie das alle Kinder tun, ihren Schmerz durch Weinen äußerten, waren sie meist mit Reaktionen ohne jedes Verständnis oder Einfühlungsvermögen konfrontiert, so daß ihnen nichts anderes übrigblieb, als sich auf ein Leben ohne Weinen umzustellen. Sie verinnerlichten die offenkundige und die versteckte Botschaft, die sie von ihren Eltern empfingen, und lernten, ihre Gefühle ganz allein zu bewältigen, und zwar meist durch Verleugnung, Verdrängung und Vermeidung.

Ariela, einzige Tochter von »Kämpfer«-Eltern, berichtete über die in ihrer Familie herrschende Atmosphäre:

»Alles war immer in Ordnung. Sowohl mein Vater als auch meine Mutter arbeiteten. Beide waren sehr aktiv und ehrgeizig. Mein Vater brachte es zu einem angesehenen öffentlichen Posten. Viele Leute kamen und fragten ihn um Rat oder baten um Unterstützung. Allerdings kann ich mich wirklich nicht daran erinnern, daß bei uns zu Hause jemals Gefühle geäußert worden wären. Man schrie nicht, war nicht wütend, weinte nicht, küßte und umarmte sich nicht, alles war einfach nur in Ordnung. Ich kann mich nicht erinnern, in Gegenwart meiner Eltern oder überhaupt je geweint zu haben. Sogar als wir nach der Beerdigung meines Vaters nach Hause kamen, war der erste Satz meiner Mutter: ›Das Letzte, was ich jetzt brauchen kann, ist, daß du anfängst zu weinen.‹ Und natürlich weinte ich nicht. Sie weinte nicht, und ich weinte nicht.

In der Schule war ich immer sehr aktiv, immer in Komitees, immer trug ich Verantwortung oder organisierte etwas. Als ich ungefähr sieben

Jahre alt war, wurde ich ausgewählt, am Unabhängigkeitstag etwas vor der gesamten Schule zu rezitieren. Ich erinnere mich, daß ich sehr aufgeregt und ängstlich war, aber niemand sah es mir an. Meiner Mutter und meinem Vater sagte ich nichts davon, denn sie hätten es sowieso nicht verstanden. Für sie war es selbstverständlich, daß ich dort oben vor allen auf der Bühne stehen und das, was man mir aufgetragen hatte, so gut wie möglich ausführen würde. Heute sehe ich, daß auch ich das als selbstverständlich betrachtete.

All die Jahre habe ich immer geglänzt. Ich mußte immer die Beste in meiner Klasse sein. Im Offizierskurs [in der Armee] fühlte ich den Druck auf mir lasten, daß ich als bester Kadett des Jahrgangs abschließen mußte. An der Universität mußte ich eine exzellente Studentin sein, und jetzt leiste ich verantwortungsvolle Arbeit im öffentlichen Dienst. Wieder stehe ich im Rampenlicht. Ich erlaube mir niemals, innezuhalten und zu überprüfen, ob das, was ich da mache, wirklich das ist, was ich möchte, oder mir klarzumachen, was denn alle möglichen Entscheidungen, die ich in meinem Leben getroffen habe, tatsächlich für mich bedeuten. Fast so, als sei mein Weg von Geburt an endgültig festgelegt gewesen. Immer trieb mich irgendein Druck vorwärts oder so eine Art innerer Drang, der mir jede Entscheidung abnahm. Mir ist allerdings nicht ganz klar, ob die Energie dahinter wirklich von mir kommt. Ich hatte nie das Gefühl, daß ich wirklich die Möglichkeit hatte, zu wählen oder verschiedene Vorgehensweisen gegeneinander abzuwägen.«

Das ist der den Kindern der »Kämpfer« vorbestimmte Weg: Sie verinnerlichen die hohen Erwartungen der Eltern und den Druck, intellektuelle und gesellschaftlich wertvolle Leistungen zu erbringen, so daß ihnen keinerlei Spielraum bleibt, die Richtigkeit ihres Weges zu prüfen oder zu hinterfragen. Ein Abweichen von diesem Weg bedeutet, daß sie die Erwartungen der Eltern nicht erfüllen, und erzeugt Schuldgefühle und einen Mangel an Selbstwertgefühl.

»Probleme« sind den »Kämpfer«-Familien unerträglich und müssen somit möglichst schnell und probat gelöst werden. Die »Kämpfer«-Familien sind kaum in der Lage, sich auf abwägendes Nachdenken, ungelöste Konflikte oder unklare Situationen einzulassen, denn jedes Familienmitglied muß immer völlige und absolute Kontrolle über sein Leben haben, wozu auch die Fähigkeit gehört, Ereignisse vorherzusehen, die diese Kontrolle vereiteln könnten. Ehre ist der wichtigste aller Werte: »Man wird mich nicht noch einmal demütigen oder auf mir herumtrampeln, egal was kommen mag.« Die meisten »Kämpfer«-Familien erleben nur wenig Freude oder Glück und kaum einmal Stunden, in denen sie ruhig beieinandersitzen, ohne irgend etwas tun zu müssen. Das alles ist in ihren Augen überflüssig und unerwünscht.

Das Selbstbild von »Kämpfer«-Eltern – als Helden, die ihre Freunde und sich selbst vor dem sicheren Tod retteten – rückt sie sehr weit von ihren Kindern weg. Die Kinder wissen nicht immer ganz genau, was »dort« tatsächlich geschehen ist und was genau der Vater und die Mutter getan haben, um zu überleben. Deshalb nehmen sie die Bilder, die sie von ihren Eltern und deren Erfahrungen vor Augen haben, als eine Art Mythos wahr, der mit den gewöhnlichen Erfahrungen des alltäglichen Lebens in keiner Weise vergleichbar ist. Das Kind von »Kämpfern« möchte seinem Vater und seiner Mutter ähnlich sein und sich ihre wunderbaren, fast übermenschlichen Fähigkeiten irgendwie aneignen, weiß aber, daß es überhaupt keine Chance hat: »Ich hätte das niemals überstanden. Ich hätte es nicht einmal einen Monat ausgehalten. Und auch noch andere retten?« Diese Sätze habe ich viele Male gehört. Sie bringen die Gefühle der Minderwertigkeit und Schwäche zum Ausdruck, in denen Kinder von Überlebenden und insbesondere von »Kämpfern« befangen sind, wenn sie sich mit ihren Eltern vergleichen. Laut Dor-Shav (1978) verfügen Angehörige der Zweiten Generation über eine geringere Ich-Stärke als ihre Eltern, und manche von ihnen sind sensibler, unselbständiger, zerbrechlicher und mehr auf ihre Sicherheit bedacht als ihre Eltern, zugleich aber auch mißtrauischer und besorgter, frustrierter und angespannter. Dieses Muster von Persönlichkeitszügen ist indes für alle Kinder von Überlebenden typisch, die zu den verschiedenen hier angeführten Gruppen zählen, und es hat eine unsichere, ängstliche und nervöse Persönlichkeit zur Folge.

Scheinbar, aber nur scheinbar gibt es für diese Charakteristika bei den Kindern der »Kämpfer« weniger Anhaltspunkte als bei denen der »Opfer«. Nach außen hin sind die Kinder der »Kämpfer« stärker und lebenstüchtiger als die der »Opfer«, sie weinen nicht so leicht und zeigen weder Schwäche, Depression, Unsicherheit noch Angst. Dies liegt daran, daß ihre »Kämpfer«-Eltern ihnen in der frühen Kindheit eine klare Botschaft vermittelt haben: »Wir müssen gerüstet sein«, trichterten sie ihnen fortwährend ein, »der nächste Holocaust wird uns nicht unvorbereitet treffen.« Die Kinder legen diese Botschaft oft als eine Ermunterung dazu aus, anderen gegenüber (jedem, der nicht so ist wie sie) aggressiv aufzutreten und sich Autoritätsinstanzen zu verweigern.

Die Gefühle der Schwäche, die wir bei den Kindern der »Opfer« festgestellt haben, sind aber unter der Oberfläche auch bei den Kindern der »Kämpfer« vorhanden, denn ihre Stärke besteht zumeist in einem von den Eltern übernommenen Abwehrmechanismus. Erst in einer relativ späten Phase der Therapie lassen sie ihre Gefühle an die Oberfläche treten und offen zum Ausdruck kommen. (Darauf werde ich später noch ausführlich eingehen.) Eines kann man jedenfalls mit Sicherheit sagen: Die meisten Kinder von »Kämpfern« fürchten sich weniger als die der »Opfer« davor, Aggressionen zu äußern. Manchmal suchen sie sogar nach Gelegenheiten oder sorgen dafür, daß sie entstehen, um im Alltag, zum Beispiel in Streitereien oder leidenschaftlichen Auseinandersetzungen, ihre Aggression zum Ausdruck bringen zu können. So wird die Aggression kanalisiert, die sich innerhalb der Familie in ihrer Psyche anstaut, ohne daß sie sie direkt gegen ihre Eltern zu richten vermögen. Dieser Unterschied zwischen den Kindern der »Kämpfer« und denen der »Opfer« wird in Baruchs Geschichte deutlich.

Baruch ist der Sohn eines Vaters, der sich selbst als »Opfer« betrachtet und auch von seinem Sohn bis zu einem gewissen Grad so gesehen wird, und einer »Kämpfer«-Mutter, die während des Holocaust um ihr Leben kämpfte und nicht nur sich, sondern auch andere rettete. Baruch wurde somit von Eltern mit gegensätzlichen Identitäten aufgezogen, und aus dem, was er erzählt, wird ersichtlich, daß der Gegensatz zwischen seinen Eltern ihn in einen schweren inneren Konflikt stürzte und einen Riß in seiner Identität zur Folge hatte.

Baruch: »Gestern hatte ich einen Traum. In dem Traum ist mein Vater gestorben. Ich gehe alleine umher. Ich weiß nicht, ob ich froh oder traurig bin. Die ganze Zeit habe ich ein Gefühl, das mir sagt: ›Toll. Endlich ist er weg. Es ist vorbei.‹ Seine Existenz hat mich gestört. Aber in mir regt sich etwas, steigt in mir hoch, und ich will es sofort loswerden. Ich werde an den Holocaust erinnert. Weißt du, meine Mutter war damals erst siebzehn, und sie war sehr aktiv. Sie färbte ihr Haar blond und sah ohnehin irgendwie arisch aus. Sie hatte keine Angst, sie blieb nicht zu Hause, sie unternahm etwas, sie organisierte Dinge, sie half Gruppen von Juden, in die Schweiz zu fliehen. Sie erzählte mir, daß sie es bei einer ihrer Touren sogar wagte, gemeinsam mit ihrer Freundin, die sich ebenfalls als Arierin ausgab, auf einem mit SS-Soldaten besetzten Lastwagen per Anhalter mitzufahren. Sie scherzten mit ihnen und lachten. Sie sprach Deutsch, also gab es keine Probleme, und sie hatte überhaupt keine Angst. Am Ende aber, ausgerechnet als sie in einer weiteren Gruppe von Juden auch ihre Eltern außer Landes schmuggeln wollte, denunzierte sie ein Bauer. Natürlich wurden sie gefaßt, und man deportierte sie nach Auschwitz. Ihre Eltern sah sie niemals wieder. Sie aber hat überlebt. Verstehst du, sie war für den Tod ihrer Eltern verantwortlich. Das belastet sie, denke ich, obwohl sie niemals darüber spricht. Sie spricht nicht darüber, sie weint nicht, nichts davon. Sie erzählte mir, daß sie sofort, als sie aus Auschwitz zurückkam, in die Schweiz fuhr und als allererstes zu einem plastischen Chirurgen ging und sich die Nummer von ihrem Arm entfernen ließ. Sie war schon wirklich etwas Besonderes.

Mein Vater hingegen tat überhaupt nichts. Nicht das kleinste bißchen. Als er in sein Heimatdorf zurückkehrte und man ihm dort sagte, daß alle Juden abgeschlachtet worden waren und mit ihnen auch seine ganze Familie, blieb er passiv. Als ich elf Jahre alt war, fragte ich ihn einmal danach, und er antwortete in gleichgültigem Ton: ›Was hätte man schon machen können?‹ Bis auf den heutigen Tag verharrt er in Gleichgültigkeit und Apathie, während meine Mutter immer aktiv ist, und ich bin zwischen beiden hin- und hergerissen. Einerseits bin ich zu etwas ganz Besonderem berufen – zumindest gibt mir meine Mutter dieses Gefühl. Das ist eine Art von Berufung, um die man nicht nur wissen, sondern die man auch erfüllen muß. Und andererseits ist da mein Vater, der sagt: ›Hauptsache, du verdienst genug, um durchzukommen, man braucht ja nicht viel im Leben.‹ Und ich bin zwischen beiden hin- und hergerissen: Eine Hälfte von mir ist meine Mutter, und die andere Hälfte ist mein Vater. Wenn ich mit irgend etwas anfange, sagt die andere Hälfte: ›Laß es doch sein.‹ Und dann lasse ich es wirklich sein.«

Als er verstummte, bat ich ihn, mir genauer zu erzählen, was sein Vater während des Holocaust durchgemacht hatte. Er fuhr fort: »Sie gingen jeden Tag vier Kilometer zu Fuß, zur Munitionsfabrik und zurück. Dort hatten sie etwas mehr zu essen als die, die anderswo arbeiteten. Er war dafür verantwortlich, daß seine Gruppe jeden Tag ihr Produktionssoll erfüllte. Am Ende schlossen sich einige zusammen, unter ihnen mein Vater, und sabotierten die Produktion irgendwie, damit die Bomben und Granaten nicht explodieren würden. Man beschuldigte ihn der vorsätzlichen Sabotage, und er wurde ziemlich schwer ausgepeitscht.«

Therapeutin: »Das hört sich gar nicht so passiv an. Anscheinend hast du immer noch das Bedürfnis, an ihm nur wahrzunehmen, wie er sich dir gegenüber zeigt. Es fällt dir schwer, und du sträubst dich noch immer dagegen, dich in das hineinzufühlen, was dein Vater ›dort‹ wirklich durchgemacht hat.«

Baruch: »Ja, das stimmt. Ein Teil von mir möchte zum Beispiel nach *Yad Vashem* gehen, und der andere Teil nicht, er will lieber weglaufen. Die beiden Teile lassen sich nicht miteinander vereinen, und ich lebe mit keinem von ihnen in Frieden. Ich habe Angst. Ich will da nicht reingerissen werden. Ich weiß: Es wird so weh tun, daß ich es nicht aushalte. Mein Vater hat viele Schmerzen erduldet, aber jetzt zeigt er keinen Schmerz. Auch meine Mutter zeigt keinen Schmerz. Nur die innere Stimme von jedem von ihnen schreit in mir drinnen: ›Sei wie ich.‹ Ich habe ihnen gegenüber auch eine Verantwortung, denn sie würden mich leiden sehen, und deshalb verschließe ich mich sofort, wenn mir irgend etwas emotional sehr nahegehen könnte. Das macht mich traurig, verstehst du, jedes Gefühl macht mich in letzter Zeit traurig.« Baruchs Augen füllten sich mit Tränen, und er fuhr fort: »Jetzt kann ich meinen Gefühlen ein bißchen nachgeben, weil ich merke, wieviel dir daran liegt, aber gleich werde ich mich wieder verschließen.«

Das »Opfer« und der »Kämpfer« in Baruchs Psyche versuchen zusammenzukommen, doch das tut weh und ist mit Schwierigkeiten verbunden.

Ich will nun wieder auf Jungs (1952) Archetypenlehre zurückkommen, um die Kategorien von »Opfer« und »Kämpfer« im Lichte dieser Theorie zu untersuchen. Jung betrachtet »Opfer« und »Aggressor« wie gesagt als Gegensätze, die zugleich die zwei Teile eines Ganzen bilden. Die zwei Gruppen von Überlebenden – »Opfer« und »Kämpfer« – scheinen auf den ersten Blick einen unüberbrückbaren Gegensatz zu bilden. Wie wir aber gesehen haben, findet sich im Inneren des »Opfers« ein verdrängtes aggressives Element, das manchmal bei Wutausbrüchen zum Vorschein kommt. Dieses unbewußte Element, das die Identifizierung mit dem Aggressor zum Ausdruck bringt, ist integraler Bestandteil der Persönlichkeit des »Opfer«-Typus. (Die Identifizierung mit dem Aggressor läßt sich auch in den Begriffen der Objektbeziehungstheorie erklären; dies erfordert aber eine eingehende Analyse, die den Rahmen dieses Buches sprengen würde.) In der Psyche des »Opfer«-Elternteils entsteht aus der Koppelung seines im allgemeinen unterwürfigen Verhaltens mit seinen plötzlichen Wutausbrüchen – die Resultat seiner latenten und meist verdrängten Aggressivität sind – eine zweigeteilte Identität. Die Identität des Überlebenden vom »Kämpfer«-Typus aber ist ebenfalls gespalten. Obwohl sein alltägliches Handeln eine Identifizierung mit dem Aggressor erkennen läßt, bewahrt er in seinem Innersten verdrängte Erinnerungen an Leid, Hilflosigkeit und Demütigung auf, mit denen er sich um keinen Preis identifizieren will. Der schwache Teil seiner selbst erfüllt ihn mit Abscheu. Ein mit einem »Kämpfer«-Elternteil aufwachsendes Kind kann nicht umhin, die Existenz dieser Gegen-Identität zu spüren. Während also der Elternteil auf der bewußten und intentionalen Ebene die eigene Identifizierung mit der Gestalt des starken Kämpfers an das Kind weitergibt, überträgt sich unbewußt auch seine Identifizierung mit dem Bild des »Opfers« auf das Kind. In ihrem manifesten Verhalten übernehmen die Kinder von Überlebenden zumeist die Identität, die bei ihren Eltern nach außen hin dominiert, und erst bei genauerem Hinsehen stößt man bei ihnen auf die verdrängte Identität, mit der sie sich im Konflikt befinden.

Die Identifizierung mit dem Aggressor ist ein Aspekt, der an die Kinder von Überlebenden (an die von »Kämpfern« wie auch an die von »Opfern«) nicht direkt weitergegeben werden kann, weil sie den Holocaust nicht am eigenen Leib erfahren haben. In der Realität der Todeslager erhöhte die Identifizierung mit dem Aggressor die Überlebenschancen (Eitinger 1961, 1962). Die Vorstellung, sich mit dem Aggressor identifiziert zu haben, läßt sich weder intellektuell noch emotional verarbeiten, und so übermittelten die Überlebenden ihren Kindern die Empfindungen, die sich mit dieser Identifizierung verbanden, durch ihr alltägliches Verhalten gegenüber den Kindern selbst und gegenüber Autoritätsfiguren in ihrer Umgebung. Dazu kam es, weil die Eltern selbst sich nicht damit auseinanderzusetzen vermochten, daß die Identifizierung mit dem Aggressor ein Teil ihrer selbst war, denn der Aggressor war in der Psyche der Überlebenden eine derart monströse Figur, daß keine Macht der Welt sie dazu bringen konnte, sich bewußt mit ihm zu identifizieren. In der Realität des Lagerlebens kannte die Aggression keine Grenzen und ging weit über den Aggressionsbegriff hinaus, den man in der Psychologie im allgemeinen zugrunde legt. Somit liegt auf der Hand, daß es unmöglich ist, solcher Aggression ausgesetzt zu sein und sich dabei zugleich bewußt mit ihr zu identifizieren. Darüber hinaus überkam den Überlebenden, der die sieben Höllenkreise des Holocaust durchwandert hatte und am Leben geblieben war, ein Gefühl der Allmacht: Durch seine magischen Kräfte hatte er den Aggressor und den Tod besiegt. Dieses Allmachtsempfinden ist nur ein weiterer Aspekt der latenten Aggression des Überlebenden; der einzige Unterschied zum Begriff der Aggression, wie er gemeinhin verstanden wird, besteht darin, daß hier das Element der freien Willensentscheidung fehlt. Wer sich aggressiv verhält, folgt dabei seinem eigenen Willen, wohingegen die magische Kraft, mit der sich der Überlebende ausgestattet sieht, nicht seiner Willenskontrolle unterliegt. Würde aber die Vorstellung der Willensfreiheit zum Erleben magischer Stärke hinzutreten, so erschiene der Überlebende als aktiver Aggressor, und die Grenze zwischen einer bloßen Absicht und ihrer Umsetzung in die Realität würde sich verwischen. Folglich bleibt dem Überlebenden nichts als die völlige Verdrängung. Jeder Versuch, die aggressiven Regungen ins Bewußtsein zu heben, führt zu derart schwerwiegenden Schuldgefühlen, daß eine Selbstbestrafung unausweichlich wird, bei der er die Aggression gegen sich selbst richtet und verinnerlicht.

Ich habe oft feststellen müssen, daß die »Gedenkkerzen« nur durch ein allmähliches und schmerzliches Freilegen des verdrängten Anteils – des »Opfer«-Elements bei den »Kämpfer«-Kindern und des »Kämpfer«-Elements bei den »Opfer«-Kindern – so weit kommen, die beiden Aspekte des Ich miteinander integrieren und das ganze Spektrum ihrer Gefühle akzeptieren zu können.

Im folgenden werde ich analysieren, wie diese Persönlichkeitsaspekte der »Gedenkkerzen« in der Therapie zum Ausdruck kommen. In der zweiten Phase der Therapie tritt der Holocaust sowohl in der Einzel- als auch in der Gruppentherapie oft vermehrt in den Vordergrund, allerdings zumeist noch nicht im direkten Zusammenhang mit den persönlichen Traumata von Eltern und Familienangehörigen. Einige Angehörige der Zweiten Generation sind bereit, über Themen zu sprechen, die mit dem Holocaust zu tun haben, während andere sich weigern und jedwede Beziehung der Holocaust-Thematik zu ihrer eigenen Person leugnen. Letztere Patienten stammend vorwiegend aus »Kämpfer«-Familien und versuchen, der Holocaust-Thematik insgesamt aus dem Weg zu gehen; sie meiden Bücher, Fernsehsendungen oder Filme, die sich mit dem Holocaust auseinandersetzen, und besuchen *Yad Vashem* nicht. (»Ich war noch nie in *Yad Vashem* und habe auch nicht vor, dorthin zu gehen, denn ich habe dort nichts verloren.«) Das bewußte Unterdrücken des Themas Holocaust weist in der Regel darauf hin, daß der Betreffende eine Begegnung mit unbewußten eigenen Inhalten, die er immer noch als bedrohlich erlebt, vermeiden will. Die »Gedenkkerzen« von »Opfer«-Familien zeigen – auf verschiedenen Bewußtseinsebenen – eine größere Bereitschaft, das Thema Holocaust anzugehen und sich damit auseinanderzusetzen. Sie tun dies auf dem Weg von Träumen und Phantasien und indem sie an bestimmte Orte und zu Veranstaltungen gehen, die mit dem Holocaust zu tun haben. Wenn sie auf das Thema kommen, geschieht dies manchmal wie beiläufig und unbeabsichtigt – so etwa bei Benjamin:

»Wißt ihr, es ist sonderbar: Mir ist aufgefallen, daß ich mich in letzter Zeit, wenn ich morgens jogge, am Ende in *Yad Vashem* wiederfinde. Ich plane das nicht im voraus. Ich weiß morgens nie genau, wohin ich laufen werde, und in letzter Zeit tragen mich meine Füße mit einemmal immer wieder dorthin ...«

Unbewußt oder halbbewußt läuft Benjamin zielstrebig nach *Yad Vashem*, ohne daß er verstehen oder sich selbst erklären könnte, warum er sich dort hingezogen fühlt und warum seine innere Welt so sehr vom Holocaust in Anspruch genommen ist.

Die Inhalte, die in den Träumen und Phantasien der Kinder von Überlebenden auftauchen, sowie ihr Verhalten im Alltag lassen sich zwei Kategorien zuweisen, dem »Opfer«- oder dem »Kämpfer«-Typus, wobei die beiden Motive oft auf verschiedenen Bewußtseinsebenen ineinander verwoben sind. Die Identifizierung mit dem »Opfer«, dem erniedrigten und gequälten Anteil der Eltern, wie er in der Psyche des Kindes verinnerlicht wurde, ruft Angst, Scham und ein Gefühl tiefer Erniedrigung hervor – was bis hin zur Gefahr des Identitätsverlustes gehen kann. Diese äußerste Bedrohung löst eine starke innere Gegenwehr aus, die in Verdrängung und Verleugnung mündet.

Wie ich im vorangegangenen Kapitel dargelegt habe, verinnerlichen die Kinder im Verlauf des Überlagerungsprozesses, der sich zwischen der Generation der Überlebenden und der Zweiten Generation abspielt, Repräsentanzen der im Holocaust umgekommenen Objekte sowie die Traumata, die ihre Eltern erlitten haben, als einen Teil des eigenen Ich und Über-Ich. Da es im Holocaust Verfolger und Verfolgte, Aggressoren und Opfer, Folterer und Gefolterte gab, ist die größtenteils unbewußte innere Welt der Zweiten Generation von erniedrigten und gequälten Gestalten auf der einen und Unterdrückern und Folterern auf der anderen Seite bevölkert. Beide Typen tauchen wieder und wieder in ihren Träumen, Alpträumen und Phantasien auf, die mit Motiven von Verfolgung, Folter und Mord durchsetzt und von Panik und Schrecken erfüllt sind, so als könne jeden Moment etwas Entsetzliches geschehen. Manchmal wird bereits in dieser Therapiephase deutlich, daß ihre innere Welt von der Angst vor Tod und Vernichtung umfangen ist.

Pnina, etwa 33 Jahre alt, Tochter einer Überlebenden, beschreibt einen ihrer Träume:

»Da ist eine Gestalt, die in Lumpen gekleidet ist. Sie geht zwischen den Häusern des Ghettos umher und sucht eine Adresse. Die Adresse von irgendwelchen Verwandten. Alle möglichen Gestalten aus dem Holocaust, grau, kahlgeschoren und spindeldürr, bewegen sich zwischen den Ruinen langsam vorwärts. Alle gehen in dieselbe Richtung. Plötzlich taucht eine Delegation dicker, sehr farbenfroh gekleideter Frauen auf, ganz unvermittelt, ich bin mir nicht sicher, von woher; sie gehen im Ghetto in die entgegengesetzte Richtung. Sie haben Tränen in den Augen, und ich sage zu mir selbst: ›Sie legen nur ein Lippenbekenntnis ab, sie demonstrieren, weil man es von ihnen erwartet.‹ Ich weine ein wenig und weiß nicht recht, zu wem ich gehöre. Alles verwandelt sich. Eine Jagd ist im Gange. In den Straßen einer ganz normalen Stadt gehen Menschen. Noch bin ich eine Bürgerin wie alle anderen, aber in der Luft liegt bereits die Drohung einer Entführung. Einer plötzlichen Entführung, mitten aus der normalen Realität heraus direkt in die Hölle. Ich bin mit meiner Freundin unterwegs, und wir sehen Soldaten. Ich weiß sofort: Es ist gefährlich. ›Komm, laß uns in die andere Richtung gehen‹, sage ich zu ihr. Wir gehen in irgendein Geschäft und tun so, als würden wir uns die Waren anschauen. Die Verkäufer sind aber bereits mißtrauisch. Wir verlassen das Geschäft, und meine Freundin sagt: ›Ich bin mir sicher, daß eine von uns am Ende gefaßt wird.‹ So als wäre die ganze Geschichte bereits irgendwo niedergeschrieben worden und der Ausgang bekannt. Ich erwidere ihr: ›Ja, aber ich werde es nicht sein.‹«

Die Nazis sind in diesem Traum unschwer zu erkennen, da sie als aggressive und bedrohliche Figuren auftreten. Der Traum macht den Identitätskonflikt Pninas sehr deutlich: Sie weiß selbst nicht, mit wem sie sich identifizieren soll, mit den Umgekommenen oder den Überlebenden, und ob sie ein »Opfer« ist oder aber eine »Kämpferin«, die überleben wird. Die Gefahr, gefaßt zu werden, ist sehr konkret, aber ein Teil von Pninas Psyche weigert sich, dieses Schicksal hinzunehmen und sich selbst, und vielleicht sogar ihre Mutter und ihre Großmutter, mit den »Opfern« gleichzusetzen. Die Identifizierungstendenzen treten im Traum Pninas, wie auch in anderen Träumen der Zweiten Generation, klar hervor.

Die Träume Miriams spiegeln ihre Identifizierung mit dem Typus des »Opfers« wider:

»In diesem Traum befand ich mich in einem geschlossenen Lager. Wir mußten verschiedene Folterstationen durchmachen. Es war ein geschlossenes Lager, und in jedem Gebäude war eine Station. Die Erde war rot, so wie in einer Wüste. Ich war die einzige, die überlebt hatte und nach all diesen Stationen noch am Leben war. Die erste war ein hermetisch verschlossener Raum ohne Fenster, ein Raum aus Beton, ganz quadratisch, klein, mit einer sehr hohen Decke. An den Wänden hing eine Ausstellung, Schwarzweißfotos von deutschen Soldaten, die in einer Reihe stehende nackte Frauen und Männer zu Tode prügelten. Mich schlugen sie nicht, oder aber ich spürte die Schläge nicht. Ich war die einzige, die überlebte. In dem Raum waren auch alle möglichen Folterinstrumente. Ich hatte schreckliche Angst, wartete aber in der Reihe. Neben mir war eine in Lumpen gekleidete Frau, die ein Baby in den Armen hielt. Ich dachte, daß diese Frau keinerlei Überlebenschance hatte. Dort war noch eine andere junge Frau mit hochgestecktem Haar. Sie hatte eine deutsche Uniform an und hielt eine Art Stock oder Peitsche in der Hand, und ihre Augen waren furchterregend, wie die eines Raubtiers auf Beutesuche.«

Hier ist der Traum zu Ende; nichts ist passiert, Miriam hat überlebt. In einem anderen ihrer Träume, der wie eine Fortsetzung dieses Traumes wirkt, kommt mehr Bewegung ins Geschehen:

»Ich bin im Konzentrationslager, in einem großen Saal, der wie ein Lagerraum aussieht. Die Decke ist sehr hoch, und weit oben sind ganz kleine Fenster. An den Wänden entlang, weiter unten, stehen Regale voll mit Büchern. Wir waren ein paar Leute dort in dem Raum, jeder von uns ganz dünn, völlig zum Skelett abgemagert. Alle lagen wie Säcke auf dem Boden, denn keiner hatte die Kraft, sich zu bewegen. Ich war ungefähr zwölf Jahre alt [in diesem Alter wurde Miriams Mutter in ein Lager deportiert]. An meinem Körper zeichnete sich jeder einzelne Knochen ab.

Wir hörten, wie sich die Deutschen dem Hof näherten, und begannen einander zwischen den Büchern zu verstecken. Wir falteten die anderen einfach so zusammen, daß sie von weitem nicht als Menschen zu erkennen waren. Ich schaffte es nicht mehr, mich zwischen den Büchern zu verstecken, und deshalb beschloß ich, mich auf den Boden zu legen und mich tot zu stellen. Ein Soldat besah mich, versetzte mir dann Stiefeltritte und drehte mich schließlich auf den Rücken. Ich ließ mich umdrehen, als sei ich tot, und tatsächlich glaubte er auch, ich sei tot, und ließ von mir ab. Schließlich verließen sie den Lagerraum, und daraufhin entschlossen wir uns, von dort zu fliehen, und nachher rannte ich, rannte wie hysterisch, ohne noch einmal anzuhalten.«

In diesen beiden Träumen versetzte sich Miriam direkt in die Welt der Vernichtungslager, und wir können die Bedrohung, die sich durch die Träume zieht, förmlich spüren: die Nazi-Soldaten in Uniform und Stiefeln, wie sie ihre Opfer foltern, prügeln und erniedrigen. Der einzige Weg zu überleben war, sich tot zu stellen. Miriam beschreibt das psychische Sichabschotten, jenes erprobte Überlebensrezept, von dem viele der Lagerhäftlinge geprägt waren. Die Gefangenen verlieren ihre menschliche Gestalt. Sie werden zu wandelnden Skeletten, die man zusammenfalten und zwischen Büchern verstecken kann – ein Hinweis vielleicht auf die Pritschen, auf denen die Häftlinge zusammengekauert schliefen. In ihren Träumen sind Miriam und Pnina die einzigen, die noch irgendeine Hoffnung haben zu überleben. Und tatsächlich konnten Miriams und Pninas Mütter dem Tod entrinnen, doch den emotionalen Preis für die Rettung zahlen sie und ihre Töchter bis auf den heutigen Tag. In Miriams Träumen fällt insbesondere ihre völlige Identifizierung mit den »Opfern« auf: Sie selbst ist den Folterungen ausgesetzt. Auch Chaya, eine andere Teilnehmerin derselben Therapiegruppe, sagte immer wieder zu den anderen Patienten: »Ich habe das überlebt. Obwohl ich im Kopf weiß, daß ich nicht ›dort‹ war, fühle ich im Herzen, daß ich eigentlich eine Holocaust-Überlebende bin.«

Die hier wiedergegebenen Träume sind »Überlebensübungen«. Ein Teil der Psyche Miriams lebt in der Gegenwart, während ein anderer, versteckter

Teil dagegen seine gesamte Zeit damit verbringt, das Leben der Verwandten, die nicht aus dem Tal des Todes zurückgekehrt sind, und das Leben der Mutter, die als einzige überlebt hat, zu leben.

Chedwa, eine andere Patientin in der Gruppe, beschrieb, wie sie sich im Alltag mit den »Opfern« identifiziert, sich dem Holocaust ausgeliefert sieht und ihn überlebt – in immer neuen Überlebensübungen:

»Gestern stand ich in der Schlange an der Bushaltestelle, und es war sehr heiß. Ich war durstig und hätte sehr gerne etwas getrunken und mich auf den Bürgersteig gesetzt, doch ich sagte mir: ›Nein, du darfst nichts trinken oder dich hinsetzen, du mußt durchhalten, du darfst nicht aufgeben. Du mußt für den nächsten Holocaust bereit sein. Was ist, wenn du das morgen durchmachen mußt, so wie sie, *dort*, in der schrecklichen Enge eines Waggons zu stehen, stundenlang und ohne Essen und Wasser. Auch du mußt dazu imstande sein.‹ Jedes Jahr messe ich, wie groß meine Kinder sind, und denke mir: ›Gut, ein weiteres Jahr ist um, und sie sind ein Jahr älter. Wie werden sie überstehen, was sie *dort* erwartet? Vielleicht wird es für sie ein bißchen leichter werden.‹ Ich messe sie mit einem Holocaust-Zollstock.«

Die Welt des Holocaust mit ihren Opfern, Aggressoren und Kämpfern sickert in die Welt der Gruppentherapie ein. In den ersten Phasen der Therapie haben die Patienten stets große Angst davor, daß ihr inneres Abwehrsystem untergraben wird und verdrängte Gefühle freigelegt werden. Jeder versucht nach bestem Vermögen, seine Eltern zu verteidigen und jeden Anflug von Wut auf sie, von Kritik an ihnen oder von Enttäuschung darüber, wie sie ihrer Elternrolle nachgekommen sind, zu verleugnen. Die Therapeuten und das therapeutische Setting regen die Patienten durch indirekten Druck dazu an, sich mit diesen verdrängten Gefühlen auseinanderzusetzen. Es ist deshalb nicht verwunderlich, daß das therapeutische Setting und die Therapeuten in den Augen der Patienten sehr schnell die Gestalt repressiver und bedrohlicher Aggressoren annehmen.

Trotzdem ist das therapeutische Setting, insbesondere das der Gruppentherapie, für die »Gedenkkerzen« im allgemeinen eine Situation, in der sie sich zum ersten Mal in ihrem Leben sicher zu fühlen beginnen; endlich dürfen sie ihre verdrängte und verwickelte innere Welt vor sich selbst und vor anderen offenlegen. Diese innere Welt mit ihren Träumen und Phantasien, die in der Sprache undeutlicher Holocaust-Symbole die ganze Zeit über zu ihnen sprechen, nimmt im Verlauf der Therapie Konturen an und gibt sich ihnen nach und nach zu erkennen. Die von den Eltern erlittenen Traumata beginnen aus dem Abgrund des Vergessens emporzusteigen und sich mit dem Alltagsleben zu einem komplizierten Geflecht zu verbinden. Im Tal des Todes zu leben, ist aber nicht ganz einfach, und so mobilisieren die Patienten in dieser Phase ihre Abwehrmechanismen, um die Schrecken des Holocaust in die Dunkelheit des Unterbewußtseins zurückzudrängen.

Der Therapeut ist der »Regisseur« dieses Schauspiels, und deshalb trifft er in diesem Stadium auf großen Widerstand. Allerdings sieht sich der Therapeut im allgemeinen keinen direkten Forderungen oder Wutäußerungen der Gruppenmitglieder gegenüber; sie legen vielmehr extremes Mißtrauen, Hilflosigkeit und völlige Abhängigkeit an den Tag. In ihren Augen ist der Therapeut eine allmächtige, aggressive und bedrohliche Figur. Zwar sind diese Empfindungen ein vertrautes und für das Anfangsstadium eines jeden Therapieprozesses typisches Phänomen, ob in Gruppen- oder Einzeltherapie, doch sie sind hier außergewöhnlich stark ausgeprägt und artikulieren sich in der Sprache des Holocaust. Mißtrauen und Angst äußern sich in diesem Stadium meistens indirekt, in der Sprache der Träume, und nur sehr selten direkt und deutlich.

Chawa, deren Mutter ein Opfer der Versuche von Dr. Mengele und seinen Helfern war, erzählte der Gruppe im zweiten Jahr der Therapie folgenden Traum:

»Ich sehe verschiedene Gestalten aus der Gruppe. Wir befinden uns in irgendeinem Gästehaus [manchmal halten wir Marathon-Sitzungen in einem Gästehaus ab], das aber eigentlich eher wie ein Konzentrationslager wirkt. Man gibt Anweisung, daß wir uns auf Betten hinlegen sollen. Es herrscht eine unangenehme Anspannung. Dann kommen die Therapeuten herein. Sie tragen weiße Kittel und sehen wie Ärzte aus. Sie werden irgendwelche Dinge mit uns machen. Vielleicht werden sie uns in Schlaf versetzen. Ich bin nicht sicher, wie wir daraus wieder aufwachen werden.«

Chawa erzählte ihren Traum in monotonem und ausdruckslosem Tonfall, doch man konnte die große psychische Anspannung spüren, die sie auf die Gruppe ausstrahlte. Ihr Traum war von Angst und Bedrohung durchdrungen und beherrscht von ihrer Hilflosigkeit in der uneingeschränkten Identifizierung mit dem Opfer, das völlig in der Hand der aggressiven Figuren der Ärzte-Therapeuten in weißen Kitteln war. Die Ärzte-Therapeuten verkörpern hier eine polare Dualität – sie sind einerseits Heiler, andererseits Mörder. In dem Satz »Vielleicht werden sie uns in Schlaf versetzen«, äußert sich Chawas Empfinden, daß sie über das therapeutische Setting keine Kontrolle hat und von den Therapeuten völlig abhängig ist. Der Satz verdeutlicht auch, daß sie, wie viele andere Kinder von Holocaust-Überlebenden, Schwierigkeiten hat, Wut und Opposition zu äußern, Regungen, die zu jedem psychotherapeutischen Prozeß ganz natürlich dazugehören und dort eigentlich als selbstverständlich gelten. Doch das unbewußte Verbot, Angst, Aggression oder Widerstand zu zeigen, durchdringt nicht nur die Beziehungen in den meisten Familien von Überlebenden, sondern wird auch voll und ganz auf die Therapiesituation übertragen. Wut und Aggression kommen daher in der Regel nicht direkt zum Ausdruck, weder gegenüber den Therapeuten noch gegenüber einzelnen Gruppenmitgliedern oder gegenüber der Gruppe als Ganzes. An die Stelle der Wut treten, wie gesagt, Mißtrauen, Angst und Hilflosigkeit, die nur auf indirektem Wege, das heißt mit Hilfe von Inhalten und Symbolen des Holocaust, Ausdruck finden.

Auch Rafael, Sohn von Überlebenden, erzählte einen Traum, bei dem diese Empfindungen ins Auge springen:

»Ich bin auf dem Weg zur Therapiegruppe und sehe, daß neben mir einige andere Mitglieder der Gruppe laufen. Ich habe schreckliche Angst. Ich zittere am ganzen Körper. Als ich endlich ankomme, verstehe ich warum: Dort wo die Gruppe ist, ist das SS-Hauptquartier. Ich weiß, daß mich niemand wirklich zwingt hinzugehen, aber trotzdem muß ich weitergehen, und ich gehe weiter.«

Die Therapiegruppe wird mit dem SS-Hauptquartier gleichgesetzt, und Rafael befindet sich in einer ambivalenten Position: Niemand zwingt ihn hinzugehen, er fürchtet sich, und trotzdem geht er. Die hervorstechenden Komponenten des Traumes sind die Kooperation des Opfers mit dem Aggressor und seine Abhängigkeit von ihm; sie entsprechen der Ambivalenz, die ein Patient im Anfangsstadium einer jeden Therapie gegenüber dem Therapeuten empfindet. Wie andere Patienten auch, bedient sich Rafael der Symbole und Inhalte des Holocaust, um den Konflikten Ausdruck zu verleihen, die aus seiner Abhängigkeit, Angst und Hilflosigkeit herrühren und aus der Allmacht, die er den Therapeuten zuschreibt. An Rafaels Traum ist jedoch eines sehr interessant: Er ist nicht allein, sondern hat Schicksalsgenossen. Er erlebt die anderen Gruppenmitglieder als Mitopfer, und sie alle haben Anteil an einer gemeinsamen Opfer-Identität.

In einer Gruppensitzung herrschte ein sehr langes, drückendes Schweigen. Schließlich durchbrach Chaim die Spannung und sagte mit erstickter Stimme: »Mir kommt es vor, als sei diese Gruppe ein Zug. Wir alle fahren darin, aber keiner von uns weiß, wohin die Reise geht.« Sogleich warf jemand ein: »Ich fürchte, dieser Zug endet in Auschwitz.« Damit war das Eis gebrochen. Nach einigen weiteren derartigen Bemerkungen – die vielleicht scherzhaft, vielleicht ernst gemeint waren – wurden die Dinge allmählich klarer, und zum erstenmal kamen Bedenken und Mißtrauen gegen die Therapeuten und Zweifel an ihrer Kompetenz zur Sprache. Ein Mitglied der Gruppe erzählte sogar, daß er vor Beginn der Therapie Erkundigungen über die Therapeuten eingeholt und sie von der ersten Sitzung an mit Argusaugen beobachtet habe. Der Argwohn der Gruppenmitglieder rührte in erster Linie daher, daß sie an der Fähigkeit der Therapeuten zweifelten, in der Rolle der Piloten ausreichende Kontrolle über das Geschehen in der Gruppe zu behalten, um am Ende auch eine sichere Landung zustande zu bringen.

Derartige Ängste – daß die Therapeuten möglicherweise nicht in der Lage sind, jedes Gruppenmitglied aufzufangen, ihm zur Seite zu stehen und zu helfen, während sie zugleich wach und aufmerksam bleiben und den Therapieablauf unter Kontrolle haben – treten in der ersten Therapiephase sehr häufig auf. Wie bereits erwähnt, sind sie darauf zurückzuführen, daß das intrapsychische Abwehrsystem der Gruppenmitglieder untergraben wird. Im Vergleich zu anderen Patientengruppen fällt es Kindern von Überlebenden schwerer, ihre Angst offen zu äußern, denn solche Gefühle nehmen in ihrer Innenwelt ungeheure, ja manchmal magische Dimensionen an. Je größer die Angst und Abhängigkeit und je stärker die Aggression, desto schwieriger ist es für sie, mit diesen Regungen umzugehen und sie zu äußern. So entsteht ein komplexer Kreislauf aus Projektion und projektiver Identifizierung. Die innere Aggressivität, die dem Gefühl der Hilflosigkeit entspringt, wird auf den Therapeuten übertragen und projiziert, der sich dadurch in eine bedrohliche Gestalt verwandelt – zum Beispiel in einen SS-Offizier –, in deren Händen die Entscheidung über Leben und Tod liegt.

Wir haben gesehen, wie die »Gedenkkerzen« in ihren Träumen eine Identifizierung mit dem »Opfer« eingehen und diese in der ersten Therapiephase dann auf die Haltung der Gruppe gegenüber den Therapeuten projizieren. Die angeführten Beispiele zeigen, daß die Aspekte von »Opfer« und »Aggressor« eng ineinander verwoben sind; wenn wir sie hier voneinander abgrenzen, ist das eine recht künstliche Unterscheidung, die allein dem Zweck dient, die psychische Welt der »Gedenkkerzen« besser verstehen zu helfen.

Auch der folgende Traum Ahuvas stammt aus der ersten Phase einer Gruppentherapie:

»Der Traum spielt in einem Haus mit vielen Stockwerken. Ein großes, unfertiges Haus, mit vielen leeren Räumen.« Hier unterbrach sie sich, um auf die Doppeldeutigkeit des Wortes für »leere Räume« hinzuweisen. [Das hebräische *chalalim* kann auch »im Krieg oder bei Unfällen umgekommene Personen« bedeuten.] »Auf jedem Stockwerk sind viele Menschen. Es geht ein Gerücht um, daß irgendwelche Leute das Gebäude besetzen wollen. Keine bösen Leute, einfach nur Leute. Normalerweise träume ich ja von bösen Menschen mit Waffen, von Räubern mit bösen

Gesichtern und so, aber dieses Mal sind es Menschen aus einer ganz anderen Welt. Sie sind nicht böse, aber sie verfügen über eine solche Macht, daß sie alles, was mich eigentlich ausmacht, auslöschen. Mir scheint, sie tragen weiße Kittel. Wir dürfen nicht einfach akzeptieren, was sie sagen, denn das ist gefährlich. Wir müssen auf alles immer mit dem Gegenteil antworten. Hier wird jeder von uns einzeln auf die Probe gestellt; entweder man besteht den Test, oder man besteht ihn nicht. Es ist verboten, Zahlen zu lesen. Wenn man hinschaut und Zahlen sieht, ist man erledigt. Wer Zahlen gesehen hat, beginnt zu schweben. Um mich herum sind viele Menschen, die mir Mut machen und sagen: ›Hör nicht auf zu kämpfen.‹ Es gibt einen Moment, in dem ich trotz allem eine Zahl nach der anderen sehe, doch ich entwickle eine Technik, wie man die Zahlen ignorieren kann: durch Singen.«

Ahuvas Traum steckt voller Assoziationen, die ich hier nicht alle erörtern kann. Ich will den Schwerpunkt statt dessen auf Ahuvas eigene Interpretation legen. Ihrer Meinung nach bezog sich der Traum auf die Therapie sowie auf die Angst, sie könnte aufgrund der Therapie die Kontrolle über ihr Leben verlieren. Die Zahlen-Probe ist ein schwerer innerer Kampf und macht anschaulich, wie sehr sie sich gegen die Auseinandersetzung mit innerpsychischen Inhalten wehrt, die noch immer sehr beängstigend sind. Später assoziierte sie zu den Zahlen in ihrem Traum die Nummern, die Lagerhäftlingen auf den Arm tätowiert wurden. Ahuvas Identität ist, entsprechend der Identität ihrer Eltern, die einer »Kämpferin«, und diese aktive Identität schlägt sich auch in dem Traum nieder. Im Traum wird sie von der Gruppe unterstützt und dazu ermutigt, stark zu sein und den Kampf nicht aufzugeben: Das weist darauf hin, daß sie sich von der Therapiegruppe unterstützt fühlt in ihrer Weigerung, die Kontrolle aus der Hand zu geben, die verborgenen Winkel ihres Herzens aufzuschließen und sich den in ihrer Psyche angestauten Gefühlen von Schwäche und Schmerz zu überlassen und sie zu äußern. Ahuva weiß bereits, daß es im »Haus« ihrer Familie viele *chalalim* gibt – sowohl leere Räume als auch Leichen –, verspürt aber trotzdem das starke Bedürfnis, die Einheit der Familie und ihr Bild von ihren Eltern zu verteidigen. Und tatsächlich werden »Kämpfer« von ihren Kindern typischerweise als gute Eltern dargestellt, die eine glückliche Familie gegründet und sich immer um ihre Kinder gekümmert haben.

»Das idyllische Bild von dem Haus, in dem ich bei meinen zwei Brüdern und meinen Eltern aufwuchs, habe ich mir all die Jahre bewahrt«, erzählte Zwia, die ebenfalls eine Tochter von »Kämpfern« ist. »Ein weißes Haus in einem Dorf, mit rotem Ziegeldach und einem schönen Garten rundherum. Das war das glücklichste Haus überhaupt, ein wirklich perfektes Zuhause.«

Die Kinder sowohl von »Opfern« als auch von »Kämpfern« leisten in dieser Phase heftigen Widerstand gegen jedes Empfinden, direkt in die traumatischen Erfahrungen der Eltern verstrickt zu sein. In ihrer Psyche liegt das Bedürfnis, sich mit dem erniedrigten Elternteil zu identifizieren, im Widerstreit mit der Wut und Feindseligkeit, die sie ihm gegenüber empfinden. Dieser Konflikt wurde bereits in früher Kindheit verinnerlicht und weckt jetzt Scham und auch Angst, so daß sie es vorziehen, ihre Gefühle weiterhin zu verleugnen und zu verdrängen. Noch haben sie nicht die Fähigkeit entwickelt zu sehen, wie Bedeutung und Folgen der Holocaust-Traumata ihrer Eltern mit den Gefühlen und Bildern zusammenhängen, die ihre Eltern auf sie übertrugen, als sie Kinder waren, und die entscheidenden Einfluß auf ihre psychische Entwicklung ausübten.

In einem weiter fortgeschrittenen Stadium der Therapie sagte Zwia:

»All die Jahre habe ich nicht verstanden, was es heißt, daß meine Mutter den Holocaust, Auschwitz, am eigenen Leib erfahren hat. Und man muß Mitgefühl mit ihr zeigen und Rücksicht auf ihre Gefühle nehmen, und dann, sehr viel später, muß man sich wirklich ganz in sie hineinfühlen, weil man es ihr so vielleicht leichter machen kann. Aber ich konnte nie irgendeine Verbindung zwischen ihr und mir erkennen, zwischen dem Holocaust und der Tatsache, daß sie mich geboren und aufgezogen hat. Mir blieb verborgen, was das mit all dem zu tun hatte, was sie mir geben wollte und nicht geben konnte.«

Der latente innere Konflikt, der in dieser Phase an die Oberfläche zu treten beginnt, beschwört die Gefahr eines Identitätsverlusts und einer tiefen inneren Verwirrung und Fragmentierung herauf; er weckt bei den Patienten somit heftigen Widerstand und das Bedürfnis nach Möglichkeiten der Abwehr, um sich von diesen Empfindungen abzusetzen. Ihr Widerstand drückt sich unter anderem in Versuchen aus, sich selbst und die anderen Patienten der Gruppe unter Kontrolle zu halten: Sie geben intime Informationen nicht preis, artikulieren ihre Gefühle nicht und lassen es nicht dazu kommen, daß sie sich den anderen in der Gruppe in irgendeiner Weise nahe fühlen. Bei meiner Arbeit mit Kindern von Überlebenden habe ich im Laufe der Jahre festgestellt, daß das Bedürfnis, die Kontrolle über sich und andere nicht aus der Hand zu geben, ein konstantes und gleichbleibendes Grundmuster dieser Therapiephase ist. Die Gruppenmitglieder setzen somit ein gut Teil ihrer inneren Ressourcen für das Ringen darum ein, die anderen Gruppenmitglieder, die Therapeuten und die eigenen beängstigenden und destruktiven Gefühle unter Kontrolle zu halten. Das Bedürfnis, jede Situation vollkommen im Griff zu haben, hängt mit den Überlebensübungen und Vorbereitungen auf den nächsten Holocaust zusammen, mit denen viele Angehörige der Zweiten Generation zwanghaft beschäftigt sind. Die Überlebensübungen können ganz unterschiedliche Formen annehmen und reichen von sportlicher Betätigung, die den Körper stärken und in bestmögliche Kondition bringen soll, bis hin zur Suche nach »sicheren« Sitzplätzen an öffentlichen Orten.

Yacov, Sohn von »Kämpfern«, erzählte:

»Im Kino oder im Bus sitze ich immer auf einem strategisch berechneten Platz, entweder neben der Tür oder in der letzten Reihe in der Mitte. Ich stelle mir immer einen Terroranschlag oder etwas Ähnliches vor. Bei mir ist alles durchdacht und geplant. Ich weiß genau, wie ich kämpfen und entkommen werde.«

Eine andere Art, sich auf den Holocaust vorzubereiten, ist das Horten von Lebensmitteln. Dies ist, wie schon erwähnt, ein typisches Merkmal vieler Überlebender, das sie auch an ihre Kinder weitergegeben haben. Semel (1985) beschreibt dies in einer ihrer Geschichten:

So, wie er jetzt stand, konnte er die Küche recht gut einsehen. Die Tür zur Speisekammer stand offen. Naomi stand auf einem niedrigen Stuhl und ordnete auf den Regalen des Schrankes Stapel von Konservenbüchsen. Wie hohe Türme ragten sie bis zur Decke des Schrankes empor. Zwischen ihnen steckten Plastiksäckchen unterschiedlicher Größe und Farbe. Gideon Adar las die Beschriftungen: Zucker, Mehl, Reis. Für die Brotlaibe hatte sie einen besonderen Platz. In Plastik eingewickelt, sich aneinanderschmiegend und jeder den anderen bewachend.

Naomi überging keinen. Jeden einzelnen streichelte sie, und über ihre Lippen kam ein leises Singen. Danach stieg sie von dem Stuhl herunter, einen nicht verpackten Brotlaib an sich drückend. Sie drückte den Laib an ihre Brust und hatte Gideon immer noch nicht wahrgenommen. (S. 144)

Einige Überlebende können es noch immer nicht glauben, daß sie am Leben geblieben sind. Dieses Überleben ist für sie nicht etwas, das sie als gesichert voraussetzen können, sondern etwas, um das sie immer wieder kämpfen müssen, jeden Tag, ein Leben lang. Die Überlebenden, die dieses Gefühl in sich tragen, geben es auch an ihre Kinder weiter, und so sehen es viele dieser Kinder nicht als selbstverständlich an, daß sie am Leben sind, und empfinden sich als etwas irgendwie Besonderes und Außergewöhnliches. Dieses Gefühl herrscht auch in ihrer Therapie vor. Die Therapie gibt den Patienten das Gefühl, daß ihr Überleben, zumindest ihr psychisches Überleben, nicht ganz gesichert sei. Diese Bedrohung der Integrität ihrer Persönlichkeit ist derart beängstigend, daß sie starrsinnig und kompromißlos dagegen ankämpfen. In ihren Augen ist der Verlust der Kontrolle gleichbedeutend mit dem Verlust der psychischen Integrität, und so wird der Kampf darum, die Kontrolle zu behalten, zu einem Überlebenskampf.

Ein Mittel, mit dem die Kinder von Überlebenden sich gegen die Gefahr psychischer Desintegration schützen, ist das psychische Sichabschotten. Kestenberg (1982) beschreibt das mechanische Verhalten, das sie bei Kindern von Überlebenden oft beobachtet hat. Es ist dem Verhalten der Eltern während des Holocaust sehr ähnlich: »Gefühle waren gefährlich, weil sie angreifbar machten. Indem sie sich leblos oder tot stellte, konnte niemand sie verletzen oder töten.« (1982a/1995a, S. 184)

In einer fortgeschrittenen Phase der Therapie, als die Schwelle für das Bewußtwerden von Zusammenhängen schon sehr weit herabgesetzt war, erzählte uns Chawa:

»Ich zeige euch nicht, was ich fühle, denn wenn sie mich bemerken, können sie mir immer noch weh tun. Ich höre, was ich sage; es ist für mich selbst bestimmt und auch für meine Mutter. Ich sehe sie als junges Mädchen im Lager. Ich will nicht, daß man ihr weh tut, sie muß stark sein. Sie wird ihnen nicht zeigen, was sie innendrin fühlt, denn sie muß leben.«

Das physische Überleben hing wie erwähnt oft davon ab, ob es dem Häftling gelang, sich zumindest teilweise psychisch abzuschotten. Viele Jahre sind seit dem Holocaust vergangen, und doch sieht sich Chawa in ihrer Gefühls- und Phantasiewelt noch immer jenen Gefahren ausgesetzt, die das Leben ihrer Mutter bedrohten, und nimmt zu denselben Abwehrtaktiken Zuflucht; sie ist nach wie vor außerstande, in ihrem Bewußtsein zwischen sich und ihrer Mutter zu differenzieren. Das emotionale Überleben hängt ihrem Empfinden nach davon ab, daß sie ein starres Abwehrsystem wie dasjenige aufrechterhält, das ihre Mutter gerettet hat.

In einer Therapiegruppe mit vielen Kindern von Überlebenden kann man oft verfolgen, wie sich eine Art geheimes Bündnis zwischen ihnen bildet, weil sie erkennen, daß sie Ähnliches empfinden. Dieses Bündnis hat die Funktion eines Gruppen-Abwehrsystems, das die Äußerung von starken Gefühlen jeglicher Art verhindert. Es schützt die Patienten auf der Ebene der Gruppeninteraktion davor, verdrängte Gefühle offenlegen zu müssen, die sie noch als bedrohlich sowohl für sich als einzelne wie auch für die Gruppe als Ganzes empfinden. In der Frühphase der Therapie ist die Gruppe noch nicht in der Lage, ein Übermaß an Emotionalität aufzufangen.

Einige Forscherinnen und Forscher (Aleksandrowicz 1973; Kestenberg 1972; Trossman 1968) interpretieren die Identifizierung mancher Kinder von

Überlebenden mit dem Aggressor als eine Form der Abwehr angesichts von Schwäche, Angst und Hilflosigkeit. Ein Hinweis darauf ist Ze'evs Worten zu entnehmen:

»Ich muß immer stark sein. Hart und stark um jeden Preis. Ich habe ihnen niemals gezeigt, was ich wirklich fühle. Ich habe immer so getan, als sei alles in Ordnung.«

Die Identifizierung mit dem Aggressor dient nicht nur dazu, eine emotionale Desintegration abzuwehren, sondern auch als ein Mittel, die überlebenden Eltern zu schützen. Rafael legte sich ein rigides und schroffes Verhalten zu, das man als eine Identifizierung mit dem Aggressor auffassen kann. Er versuchte damit Situationen aufzulösen, in denen er hilflos, verwirrt, beschämt oder ängstlich war. Wahrscheinlich übernahm er dieses Verhalten von seiner Mutter, die Mitglied in einer Untergrundgruppe gewesen war und an vielen Rettungsaktionen und sogar an Angriffen auf Anlagen der deutschen Armee teilgenommen hatte. Möglicherweise identifizierte die Mutter sich insgeheim nicht nur mit dem Kampf, sondern auch mit den Aggressoren. Jedenfalls bestärkte sie ihren Sohn in Verhaltensweisen, die Stärke, Entschlossenheit und Leistungsbereitschaft anzeigten, und reagierte empfindlich, wenn er Schmerz und Unsicherheit äußerte.

In der Gruppentherapie neigte Rafael dazu, sich arrogant zu geben und zu den anderen eine spürbare emotionale Distanz zu halten. In einer der Sitzungen ging er damit zu weit, und ein Gruppenmitglied sagte ihm offen die Meinung. Rafael reagierte so arrogant und schroff wie immer. An diesem Punkt schaltete ich mich ein und machte ihm seine Art zu reden an einem Beispiel deutlich: Ich wies ihn nicht nur auf den Inhalt dessen hin, was er sagte, sondern auch auf seinen Tonfall, seinen Gesichtsausdruck und seine Körpersprache. Zunächst war Rafael erstaunt und wußte nicht recht, worauf ich hinauswollte. Daraufhin entschloß ich mich, eine Psychodrama-Technik anzuwenden, und forderte ihn auf, sein normales Verhalten in übertriebener Form darzustellen. Zunächst zögerte er ein wenig, schlüpfte aber nach und nach ganz in die Rolle hinein und gab bald Anweisungen nach allen Seiten, beschimpfte die anderen höhnisch und warf ihnen rüde Beleidigungen an den Kopf. Als ihm die Gruppenmitglieder sagten, eigentlich verhalte er sich wie ein SS-Offizier, machte er einen zufriedenen Eindruck und fuhr mit unverhohlenem Vergnügen in dem Spiel fort. Ohne jede Hemmung verteilte er an die Gruppenmitglieder »Komplimente« wie: »Du bist ein Wurm«, und »Du bist doch nur eine jüdische Nutte.« Die Spannung in der Gruppe wuchs zusehends. Schließlich brach eine der Frauen in bittere Tränen aus und begann in ihrem Schmerz, ihn verbal anzugreifen. Die Reaktionen der Gruppe darauf waren geteilt: Einige identifizierten sich mit dem Schmerz und den Tränen der Frau, andere mit Rafael, und ein paar schwiegen einfach nur. Als die Spannung ihren Höhepunkt erreichte, brach Rafael in Tränen aus. Er stöhnte mit erstickter Stimme, und es hörte sich wie das Weinen eines Neugeborenen an. Nachdem er sich beruhigt hatte, begann Baruch von einem Traum zu erzählen, den er immer wieder hatte: Er fährt auf einem großen, schwarzen Motorrad, trägt Uniform und einen Helm. Neben ihm fahren andere Leute auf ähnlichen Motorrädern. Sie machen einen schrecklichen Krach, aber im Grunde fahren sie einfach nur so in der Gegend herum, von Ort zu Ort, ohne ein Ziel. Wo immer sie hinkommen, schaut sie jeder angstvoll an und rennt weg. »Ich habe den Traum nie verstanden«, sagte Baruch. »Es ist das erste Mal, daß ich ihn mit den SS-Männern in Verbindung bringe, die auf ihren Motorrädern fuhren und ein Dorf nach dem anderen überfielen.« Baruch hielt inne, sann eine Weile nach und fuhr dann fort: »Es ist immer noch erschreckend für mich – wie kann ich wie einer von ihnen sein, nach allem, was meinen Eltern ›dort‹ widerfahren ist?«

Als Baruch geendet hatte, ergriff Zipora das Wort. Sie wirkte einigermaßen verstört, als sie ihren Traum erzählte. Der Traum spielt in einem Haus, das anscheinend ihr Elternhaus während ihrer Kindheit ist. Sie ist in der Obhut einer Kinderfrau [das hebräische Wort bedeutet zugleich auch »Therapeutin«], die sie antreibt, sich zu beeilen und aufzubrechen. Zipora hat nichts dagegen einzuwenden, möchte zuvor aber noch duschen. Sie geht in die Dusche und bleibt lange Zeit dort. Die ganze Zeit über fühlt sie sich bedroht, denn die SS kommt immer näher, und sie hat Angst, gefaßt zu werden. Anfangs ist es nicht ganz eindeutig, wer die SS verkörpert, dann aber öffnet sich in einem ganz bestimmten Moment die Tür, und ihr Cousin Mordechai erscheint in SS-Uniform mit einem großen Revolver am Gürtel:

»Er wirkte so massig und dick, mit einem Bauch, den er in Wirklichkeit gar nicht hat. Aus der Ferne tauchen Gestalten auf, die kleiner und verschwommener sind. Es sind meine Eltern, und auch sie tragen Nazi-Uniformen. Sie stellen mir Fragen, verhören mich, tun mir aber nichts Böses an. Ich bin sehr überrascht, vor allem aber habe ich Angst. Am Ende schaffe ich es, zusammen mit der Kinderfrau rechtzeitig fortzukommen.«

Weil die Therapeuten Rafael eine Legitimation für sein Verhalten verschafften und alle Gruppenmitglieder sich innerhalb des therapeutischen Settings sicher zu fühlen begannen, trauten sich Rafael, Baruch und Zipora anscheinend, ein wenig von der Aggression in ihrem Inneren aufzudecken. In ihrem vollen Ausmaß kam diese Aggression, ebenso wie die Aggression und Herrschsucht ihrer Eltern, in Symbolen und Bildern zum Ausdruck, die auf den Holocaust zurückgehen. Das Gefühl, daß die Aggression, wie es im Holocaust tatsächlich der Fall war, keine Grenzen kennt, ist in der Psyche der Zweiten Generation ebenso beherrschend wie in der ihrer Eltern. Daher rührt die Schwierigkeit, sich der Aggression direkt zu stellen und sie vor anderen offenzulegen.

Durch Rafaels ungestümen Ausbruch und die nachfolgenden Traumberichte kam es zur ersten Begegnung der Gruppenmitglieder mit dem aggressiven Anteil ihrer Psyche. Das Offenlegen ihrer Aggressionen ermöglichte es ihnen, auch anderen Emotionen freien Lauf zu lassen. In Rafael etwa konnte sich eine Katharsis vollziehen, und zum ersten Mal in seinem Leben vermochte er sich dem Schmerz, der Schwäche und der Verwundbarkeit zu stellen, die bis dahin in die Tiefen seiner Psyche verdrängt und von einer rigiden Abwehr verdeckt waren. Rafael ließ diese Gefühle mit einer großen Intensität heraus, unter Schmerzen und Tränen, und gestand somit sich selbst wie auch den anderen Gruppenmitgliedern das Recht zu, ähnliche Gefühle auszudrücken, Gefühle, die sie niemals auszudrücken gewagt hatten und mit denen die Gruppe bis dahin nicht hatte umgehen können.

Hopper und Kreeger (1980) beschreiben einen Workshop von Fachleuten zum Thema Holocaust und Überleben. Nur einige der 140 Teilnehmer des Workshops waren Überlebende oder Kinder von Überlebenden. Dennoch sind die Reaktionen sämtlicher Teilnehmer aufschlußreich und bestätigen die oben dargelegten Zusammenhänge. Die Stimmung in der Gruppe kreiste vorwiegend um die Motive von Opfer und Aggressor. Die emotionale Spaltung wurde auf die Gruppenmitglieder und/oder die Diskussionsleiter projiziert, und zwar durch den Mechanismus der projektiven Identifizierung. Auch in diesem Workshop bildeten sich durch die emotionale Spaltung Untergruppen, so daß eine klare Trennung zwischen den Diskussionsleitern als den Bestimmenden und den Gruppenmitgliedern als den Bestimmten entstand (»the controllers and the controlled«, Fogelman und Savran 1970), und ebenso war die Sprache des Holocaust mit ihren Symbolen und Bildern deutlich zu erkennen. Hopper und Kreeger (1980) berichten, daß die Teilnehmer in einer »Kultur des Todes« versunken waren, in einem kollektiven Angstgefühl, das vom Schrecken der Vernichtung herrührte. Einige Teilnehmer erlebten bestimmte Aspekte der Gruppe, als seien sie analog zu den Erfahrungen der nach Auschwitz deportierten Juden; Teil dieser großen Gruppe zu sein empfanden sie als eine verlockende, aber teuflische Einladung, an einer Rekonstruktion der Sache selbst teilzuhaben. Die meisten Gruppenmitglieder waren sich einig darin, daß man besser sämtlichen imaginativen Erfahrungen aus dem Wege gehen sollte, um nicht jene Ängste aufzudecken, die mit dem Holocaust zusammenhängende Phantasien unweigerlich aufrühren. Denn in der Welt der Phantasie gibt es stets Feinde, die im verborgenen lauern, und der Holocaust liegt immer im Bereich des Möglichen und könnte sich ein zweites Mal ereignen. Im Laufe des Workshops kamen ein Gefühl der Hilflosigkeit sowie eine unterdrückte oder verdrängte Wut auf die Diskussionsleiter, die Organisatoren und die Gruppe selbst auf. Die Gruppenmitglieder griffen aber nicht die Diskussionsleiter und die anderen Mitglieder an, sondern sie verinnerlichten ihre Wut sowohl als einzelne wie auch als Gruppe, was sich in Nervosität, Anspannung und starker Frustration bemerkbar machte. Nach einer Weile herrschte in der Gruppe eine Atmosphäre von Langeweile, Unruhe und Ermattung, und ein Gefühl der Depersonalisation machte sich breit. Die

Angst, Wut auf die Autoritätsfiguren offen zu äußern, war derart groß, daß eine höchst regressive Situation entstand und die Teilnehmer sich selbst mit ihren Objekten zu verwechseln begannen. An diesem Punkt werfen Hopper und Kreeger (1980) eine wichtige Frage auf: Wäre es möglich, daß die Gruppenmitglieder, die sich unbewußt mit Lagerhäftlingen identifizierten, ihre Wut auf die Diskussionsleiter aus denselben Gründen nicht zu äußern vermochten, aus denen die Lagerhäftlinge damals nicht imstande waren, Wut und Hilflosigkeit gegenüber ihren Peinigern zu äußern? Nimmt man diesen Blickwinkel ein, so ist es nicht weiter verwunderlich, daß die Teilnehmer angesichts ihrer Angst, Aggression und Hilflosigkeit in erster Linie die projektive Identifizierung als Abwehrmechanismus einsetzten, um diejenigen unter Kontrolle zu halten, die sie für ihr Schicksal verantwortlich machten – die Organisatoren und Diskussionsleiter.

Kapitel 6

Selbstwertgefühl und sexuelle Identität

In diesem Kapitel soll aufgezeigt werden, in welcher Weise sich die »Gedenkkerzen« mit zwei zentralen Elementen ihrer Identität auseinandersetzen: mit Selbstwertgefühl und sexueller Identität. Diese Elemente sind im Verlauf ihrer Identitätsbildung stagniert und haben sich nicht weiterentwickelt, weil die Identifizierung mit den überlebenden Eltern und das Miterleben ihrer Gefühlswelt das verhinderte.

Nachum sagte in einer Gruppensitzung: »Ich sehe zwei sich schnell vorwärts bewegende Bänder. Sie sehen wie ein Fließband aus, das Zeitungen befördert. Viele Zeitungen, die sich so schnell bewegen, daß es unmöglich ist, die Schrift zu entziffern. Die Buchstaben laufen schnell an mir vorbei. Plötzlich merke ich, daß das gar keine Zeitungen sind. Es sind Menschen. Viele, viele Gesichter von Menschen, die dicht nebeneinandergepackt sind und schnell an mir vorbeiziehen. Ich muß, aber ich will auch unter all den Tausenden von Gesichtern meine verschwundenen Angehörigen finden. Ich stehe da und will und muß mit dem Finger zeigen, meinen Großvater und meine Großmutter ausfindig machen, meine Onkel und Tanten und alle meine anderen Angehörigen. Ich gerate in sehr, sehr große Anspannung. Mit ausgestrecktem Finger stehe ich da, und es gelingt mir nicht. An mir schießen so viele unscharfe Gesichter vorbei, und es ist schwierig, sie anzuhalten. Ich kann mir ein bekanntes Gesicht, ein Bild, nicht in Ruhe anschauen und eine Nähe dazu spüren, fühlen, daß sie auf irgendeine Weise und zu irgendeinem Zeitpunkt einmal zu mir gehört haben oder, besser gesagt, daß ich einmal zu ihnen gehört habe. Sie waren meinen Eltern so nah und vertraut, und durch sie sind sie auch mir nahe. Ich bin schließlich nach meinem Großvater benannt, und er ist eines von diesen Tausenden, Millionen anonymer Gesichter. Wie kann ich also erreichen, daß er weniger anonym wird?«

Nachum schwieg, schaute die anderen Mitglieder der Gruppe an und wandte sich zögernd und verlegen an Dvorah. In seinen Augen glänzten Tränen, und seine Stimme verriet tiefe Bewegung: »Weißt du, als ich dich in der ersten Sitzung sah, hatte ich dir gegenüber ein seltsames und besonderes Gefühl. Ich kannte dich nicht. In Wirklichkeit wußte ich fast gar nichts über dich, eigentlich überhaupt nichts. In dieser Zeit – ich weiß nicht, ob du es überhaupt bemerkt hast – habe ich manchmal während der ganzen Sitzung dagesessen und dich angestarrt. Ich habe oft gedacht, daß dir diese Blicke vielleicht unangenehm sind, daß du überlegt hast, was ich eigentlich von dir will. Am Anfang wußte ich selbst nicht, was ich eigentlich von dir wollte, was ich bei dir suchte. Ich wußte nur, daß ich dich anschauen, dich kennenlernen, vielleicht etwas Bestimmtes an dir erkennen, etwas finden wollte. Als du vor ein paar Wochen von deiner Mutter und ihrer jüngeren, schönen Schwester erzählt hast, die ihr so nahestand, die sie so geliebt und ›dort‹ verloren hat, da wurde mir auf einmal klar, daß du eigentlich der jüngeren Schwester meiner Mutter sehr ähnlich siehst, die ›dort‹ inmitten der Tausenden von Gesichtern mit untergegangen ist...«

Nachum schwieg und fuhr nach langer Pause fort: »Es gibt ein zerknittertes, vergilbtes Photo dieser jungen Tante von mir. Es ist interessant – zum ersten Mal kann ich sie ›Tante‹ nennen und dieses Wort wirklich aussprechen.« Seine Augen füllten sich langsam mit Tränen. »Sie war so schön. Ich kann sie ein bißchen beschreiben: langes, wallendes schwarzes Haar, so wie deines, Dvorah. Ein schönes Gesicht. Sie war groß und hochgewachsen wie du. Als meine Mutter sie zum letztenmal sah, war sie etwa achtzehn, und da ist sie stehengeblieben. Ich versuche, mich an ihren Namen zu erinnern, aber auf einmal fällt er mir nicht mehr ein. Seltsam, ich habe doch gewußt, wie sie hieß.«

Nachum versuchte, sich den Namen ins Gedächtnis zu rufen, was ihm jedoch bis zum Ende der Sitzung nicht gelang. Unterdessen begann Esther einen Traum zu erzählen, den sie in der Nacht vor der Sitzung gehabt hatte: »In diesem Traum stehe ich vor einem offenen Massengrab mit Bergen von Leichen. Ich weiß nicht, ob ich euch erzählt habe, daß meine Mutter außer ihren Eltern und anderen Verwandten noch zehn Geschwister im Holocaust verloren hat.«

Esther schwieg. Daraufhin wandte sich Yitzhak an sie und sagte voller Wärme: »Du hast es uns wirklich nie so richtig erzählt. Wir haben immer gewußt, daß deine Eltern ›dort‹ alle ihre Angehörigen verloren haben. Aber in all diesen Jahren hast du nie erzählt, wen genau sie verloren haben. So wie auch ich vielleicht nie genau erzählt habe, was meine Eltern ›dort‹ durchgemacht haben. Wenn ich es mir recht überlege, ist das doch ein merkwürdiger Zufall! Du sitzt hier bei uns, und zusammen sind wir elf, zehn ohne dich, genau wie deine Mutter und ihre zehn Geschwister.«

Esther hatte mit gesenktem Kopf dagesessen und schweigend zugehört. Sie wirkte sehr angespannt und bewegt. Plötzlich fiel sie Yitzhak ins Wort und sagte: »Ja, daran habe ich gar nicht gedacht. Ich weiß aber auch gar nicht genau, was du meinst. Was hat die Tatsache, daß ich hier mit zehn anderen in der Gruppe zusammensitze, damit zu tun, daß meine Mutter ›dort‹ zehn Geschwister verloren hat?«

Yitzhak antwortete lächelnd: »Wir haben hier oft darüber gesprochen, daß die Gruppe wie eine Familie ist und wir füreinander Geschwisterfiguren darstellen. Es ist interessant, daß du nie darüber nachgedacht hast, daß wir wie zehn Geschwister für dich sind.«

An diesem Punkt schaltete ich mich in das Gespräch ein und versuchte, Esther zu ihrem Traum zurückzuführen, obwohl ich wußte, daß es schwierig für sie war. Ich erinnerte sie daran, wie sie vor dem großen Massengrab gestanden und die Leichenberge gesehen hatte, und fragte, ob sie es fertigbringe, wirklich hinzuschauen und Menschen zu entdecken, die sie kenne, einen ihrer Verwandten, einen Onkel oder eine Tante vielleicht. Nach einigem Zögern antwortete sie:

»Ja, ich stehe davor und will nicht wirklich hineinschauen, fühle aber, daß ich das muß. Etwas in mir treibt mich dazu. So viele Jahre flüchte ich schon davor. Ich wußte von nichts und wollte eigentlich auch gar nichts wissen. Meine Mutter hat mir kaum etwas über ihre Geschwister erzählt. Meine Onkel und Tanten nehmen für mich keinerlei Gestalt an, ich habe kein klares Bild von ihnen. Es sind noch nicht einmal Photos von ihnen geblieben.« Plötzlich begann sie, die toten Verwandten direkt anzusprechen: »Vielleicht kann ich es jetzt zum ersten Mal wagen, euch näher anzuschauen, versuchen, euch mir vorzustellen, zu sehen, wie ihr ausgeschaut habt, als ihr noch am Leben wart. Es fällt mir immer noch so schwer, euch ›Onkel‹ und ›Tanten‹ zu nennen und euch klar vor mir zu sehen. Ich weiß nur, daß ich nach der jüngsten Schwester meiner Mutter benannt bin, die sie alle so sehr geliebt haben.«

Esther begann zu weinen. Nachdem sie jahrelang an sich gehalten hatte, erlaubte sie sich nun zum ersten Mal, hemmungslos zu weinen. Die meisten in der Gruppe waren sehr bewegt, und manche hatten Tränen in den Augen. Einige versuchten, mit Esther zu reden und sie zu unterstützen, indem sie sich mit Esthers und ihrem eigenen Schmerz identifizierten. Esther konnte in dieser Sitzung nicht nur zum ersten Mal in das Massengrab schauen und dort ihre Angehörigen erkennen, sondern auch einen persönlichen, emotionalen Bezug zu ihnen herstellen und sie »Onkel« und »Tanten« nennen. Damit begann ein Prozeß der Auseinandersetzung mit ihren Gefühlen von Verlust und Trauer, in den sie nur einsteigen konnte, weil die Gruppenmitglieder sie mit Unterstützung überhäuften und sich in vielfältiger Weise mit ihr identifizierten. Diesmal konnte Esther den Gruppenmitgliedern Vertrauen schenken, was sie bis dahin nicht fertiggebracht hatte. Sie hatte Mut und Kraft aus Nachums Beispiel geschöpft, der seine Gefühle in einem ganz ähnlichen Zusammenhang offenlegte und sich ein Gruppenmitglied, Dvorah, zur »Übergangsfigur« nahm, damit sie ihn zu seiner jungen Tante führte, deren Bild er in sich trug. Dvorah half ihm, ein deutliches Bild seiner Tante vor sich aufsteigen zu lassen, an seinen Empfindungen ihr gegenüber zu arbeiten und sich ihr Bild tief einzuprägen. Auf diese Weise erreichte er, daß ihr Bild von der beschwerlichen, konfliktreichen emotionalen Last befreit wurde, die nicht so sehr seine Sache als vielmehr die seiner Mutter war.

Es erscheint mir lohnend, hier näher auf dieses zentrale Thema des psychischen Wachstums und der Entwicklung eines jeden Kindes einzugehen, das Thema der Identifizierung. In der Psychoanalyse gilt die Identifizierung als ein für die Gestaltung und den Aufbau der Persönlichkeit zentrales Element. Viele Autoren, darunter Freud (1921, 1923) und Sandler (1960a), betonen, daß die Identitätsentwicklung unter anderem an die Fähigkeit gebunden ist, zwischen dem Selbst und dem Selbstobjekt zu unterscheiden. Ein unabhängiges Selbst entsteht durch einen Entwicklungsprozeß, dessen zentralen Bestandteil eine Reihe von Identifizierungen bildet. Sie sind unerläßlich für die Erhaltung eines inneren Kontinuitätsgefühls, das auf einem Gefühl der sicheren Einheit mit einem allmählich vertraut werdenden Menschen beruht. Silvermann (1986) betont, daß es dem Individuum in der Regel nur durch einen derartigen Prozeß möglich ist, auf die Illusion der Einheit mit dem primären Objekt, also meist mit der Mutter, zu verzichten. Auf diese Weise kann eine Trennung zwischen dem Selbst und dem Selbstobjekt entstehen, die wiederum die Bildung eines eigenen, abgegrenzten Selbst möglich macht. Die an diesem Prozeß beteiligten Identifizierungsmechanismen erfüllen zwei Funktionen zugleich: Sie ermöglichen zum einen die Bestimmung des Unterschieds zwischen Selbst und Selbstobjekt, zum anderen die psychische Vereinigung des Selbst mit dem Selbstobjekt durch Identifizierung und Nachahmung. Die Identifizierungsmechanismen verändern sich im Verlauf der Entwicklung: Im ersten Lebensjahr sind sehr primitive und archaische, aus unbewußten Trieben abgeleitete Mechanismen wie Introjektion und Assimilation am Werk. Mit fortschreitender Reifung werden diese allmählich durch differenziertere Mechanismen ersetzt, die dem Ich und dem Über-Ich entstammen.

Erfolg oder Mißerfolg dieser Entwicklungsprozesse hängt davon ab, inwieweit sie in die Bildung psychischer Strukturen eingehen und verinnerlicht werden. Es stellt sich die Frage, welcher Art die Identifizierungsmechanismen sind, die die »Gedenkkerzen« gegenüber ihren überlebenden Eltern entwickelt haben.

In den vorangegangenen Kapiteln ist deutlich geworden, daß die überlebenden Eltern im Zuge eines Überlagerungsprozesses eine Phantasiewelt geschaffen haben, in der sie sich gemeinsam mit ihren Kindern bewegen, und daß die Kinder als Teilnehmer in das intrapsychische Drama der Eltern verstrickt sind. Die narzißtische Bindung der »Gedenkkerzen« an ihre Eltern läßt sie zu Rettern der im Holocaust umgekommenen Objekte werden. Außerdem versuchen die »Gedenkkerzen«, die narzißtischen Wunden ihrer Eltern zu heilen, indem sie deren enorme Erwartungen an sie zu erfüllen trachten, um sie für ihre gewaltigen Verluste zu entschädigen.

Die mit den Eltern geteilten Phantasien und die narzißtische Eintracht mit ihnen hindern die »Gedenkkerze« daran, gegenüber den Eltern Aggressionen oder Feindseligkeit zu verspüren, verringern die Schuldgefühle ihnen gegenüber und stärken die beständige Einheit mit dem Objekt. Die »Gedenkkerze« hat teil am Gefühl der Verpflichtung gegenüber den Toten und am Lebensstil der Eltern, der für sie zum Ersatz für den Trauerprozeß geworden ist, dem sie um jeden Preis auszuweichen versuchen. Die archaischen, aus dem Über-Ich abgeleiteten Identifizierungen, welche die »Gedenkkerzen« und ihre Eltern miteinander teilen, sind nicht nur mit Tendenzen zur Identifizierung mit dem Opfer verknüpft, sondern auch mit narzißtischen Wunden, die den intrapsychischen Konflikt der Kinder noch verschärfen. Weil die »Gedenkkerzen« das Bedürfnis haben, etwas Besonderes zu sein, um den unbefriedigten Wünschen und Impulsen ihrer Eltern genügen zu können, haben sie keinen Freiraum, um sich der Befriedigung ihrer eigenen persönlichen Bedürfnisse zu widmen, so daß ihre Individuation in und nach der Wiederannäherungs-Phase (ungefähr mit zwei Jahren) sowie vor und nach der ödipalen Phase (mit vier bis fünf Jahren) verzögert abläuft.

Manchmal führt die gestörte emotionale Entwicklung der »Gedenkkerzen« zu einem symbiotischen psychischen Sichabschotten [symbiotic psychic closing-off] während des ersten und zweiten Lebensjahres, noch ehe Selbst und Selbstobjekt in irgendeiner Weise voneinander getrennt sind. In diesem Stadium entwickeln sich die primitiven Identifizierungsmechanismen, mit deren Hilfe die »Gedenkkerzen« Teile der unbewußten Welt ihrer Eltern (vor allem solche, die mit ihren traumatischen Verlusten zusammenhängen) verinnerlichen und assimilieren.

Die überlebenden Eltern hatten große Schwierigkeiten damit, den eigenen Kindern in der Trennungs- und Individuationsphase klare Grenzen zu setzen, so daß die »Gedenkkerzen« im allgemeinen davon abgehalten wurden, ihr eigenes Selbst von dem der Eltern abzulösen. Die primitiven Identifizierungsmechanismen der Assimilation und Verinnerlichung sind in ihrer Psyche bis in ein relativ fortgeschrittenes Alter dominant geblieben. Weiterentwickelte, dem Ich und Über-Ich entstammende Mechanismen haben sich bei den meisten »Gedenkkerzen« vor der Therapie nicht herausgebildet. Und selbst wenn dies der Fall ist, so brauchen sie doch eine ausgedehnte Therapie und den beständigen Kontakt mit dem therapeutischen Setting. Durch ihr wachsendes Vertrauen in die Therapeuten und die Therapiegruppe sowie die respektvolle und positive Einstellung, mit der man ihren Wünschen, Gefühlen und Begrenzungen begegnet, läßt die Gefahr einer Desintegration oder Überflutung des Ich nach. Wenn die therapeutischen Prozesse in wirksamer Weise verinnerlicht werden und sich in psychischen Strukturen niederschlagen, setzt der Loslösungsprozeß ein, so daß die »Gedenkkerzen« klarere Grenzen zwischen ihrem eigenen Selbst und dem Selbst anderer, also auch zwischen sich und ihren Eltern ziehen können. Bergmann (1982) sagt:

> Empathie und Identifizierung mit dem überlebenden Elternteil als einem verfolgten Opfer oder als einem Nazi-Aggressor führen bei einem Kind von Überlebenden dazu, daß die Ich- und Über-Ich-Repräsentanzen Spaltungsmechanismen unterworfen sind. In vielen Fällen vermag das Kind den einst erniedrigten Elternteil nicht zu idealisieren, insbesondere wenn es ihn in unterwürfiger Haltung gegenüber einem Beamten oder einer anderen Autoritätsfigur erlebt hat [...]. Nach der Abwertung der elterlichen Autorität kann das Über-Ich des Kindes diesen Elternteil nicht mehr als Beschützerfigur verinnerlichen. (S. 297f.)

Ein selbständiges, von der elterlichen Autorität unabhängiges Ich ist im allgemeinen das direkte Ergebnis der Verinnerlichung des Über-Ich. Die »Gedenkkerzen« aber hatten große Schwierigkeiten, das Über-Ich ihrer Eltern in seinen verschiedenen Aspekten zu verinnerlichen, und zwar vor allem aus drei Gründen: 1. weil sie zwangsläufig auf Probleme stießen, wenn sie sich mit ihren Eltern identifizieren und sie idealisieren wollten; 2. weil die Überlebenden ihren Kindern doppeldeutige Botschaften übermittelten, die von der Spaltung zwischen Selbst und Objekt in ihren Über-Ich-Repräsentanzen herrührten (bei manchen beruhte die Spaltung darauf, daß sie sich mit der Nazimoral identifizierten und sie gleichzeitig ablehnten); 3. weil die Kinder niemals imstande waren, den ungeheuren Erwartungen ihrer Eltern zu genügen.

Diese drei Gründe führten bei den »Gedenkkerzen« dazu, daß die Eigenschaften des Über-Ich und des Ideal-Ich externalisiert wurden. Im Mittelpunkt der Rolle, die die »Gedenkkerzen« bei der erneuten psychischen Anpassung ihrer Eltern an das Leben zu spielen hatten, standen Über-Ich und Ideal-Ich als die zentralen strukturierenden Elemente. Weil die »Gedenkkerzen« auf diese Weise in das innere Ringen der Eltern verstrickt waren, verlief die Entwicklung ihrer Selbstrepräsentanzen verzögert, und ihre psychische Autonomie, die für die Entwicklung des Über-Ich und eines unabhängigen, eigenen Ich-Ideals so notwendig ist, wurde eingeschränkt. Das innere Bedürfnis der »Gedenkkerzen«, die Eltern für das Verlorene zu entschädigen, geht auf Kosten der Entwicklung eines eigenständigen Selbst. Die Beziehung zwischen den überlebenden Eltern und den »Gedenkkerzen« kann somit zu einer Bürde und Verpflichtung werden, die viel Feindseligkeit in sich birgt. Die Feindseligkeit wird aber erst dann freigesetzt, wenn sich die »Gedenkkerzen« intrapsychisch aus der ihnen zugedachten Rolle zu lösen vermögen. Diese Loslösung eröffnet vielen »Gedenkkerzen« zum ersten Mal in ihrem Leben die Möglichkeit, gesunde narzißtische Regungen zu verspüren und zu einem stabilen Gefühl der Autonomie und wirklichen Unabhängigkeit zu gelangen.

Inwieweit sich die »Gedenkkerze« aus ihrer Rolle zu lösen vermag, hängt also davon ab, ob sie den geschlossenen Kreislauf durchbrechen kann, in dem sie sich zusammen mit ihren Eltern bewegt und der darauf ausgerichtet ist, jeden wirklichen Kontakt mit Verlust, Schuld und Trauer zu unterbinden.

In dieser dritten Phase der Therapie treten an die Stelle der für die vorherigen Phasen typischen emotionalen Isolation tiefe und starke Gefühlsäußerungen. Der ausdruckslose, rational-intellektuelle und lakonische Ton, der keinen wirklichen Dialog herbeiführen kann, weicht einem gefühlsbetonten Sprechen, das von Herzen kommt und den anderen im Innersten berührt. Die Gruppenmitglieder bringen nun gegenseitige Unterstützung, Nähe und Identifizierung zum Ausdruck, während Mißtrauen, Feindseligkeit und Distanziertheit, wie sie die vorherigen Phasen bestimmt haben, im Abnehmen begriffen sind. Das Vertrauen in Therapeuten und Gruppe wächst unter anderem deshalb, weil sich der Patient, wenn seine Gefühle und Grenzen respektiert werden, weniger von einer Desintegration oder Überflutung seines Ich bedroht fühlen muß und die starren Abwehrmechanismen ablegen kann, mit deren Hilfe er bislang standgehalten hat.

Im Laufe der Therapie gewinnen die »Gedenkkerzen« immer mehr an innerer Sicherheit, so daß sie sich sowohl imstande fühlen als auch den Wunsch verspüren, den Teufelskreis zu durchbrechen und sich mit den starken und schmerzlichen Gefühlen auseinanderzusetzen, die vom Holocaust herrühren, den ihre Eltern miterlebt haben. Zur Auseinandersetzung mit Verlust gehört die Fähigkeit, einen wirklichen Trauerprozeß zu durchlaufen – und dazu waren ihre Eltern nie fähig. Die Trauer ist zugleich die der Eltern wie auch ihre eigene. Zwar haben ihre Eltern ungeheuer viel verloren, doch auch sie, die Kinder, haben das Gefühl der Kontinuität, ihre Großfamilie und vor allem die Chance verloren, mit Eltern aufzuwachsen, die sich ihrer selbst sicher sind, ihren eigenen Wert kennen und eine vollständige sexuelle Identität besitzen. Der psychische Verlust, den die »Gedenkkerzen« erleiden, ergibt sich also direkt aus der schicksalhaften Prägung, die ihre Eltern durch die Traumata des Holocaust erfahren haben. Die emotionale Auseinandersetzung mit den Bildern der umgekommenen Angehörigen vermag, so schmerzvoll sie auch ist, die »Gedenkkerzen« aus dem Kreislauf von Schuldgefühl und Wiedergutmachung zu befreien, in dem sie bis zu diesem Zeitpunkt mit ihren Eltern gefangen waren. Bis zu dieser Phase der Therapie haben die »Gedenkkerzen« den Verlust so aufgefaßt, daß dabei einzig und allein ihren Eltern etwas abhanden gekommen sei, im Sinne etwa von: »Mein Vater« hat »seinen Vater« oder

»seine Geschwister« verloren. Zwar hat der betroffene Elternteil ein Recht auf Anteilnahme, doch an seinem Verlust, das spürt das Kind, kann es nicht teilhaben. So wie die Eltern nicht wirklich trauern können, sind auch die Kinder bis zu dieser Phase nicht dazu fähig gewesen.

In der Wahrnehmung der »Gedenkkerze« beginnt ihr Familienstammbaum bei den Eltern. Vorhergehende Generationen, ja selbst die Geschwister der Eltern gehören für sie nicht zum Familiengefüge. Sie fühlt sich diesen Verwandten nicht zugehörig und entwickelt keine Identifizierung mit ihnen, so daß sie auch den Verlust dieser Menschen nicht direkt empfindet. Wer die Schwester seiner Mutter »meine Tante« und den Vater seines Vaters »meinen Großvater« nennen kann, zeigt damit, daß er sich seiner Familie zugehörig und nahe fühlt. Diese Worte kommen den »Gedenkkerzen« jedoch erst in einer fortgeschrittenen Therapiephase über die Lippen.

Bis zu diesem Zeitpunkt sind die Gestalten der toten Großväter, Großmütter, Onkel und Tanten anonym und gesichtslos geblieben. Aus diesem Grund konnten sich die »Gedenkkerzen« auch nicht mit ihnen verbunden fühlen. Wie fühlt man sich als Nichte? Wie fühlt man sich als Enkel? Die »Gedenkkerzen« beginnen nun endlich, sich zögernd und vorsichtig auf diese neuen emotionalen Erfahrungen einzulassen, und zwar mit dem gleichen Gefühl der Neuheit, mit dem das Neugeborene den Menschen in seiner Umgebung begegnet. Es ist daher nicht überraschend, daß diese Urerfahrungen mit Verlegenheit und Verwirrung, Anspannung und Aufregung einhergehen.

Die »Gedenkkerzen« machen jetzt eine doppelte Erfahrung: Sie beginnen, ihre toten Angehörigen als real zu empfinden, das heißt, die bis dahin verschwommenen Bilder nehmen für sie Konturen an und bekommen ein Gesicht. Zugleich aber beginnen sie, wirklich den Schmerz darüber zu spüren, daß sie diese Angehörigen verloren haben – sie beginnen zu trauern.

Wenn die richtigen therapeutischen Prozesse – ein Respektieren von Grenzen und ein gegenseitiges Vertrauen, die entsprechende psychische Strukturen bei den Patienten fördern – auf wirksame Weise verinnerlicht werden, kann der Trennungsprozeß einsetzen, und die »Gedenkkerzen« werden fähig, klarere Grenzen zwischen sich selbst und anderen, also auch zwischen sich und ihren Eltern zu ziehen. Der Loslösungsprozeß ist ein kurativer Faktor ersten Ranges, der die Entwicklung reiferer Identifizierungsmechanismen ermöglicht. Diese Mechanismen sind nicht mehr den archaischen zuzurechnen, sondern entstammen dem Ich und Über-Ich und haben klar umrissene Merkmale. Sie ermöglichen reife und ausgewogene Identifizierungen und damit eine echte Einfühlung in andere. Bis zu diesem Zeitpunkt konnten sich die »Gedenkkerzen«, wie gesagt, nicht mit dem Schmerz ihrer Eltern identifizieren und spürten deshalb auch ihren eigenen Schmerz nicht.

Im folgenden will ich aufzeigen, wie die »Gedenkkerzen« den Prozeß der Trennung ihres eigenen Selbst von dem ihrer Eltern bewältigen und wie sich in ihrer Psyche reife und ausgewogene Mechanismen der Identifizierung mit den Eltern und mit der Welt im allgemeinen bilden. Im Mittelpunkt sollen dabei die beiden Hauptkomponenten der Identität der »Gedenkkerzen« stehen: Selbstwertgefühl und sexuelle Identität.

Selbstwertkonflikte

Im dritten Stadium der Gruppentherapie lassen sich drei gesonderte Phasen der Auseinandersetzung mit dem Identifizierungsprozeß unterscheiden: die Phase des Identifizierens, von der bisher die Rede war, die Phase der Zugehörigkeit, auf die ich jetzt eingehen will, und die Phase des Durcharbeitens von Traumata, die ich später behandeln werde. In der Phase der Zugehörigkeit fangen die »Gedenkkerzen« an, Verbindung zu dem komplexen und feinen Geflecht aufzunehmen, das die Vergangenheit ihrer Eltern und Angehörigen darstellt, und haben zum ersten Mal in ihrem Leben das Gefühl, selbst zu diesem Geflecht dazuzugehören. Ihre eigene Identität ist immer noch recht ungeordnet und undefiniert. Viele Komponenten ihrer Identität haben noch nicht ihren richtigen Platz gefunden oder fehlen ganz, was zum Teil daran liegt, daß es in ihrem Leben bisher große Leerräume gab. Wie gesagt, setzte aus ihrer Perspektive die Familiengeschichte bislang erst mit dem Moment ihrer Geburt ein, und alles Vorausgegangene blieb im dunkeln. Abgesehen davon, daß sie sich ihre toten Angehörigen nicht bildlich vorstellen konnten, hatten sie in den meisten Fällen nicht einmal ein vergilbtes Photo von ihnen gesehen. Falls sie überhaupt irgendwelche Bilder dieser Angehörigen vor ihrem inneren Auge sahen, so blieben sie unscharf und verschwommen. Die »Gedenkkerzen« hatten noch keine klare Vorstellung von der Kontinuität ihrer Familiengeschichte und von dem Platz, den sie selbst darin einnahmen.

Für die meisten von uns ist die ewige Dimension der Zeit, die horizontale Dimension der Generationenfolge, in die wir hineingeboren werden, so natürlich und selbstverständlich, daß wir ihr im allgemeinen keine besondere Aufmerksamkeit schenken. Wir sind uns nicht bewußt, daß sie ein wichtiges Fundament für das Gefühl unserer eigenen Existenz und unserer Zugehörigkeit bildet. Nur auf diesem Fundament können wir die vertikale Dimension aufbauen – unsere individuelle Identität. Unser Selbst kann sich nur durch natürliches psychisches und emotionales Wachstum festigen sowie durch Identifizierung mit uns nahestehenden Menschen, vor allem unseren Eltern und Geschwistern. Ohne die horizontale Dimension ist der Aufbau der vertikalen viel schwieriger, und es ist zweifelhaft, ob eine Identität stabil und widerstandsfähig genug sein kann, wenn die horizontale Dimension fehlt. Und tatsächlich ist den »Gedenkkerzen«, weil sie die Erfahrung nicht kennen, Teil einer Großfamilie zu sein und mit bestimmten Mitgliedern dieser Familie in einem vertrauten Verhältnis zu stehen, das Empfinden einer engen Zugehörigkeit versperrt. Dies erschwert ihnen natürlich eine gesunde psychische und emotionale Entwicklung.

Die »Gedenkkerzen« sind also – wie jeder, der eine Erfahrung zum allererstenmal macht – sehr bewegt und aufgeregt, wenn sie eine direkte Verbundenheit mit ihren umgekommenen Verwandten zu spüren beginnen. Doch das Neue und Unbekannte ist auch bedrohlich und beängstigend. Aus diesem Grund befällt die »Gedenkkerzen« nach einer aufwühlenden Gruppensitzung, in der die Gruppenmitglieder einander nähergekommen sind, oft Verwirrung oder ein Gefühl der Bedrohung. Sie ziehen sich dann in sich selbst zurück, in die emotionale Abkapselung, die für sie seit ihrer Kindheit ein vertrautes, sicheres Versteck ist. Wie in jeder Therapiephase geht es auch jetzt mal vorwärts, mal zurück: Auf Annäherung folgt Distanzierung, auf diese wieder Annäherung und so weiter.

Nach der Phase des Identifizierens erwacht in den »Gedenkkerzen« das

Bedürfnis, damit zu beginnen, das komplizierte Netz der Zugehörigkeit zu ihrer Familie zu weben. Was für eine aufreibende Arbeit das sein kann, läßt sich dem nachfolgenden Dialog zwischen mir und Rivka entnehmen. Im Verlauf unseres Gesprächs kam es zum ersten Mal zu einer inneren Begegnung Rivkas mit verschiedenen verstorbenen Mitgliedern ihrer Familie. Obwohl dies in einer Einzelsitzung geschah, war die Präsenz der Gruppe die ganze Zeit über unterschwellig zu spüren. Die Gruppe war das erste Gefüge in Rivkas Leben, dem sie sich wirklich zugehörig fühlen konnte, und symbolisierte für sie ihre untergegangene Großfamilie. Rivkas völliges Vertrauen darauf, daß die Gruppe sie unterstützen würde, gab ihr die Kraft, mit den schmerzlichen und bedrohlichen Gefühlen fertigzuwerden, denen sie sich bis dahin nicht zu stellen gewagt hatte.

Gleich nach ihrer Ankunft erzählte mir Rivka einen Traum:

»Gestern nacht, nach der ersten Gruppensitzung nach den Ferien, hatte ich einen Traum. Ich träumte, daß ich nach Hause kam. Ich wußte, daß es mein Zuhause war, es war aber nicht das Haus, in dem ich jetzt wohne, es sah zumindest nicht so aus. Jemand begleitete mich, irgendein Mann, aber wer genau, war nicht klar. Als ich zu Hause ankam, sah ich einen parkenden Lastwagen, aus dem viele böse Männer in Uniform sprangen, die ein bißchen wie SS-Männer aussahen. Sie stürmten meine Wohnung und räumten sie völlig aus, alle Möbel und alle meine Sachen. Und ich stand wie angewachsen da und sagte nichts, reagierte nicht, war still. Ich hatte überhaupt keine Angst, weißt du, aber ich reagierte einfach nicht. Ich hatte nur Angst, daß sie meinen Ring finden würden.« Sie hielt für einen Moment in ihrem Redefluß inne. »Ja, den Ring an meinem Finger.« Sie zeigte mir den Ring. »Ich hatte die ganze Zeit Sorge, was passieren würde, wenn sie den Ring finden, aber ich hatte ihn gut versteckt und hoffte sehr, daß sie ihn nicht finden würden. Alles andere war mir nicht so wichtig.«

Therapeutin: »Und was hältst du von diesem Traum?«

Rivka: »Ich glaube, er ist wichtig. Er hat irgendwie mit der Gruppe zu tun, auch weil ich ihn direkt nach der Gruppensitzung geträumt habe.«

Therapeutin: »Interessant ist, daß du das Wort ›böse‹ benutzt hast. Was genau meinst du damit? Ein Teil deiner Gefühle scheint darin zum Ausdruck zu kommen, daß sie als SS-Männer auftreten, das heißt als bedrohliche und aggressive Figuren. Und erst gestern hast du gegenüber der Gruppe herzliche, positive Empfindungen geäußert und sie zum ersten Mal in drei Jahren als eine Familie bezeichnet.«

Rivka: »Ja, das ist seltsam. Gestern fühlte ich mich den anderen so nahe, und im Traum herrscht nun paradoxerweise ein Gefühl des Mißtrauens. Der Verdacht, daß sie mein Haus ausräumen und ich mit leeren Händen zurückbleibe.«

Therapeutin: »So ein Verdacht kommt im Verlauf der Therapie oft auf, vielleicht gerade deshalb, weil sich zwischen den Gruppenmitgliedern eine größere Nähe und Offenheit entwickelt. Das Gefühl ist: Wenn ich mich von allen diesen vertrauten Stücken von mir trenne, die schon so lange zu mir gehört haben, dann werde ich leer zurückbleiben. Und was bleibt dann noch von mir? Was wird dann passieren? Und tatsächlich hattest du ja während der ganzen Therapie sehr große Schwierigkeiten, die Gruppe und auch die Therapeuten in dein Haus, in dein Innerstes einzulassen. Ich meine damit dein Schweigen und deine Schwierigkeiten, dich zu öffnen.«

Rivka: »Ja, es ist merkwürdig – obwohl ich mich heute etwas anders fühle, weil ich weniger Angst habe. Sowohl im Traum als auch in der Realität, in der Gruppe. Gestern bin ich gerne hergekommen. Irgendwie ist es gut, daß sie die Möbel wegschaffen, das ist nur die Kulisse, hinter der ich mich so lange versteckt habe.«

Therapeutin: »Ja, darüber haben wir viel gesprochen. Wahrscheinlich bist du jetzt eher bereit, auf diese Kulisse zu verzichten. Du spürst schon, daß dir die Gruppe helfen kann, dich von einem Teil deiner Fassade zu trennen. Was hat es aber zu bedeuten, daß du auf die äußere Erscheinung so großen Wert legst und zugleich so verschlossen bist? Und was hat es mit den inneren Qualen auf sich, die du dein ganzes Leben versteckt und verdrängt hast? Gehören die auch zu deinen alten Besitzstücken – sind sie nicht Stücke von dir? Sie sind noch immer da, oder? Sie sind beschwerlich, und sie erregen Argwohn. Mir fällt auch auf, daß du im Traum überhaupt nicht reagierst. Du stehst abseits, als wärst du gelähmt. Aber das kennen wir eigentlich schon aus allen möglichen anderen Situationen.«

Rivka: »Ja, weißt du, woran mich das erinnert? An die Reaktion meiner Mutter, ›dort‹, als man sie von ihrer Mutter und ihren Schwestern trennte und in den Wald brachte. Als sie dann die Schüsse hörte, geriet sie in einen Schockzustand. Ich hatte immer das Gefühl, daß sie damals in eine Art innere Lähmung versunken ist.«

Rivka schwieg, und ihre Augen füllten sich mit Tränen.

Therapeutin: »Du bringst also den Traum sowohl mit deiner heutigen Realität in der Gruppe in Verbindung als auch mit deiner Mutter, die ›dort‹ war.«

Rivka: »Anscheinend. Ich verhalte mich offenbar in vielen Situationen so wie damals meine Mutter.«

Therapeutin: »Was könnte dann dieses Bild mit dem Lastwagen und den Männern bedeuten, die dein Haus stürmen und es ausräumen?«

Rivka: »Ich weiß nicht genau ...«

Therapeutin: »Weißt du, eigentlich hast du mir nie etwas über den Ring an deinem Finger erzählt.«

Rivka: »Dieser Ring gehörte der Großmutter meiner Mutter. Vor dem Abtransport ins Lager konnten sie einen Teil des Schmuckes auf dem Dachboden des gegenüberliegenden Hauses verstecken, das eine Art Hotel war. Ich bin mir nicht sicher, aber ich glaube, auch dieses Haus gehörte irgendwie der Familie. Als meine Mutter und meine Tante als die einzigen Überlebenden der ganzen Familie nach dem Krieg dorthin zurückkamen, fanden sie den Schmuck. Da hat sich meine Mutter den Ring ihrer Großmutter angesteckt. Damals hatte der Ring drei Steine. Nach ein paar Jahren fiel ein Stein heraus, und meine Mutter ließ sich aus dem alten einen modernen Ring machen und die beiden vom alten Ring übriggebliebenen Steine einarbeiten. Ich erinnere mich, daß ich schon als ziemlich kleines Mädchen schrecklich wütend auf meine Mutter war, weil sie den Ring hat ändern lassen, und ich habe ihr das auch gesagt.

Und dann, viele Jahre später, nachdem sie noch einen Stein verloren hatte, gab sie mir den letzten Stein, und ich habe daraus diesen Ring machen lassen. Siehst du? Jetzt sieht er wieder ein bißchen wie ein antikes Stück aus.«

Therapeutin: »Wenn du derart wütend warst, als deine Mutter den Ring ändern ließ, dann war es dir, nachdem die Familie so viel verloren hatte, anscheinend sehr wichtig, daß doch irgend etwas bleiben sollte, etwas, das die Verbindung zur Großmutter und die Kontinuität aufrechterhielt. Was weißt du über diese Großmutter?«

Nach langem Schweigen sagte Rivka: »Ich bin mir nicht sicher. Ich erinnere mich an etwas, aber nur recht undeutlich. Ich weiß nicht, ob diese Geschichten zur Großmutter meiner Mutter mütterlicherseits oder väterlicherseits gehören.«

Therapeutin: »Hast du je ein Bild von ihr gesehen?«

Rivka: »Ja, doch. Da war ein Bild. Ein paar alte Photos sind erhalten geblieben. Auf den Bildern hat sie mir eigentlich nicht so recht gefallen.«

Therapeutin: »Warum nicht? Was hat dir nicht gefallen? Wie sah sie aus?«

Rivka: »Ich weiß nicht. Sie sah sehr elegant und respektabel aus. Aber sie hatte etwas Kaltes, sie strahlte keine Wärme aus. Eigentlich sah sie meiner Großmutter ähnlich, das heißt ihrer Tochter, die ebenfalls nicht viel Wärme ausstrahlte. Wenn ich die Bilder ansah, hat mich irgend etwas an ihr immer gestört.«

Therapeutin: »Kannst du irgendeine Ähnlichkeit zwischen dir und dieser Großmutter sehen?«

Rivka: »Ich weiß nicht. Man hat mir immer gesagt, daß ich meinem Vater und seiner Familie ähnlich sehe, die ich ebenfalls nie kennengelernt habe. Aber sie hat irgend etwas, das mich trotz allem an mich selbst erinnert. Ich kann nicht genau sagen, was es ist.«

Ich lächelte Rivka zu: »Was die Eleganz angeht, so kann ich auf jeden Fall eine Ähnlichkeit erkennen.«

Rivka lächelte zurück und antwortete: »Weißt du, als ich ein kleines Mädchen war – ich glaube, ich habe dir das schon einmal erzählt –, da stellte ich mir immer vor, einen Großvater und eine Großmutter zu haben. Als Großvater suchte ich mir stets meinen Großvater mütterlicherseits aus, dessen Photos mich immer sehr beeindruckt haben. Er sah so attraktiv und energisch aus, sehr respektabel, und machte einen so starken und sicheren Eindruck. Aber die Großmutter suchte ich mir lieber auf der Seite meines Vaters aus. Sie wirkte auf mich wie eine recht einfache, aber sehr warmherzige Frau. Ich habe mir die beiden immer als meinen Großvater und meine Großmutter vorgestellt. Ich habe mir die beiden ausgesucht und sie nebeneinandergestellt.«

Rivkas Lächeln ähnelte dem eines schelmischen kleinen Mädchens, das weiß, es hat etwas Verbotenes angestellt, das aber auch zum Lachen ist.

Therapeutin: »Weißt du, wie es dieser Großmutter ergangen ist, nachdem sie deine Eltern ins Lager deportiert hatten? War sie damals noch am Leben? Wie alt war sie? Deine Mutter war damals schließlich erst vierzehn Jahre alt.«

Rivka: »Ja, stimmt, darüber habe ich nie nachgedacht. Eigentlich weiß ich gar nicht, was mit ihr geschehen ist oder wie alt sie damals war. Ich habe nie nach ihr gefragt.« Rivka schwieg und fügte nach einer Weile hinzu: »Wie nach so vielen anderen Dingen.«

Therapeutin: »Das ist wie ein leerer Fleck im großen inneren Mosaik deiner Familie. Einen großen Teil davon hast du schon ausgefüllt, aber diese Lücke wartet darauf, daß du auch sie schließt.«

Rivkas Augen füllten sich mit Tränen. Sie sah glücklich und traurig zugleich aus. »Ja, ich habe immer noch Angst davor, das Familienalbum wirklich zu öffnen und darin ein Kapitel nach dem andern richtig zu lesen.«

Therapeutin: »Es ist ein Buch, das nicht leicht zu lesen ist. Jedes Kapitel ist voller Schmerz, aber du weißt ja, daß es auch voll von anderen Gefühlen ist. Es würde dir sehr schwerfallen, wenn du ganz allein darin lesen müßtest. Aber weißt du, heute haben wir das Buch geöffnet und zusammen ein ganzes Kapitel daraus gelesen. Wir haben noch viele Kapitel vor uns. Auch die Gruppe liest manchmal mit dir darin, glaube ich.«

Rivka: »Ja, das stimmt. Jetzt sieh doch nur, womit wir das Gespräch heute begonnen haben. Eigentlich wollte ich dir ja etwas ganz anderes erzählen.«
Therapeutin: »Und alles nur wegen dem Ring.«
Wir lachten beide.

Zum ersten Mal in ihrem Leben setzte sich Rivka mit den Bildern ihrer Großmütter und Großväter auseinander. Sie begnügte sich nicht damit, sie nur zu erkennen, sondern machte einen weiteren, sehr wichtigen Schritt: Wie ein Maler, der ein Detail nach dem anderen malt, bis sie sich in all ihren Schattierungen, Abstufungen und Ausdrucksformen zu einem deutlichen, vollständigen Ganzen zusammenfügen, so begann Rivka, die Bilder ihrer Ahnen zu rekonstruieren. Anfangs besaß sie nur kleine Informationsfragmente, verblichene Photos, aus denen sie unter großen Anstrengungen die Bilder der Großeltern und sogar das Bild der Großmutter ihrer Mutter zusammenzusetzen begann. Die Bilder waren noch unvollständig, und sie würde zu ihnen zurückgehen, sie korrigieren und auffrischen müssen, bis ihre Angehörigen als Individuen und in ihren Beziehungen untereinander deutlich erkennbar würden.

Weil es in Rivkas Leben keine Verwandten gab, hatte sie als Kind begonnen, sich eine Großfamilie herbeizuphantasieren. Sie konnte sich die Informationen heraussuchen, die ihr zusagten, und sich eine imaginäre Familie nach ihren eigenen Wünschen zusammenstellen. Diese Phantasiewelt, in der sie lebte, bot ihr einen Ausgleich für die ungeheure Leere, die sie in Wirklichkeit umgab.

Rivkas Worte werfen aber auch ein Licht darauf, daß sie große Schwierigkeiten damit hatte, den Schmerz der Eltern über den erlittenen Verlust so mitzuempfinden, als sei es ihr eigener Schmerz. Anfangs sprach sie in einem Tonfall, als würde sie eine Geschichte aus einem Buch vorlesen. Sie machte einen unbeteiligten, gleichgültigen Eindruck, als ginge sie das alles gar nichts an. Erst allmählich begann sie zu begreifen, daß diese Menschen wirklich existiert hatten, daß sie nicht nur aus dem Leben ihrer Eltern, sondern auch aus ihrem eigenen Leben verschwunden waren und daß sie mit ihnen die Möglichkeit verloren hatte, sich einer vollständigen Familie zugehörig zu fühlen. Die völlige emotionale Abkapselung, in der sie sich zuvor befunden hatte, bekam immer größere Risse, durch die eine – wenn auch etwas gedämpfte – Aufregung und Verwirrung zu erkennen waren. Auf diese Weise fing Rivka an, eine wenn auch nur bruchstückhafte Beziehung der Zugehörigkeit zu den verlorenen Angehörigen aufzubauen. Darüber hinaus begann sie, die Beziehungen der einzelnen Figuren zueinander zu verstehen und ihnen entsprechend den Verwandtschaftsbeziehungen ihren Platz in der Ahnentafel zuzuweisen.

Ein ähnliches Bild ergibt sich aus einem Traum Ornas, die ebenfalls Tochter von Überlebenden ist. Sie ist schon 35 Jahre alt, aber noch unverheiratet und hat Schwierigkeiten, eine echte Partnerbeziehung aufzubauen, die von Dauer ist.

»In diesem Traum stehe ich kurz vor der Hochzeit. Alles ist schon für die Hochzeitszeremonie bereit, obwohl noch gar nicht klar ist, wer der Bräutigam ist. Ausgerechnet ihn kann ich nicht sehen. Ich sehe den Festsaal, die ganzen Leute und meine Mutter. Ich bereite mich auf die Hochzeitszeremonie vor und probiere das Hochzeitskleid an, das mir meine Mutter gekauft hat. Bei der Anprobe bemerke ich, daß es ganz aus Spitze ist, einer altertümlichen, cremefarbenen Spitze. Überhaupt ist es ein Kleid im alten Stil. Zuerst stört mich das ein bißchen. Ich wollte ein neues, modernes Kleid, aber im großen und ganzen finde ich das Kleid schön. Es gefällt mir, und ich bin bereit, es zu tragen.«

Als ich sie nach der Bedeutung des Traumes fragte, antwortete Orna, sie verstehe ihn nicht – abgesehen von dem ihr wohlbekannten Motiv der Hochzeit. Dieses Motiv war in ihren Träumen schon mehrmals aufgetaucht und bedeutete anscheinend nichts anderes als die Erfüllung eines Wunsches von ihr und ihren Eltern, die von ihr seit langem erwarteten, daß sie endlich heiraten und eine Familie gründen solle.

Therapeutin: »Was hat es also mit diesem Hochzeitskleid aus alter Spitze auf sich?«

Orna: »Ich weiß nicht genau. Vielleicht gehört es jemandem, jemandem aus der Vergangenheit. Aber ich habe keine Ahnung, was das bedeutet.«

Mir fiel ein, daß Ornas Mutter vor dem Zweiten Weltkrieg verheiratet gewesen war und im Holocaust ihren Mann verloren hatte. Ich sagte also: »Ich glaube, wir haben nie über die erste Hochzeit deiner Mutter gesprochen. Was ist damals eigentlich geschehen? Wer kam zur Hochzeit? Wie sah deine Mutter damals aus, und wie war diese Hochzeit?«

Orna antwortete nicht gleich und sagte erst nach längerem Zögern: »Das stimmt, ich habe nie darüber nachgedacht. Einmal, vor langer Zeit, hat sie mir ein bißchen davon erzählt.«

Therapeutin: »Was hat sie dir erzählt?«

Orna: »Sie hat erzählt, daß sie jung war, vielleicht achtzehn, und daß sie sehr beliebt war. Sie war ein sehr hübsches Mädchen und hatte immer viele Verehrer. Einen dieser Verehrer hatte sie sich als Ehemann ausgesucht. Die Hochzeit fand zu einem Zeitpunkt statt, als die Atmosphäre bereits sehr gespannt war. Ich weiß nicht, ob sie schon im Ghetto waren. Ich glaube ja – es lag bereits Angst in der Luft. Und trotzdem wurde die Hochzeit gefeiert, und alle waren da: ihre Eltern und ihre fünf Schwestern – schließlich war sie die Älteste –, und auch ihr Großvater, der schon ziemlich krank war, war gekommen und ihre Großmutter. Auch ihre Onkel und Tanten waren da und die ganze Familie des Bräutigams. Ich kann mir so eine große Familie gar nicht richtig vorstellen. Sie wurde von allen geliebt, und man freute sich, daß die Tochter und erste Enkelin heiratete.«

Therapeutin: »Weißt du, was für ein Kleid deine Mutter bei ihrer Hochzeit trug?«

Orna zögerte einen Moment und antwortete dann: »Sie hat mir erzählt, daß sie ein nicht ganz weißes, sondern eher cremefarbenes Kleid trug und daß ihr die Mutter einen sehr schönen Schleier aus alter Spitze geschenkt hatte. So eine feine Spitze, die ihre Großmutter vielleicht von ihrer eigenen Mutter bekommen hatte. Ich bin mir da nicht sicher, aber jedenfalls habe ich dabei an Dinge gedacht, die von einer Generation auf die andere vererbt werden, von der Mutter auf die Tochter.«

Therapeutin: »Und was geschah dann mit deiner Mutter und ihrem Mann?«

Orna: »Sie lebten ungefähr ein Jahr zusammen, im Ghetto. Und dann wurden sie mit der Eisenbahn aus dem Ghetto abtransportiert. Sie konnte aus dem Zug springen, gab sich dann als Arierin aus und kehrte ins Ghetto zurück. Er kam nie wieder. Und auch kein einziger von den damaligen Hochzeitsgästen. Nur die Mutter und Schwester ihres Mannes überlebten, und nach langer Zeit traf sie sie im Ghetto wieder. Aber das Verhältnis zu ihnen war bereits gestört. Sie konnten ihr nicht verzeihen, daß sie überlebt hatte, und ihr Sohn und Bruder nicht.«

Therapeutin: »Laß uns jetzt zu dem Traum, zu deiner Hochzeit zurückkehren. Hast du je versucht, dir deine Hochzeit vorzustellen?«

Orna wirkte traurig und verwirrt. Ihr standen die Tränen in den Augen: »Ja ... Nein ... Ich habe mir einmal überlegt, daß bei meiner Hochzeit außer meinen Eltern niemand anwesend sein wird. Oh, außer einem Onkel väterlicherseits. Es wird keine solche Familie da sein wie bei der Hochzeit meiner Mutter. Das paßt zu meiner Einsamkeit. Am Abend des Pessach-Festes zum Beispiel sitzen immer nur Vater, Mutter und ich um den großen Tisch – das ist alles. Es ist immer so leer, so traurig. Plötzlich muß ich daran denken, daß ich so gerne die Mutter meiner Mutter, also meine Großmutter, an meiner Seite gehabt hätte, wenn ich heirate. Aber eigentlich kann ich mir das gar nicht so richtig vorstellen.«

Therapeutin: »Gibt es bei euch zu Hause etwas, das einmal ihr gehört hat? Ein Bild? Einen Gegenstand?«

Orna: »Ich weiß nicht. Es gibt kein Bild von ihr. Ich kann mir nicht genau vorstellen, wie sie ausgesehen hat. Ich weiß nur, daß alle sagen, meine Mutter sähe ihr sehr ähnlich, und so kann ich sie mir wenigstens ein bißchen vorstellen.« Sie schwieg einen Moment und fuhr dann fort: »Weißt du, auf einmal fällt mir ein, daß es zu Hause bei meiner Mutter ein altes Kissen gibt mit einem Bezug aus wunderschöner, ganz feiner Spitze. Meine Mutter hat mir erzählt, daß ihre Mutter, das heißt meine Großmutter, und die Mutter meiner Großmutter die Spitze selber geklöppelt haben. Wunderbare Spitze. Meine Mutter hat mir erzählt, daß meine Großmutter die ganze Zeit solch wunderbare Spitze geklöppelt hat. Auch ihr Brautschleier war aus dieser Spitze. Er war aus der gleichen Spitze!«

Orna ist wie Rivka ganz in Anspruch genommen vom Prozeß des Identifizierens. Sie folgt den Assoziationen, die in ihr aufsteigen, und überläßt sich ihren Träumen und Phantasien, in denen sie ihre Verwandten als eine große Sippe vor sich sieht, wie sie einst von Herzlichkeit und Leben erfüllt war. Im Gegensatz zu ihrer Mutter, die einst erfahren hat, welche Wärme und Geborgenheit eine Familie bieten kann, ist Orna, die einzige Tochter von isolierten Eltern, von Geburt an in einer unermeßlichen kalten Leere aufgewachsen. Bei einigen Gestalten ist sie aber inzwischen in der Lage, irgendeine Art von Verbindung zu sich selbst herzustellen: Sie nehmen, wenn auch nur zögernd, Konturen an.

Ornas Beziehung zu diesen schemenhaften Figuren ist beherrscht von einem Gefühl des Mangels, das aus einer unstillbaren Sehnsucht entspringt, einer verzweifelten Sehnsucht nach dem Schoß einer großen Familie voller Wärme und nach der Großmutter und der Urgroßmutter, die sie hier im Familienzusammenhang vor sich sieht.

Wie Rivka, so versucht auch Orna ihre Angehörigen einander zuzuordnen und fühlt sich ihnen zum ersten Mal in ihrem Leben zugehörig. Der Traum, das Spitzenkleid und der Brautschleier ihrer Mutter aus Spitze helfen ihr, sich auf indirekte Weise in die Generationenfolge einzureihen, die bis zur Mutter ihrer Großmutter zurückreicht. Das ganz real vorhandene Spitzenkissen im Hause ihrer Mutter ist wie ein Anker – die einzige greifbare Erinnerung, die sie hat. Alles andere ist verlorengegangen. In ihrem Traum trägt Orna jedoch ein Hochzeitskleid aus ebendiesem Spitzengewebe, das ihre Urgroßmutter einst angefertigt hat und das von Generation zu Generation weitergegeben wurde. Orna sucht also nach einem inneren Bezug zu den Frauengestalten, die sie nie hat kennenlernen können und von denen sie nicht einmal Photos gesehen hat.

In der nächsten Phase, die die »Gedenkkerzen« durchlaufen, kommt es zu einer direkten und schmerzlichen Begegnung mit den traumatischen Erfahrungen der Eltern während des Holocaust. Zwar können die »Gedenkkerzen« etwas von der überbehütenden Haltung abrücken, die ihre Beziehung zu den Eltern bisher bestimmt hat, doch die direkte Begegnung mit den tatsächlichen Erfahrungen ihrer Eltern während des Holocaust erfüllt sie in den meisten Fällen mit Schmerz und Mitgefühl und zugleich mit einem schwer auf ihnen lastenden Gefühl von Mißtrauen und Wut. Das Aufkommen dieser extremen und widersprüchlichen, bis dahin verdrängten Empfindungen ist wohl mit Qualen verbunden, für die Abgrenzung und Vervollständigung ihrer Identität aber unbedingt notwendig.

Die Selbstachtung vieler Überlebender ist, wie gesagt, stark beeinträchtigt, und ihre Kinder haben dieses Empfinden verinnerlicht. Um es ins Bewußtsein heben zu können, muß bei den Kindern von Überlebenden die Bereitschaft und Fähigkeit vorhanden sein, problematische Gefühle wie die der Beschämung, des Mißtrauens und der Erniedrigung preiszugeben, die bislang unbewußt geblieben und zu Bestandteilen ihres Selbst geworden sind. Das Bedürfnis, diese Aspekte zu verdrängen und zu verleugnen, hat sich direkt auf ihr gestörtes Selbstwertgefühl ausgewirkt und in verschiedenen Lebensbereichen zu Konflikten und Unsicherheit geführt. Der Therapieverlauf hängt entscheidend davon ab, wie weit diese problematischen Gefühle ins Bewußtsein gehoben, besprochen und im therapeutischen Setting bearbeitet werden können. Kinder von Überlebenden werden von vielen Fragen geplagt, die sie jedoch nicht laut zu stellen wagen: Warum sind gerade meine Eltern am Leben geblieben? Welchen Preis mußten sie den Deutschen für ihr Leben zahlen? Wie konnten sie, nach allem, was sie erduldet hatten, zu einem äußerlich normalen Leben zurückkehren und Kinder in die Welt setzen und großziehen, ohne dabei den Verstand zu verlieren?

Das ist aber noch nicht alles. Die Psyche der »Gedenkkerzen« ist noch immer von heftigen und beunruhigenden Konflikten beherrscht, die direkt auf die Erfahrungen ihrer Eltern während des Holocaust zurückgehen und sich auf zwei Schwerpunkte konzentrieren: zum einen auf den Schmerz, die Mißhandlungen und die Demütigungen, die ihre Eltern erdulden mußten und deren Selbstwertgefühl zerstört haben, zum anderen auf die Sexualität ihrer Eltern während des Holocaust, insbesondere auf die Frage, wie sie ›dort‹ mit ihrer sexuellen Reifung und ihren sexuellen Trieben zurechtgekommen sind und ob sie sich, um zu überleben, in irgendeiner Weise, ob direkt oder indirekt, ihre Sexualität zunutze gemacht haben. Sind diese Fragen nicht geklärt, dann werden die »Gedenkkerzen« niemals in der Lage sein, sich aus ihrer unbewußten symbiotischen Identifizierung oder aus der archaischen, dem Über-Ich entstammenden unbewußten Identifizierung, die sie mit ihren Eltern verbindet, zu lösen und zu einer reifen, ausgewogenen Identifizierung mit den Eltern zu gelangen.

In dieser Phase der Therapie beginnen die »Gedenkkerzen«, einen Teil ihrer Abwehrmechanismen nach und nach aufzugeben, und in ihnen erwacht der Drang, jene quälenden Fragen ins Bewußtsein zu heben und ihre Gefühle offenzulegen. Sie empfinden das therapeutische Setting nun als sicherer und unterstützender als bisher, und genauso geht es ihnen mit den gegenseitigen Identifizierungen und den Gesprächen, die sich zwischen ihnen und den Gruppenmitgliedern beziehungsweise den Therapeuten entwickeln. All dies hilft ihnen, sich mit ihren Gefühlen auseinanderzusetzen, und verringert das Ausmaß der Bedrohung und der Angst, die ihre Selbstpreisgabe mit sich bringt.

In einer Gruppensitzung entspann sich der folgende Dialog zwischen Michal und Nira. Beide sind die »Gedenkkerzen« ihrer Familien. Nira ist um die Dreißig und ein Einzelkind; die etwa gleichaltrige Michal hat zwei Schwestern. In der Sitzung decken sie zum ersten Mal einen kleinen Teil der Traumata auf, die ihre Mütter erlitten haben. Bei Kriegsbeginn waren beide noch in der Adoleszenz: Michals Mutter war etwa elf, Niras Mutter etwa 14 Jahre alt. Im Verlauf des Gesprächs offenbaren Michal und Nira einander, welche Gefühle sie für ihre Mütter und deren Erlebnisse während des Holocaust hegen. Die Gruppe bleibt als ein unterstützendes Element im Hintergrund.

Zu Beginn der Sitzung hat Nira erzählt, daß ihre Mutter und ihre Tante in mehreren Konzentrationslagern waren und schreckliche Mißhandlungen und endlose Demütigungen erlitten. Zum Schluß waren sie sogar bei einem Todesmarsch dabei, konnten aber flüchten und sich in der Scheune neben dem Haus eines polnischen Bauern verstecken. Mit teilnahmslosem Gesichtsausdruck und verhaltener Stimme sagt Nira:

»Auch heute kann ich in diese Scheune nicht hineingehen, und mit jedem Mal wird das Hineingehen schwieriger.«

Therapeutin: »Du versuchst immer, die Scheune allein zu betreten. Du könntest mit Michal hineingehen oder mit uns. Vielleicht ist es dann einfacher.«

Mordechai: »Weißt du, du warst ja immer ein Einzelkind und hast dein ganzes Leben lang alles allein getragen. Auch hier verhältst du dich so. Du vertraust uns nie so richtig. Du läßt nie zu, daß wir dir nahekommen, dir helfen, bei dir sind.«

Nira rückte ihren Stuhl zu Michal hin und sagte zu ihr mit nach wie vor verhaltener Stimme: »Meine Mutter hat mir erzählt, wie sie ihre Schwester am Ende der Scheune hingelegt und sie zugedeckt hat, um sie zu wärmen und damit man sie nicht sieht. Zu diesem Zeitpunkt waren die Füße ihrer Schwester bereits erfroren, und sie konnte überhaupt nicht mehr laufen. Danach ging sie hinaus und melkte irgendeine Ziege, die sie draußen fand, und tröpfelte ihrer Schwester die Milch in den Mund. Was geschah dann? Ihre Schwester lag da, beinahe erfroren und halbtot, und blieb allein in der dunklen, furchterregenden Scheune zurück. Diese Stunden, nachdem sie es geschafft hatten, aus dem Lager zu fliehen, und sich stundenlang im Wald, in Eis und Schnee versteckt hielten, und die Nazis mit ihren Schäferhunden... Stundenlang suchten sie den Wald nach ihnen ab und fanden sie nicht. Und jetzt, nachdem anscheinend alles gutgegangen war, war in Wirklichkeit gar nichts gut. Wie konnten sie das nur aushalten? Wie konnte es sein, daß sie jetzt innehalten und nachdenken und Angst haben mußten, daß sie hungerten und froren, wo sie doch schon so viel durchgemacht hatten, den Todesmarsch, die Arbeit im Lager, im eisigen Schlamm, Stunden um Stunden...«

Niras Stimme wurde schwächer und begann zu zittern. Sie schwieg. Nach einiger Zeit fuhr sie fort: »Ich kann mir nicht vorstellen, daß ich, wenn ich in ihrer Lage gewesen wäre, das wirklich ausgehalten und lebend überstanden hätte. Das ist alles.«

Mordechai: »Was meinst du mit: Das ist alles? Sprichst du davon, was man nach solchen Erfahrungen empfindet?«

Nira: »Ja. Eigentlich empfindet man dann gar nichts. Etwas zu empfinden wäre ja lebensgefährlich gewesen. Ich spüre das sehr deutlich.«

Ich versuchte, etwas Spannung herauszunehmen: »Sag diesen Satz zu allen hier in der Gruppe.«

Nira wandte sich an Yacov: »Ich spüre, daß ich es nicht aushalten könnte, zuviel zu empfinden.«

Therapeutin: »Eigentlich sagst du damit zu Yacov: Wenn du ihm zeigst, was du wirklich fühlst, würde es dir schwerfallen, das Bild aufrechtzuerhalten, das er von dir hat. Denn was du nicht deutlich zum Ausdruck bringst, das scheint dich auch zu nichts zu verpflichten und nicht wirklich zu existieren.«

Nira begann, still vor sich hin zu weinen, und Michal fuhr an ihrer Stelle fort:

»Wenn ich in diesem Augenblick, in der Scheune, an der Stelle deiner Mutter gewesen wäre, dann wäre ich einfach nicht fähig gewesen weiterzumachen. Ich hätte nichts mehr zu geben gehabt. Sie war durch Tod, Schnee und Eis gegangen und hatte eigentlich ihr eigenes Leben und das Leben ihrer Schwester gerettet. Ich habe mir oft überlegt, was passieren würde, wenn meine Eltern sterben und ich und meine beiden Schwestern allein zurückbleiben würden. Ich habe mir überlegt, wie ich dafür sorgen könnte, daß für jede von ihnen ein bißchen Geld da ist, damit ganz elementare Dinge abgesichert sind. Während des Sechstagekrieges gab uns meine Mutter bei Bombenangriffen eine Wasserflasche und schickte uns in den Luftschutzkeller, der recht weit entfernt war, denn in unserem Haus gab es keinen. Ich zog Hand in Hand mit meiner großen Schwester auf der einen und meiner kleinen Schwester auf der anderen Seite in den Luftschutzkeller. Ich war erst neun Jahre alt, aber schon damals spürte ich die Verantwortung, daß ich mich um meine Schwestern kümmern mußte ... Meine Mutter hat mich als einzige von der ganzen Familie mitgenommen, als sie nach Europa fuhr, ins Land ihrer Geburt. Wir haben das Haus gesehen, das unserer Familie gehört hatte. Acht Generationen haben dort gelebt. Wir gingen die Straße entlang und schwiegen. Dann kamen wir zu einem anderen Haus, und sie sagte: ›Hier hat die Familie

Cohen gewohnt. Sie hatten eine Tochter in meinem Alter.‹ Mein Gedanke war, daß das Leben meiner Mutter damals stehengeblieben ist. Ihre ganzen Krankheiten, die Kopfschmerzen und die Alpträume, das alles kommt von ›dort‹. Wir kamen beim Haus unserer Familie an. Eines Abends ging sie dort in den Keller. Sie sagte, sie wolle alles, was dort noch von früher übrig sei, zerstören … Ich blieb oben und fing fürchterlich zu weinen an. Aber ich sagte mir sofort: ›Hör auf damit. Deine Mutter hat es auch ohne dein Weinen schon schwer genug.‹ Nach einigen Stunden kam meine Mutter aus dem Keller wieder nach oben und war weiß wie ein Gespenst.« Michal begann leise zu weinen, ihre Tränen flossen, doch sie sprach weiter: »Sie legte ein Paket auf den Tisch. Am Abend habe ich hineingeschaut. Es waren Familienphotos und irgendwelche Hefte darin.«

Michal senkte den Kopf. Sie wirkte in sich selbst versunken, und im Raum herrschte Schweigen. Nach einigen Minuten sprach ich sie an:

»Michal, wenn du das jetzt erzählst, kannst du dann spüren, daß du es Nira erzählst und ihr dabei nahe bist?«

Michal: »Ich weiß nicht, ich glaube nicht so richtig.«

Therapeutin: »Wenn du mit deiner Mutter in diesem Keller bist, in dem Versteck, in dem sie sich drei Jahre lang versteckt hat, dann ist eigentlich kein Platz mehr für jemand anders übrig. Keiner von uns hier kann daran teilhaben und wirklich bei dir sein – so wie es auch Nira schwergefallen ist, ihre Erfahrung mit uns zu teilen.«

Michal wirkte nachdenklich und ein wenig verwirrt und wandte sich an Nira: »Als du die Geschichte über deine Mutter erzählt hast, konnte ich deine Mutter richtig spüren, wie sie da im Schnee war, ihre Einsamkeit, die Mißhandlungen, alles …«

Nira beteiligte sich schließlich wieder am Gespräch: »Ich habe aber fast gar nichts gespürt. Ich habe es nicht gewagt, meine Mutter wirklich zu spüren. Ich habe dich beneidet, als du vorhin so bewegt warst. Ich wage nicht, das zu empfinden. Ich habe nur einen unterdrückten Schmerz gespürt, von dem nicht mal ein kleines Stück zu sehen ist.«

Michal: »Als du das letzte Mal davon erzählt hast, wie emotional verschlossen deine Mutter ist, habe ich das stark mitempfunden. Ich habe allerdings keine direkte Verbindung zu meiner Mutter herstellen können, aber vielleicht gibt es doch eine. Als die anderen in der Gruppe mir gezeigt haben, wie apathisch und unbeteiligt ich rede, wurde mir klar, daß du wußtest, daß etwas in mir vorgeht.«

Nira: »Mir war immer klar, daß meine Mutter nie lebend davongekommen wäre, wenn sie nicht ihre Schwester gerettet hätte und sich um sie hätte kümmern müssen. Auch ich fühle oft, so wie jetzt, daß ich nur dann existiere, wenn ich mich um jemanden oder etwas kümmere.«

Therapeutin: »Versuche, wieder in die Scheune zu gehen. Deine Tante liegt unter einem Haufen Stroh, und ihre Füße sind erfroren. Was geschieht jetzt?«

Nira: »Es kommt mir so schwierig vor – ich kann das unmöglich nachempfinden. Wie kann ein Mensch so etwas aushalten?«

Therapeutin: »Ja, es ist wirklich sehr schwierig. Aber ist es denn einfacher, alles in dir unter Verschluß und zurückzuhalten? Deine Mutter mußte das tun, um durchzukommen, um am Leben zu bleiben. Du tust es auch oft. Aber du warst nicht in Wirklichkeit ›dort‹ ...«

Nira: »Wenn ich zu weinen anfange, kann ich nicht mehr aufhören. Bei uns zu Hause gab es keine Tränen. Im Grunde war es verboten zu weinen. Meine Mutter konnte mich nicht weinen sehen. Wenn es manchmal hier aus mir herausbricht, weiß ich nicht, woher das kommt.«

Therapeutin: »Es fällt deiner Mutter zweifellos sehr schwer, dich weinen zu sehen, weil das in ihr den ganzen Schmerz und die Tränen aufrührt, die sie all die Jahre zurückgehalten und unterdrückt hat. Wenn sie dich weinen sieht, fürchtet sie, daß sie vielleicht ebenfalls zu weinen anfängt, und das ist zu bedrohlich für sie.«

Michal: »Wenn du willst, Nira, dann kann ich mit dir zusammen in die Scheune gehen.«

Nira: »Ja, das möchte ich. Aber es fällt mir so schwer zu erzählen, was damals geschehen ist. Es gibt da etwas, das ich kaum zu rekonstruieren und zu spüren wage. In Notsituationen, wenn mir etwas zustößt, das körperlich schwer zu verkraften ist, spüre ich im ersten Augenblick, wie ich auf der ganzen Linie zusammenbreche, aber ich kriege mich dann gleich wieder in den Griff.«

Michal: »Ja, du brauchst wirklich viel Mut und Kraft, aber du hast ja gesagt, daß deine Mutter die Kraft hatte, nicht nur alles zu überstehen, sondern auch noch ihre Schwester zu retten.«

Therapeutin: »Ich glaube, auch du, Nira, hast diese Kraft.«

Michal: »Weißt du, wenn ich an der Stelle deiner Mutter gewesen wäre, dann hätte ich in der Scheune das Stroh von meiner Schwester genommen und ihre erfrorenen Füße gerieben, und ich hätte geweint und geweint und geweint.«

Tränen traten in Niras Augen und rollten ihr langsam über die Wangen: »Ja, das ist wahrscheinlich genau das, was ich allein nicht gesehen hätte.«

Nach Michals Worten ließ Nira den Tränen diesmal wirklich freien Lauf, und sie weinte und weinte.

Nira und Michal identifizieren sich miteinander und fühlen sich durch die Inhalte und Konflikte ihrer inneren Welt miteinander verbunden. Ihre Mütter waren, wie gesagt, bei Kriegsausbruch junge Mädchen gewesen und litten, weil sie aus dem Prozeß ihres emotionalen Wachstums herausgerissen wurden, unter offenbar ganz ähnlichen Gefühlen des Verlustes. Jede der beiden verinnerlichte diese Gefühle auf ihre eigene Weise, doch die Empfindungen, die sie später auf ihre Töchter übertrugen, waren im wesentlichen die gleichen. Es ist interessant zu beobachten, wie Michal und Nira sich gegenseitig helfen, Verbindung zu ihren schmerzvollen Gefühlswelten aufzunehmen, sowohl zu ihren eigenen als auch zu denen ihrer Mütter. In diesem Prozeß ist ein Mechanismus gegenseitiger projektiver Identifizierung zu erkennen. Michal kann den Schmerz von Niras Mutter empfinden und sogar verbalisieren. Weil Michal diesen Emotionen Ausdruck verleiht und sie verbalisiert, ist es Nira möglich, sich mit dem Schmerz ihrer Mutter zu identifizieren und etwas von der Angst und Trauer zu empfinden, die sie in der Scheune umfingen. Im Schmerz der Mutter vermag Nira auch den eigenen Schmerz zu spüren. Auf der anderen Seite kommt Michal, indem sie sich mit dem Schmerz von Nira und deren Mutter identifiziert, zum ersten Mal in ihrem Leben an den Schmerz ihrer eigenen Mutter heran, den sie vor vielen Jahren verinnerlicht und verdrängt hat. Die Gruppe als Ganzes ist mittlerweile besser als in vorherigen Phasen imstande, für die einzelnen Mitglieder eine »Haltefunktion« zu erfüllen, so daß sie intensivere Gefühlsäußerungen und das Offenlegen tieferer Traumata aufzufangen vermag. Michal und Nira finden in der Gruppe daher das Gefühl von Ruhe und Sicherheit, das sie für ihre schwierige Aufgabe unbedingt brauchen.

In ihrem Dialog werden Michal und Nira sich allmählich darüber klar, welche projizierten Ich-Anteile ihrer Mütter sie einst in der Kindheit in sich aufgenommen und als Teile der eigenen Persönlichkeit verinnerlicht haben. Dieses, wenn auch nur tastende und ansatzweise Erkennen ist sehr bedeutsam, weil es die Aspekte ihrer Persönlichkeit sichtbar machen kann, die sie von anderen entlehnt haben. Diese Aspekte sind zwar in ihrem Ich verinnerlicht, doch eigentlich gehören sie ihren Müttern und deren Vergangenheit an. Nira und Michal werden sich im weiteren Verlauf der Therapie noch mit diesen entlehnten Anteilen ihres Ich auseinandersetzen müssen, um zu einer inneren Integration auf einer neuen Stufe und damit zu einer abgegrenzten und unabhängigen Identität zu gelangen. Damit aber der Weg zu einer solchen Integration und Loslösung frei wird, müssen sie zunächst mit den übernommenen und verinnerlichten Aspekten ihrer Persönlichkeit klarkommen. Aus diesem Grund ist es so wichtig, daß sie deren Existenz überhaupt erst einmal wahrnehmen. Michal zum Beispiel hatte im Alter von neun Jahren ein traumatisches Erlebnis, als sie mit ihren Schwestern in den Luftschutzbunker ging. Ihre Mutter tauchte etwa im gleichen Alter im Versteck unter. Der Weg in den Luftschutzbunker hatte zweifellos nur deshalb eine so traumatische Wirkung, weil Michal die entsprechende Erfahrung aus der Vergangenheit ihrer Mutter entlehnt und verinnerlicht hatte. Michal lebt seit Jahren in einem Zustand psychischer Abschottung, und in Streßsituationen wird sie hilflos: Damit greift sie auf die Empfindungen zurück, die sich während der drei Jahre im Versteck in der Psyche ihrer Mutter festgesetzt haben.

Ich erinnere mich an die Gruppensitzung, in der Michal sich zum ersten Mal ein wenig von dem psychischen Druck und dem Sichabschotten, die ihr

Leben beherrschten, zu befreien vermochte, indem sie sich auf der Gefühlsebene direkt mit dem Leben ihrer Mutter im Versteck auseinandersetzte. Michal wagte es, das Versteck zu betreten und, während die Gruppe sie umgab und beschützte, ihre Mutter dort wahrzunehmen.

Michal: »Ich habe bei meiner Mutter diese Woche ein wenig nachgefragt, wie es ihr damals im Versteck ergangen ist, wie das mit dem Lernen war und was sie dort genau getan hat. Am meisten hat mich berührt, als sie erzählte, wie sie sich jeden Morgen angezogen und gekämmt und auf die ›Schule‹ vorbereitet hat. Dann nahm sie die Schultasche auf den Rücken, und ihr Vater brachte sie in die Schule. Das heißt, sie hielten so eine Art Ritual ab. Sie gingen die paar Schritte, die man in diesem Zimmerchen machen konnte. Das Überschreiten der Türschwelle bedeutete, daß sie jetzt die Schule betreten hatte ... Danach setzte sie sich auf einen Stuhl, und ihr Vater saß jeden Morgen stundenlang mit unendlicher Geduld neben ihr und unterrichtete sie in allen Fächern. Es ist wirklich erstaunlich, aber als sie nach drei Jahren das Versteck verließen, war sie in allen Fächern perfekt. Sie mußte nichts nachholen ...«

In dieser Phase der Therapie beginnen die »Gedenkkerzen«, sich mit der Demütigung auseinanderzusetzen, die ihre Eltern während des Holocaust erlitten haben, und neben Schmerz und Mitleid auch Scham und Wut zu empfinden. Die Sitzung, aus der der folgende Ausschnitt stammt, fand nach drei Jahren Gruppentherapie statt.
Die Sitzung dauerte schon ein paar Stunden. Martha saß immer noch in sich selbst versunken da und machte den Mund nicht auf. So hatte sie auch während der meisten Gruppensitzungen in den letzten Monaten dagesessen. Plötzlich begann sie zu sprechen:

»Ich fühle mich, als würde ich ersticken. In den letzten zwei Stunden hatte ich das Gefühl, keine Luft zum Atmen zu haben. Ich war fast am Ersticken und bekam keine Luft, besonders als Yair erzählte, wie ihn seine Eltern kurz nach seiner Geburt in einem Korb, unter Obst und

Lumpen versteckt, auf das illegale Einwanderungsschiff nach Palästina geschmuggelt haben. Da bekam ich fast keine Luft mehr.«

Yair: »Ja, dieses Erstickungsgefühl habe ich auch oft, besonders wenn ich unter Druck oder Streß stehe. Ich kann dann kaum noch atmen, und in letzter Zeit habe ich überlegt, ob das nicht vielleicht irgendwie mit dieser Zeit nach meiner Geburt auf dem Schiff zu tun hat.«

Martha: »Ich weiß nicht genau, wann diese Anfälle von Atemnot bei mir angefangen haben, aber es ist schon viele Jahre her.«

Therapeutin: »Ich erinnere mich, wie du uns erzählt hast, daß du im Alter von vierzehn Jahren einen schweren Asthmaanfall hattest. Wo war das?«

Martha antwortete nicht. Es dauerte geraume Zeit, bis sie den Kopf senkte und flüsternd murmelte: »Seltsam, daß ich das vergessen habe. Das war, als ich vierzehn war und meine Eltern und ich zum ersten Mal nach Europa gefahren sind, in die Stadt, in der sie gewohnt hatten und aus der sie geflüchtet waren. Ich wollte auf keinen Fall dorthin fahren, aber mein Vater bestand darauf, und so fuhren wir. Sie haben nichts Besonderes dazu gesagt. Wir kamen an und begannen uns umzuschauen. Ich kann mich nicht daran erinnern, daß sie irgendwelche besonderen Reaktionen gezeigt hätten, aber ich bekam nach zwei Tagen einen derart starken Asthmaanfall, daß sie mich ins Krankenhaus bringen und zehn Tage dort lassen mußten. Damals verstand ich gar nichts. Jetzt aber begreife ich, daß das, was mit mir passierte, mit den Empfindungen meiner Eltern zu tun hatte, die an ihren Geburtsort zurückkehrten. Das war zugleich der Ort, wo das Unheil über sie hereingebrochen war. Schließlich haben sie dort mehr oder weniger alles verloren. Mein Vater hatte eine Schwester, die etwa vierzehn Jahre alt war, als sie starb. Ich wurde nach ihr benannt. Meine Mutter war ungefähr genauso alt, als sie und ihre Eltern mitten in der Nacht fliehen mußten und den Weg zur Grenze suchten... Mein Vater hat mir erzählt, was sie in der Nacht erlebten, als sie flüchteten. Sie haben sich im Wald verirrt, es war stockdunkel. Sie hatten Rucksäcke mit ein bißchen Wasser und Brot dabei. Ganz einfaches Brot, das meine Großmutter noch hatte backen können, bevor sie sich auf den

Weg machten. Sie waren sehr hungrig und haben sich auf das Brot gestürzt, aber mein Großvater hat gesagt, sie müßten auch ein bißchen für den nächsten Tag aufheben. Sie waren sehr hungrig und müde. An einem bestimmten Punkt sagte mein Großvater zu meinem Vater, er wolle sich auf die Suche nach dem richtigen Weg machen, und mein Vater solle in der Zwischenzeit die Verantwortung für seine Mutter und seine Schwester übernehmen. Mein Großvater ging, und sie warteten Stunden um Stunden auf ihn. Mein Vater war damals ungefähr sechzehn Jahre alt war und blieb mit seiner Mutter und seiner Schwester allein zurück, mitten im Wald, in völliger Dunkelheit. Sein Vater kam nicht wieder. Er wußte nicht, was tun, wohin weitergehen. Plötzlich hörten sie von weitem Hundegebell, Stimmen von Deutschen und Schüsse. Anscheinend hatten sie meinen Großvater gefaßt.«

Yair: »Was, glaubst du, hat dein Vater empfunden? Hat er es dir einmal erzählt?«

Martha: »Ich weiß nicht, er hat es nie direkt gesagt. Ich habe Mühe, mir meinen Vater vorzustellen, wie er Angst hat. Aber jetzt spüre ich, daß ich innerlich zittere, mein Bauch war die ganze Zeit über so angespannt. Jetzt habe ich richtige Bauchkrämpfe.«

Martha sah sehr blaß aus. Ihre Zähne schlugen aufeinander, und sie zitterte am ganzen Körper. Es sah aus, als habe sie keine Kontrolle über dieses Zittern, das ihren Körper erfaßt hatte. Trotzdem fuhr sie mit schwacher, zögernder Stimme fort: »Jetzt ist mir wirklich angst. Ich weiß nicht, mir ist nicht klar, wie er sich damals im Wald gefühlt hat. Ich habe Mühe, mir vorzustellen, in was für einer Verfassung er war. Es ist so furchterregend. Ich kann mich da nicht wirklich hineinbegeben.« Sie verstummte für einen Moment. Gleich darauf sprach sie aber weiter, und ihre Stimme klang nun etwas sicherer: »Diese Angst, diese schreckliche Hilflosigkeit in diesem Augenblick im Wald und auch später, in tausend anderen Situationen, während all den Jahren auf der Flucht und in Verstecken. Jetzt fällt mir ein, daß er sogar heute noch wegen jeder Kleinigkeit diese Angstzustände bekommt, richtig komisch ist das. Aus der winzigsten Kleinigkeit macht er eine Katastrophe, und ständig gerät er unter

Druck und hat Angstzustände. Und das hat sich über all die Jahre auch auf mich und meine Mutter übertragen. Schließlich bin ich die Meisterin im Angsthaben, das habe ich euch ja vor ein paar Wochen erzählt. Jetzt sehe ich, daß das alles irgendwie zusammenhängt.«

Ihr kamen die Tränen, und leise weinte sie vor sich hin. Zwia, die bis dahin bewegungslos dagesessen hatte, sagte sanft und mit Tränen in den Augen zu ihr: »Weißt du, die ganzen Monate in der Gruppe hatte ich Probleme mit deinem Schweigen. Ich weiß ja, daß du eine ganze Menge mit dir herumschleppst, aber du warst so verschlossen und hast nichts rausgelassen. Jetzt, da du geredet und von dir erzählt hast, fühle ich mich dir sehr nahe und verbunden. Was du über deinen Vater erzählt hast, hat mich – ich weiß eigentlich nicht warum – an das erinnert, was mir mein Vater vor ein paar Wochen erzählt hat, als ich zu Hause war. Er hat mir erzählt, daß sie im Lager stundenlang im Schlamm und in der Kälte arbeiteten und immerzu irgendwelche Gräben oder Löcher oder ich weiß nicht was aushoben. Ich versuche ihn mir vorzustellen: ein Skelett, dem die Kräfte ausgegangen sind und das in Reih und Glied marschiert. Ich kann bei diesem Bild nicht verweilen. Mir krampft sich der Bauch zusammen, und plötzlich kann ich kaum noch atmen.«

Zwia hörte nicht auf zu sprechen, aber ihr Atem ging mit einemmal schwer, und die Tränen liefen ihr übers Gesicht. »Am schwersten fällt es mir, an das zu denken, was er zum Schluß erzählt hat. Durch die harte Arbeit hatte er sich eine Verletzung zugezogen, am Fuß oder am Knie, ich weiß nicht mehr. Und als er nicht mehr arbeiten konnte, beschloß er, ins Lazarett zu gehen. Er beschrieb mir, wie er buchstäblich gekrochen ist, wie er den ganzen Weg zum Lazarett im vereisten Schlamm auf allen vieren zurückgelegt hat. Er kroch und kroch mit letzter Kraft. Und ein Nazioffizier, der ihn dabei sah, schrie ihn an und beschimpfte ihn und versetzte ihm noch ein paar Tritte. Aber er ist weitergekrochen, wie ein Hund, den man getreten hat.«

Zwia brach in lautes Weinen aus und konnte nicht weitererzählen. Die anderen in der Gruppe saßen wie erstarrt da. Die Atmosphäre war voller Spannung, und einige weinten still vor sich hin.

Baruch fing mit tränenerstickter Stimme zu sprechen an. Er war sehr blaß, und seine Augen waren weit vor Entsetzen: »Mir ist es eben sehr schwergefallen, dir zuzuhören, Zwia. Am Anfang verstand ich nicht recht, warum ich dir nicht wirklich zuhörte, sondern an andere Dinge dachte. Aber dann fing ich doch an zuzuhören. Auch mein Vater und meine Mutter haben mir einiges von dem erzählt, was sie durchgemacht haben. Mir ist in den Sinn gekommen, was meine Mutter über ihre Zeit in Auschwitz erzählte. Jeden Morgen verließ sie, so wie dein Vater, in einer langen Kolonne das Lager, um im Schlamm und in der Kälte zu arbeiten. Aber weißt du, selbst jetzt fällt es mir noch schwer, mich da wirklich hineinzuversetzen. Ich sehe, wie du weinst, und die anderen auch, aber ich kann noch nicht einmal weinen. Mein Vater hat mir erzählt, daß an dem Tag, als die Amerikaner das Lager befreiten, es war Bergen-Belsen, glaube ich, jeder ins Freie ging, der noch am Leben war. Da lag ein Sack mit Kartoffeln, und alle rannten hin, stürzten sich darauf und nahmen so viel an sich, wie sie konnten. Mein Vater war an den Füßen verletzt, und der Wundbrand hatte sich bereits auf die Zehen ausgebreitet... Er konnte nicht rennen, ja kaum noch gehen, höchstens kriechen. So kroch er ganz langsam auf den Sack zu, aber er kam als letzter hin, und es war keine einzige Kartoffel mehr übrig.«

In Baruchs Stimme hatte sich ein wütender Ton gemischt. Doch Wut auf wen? Auf den kriechenden, gedemütigten Vater oder auf die, die ihn in diesen Zustand der Erniedrigung gebracht hatten?

So wagen die »Gedenkkerzen« endlich, ihre verschlossenen Herzen zu öffnen und die Gruppe an den traumatischen Erlebnissen ihrer Eltern teilhaben zu lassen. Ein Teil der Geschichten zeichnet ein Bild vom Vater oder der Mutter als einem verfolgten und gedemütigten Menschen. Die Kinder reagieren auf dieses Bild mit Identifizierung und Schmerz, aber auch mit Widerwillen und Wut. Zwia und Martha geben hauptsächlich Schmerz und Mitgefühl zu erkennen, und selbst auf die Erniedrigung des Vaters reagieren sie, zum ersten Mal, mit empathischer Identifizierung. Für Baruch ist das schwieriger. Zwar kann er die Qualen seines Vaters nachfühlen, doch er wehrt sich auch gegen ihn und gesteht sich sogar ein gewisses Maß an Wut und Widerwillen gegen ihn zu. Wahrscheinlich ist es für einen Sohn schwieriger als für eine Tochter, sich mit dem gedemütigten Vater zu identifizieren. Aber auch das Bild seiner gedemütigten, im Schlamm kriechenden Mutter ist für ihn zu bedrohlich, und so vermag er in sich keine emotionale Verbindung zu dem schrecklichen Bild herzustellen, das sich vor seinen Augen abzuzeichnen beginnt. Baruch hat ungeheure Angst vor der emotionalen Überflutung, die sein Abwehrsystem und sein psychisches Gleichgewicht gefährden könnte.

In dieser Sitzung wird auch deutlich, wie das Gefühl der Bedrohung allmählich abnimmt. Die Gruppenmitglieder können sich mit dem Schmerz der anderen identifizieren und einander an ihren Gefühlen teilhaben lassen. Öffnet sich eines der Gruppenmitglieder, so tun es ihm die anderen sofort nach. Weil die Gruppe ihre »Haltefunktion« nun auch bei intensiveren Gefühlen auszuüben vermag, wird es möglich, die demütigenden Situationen offenzulegen, denen die Eltern ausgesetzt waren. Das Aufdecken der Schwäche und Hilflosigkeit der Eltern rückt die Unsicherheit, das verminderte Selbstwertgefühl sowie das Körperbild ihrer Kinder in ein neues Licht. Aber außer Martha (die den Zusammenhang zwischen ihren Ängsten und denen ihres Vaters bemerkt hat) ist noch kein Gruppenmitglied in der Lage, eine Verbindung zwischen der Erniedrigung der Eltern und den eigenen quälenden Empfindungen herzustellen.

Wenn das starre Abwehrsystem aufbricht, das sowohl das realitätsbezogene als auch das verinnerlichte Elternbild abschirmt, bedeutet das auch, daß der Betreffende sich nicht mehr in so extremer Weise gegen andere Menschen im allgemeinen und gegen die Gruppenmitglieder und Therapeuten im besonderen schützen muß. Nur wenn dieser Abwehrmechanismus durchbrochen wird, kann es den »Gedenkkerzen« gelingen, die Erniedrigung ihrer Eltern vollständig offenzulegen und zu verstehen, welchen Einfluß sie auf ihr eigenes gestörtes Selbstbild hat. Das Durcharbeiten dieser schmerzhaften Inhalte befähigt sie, ihre Eltern zu verstehen und sich wirklich in sie einzufühlen, das heißt, ihren Schmerz zu akzeptieren und nachzuempfinden und ihn gleichzeitig vom eigenen Schmerz zu unterscheiden. Nur durch das Angehen und Durcharbeiten dieser Inhalte vermag sich das Ich der »Gedenkkerzen« von den Anteilen zu lösen, die der inneren Welt der Eltern entlehnt sind, denn schließlich haben die »Gedenkkerzen« den Holocaust nicht am eigenen Leib erfahren.

Konflikte im Bereich der sexuellen Identität

Während die »Gedenkkerzen« eine erwachsene männliche oder weibliche Identität aufzubauen versuchen, sehen sie sich mit den Traumata konfrontiert, aufgrund derer die sexuelle Identität ihrer Eltern gestört ist. Wie erwähnt, wurden Überlebende, die den Holocaust während ihrer Kindheit oder Pubertät erlebten, vorzeitig erwachsen. Viele kamen in die Pubertät, während sie einsam und isoliert waren, keinerlei Privatsphäre hatten und jede menschliche Nähe entbehren mußten. Nicht wenige von ihnen wurden Opfer oder unmittelbare Zeugen von sexuellem Mißbrauch und sexueller Erniedrigung. Deshalb wurden sie zwar körperlich, aber nicht emotional erwachsen. Aber auch ältere Überlebende erfuhren eine Erschütterung ihrer sexuellen Identität und blieben, obwohl sie nach außen hin in jeder Hinsicht die Rolle von erwachsenen Männern und Frauen ausfüllten, emotional unreifer, als es den Anschein hatte.

In der Regel haben die »Gedenkkerzen« nichts über die Sexualität ihrer Eltern vor dem oder während des Holocaust erfahren. Sie wissen vielleicht, daß ihr Vater vor dem Krieg verheiratet war, Kinder hatte und schließlich seine ganze Familie verloren hatte. Die Mutter, so meinen sie zu wissen, war ebenfalls schon einmal verheiratet – oder war sie nur verlobt? Wie hat die Beziehung der Eltern zu ihren ersten Lebenspartnern ausgesehen? Wie sind sie während der Jahre des Terrors und danach mit ihrer Sexualität zurechtgekommen? All dies bleibt für die Kinder im dunkeln.

Selbst wer die Schrecken des Holocaust nicht am eigenen Leib erfahren hat, erzählt seinen Kindern im allgemeinen nicht die intimsten Details aus seinem Leben. Für Überlebende gilt das um so mehr. Sie können ihren Kindern nicht einmal die ganz normalen Dinge mitteilen, die alle Väter und Mütter ihren Kindern früher oder später erzählen. Auch in dieser Hinsicht geraten die »Gedenkkerzen« in eine ambivalente und konfliktgeladene Situation. Einerseits nehmen sie durch den Prozeß der Überlagerung an der emotionalen Welt ihrer Eltern Anteil. Sie leben in den Phantasien, die sie mit ihren Eltern durch eine intensive narzißtische Verflechtung teilen, deren Beginn in früher Kindheit zu suchen ist. Die »Gedenkkerzen« haben im Bereich der sexuellen Identität, ebenso wie im Bereich des Selbstwertgefühls, archaische Identifizierungen mit den Eltern entwickelt. Diese Identifizierungen rühren von den narzißtischen Kränkungen der Eltern her, die auf die Schädigung ihres Körperbildes und ihres Selbstwertgefühls zurückgehen. Andererseits jedoch haben die Überlebenden aus den Erinnerungen an die Vergangenheit einen Mythos geschaffen, der sie gegen ihre Traumata abschirmen und die heftigen Impulse (unter anderem Feindseligkeit und Angst) niederhalten soll, die sich mit ihren brutalen physischen und psychischen Erlebnissen verbinden (H. Klein 1987). Um diesen Mythos zu wahren, ist eine äußerst massive Verdrängung sämtlicher Erinnerungen an die Vergangenheit notwendig, so daß es als unmöglich oder höchst bedrohlich empfunden wird, sich den Erinnerungen in irgendeiner Weise auszusetzen oder sie mit den Kindern zu teilen. Es ist daher nicht verwunderlich, daß in den Köpfen der »Gedenkkerzen« von frühester Kindheit an alle diese unbeantworteten Fragen und dazu noch vage Phantasien über die Sexualität ihrer Eltern während des Holocaust herumschwirren und sie extrem beschäftigen und beunruhigen.

Diese intrapsychische Situation forciert die ödipalen (inzestuösen) Phantasien der »Gedenkkerzen« und verzögert, anstatt die Verdrängung der ödipalen Phase voranzutreiben, nicht nur die Individuation während und nach dieser Phase, sondern auch die Entwicklung eines unabhängigen Über-Ich. Außerdem sind die Themen von Aggressivität und Sexualität, die sich sowohl aus den Mythen als auch aus der realen Vergangenheit ihrer Eltern herleiten, weiterhin in ihren ödipalen Phantasien präsent.

Man sollte nicht vergessen, daß die allerersten Interaktionen der überlebenden Mütter und Väter mit ihren Babys von Ängsten, Depressionen und Schuldgefühlen durchsetzt waren, während Freude, Vergnügen und menschliche Nähe darin kaum Platz hatten. Die Dreiecksbeziehung zwischen den »Gedenkkerzen« und ihren Eltern ist daher zwangsläufig gestört und entwickelt sich nur mit Verzögerung. Es fällt den »Gedenkkerzen« also schwer, sich mit den Eltern zu identifizieren, was unter anderem damit zu tun hat, daß in den Über-Ich-Repräsentanzen der Überlebenden eine Spaltung zwischen Selbst und Objekt besteht, die dazu führt, daß sie ihren Kindern auf sexuellem Gebiet wie auch in anderen Bereichen doppeldeutige Botschaften übermitteln. Deshalb sind die Identifizierungsmechanismen der »Gedenkkerzen«, was die sexuelle Identität ihrer Eltern angeht, archaisch und primitiv geblieben und haben ihren Ursprung im Es oder in den oben beschriebenen archaischen Mechanismen des Über-Ich. Die »Gedenkkerzen« haben Mühe, reifere Mechanismen zu entwickeln, die ihnen eine intrapsychische Loslösung von Vater und Mutter und die Konsolidierung einer umgrenzten, eigenständigen sexuellen Identität ermöglichen würden. Daß ihre sexuelle Identität nicht ausreichend konsolidiert und abgegrenzt ist, wird aus Schwierigkeiten und Konflikten ersichtlich, von denen sie in der ersten Therapiephase berichten und die ihr Unvermögen betreffen, eine intime Partnerbeziehung aufzubauen, das heißt eine Beziehung, in der die emotionale und die sexuelle Ebene ineinander übergehen.

Viele »Gedenkkerzen« haben Probleme im sexuellen Bereich, die sich verschärfen, sobald sie eine emotional verpflichtende und intime Beziehung eingehen, also beispielsweise heiraten. Manchmal verläuft ihr Sexualleben normal, doch sie neigen zu häufigem Partnerwechsel; ihre Partnerbeziehungen sind oberflächlich, und sie lassen sich emotional nicht wirklich auf ihr Gegenüber ein. Dabei ist auch zu bedenken, daß die Beziehung der überlebenden Eltern zueinander von einem symbiotischen Muster der Abhängigkeit und Kontrolle beherrscht ist. Die meisten »Gedenkkerzen« hatten als Kinder also keine gleichberechtigte Paarbeziehung vor Augen, die als ein taugliches Identifizierungsmodell hätte dienen können. Zuneigung, Wärme oder körperliche Nähe waren in den Familien von Überlebenden selten, und den Kindern blieb nichts anderes übrig, als Aspekte einer beschädigten Identität zu verinnerlichen, die dann zu einem Bestandteil ihres eigenen Selbst wurden.

In diesem Stadium der Therapie sind die »Gedenkkerzen«, aus einem inneren Bedürfnis heraus und weil sie sich nun mehr zutrauen und sich sicherer fühlen, dazu bereit, die Mythen zu zerstören, von denen die Sexualität ihrer Eltern umgeben ist, und sie beginnen, die Konflikte, die innere Verwirrung und die komplexen Gefühle aufzuarbeiten, mit denen dieses Thema sie seit Jahren belastet hat.

Zunächst werden aus der Dämmerung des Bewußtseins alle die Ängste und Phantasien hervorgeholt, die mit den sexuellen Erfahrungen der Eltern während des Holocaust zu tun haben. Oft wird deutlich, daß sich die wichtigsten Fragen um »Familiengeheimnisse« drehen, die zwar sorgfältig vor den Kindern gehütet wurden, aber irgendwie doch immer in der Luft lagen. Diese Geheimnisse kommen in den Therapiesitzungen nun ans Licht.

Nira: »Es gibt da etwas, das mich beunruhigt und über das ich nie gesprochen habe. Meine Tante hat mir einmal erzählt, daß man sie im Lager alle in einer Reihe antreten ließ und auf Lastwagen verlud. Und beinah hätte man auch meine Tante auf einen Lastwagen geladen. Meine Mutter war bereits oben. Da schaute einer der Nazi-Offiziere sie und meine Mutter an und sagte, er brauche zwei Wäscherinnen für die Lagerwäscherei. Und so kamen sie von den Lastwagen wieder herunter. Sie baten darum, daß auch ihre Mutter vom Lastwagen heruntersteigen dürfe, aber eine Frau sagte zu ihnen: ›Laßt sie. Seid dankbar, daß man euch hierläßt. Wenn ihr leben wollt, dann laßt sie.‹«

Verwirrt und nachdenklich schwieg Nira einen Moment und fuhr dann fort:

»Ich verstehe nicht genau, was da geschehen ist. Meine Mutter hat damals sehr gut ausgesehen. Sie war jung und hübsch, aber meine Tante war mager und nicht besonders gutaussehend. Warum hat man auch sie dabehalten? Was ist da eigentlich geschehen? Bis zu diesem Moment habe ich mich nie getraut, mir das vorzustellen oder darüber nachzudenken. War da vielleicht irgend etwas Sexuelles im Spiel? Vielleicht mußten sie etwas dafür tun, daß man sie am Leben ließ? Ich habe nie über die Sexualität meiner Mutter nachdenken wollen. In letzter Zeit erscheint sie mir im Traum, sie ist dann sehr schön, sehr weiblich und sexy, und wenn sie mit einem fremden Mann erscheint, dann ist klar, daß es irgendeine Art von sexueller Beziehung zwischen ihnen gibt. Im Traum versuche ich, sie von ihm zu trennen, oder lasse sie wieder so krank und schwach werden, wie ich sie all die Jahre erlebt habe. Es fällt mir sehr schwer, sie als eine Frau zu sehen und ihre Sexualität zu erfassen. Ich sehe da einen Zusammenhang mit dem, was geschah, als ich in die Pubertät kam und zur Frau wurde. Einerseits war sie sehr froh darüber, andererseits aber hörte sie völlig auf, ihre eigene Weiblichkeit zu pflegen. Ich sehe da noch eine andere Verbindung: Als ich meine Mutter nach Deutschland begleitete, wo sie in einem Prozeß gegen einen Naziverbrecher als Zeugin aussagen sollte, war ich schon achtzehn. Meine Mutter hatte Angst, allein zu fahren, und nahm mich als Begleitung und Stütze mit. Wir sprachen aber nicht darüber, ja nicht einmal darüber, was diese Reise bedeutete und wie sie ihr zusetzte – ganz als sei es nur eine Vergnügungs- und Ferienreise. Ich erinnere mich, daß mir auf dem Schiff ein Offizier der italienischen Besatzung, ein sehr gutaussehender Mann, den Hof machte. Meine Mutter hatte Gefallen daran und unterstützte es. Und als er uns eine bessere Kabine anbot, nahm sie mit Freuden an.«

Therapeutin: »Wie kam dir das damals vor? Und heute?«

Nira: »Damals habe ich überhaupt nicht darauf reagiert. Wie üblich sagte ich gar nichts. Aber wenn ich heute darüber nachdenke, dann hat sie sich schon ziemlich seltsam verhalten.«

Yitzhak: »Es ist wirklich ganz so, wie wenn eine Frau ihre Sexualität und Weiblichkeit als Werkzeug einsetzt, um alle möglichen Sachen zu erreichen. Als du hier in der Gruppe über die Beziehungen gesprochen hast, die du in der letzten Zeit mit Männern hattest, hatte ich oft ein ähnliches Gefühl. Auch du setzt deine Sexualität auf solche Weise ein.«

Nira: »Ja, ich glaube, ich weiß, was du meinst.«

Yitzhak: »Ich habe diese Woche das Buch von Primo Levi zu Ende gelesen. Die ganze Zeit hatte ich Bilder im Kopf, wie er wohl ausgesehen und was er gemacht hat. Ich habe mich gefragt, ob er im Lager überhaupt jemals sexuelles Verlangen gespürt hat. Aber das Schlimmste sind die Beleidigungen, die Art, wie man ihn gedemütigt hat. Und er hat trotzdem seine Menschlichkeit bewahren können, er ist nicht völlig abgestumpft. Er war immer auf der Suche nach Mitmenschlichkeit. Was Nira erzählt, erinnert mich daran, daß ich in letzter Zeit Schwierigkeiten in meiner Beziehung mit Noa habe. Ich habe Schwierigkeiten damit, sie nackt zu sehen. Ich erinnere mich, daß ich die ganzen Jahre, auch zu Hause, auch wenn ich meine Mutter einmal nackt oder nur halb bekleidet gesehen habe ... daß ich damit immer große Schwierigkeiten hatte. Wenn ich Bilder aus dem Holocaust anschaute und die nackten Frauen sah, wie sie so dastehen, hatte ich immer dasselbe Gefühl ... Mein Vater hat einmal gesagt, daß es viele Dinge gibt, die meine Mutter nie jemandem erzählen würde. Sie wurde vor der Hochzeit schwanger.«

Therapeutin: »Was fiel dir zu dem ein, was dein Vater sagte? Hat es Phantasien in dir wachgerufen?«

Yitzhak: »Ja. Ich habe mir oft überlegt, ob ihr etwas Sexuelles zugestoßen ist, Vergewaltigung oder so etwas. Einmal dachte ich, daß sie vielleicht zur Prostitution gezwungen wurde. Sie war bei den Partisanen, und danach arbeitete sie als Haushaltshilfe bei Ukrainern. Sonntags mußte sie in die Kirche gehen, um zu beweisen, daß sie Christin war. Sie hatte einen falschen Namen und gefälschte Papiere. Es fällt mir vor allem schwer, an ihre Erniedrigung zu denken, ihre Demütigung. Meine Mutter kommt aus einer religiösen Familie. Mein Großvater, ihr Vater, war sehr fromm, also müssen sich ihr all diese Dinge sehr tief eingeprägt haben – es muß wirklich sehr traumatisch für sie gewesen sein.«

Arnona: »In meinem Beruf arbeite ich mit einigen behinderten Mädchen, und ich identifiziere mich sehr stark mit ihrem Behindertsein. Eine von ihnen ist von der Hüfte abwärts gelähmt. Ich habe mir oft überlegt, daß ich mit einer solchen Behinderung nicht so gut fertigwerden würde. Meine Mutter macht immer alles perfekt, trotz ihres fortgeschrittenen Alters. Sie bemüht sich, fit zu bleiben, macht sogar Gymnastik. Aber trotzdem kann ich sie nicht als ein sexuelles Wesen sehen. Sie versteckt ihre Sexualität. Ich hatte immer das Gefühl, daß sie alles mögliche verschweigt. Ich weiß nicht, wie es ihr in dieser Hinsicht im Holocaust ergangen ist. Sie war damals ungefähr vierundzwanzig, jung und schön. Ich habe nie bewußt darüber nachgedacht, aber jetzt, als Yitzhak und Nira davon redeten, ist mir plötzlich klarer geworden, daß vielleicht auch meine Mutter solchen Erfahrungen ausgesetzt war.«

Jetzt beteiligte sich auch Nechama am Gespräch: »Am letzten Holocaust-Gedenktag, als ich zu Hause war, hat mir meine Mutter von ihren fünf Schwestern erzählt, von denen keine einzige überlebt hat. Die Älteste war sehr schön, und als sie das Ghetto verließen, standen da einige SS-Männer und haben ihre Privat-Selektion gemacht. Vielleicht waren sie da auch schon im Lager, ich weiß nicht genau. Auf jeden Fall haben sie die älteste Schwester meiner Mutter, zusammen mit ein paar weiteren jungen und schönen Mädchen, ausgesucht und gesondert aufgestellt. Später hat jemand erzählt, daß sie zu Prostituierten für die SS-Offiziere bestimmt waren. Sie ist nie von ›dort‹ zurückgekehrt, und niemand weiß genau, was mit ihr geschehen ist. Die jüngeren Schwestern sind zusammen mit der Mutter direkt in die Gaskammer gekommen. Von ihnen oder von den Eltern ist noch nicht einmal ein Photo geblieben.«

Therapeutin: »Und weißt du, wie die älteste Schwester deiner Mutter ausgesehen hat?«

Nechama: »Nicht genau. Ich weiß nur, daß sie schwarze Haare und grüne Augen hatte und sehr schön war. Überhaupt waren auch meine Mutter und alle ihre Schwestern sehr schön, aber die älteste Schwester war es ganz besonders.«

Therapeutin: »Kannst du sie dir richtig vorstellen?«

Nechama: »Ja, jetzt schon. Die ganze Woche über war sie in meinem Kopf, überall wo ich hinging, auf der Arbeit, sogar unterwegs beim Autofahren, immer hat mich ihr Gesicht begleitet. Ich konnte nicht aufhören, hinzuschauen und sie anzusehen. Als würde sie mich verfolgen. Vielleicht wollte sie mir etwas sagen.«

Arnona: »Es war bestimmt schwierig für dich, diese Geschichte von deiner Mutter zu hören. Sie handelt zwar nicht von ihr, sondern nur von deiner Tante, aber trotzdem ... Hast du eine Idee, was sie dir die ganze Woche über sagen wollte?«

Nechama: »Ich weiß nicht recht ...« Für einen Moment hörte sie zu reden auf und wirkte durcheinander. »Vielleicht wollte sie darum bitten, daß wir sie nicht auslöschen, daß wir sie nicht ignorieren, ihr vielleicht verzeihen. Meine Mutter hat mir ja nicht umsonst die ganzen Jahre über nichts von ihr erzählt. Ich weiß nicht genau, was meine Mutter ihr gegenüber empfindet, nach all dem, was sie durchgemacht haben. Ich habe das Gefühl, daß sie von großer Bedeutung für mich ist.«

Therapeutin: »Vielleicht ist es für dich einfacher als für deine Mutter, deine Tante zu akzeptieren. Schließlich bist du nicht in der Lage, daß du ihr die Schuld geben und dich zugleich selbst schuldig fühlen mußt, weil du am Ende überlebt hast und sie nicht.«

Das wachsende Vertrauen der Gruppenmitglieder zueinander nimmt ihnen in dieser Therapiephase die Angst davor, ihre Geheimnisse vor den anderen zu lüften. Selbst die heiklen Punkte, die in diesen Familiengeheimnissen enthalten sind, müssen nun nicht mehr abgeschirmt werden, denn alle haben die gleiche Last zu tragen. So gelingt es der Gruppe und den Therapeuten, eine weitere Schicht der inneren Welt der »Gedenkkerzen« kennenzulernen, eine Schicht voller schmerzlicher, intimer Dinge, die bis zu diesem Zeitpunkt verborgen geblieben sind. Um ehrlich zu sein, gibt es nicht auf jede der aufgeworfenen Fragen eine Antwort. Manchmal bleiben die Lippen der Eltern versiegelt, und ihr Geheimnis wird nie gelüftet. Nur wenige Mütter sind fähig, ihren Söhnen und Töchtern solche schmerzlichen Geheimnisse zu enthüllen, die das Bild, das ihre Kinder von ihnen haben, gefährden könnten. Es sind jedoch nicht die Ereignisse an sich, die – falls sie sich überhaupt so zugetragen haben – ihre Spuren in der Psyche der »Gedenkkerzen« hinterließen. Denn als Kinder konnten sie, wie gesagt, gar nicht wissen, was wirklich geschehen war. Ihre Verstörung und ihre inneren Konflikte gehen vielmehr auf bestimmte Informationsfragmente und auf die Phantasien zurück, die sie in ihrer Kindheit um diese Fragmente herum gebildet haben. Wenn die »Gedenkkerzen« fähig werden, diese Phantasien über die Sexualität ihrer Eltern während des Holocaust ins gleißende Licht des Bewußtseins zu heben, kommt damit einer der Faktoren mit der stärksten therapeutischen Wirkung zum Tragen.

Auf diese Weise sind alptraumartige Erfahrungen der Eltern während des Holocaust – ob sie sich nun so zugetragen oder die Kinder sie phantasiert haben – zu einem Teil der inneren Welt der »Gedenkkerzen« geworden, als wären es ihre eigenen Erlebnisse: In ihren Träumen und Phantasien müssen sie sie immer wieder durchstehen.

Seit ihrem sechzehnten Lebensjahr hat Alisa einen Traum, der in verschiedenen Varianten ständig wiederkommt. Sie ist etwa dreißig Jahre alt, ledig und hat Schwierigkeiten, eine Paarbeziehung aufzubauen. Mit etwas zögernder Stimme erzählt sie ihren Traum:

»Es fällt mir schwer, das zu erzählen, ich bin ein bißchen verlegen, spüre aber, daß ich es nicht mehr für mich behalten kann. Ich habe es schon so lange für mich behalten. In der letzten Sitzung haben andere in der Gruppe von ihren Phantasien über das gesprochen, was ihre Eltern in bezug auf ihre Sexualität ›dort‹ wohl durchgemacht haben. Vielleicht kann ich es deswegen heute wagen, mich ein bißchen zu öffnen. Obwohl dieser Traum von mir und nicht von meiner Mutter handelt, glaube ich, daß er doch irgendwie mit dem zu tun hat, was meine Mutter durchgemacht hat. In meinem Traum bin ich in einem Konzentrationslager. Die Deutschen führen eine Selektion durch und suchen Frauen aus, die sie dann wegbringen werden, um sie zu Prostituierten zu machen. Auch ich werde ausgewählt. Aber der größte Teil des Traumes spielt am Abend, bevor wir weggebracht werden. Ich bin angespannt, hysterisch, weine die ganze Zeit. Man sagt uns nicht, für was wir ausgewählt wurden, aber mir ist es klar. Wenn das wahr ist, so denke ich an diesem Abend, dann bringe ich mich um. Am nächsten Abend bringen sie uns in einen riesigen Saal, in dem mit Essen beladene Tische aufgereiht sind, so eine Art Bankett. Der Saal ist voll betrunkener deutscher Soldaten.«

Rachel unterbricht Alisa und sagt, daß sie an einen Traum denken muß, den sie vor einiger Zeit hatte, aber bisher aus Scham nicht erzählt hat. Jetzt aber sei es ihr nicht mehr so peinlich:

»Wir befinden uns in einem großen Gebäude mit Sälen und langen Korridoren. Ein europäisches Gebäude. Es erinnert ein bißchen an die Kirche in dem Film *Holocaust*, in der man die Juden zusammengetrieben hat. Wir sind alle dort, die ganze Familie: ich, mein Bruder und meine Schwägerin und ihre Kinder, und auch meine Eltern sind da. Sie sind ein wenig im Hintergrund. Eine große Anspannung lastet auf uns, wir dürfen nicht raus. Irgend etwas wird passieren. Im Nachbargebäude, das wie ein Palast aussieht, ist viel Licht, Lärm und Musik. Man hört, wie die Deutschen feiern, trinken und sich wild aufführen. Der Palast hat eine Außentreppe, auf der SS-Männer in glänzenden Stiefeln und geschniegelten Uniformen rauf- und runtergehen. Sie gehen hinauf in den Ballsaal. Aus dem Palast klingt laute Tanzmusik herüber. Wir verstecken uns im Haus und fürchten uns sehr. Wir wissen nicht, was mit uns geschehen wird. Vielleicht wird man uns abholen und in die Gaskammer schicken? Wir haben panische Angst. Irgendwann sagt mein Bruder, daß er zu den Deutschen gehen und mit ihnen reden will, um herauszufinden, was man tun kann. Danach beschließen wir zu fliehen. Das ist das Ende des Traumes. Ein andermal hatte er aber eine Fortsetzung, so eine Art zweiten Akt... Wir fahren auf dem Wagen von irgendwelchen Bauern mit. Sie sehen wie polnische Bauern aus, wieder wie Gesichter, die ich im Film *Holocaust* gesehen habe. Alle sitzen auf einem mit Heu beladenen Pferdewagen. Ich liege auf dem Heu, halb angezogen, halb nackt. Die zerrissenen Kleider, die ich trage, bedecken meinen Körper nicht so richtig. Ich spüre, daß etwas Schreckliches passieren wird. Sie werden mir etwas antun, mich vielleicht umbringen, vergewaltigen, ich bin mir nicht ganz sicher, was. Ich liege da, und mein ganzer Körper verkrampft sich vor Angst. Aber es gibt keinen Ausweg, es wird geschehen.«

Rachel hält inne, und Ora beginnt zu sprechen. In den Kriegsjahren hielt sich Oras Mutter mit ihren Eltern in einem kleinen, dunklen Raum versteckt. Dort im Versteck kam sie in die Pubertät.

Ora: »In einem Traum, den ich vor einiger Zeit hatte, sah ich mich selbst, wie ich eine sehr große und saubere öffentliche Toilette betrat. Der Fußboden glänzte, und die Türen der Kabinen waren weiß. Ich versuchte, in einige der Kabinen hineinzukommen, aber alle Türen waren verschlossen. Zum Schluß fand ich eine Tür, die nicht verschlossen war. Als ich sie öffnete, sah ich neben der Toilettenschüssel den Körper einer ermordeten Frau liegen. Ihr Körper war der eines vielleicht zwölfjährigen Mädchens, aber ihr Gesicht das einer erwachsenen Frau. Sie lag da, über die Toilettenschüssel geworfen, und um sie herum war viel Blut. Ich stieß einen fürchterlichen Schrei aus und rannte nach draußen. In meinem Kopf war immerzu das Bild der Toten, und ich lief und suchte nach einem Telefon, um die Polizei zu benachrichtigen.«

Alisa, Rachel und Ora erleben in ihren Alpträumen den Schrecken der sexuellen Mißhandlung durch die SS. Sie selbst, nicht ihre Mütter, sind in den Träumen die Protagonistinnen. Sie identifizieren sich allerdings voll und ganz mit ihren Müttern, auch wenn die Traummotive möglicherweise aus Büchern oder Filmen stammen und nicht auf tatsächlichen Ereignissen beruhen, die ihnen ihre Mütter erzählt haben. In der Welt unserer Gefühle herrscht der *horror vacui*, das Grauen vor dem Nichts, und wenn die Tatsachen nicht ausreichen, erfinden oder dichten wir etwas hinzu. Die Eltern haben ihren Kindern die sexuellen Traumata, die sie während des Holocaust erlitten haben, verheimlicht. Ihr Schweigen hat eine schreckliche Leere in den Herzen der Kinder hinterlassen, die keine andere Wahl hatten, als die Leere mit aus Informationsfetzen zusammengestückelten Phantasien und Träumen zu füllen. Wenn Kinder von Überlebenden von einem SS-Offizier träumen, löst diese Figur manchmal – besonders bei Töchtern – gemischte Gefühle aus. Der geschniegelte, hochgewachsene Offizier ist eine bedrohliche und beängstigende Gestalt: ein allmächtiger Tyrann, der seine Opfer aufs äußerste demütigen und mit ihnen nach eigenem Gutdünken verfahren kann. Zugleich aber zieht seine strotzende Männlichkeit die Frauen an und führt sie in Versuchung. In seiner Macht liegt auch ein Funken Hoffnung auf Rettung verborgen. Ihr Leben liegt in seiner Hand, sie sind ihm auf Gnade und Ungnade ausgeliefert. Welche von ihnen wird er am Ende retten? Die Antwort liegt vielleicht in den Träumen selbst: Der Tyrann wird das schöne Mädchen retten, an dem er Gefallen findet, und sie wird als das Opfer zur Befriedigung seiner Wünsche dienen. Es scheint, als ob dieser Konflikt – zwischen dem verbotenen Hingezogensein zum Aggressor und den schrecklichen Schuldgefühlen deswegen – in der Psyche vieler Überlebender schlummert und tief verdrängt ist. Wer weiß, wie viele von ihnen aufgrund ihrer Schönheit, ihrer Sexualität am Leben geblieben sind, weil sie den Offizieren gefielen, die sie daraufhin mit einer Kopfbewegung zum Leben verurteilten, während sie ihre Mütter und Schwestern in den Tod schickten. Die überlebenden Frauen fühlen sich doppelt schuldig: Sie sind nicht nur am Leben geblieben, während ihre Lieben ermordet wurden, sondern es besteht die Möglichkeit, daß sie sich für den Bruchteil einer Sekunde auf absurde Weise zu dem Tyrannen, der ihnen das Leben rettete, hingezogen fühlten. Schaudern und Hingezogensein, Aggression und Sexualität sind die ewigen, einander zwar entgegengesetzten, aber doch ineinander verwobenen Motive der Mythen und Märchen. In der Hölle aber, die aus der Nazi-Ideologie erstand, wurden diese Motive Wirklichkeit. Die SS-Männer handelten nach den Gesetzen einer archetypischen Welt, in der die Trennlinien zwischen Gut und Böse, Sexualität und Aggression, Anziehung und Abscheu verschwammen. In den Todeslagern gab es keine Zivilisation mehr, und die dunkelsten Triebe übernahmen die Herrschaft. Es ist daher nicht verwunderlich, daß die genannten Motive so oft Eingang in die Träume und inneren Bilder der Töchter von Überlebenden finden, und zwar selbst dann, wenn es in der realen Vergangenheit der Mütter gar keine Entsprechung zu ihnen gibt.

In Rachels Traum feiern die betrunkenen SS-Offiziere in einem Märchenpalast, während sie und ihre Familie in Todesangst im Nachbarhaus ausharren. Im zweiten Teil des Traumes liegt sie auf dem Heuwagen eines Bauern und erwartet eine grausame Tat, die man bald an ihr begehen wird: Mord oder vielleicht Vergewaltigung. Sie ist in Todesangst, doch wie sie kapituliert, das hat auch eine gewisse Ähnlichkeit mit Hingabe. Rachel versucht erst gar nicht, sich zu wehren, wegzulaufen oder irgendwie zu protestieren. Sie identifiziert sich sowohl mit der Figur des Opfers als auch mit der des Aggressors. Sie empfindet eine gewisse Bewunderung für den Aggressor und vielleicht sogar ein dunkles, unbewußtes Begehren nach dem tabuisiertesten Akt überhaupt: Der SS-Offizier und der polnische Bauer repräsentieren die ewige ödipale Figur des Vaters, die stets als anziehend, verboten und beängstigend wahrgenommen wird.

Falls dies zutrifft, dann nimmt der ödipale Konflikt, in den Mädchen und junge Frauen normalerweise geraten, bei Töchtern von Überlebenden eine Form an, die mit für sie typischen, aus den Schrecken des Holocaust gespeisten Inhalten und Symbolen aufgeladen ist.

Ora vollzieht in ihrem Traum das Leben im Versteck nach, das ihre Mutter traumatisiert hat. Die Gestalt, die halb Mädchen, halb Frau ist, repräsentiert zweifellos ihre Mutter. So wie das Mädchen in einer öffentlichen Toilette ermordet wurde, wurde auch das Gefühlsleben der Mutter in dem dämmrigen Raum, in dem sie sich versteckt hielt, abgetötet. Oras Mutter überlebte, wuchs heran, heiratete und brachte drei Kinder zur Welt, doch in ihrer Gefühlswelt trat eine Fixierung auf den Moment ein, als sie ins Versteck ging. Dadurch wurde ihre sexuelle und weibliche Identität für ihr ganzes weiteres Leben gestört und verzerrt. Durch die Kluft zwischen körperlicher Reife und emotionaler Unreife war ihre Fähigkeit, die Rolle einer Ehefrau und Mutter auszufüllen, stark beeinträchtigt. Dies ist bei Oras Mutter nicht anders als bei vielen anderen Überlebenden, die im Schatten des Holocaust heranwuchsen.

Nach Abschluß der Therapiephase, in der die »Gedenkkerzen« die Phantasiesphäre ihrer Innenwelt kennenlernen und sich mit ihr auseinandersetzen, beginnt eine neue Phase, in der sie Aufschluß über die realen Erfahrungen ihrer Eltern während des Holocaust gewinnen. An die Stelle mythischer Visionen und archaischer Phantasien treten nun die vielfältigen Nuancen und Schattierungen der historischen Wirklichkeit. Diese neue Phase bedeutet einen Fortschritt in der Therapie: Die »Gedenkkerzen« machen die ersten wirklichen Schritte hin zu emotionaler Reife und lernen ihre eigene Identität von der ihrer Eltern zu unterscheiden. Sobald sie in der Lage sind, den Erfahrungen ihrer Eltern während des Holocaust ins Auge zu blicken, wächst in der Regel auch ihre Fähigkeit, mit den eigentlichen Problemen ihres Gefühls- und Sexuallebens zu Rande zu kommen.

In einer Gruppensitzung in dieser Therapiephase eröffnete Ruth das Gespräch. Die Beziehung zu ihrem Freund war seit langem schwierig. Als sie begann, uns ihren Traum zu erzählen, sah sie sehr blaß und angespannt aus:

»Ich hatte diese Woche einen Traum, der mir einige Tage nachgegangen ist. Dann hatte ich einen zweiten Traum. Ich glaube, die beiden Träume haben irgend etwas miteinander zu tun. Im ersten Traum bin ich zu Hause, ich glaube im Haus meiner Eltern. Ich habe starke Bauchschmerzen und fühle mich, als würde ich bald meine Tage bekommen. Ich schaue nach und sehe, daß ich wirklich ganz blutverschmiert bin. Nicht nur meine Kleider sind blutig, auch auf dem Laken ist ein Blutfleck. Das passiert mir im allgemeinen nicht. Ich nehme das Laken, zeige es meiner Mutter, und sie sagt: ›Das macht nichts, ich werde es auswaschen.‹ Später im Traum liege ich auf dem Bett, auf so einer Art Bank, und ich sehe, daß der Raum nebenan ein großer, düsterer Saal voller Holzbänke ist. Auf den Holzbänken liegen viele graue Figuren. Sie sehen wie Tote aus, wie Leichen. Im zweiten Traum ist Alex, mein früherer Freund, bei mir, und mir ist völlig klar, daß mein Tod bevorsteht. Vielleicht werde ich danach wieder ins Leben zurückkehren, aber das ist nicht sicher. Er – aber manchmal ist es gar nicht er, sondern die Gestalt eines großen und furchterregenden Mannes, vielleicht mein Vater, vielleicht ein anderer Mann – jedenfalls nimmt er ein großes Messer, das ein bißchen wie ein Skalpell aussieht, und hält es vor sich, während er auf mich zukommt. Er muß mir den Arm aufschneiden, einen sehr tiefen Schnitt machen. Ich liege da und bin ganz grau, so als wäre ich eigentlich schon tot oder wenigstens halbtot. Er schneidet mir tatsächlich in den Arm, und unter der grauen Hautschicht kommt eine dünne, rote Schicht zum Vorschein. Plötzlich weiß ich, daß etwas Neues aus mir geboren werden soll. Aber mir ist noch nicht klar, was da aus mir herauskommt. Eine zähe und ziemlich eklige Flüssigkeit tritt aus.«

Ziona: »Deine Träume sind ja derart bedeutungsgeladen! Ich weiß nicht genau, wie du sie verstehst, aber für mich ist klar, daß sie immer wieder auf das Thema Sexualität und Tod zurückkommen, und das ist mir, vielleicht unter einem etwas anderen Blickwinkel, sehr vertraut. Diese Angst vor der Sexualität, die sich manchmal wie die Angst vor dem Tod anfühlt, und auch die Vermischung von Sexualität und Tod, wie sie im Holocaust oft vorkam. Du hast in letzter Zeit erzählt, daß du Probleme mit deinem Freund hast, mit eurer Beziehung. Ich weiß nicht, ob das Problem speziell in eurer sexuellen Beziehung liegt oder ganz allgemein darin, daß ihr euch nahe seid. Obwohl ich bereits einige Jahre verheiratet und sogar schon Mutter bin, ist Sex für mich, wenn ich in letzter

Zeit so daran denke, noch immer keine einfache Sache. Ich fühle mich schrecklich unter Druck. Als es diese Woche passierte, war ich mir dabei bewußt, daß ich mich unter Druck fühlte. Ich weiß nicht, warum ich so große Probleme mit der Intimität habe. Die Schlafzimmertür war nicht verschlossen. Wie bei meinen Eltern sind bei uns zu Hause die Türen immer offen. Meine Mutter sagt immer, wenn die Zimmertür geschlossen ist, das heißt also in einer intimen Situation, habe sie das Gefühl zu ersticken. Das hat sie von ›dort‹ mitgebracht. ›Dort‹ waren sie eingeschlossen und konnten nicht heraus. Deshalb gibt es in der Wohnung meiner Mutter keinerlei Privatsphäre. Keine Ecke, in die man sich in Ruhe verziehen und allein sein oder wo man sich in Ruhe ankleiden kann. Ich erinnere mich, daß für mich als Mädchen die Toilette der einzige Ort war, an dem ich ein bißchen allein sein konnte. Ich schloß mich stundenlang ein und blieb so lange wie möglich dort. Das Schlimme ist, daß ich alle diese Muster auf mein Familienleben mit meinem Mann und den Kindern übertragen habe. In einer intimen Situation habe auch ich das Gefühl zu ersticken.«

Ziona begann leise zu weinen, fuhr aber fort: »Ich fühle fast gar nichts, als wäre ich halb erfroren. Manchmal spüre ich das Bedürfnis, Sefi [ihren Mann] zu provozieren, damit wir uns streiten und er mich anschreit. In meiner Phantasie wünsche ich mir vielleicht sogar, daß er mich schlägt, nur damit ich endlich etwas fühle.«

Ihr Gesichtsausdruck erstarrte, und ihr Blick wurde glasig.

»Starke Empfindungen zu haben, ist so beängstigend. Ich habe nie erlebt, daß meine Mutter die Gefühle von jemand anderem wirklich teilen konnte. Sie ist zwar ›dort‹, im Lager, am Leben geblieben, aber der Preis dafür war, daß sie sämtliche Gefühle gegenüber ihren Mitmenschen abgetötet hat, und ich mache es ihr nach. Ich sage zu jedem, sogar zu Sefi: ›Kommt mir nicht wirklich nahe, denn wenn ihr mir nahe kommt, dann könnte ich euch vielleicht spüren, und das ist zu bedrohlich für mich.‹ So ist das mit jeder Art von Nähe, auch mit sexueller Nähe.«

Ziona war immer leiser geworden, und nun verstummte sie. Nurit griff ihren Gedankengang sogleich auf: »In all den Jahren meiner Ehe habe ich immer versucht, und sogar mit Erfolg, sexuellen Begegnungen so oft wie möglich auszuweichen. Ich weiß nicht genau, warum ich mich durch diese Nähe immer so sehr unter Druck fühle und solche Angst habe. Diese Woche entwickelte sich zwischen mir und Gadi eine etwas größere Nähe. Dabei hatte ich dieses Gefühl zu ersticken, so wie du es von deiner Mutter erzählst und vielleicht auch von dir selbst kennst. Ich versuchte, dagegen anzukämpfen, und sagte mir: ›Du stehst jetzt nicht auf und läufst davor weg, sondern setzt dich damit auseinander – du hast das lange genug weggeschoben.‹ Und es gelang mir tatsächlich ein bißchen, aber am nächsten Tag war ich so angespannt, daß mir abends, als wir uns wieder näher kamen, diesmal auch sexuell, richtiggehend übel wurde und ich damit nicht fertigwurde. Aber ich erinnere mich, wie ich vor meiner Heirat die verschiedensten sexuellen Kontakte hatte, jedesmal mit jemand anders – und damals war das nicht so. Damals fühlte ich mich viel freier, und manchmal konnte ich es sogar genießen, den Sex auf jeden Fall, aber auch die Nähe. Die Probleme begannen in der Ehe. Vielleicht hängt das miteinander zusammen, vielleicht liegt es an dem Gefühl, daß eine Ehe eine Beziehung mit Verpflichtungen ist. Ich weiß es nicht.«

Ruth: »Diese Angst, etwas zu empfinden, kenne ich gut. Vielleicht hat mein zweiter Traum etwas damit zu tun. Wenn ich so daliege und ganz grau bin, dann bin ich wohl noch am Leben, aber eigentlich schon halbtot. Und wißt ihr was? Eigentlich habe ich mein ganzes Leben so gelebt. Erst in letzter Zeit, und zwar mit der Hilfe des Mannes, mit dem ich zuletzt zusammen war, konnte ich ein bißchen besser sehen, wieviel Angst mir das gemacht hat. Und beim Sex, da empfindet man schließlich am intensivsten.«

Ruth hielt einen Augenblick inne, hob den Blick und schaute zuerst mich und dann Ziona an: »Aber was hat das mit meiner Mutter zu tun? Oder mit dem ersten Teil meines Traumes oder mit dir, Ziona?«

Therapeutin: »In deinem Traum, Ruth, und auch in dem, was Ziona über ihr Elternhaus sagte, fällt auf, daß es keinerlei Abgrenzung voneinander gibt, keinerlei Intimsphäre. Alles steht weit offen, es gibt überhaupt keine Trennlinie zwischen euch und euren Müttern. Als sei nicht klar, ob nun die Tochter oder die Mutter ihre Regel bekommt. Was tust du, als du deine Regel bekommst, die das erste Zeichen deines Heranreifens zur Frau, deiner ganz persönlichen weiblichen Identität ist? Du bringst das Laken deiner Mutter. Und was tut sie? Bringt sie dir vielleicht bei, wie damit umzugehen ist? Nein. Sie erklärt sich sofort bereit, es für dich zu waschen, als ob sie selbst die Regel bekommen hätte, als ob es nur ihre Sache wäre. Und du, Ziona? Du beschreibst uns ganz einfach, wie du in deiner Familie, mit deinem Mann, dieselben Muster wiederholst, die es auch in deinem Elternhaus gab: Alles steht offen, und es gibt keine Intimsphäre.«

Ziona: »Ich erinnere mich, daß auch ich, als ich meine Regel zum erstenmal bekam, alles liegenließ, wo Blut drauf war, und daß meine Mutter es für mich wusch. Aber damals kam mir das ganz selbstverständlich vor. Und das geschah nicht nur ein- oder zweimal, sondern ging jahrelang so weiter. Mein Blut war Angelegenheit meiner Mutter, sie kümmerte sich darum. Heute würde es mich wohl stören, aber damals? Nicht im geringsten. Ich habe mir meine Mutter oft als das fünfzehnjährige Mädchen im Lager vorgestellt. Ich erinnere mich besonders an eine fast zwanghafte Frage, die mich jahrelang verfolgte: Wie kam sie damit zurecht, als sie ›dort‹ ihre Regel bekam? Wie hat sie das gemacht? Hatte sie Sachen zur Hand, mit denen sie sich behelfen konnte? Die Menschen liefen doch schließlich in Lumpen herum, das war alles, was sie hatten. Was geschah ›dort‹? War sie blutverschmiert? Diese Gedanken haben mich nie losgelassen. Ich weiß nicht genau warum. Auch heute kommt es mir manchmal wieder in den Sinn. Aber erst jetzt, nach dem, was Ruth erzählt hat, wage ich zum erstenmal darüber zu sprechen.«

Ora: »Auch mich hat die Frage, wie meine Mutter damals im Versteck damit zurechtgekommen ist, sehr beunruhigt. Sie war im Jugendalter, als sie im Versteck leben mußte, das heißt, sie kam dort an diesem stickigen Ort in die Pubertät, eingeschlossen mit ihren Eltern, ohne ein Eckchen für sich zu haben. Meine Mutter hat mir einmal erzählt, daß es, als sie dort zum erstenmal ihre Tage bekam, ihr Vater war, der mit ihr darüber redete und ihr half, denn ihrer Mutter ging es psychisch so schlecht, daß sie kaum noch zu etwas imstande war. Es war bestimmt nicht einfach für meine Mutter, daß sich ausgerechnet ihr Vater in dieser intimen Angelegenheit um sie kümmerte. Sie hatte weder Freundinnen noch Schwestern, keine einzige Gleichaltrige, mit der sie reden und es hätte teilen können. Als ich das Tagebuch der Anne Frank las, habe ich oft an meine Mutter gedacht. Sie hat Ähnliches durchgemacht, aber in mancher Hinsicht war es auch anders für sie. Anne hatte im Versteck noch andere Menschen um sich. Es gab da wenigstens diesen Jungen, auf den sie alle ihre Sehnsüchte, Träume und Gefühle richten konnte. Das ist so wichtig in diesem Alter … Es ist seltsam, aber auch ich habe mein ganzes Leben lang über die intimsten Dinge, sogar sexuelle, nur mit meinem Vater gesprochen, wenn überhaupt mit jemandem. Manchmal auch mit meinen Schwestern. Aber mit meiner Mutter konnte ich diese Themen nie auch nur anschneiden. Bis heute ist da ein Blockade. Und ich habe mir das nie klargemacht: Das ist genau dasselbe, was meine Mutter damals im Versteck durchgemacht hat.«

Chawa begann mit angespannter und sehr leiser Stimme zu sprechen: »Was ihr erzählt, erinnert mich daran, daß auch ich einmal einen ähnlichen Traum hatte. Ich träumte, daß ich mit einem alten Mann schlafen mußte. Vielleicht ähnelte er vom Körperbau her ein bißchen meinem Vater. In der Familie habe ich stets das Bild eines asexuellen Wesens abgegeben, und entsprechend behandeln mich auch alle, besonders meine Mutter, meine Brüder ein bißchen weniger. Als ich sechzehn war und ihr von meinem ersten Kuß erzählte, sagte sie, das sei verboten. Und selbst als ich schon um einiges älter war, schrie sie mich immer an, wenn ich spät nachts nach Hause kam. Ich war elf, als ich zum ersten Mal meine Regel bekam. Meine Mutter rief die Schulsekretärin an und gab mir ein Buch darüber zu lesen, hat sich aber niemals mit mir hingesetzt, um mit mir darüber zu sprechen. Sie war diejenige, die das Blut auf dem Pyjama entdeckte. Ich wußte von gar nichts, hatte gar nicht gespürt, was mit mir geschehen war. Es war, als ob es jemand anderem passiert wäre.«

Therapeutin: »Könnte es sein, daß du damals eine sehr große Distanz zu deinem Körper hattest?«

Chawa: »Ja. Bei mir kommt die Regel immer rechtzeitig, ohne Schmerzen, ohne Emotionen. Erst jetzt, in letzter Zeit, ist das ein bißchen anders. Nun spüre ich mehr und mehr, daß das wirklich mein Körper ist und daß ich eine Frau bin. Ich habe sogar Schmerzen, wenn ich meine Tage bekomme. Ich komme jetzt nicht mehr so leicht damit zurecht.«

Therapeutin: »Und wie hängt das mit deinen Eltern oder mit dem Traum zusammen?«

Chawa: »Es fällt mir schwer, da wirklich hinzuschauen. Ihre Sexualität, die meiner Mutter, meine ich ... Ich kann nicht hinsehen. Es fällt mir schwer, zwischen ihr und mir zu trennen. Vielleicht erklärt das auch viele meiner Schwierigkeiten. Eigentlich weiß ich nicht genau, wie sich meine Mutter überhaupt als Frau fühlt. Sie war neun oder zehn Jahre alt, als sie sich ›dort‹ im Holocaust allein, nur mit einer entfernten Tante, wiederfand. Ich weiß nicht, wie sie die Pubertät überstanden hat, ich meine unter den Umständen ›dort‹, wie sie sich gefühlt hat, als sie in dieser schrecklichen Einsamkeit, ohne jede Unterstützung oder Ermutigung und in andauernder Todesangst zur Frau wurde.«

Es ist also nicht leicht für die Töchter von Überlebenden, sich in die Lage ihrer Mütter hineinzuversetzen, die unter den Lebensbedingungen zur Zeit des Holocaust in die Pubertät kamen. Vor allem können sie nur mit großer Mühe nachempfinden, wie sich ihre Mütter damals gefühlt haben. Trotzdem müssen sie sich der Anstrengung unterziehen, denn ohne diese schwierige Erfahrung wird es ihnen nicht gelingen, sich von ihren quälenden Phantasien und aus ihrer völligen Identifizierung mit der Weiblichkeit und Sexualität ihrer Mutter zu lösen oder auseinanderzuhalten, was ihre eigenen und was die Erfahrungen ihrer Mutter sind. Diese Loslösung fällt ihnen doppelt schwer, weil in der Familie die Individualsphären der einzelnen ineinander verschwimmen und zwischen den verschiedenen Identitäten weder innere noch äußere Grenzen existieren.

Angesichts der Isolation und Bedrohung, denen die Mütter während der Pubertät ausgesetzt waren, ist es zweifelhaft, ob sie sich ihren Töchtern gegenüber anders hätten verhalten können. Doch ihre Töchter sind schließlich nicht »dort« gewesen – was sie innerpsychisch erleben, ist nur entlehnt, während ihre eigenen konkreten Erfahrungen völlig anders aussehen. In dieser Therapiephase fangen die »Gedenkkerzen« an, diejenigen Identitätselemente, die eigentlich zum Selbst der Mutter gehören und die sie in die eigene Psyche assimiliert haben, von den Elementen ihrer eigenständigen weiblichen und sexuellen Identität abzutrennen.

Zweifelsohne ist es für die Kinder von Überlebenden nach wie vor schwierig und beängstigend, irgendeine Art von Nähe oder Intimität zu verspüren oder sich Gefühlen hinzugeben, die ihnen so gut wie unbekannt sind. Zwar können sie es durch die wachsende Anteilnahme der Gruppe endlich wagen, sich zu öffnen und sich mit den anderen Gruppenmitgliedern zu identifizieren, doch ist dies ein langwieriger Prozeß. Es fällt ihnen noch immer schwer, die eigenen Gefühle in ihrer ganzen Intensität zum Ausdruck zu bringen. Hier und da geben sie Verständnis, Warmherzigkeit und sogar Liebe zu erkennen. Zwar sind diese Gefühlsäußerungen noch immer sehr zögerlich und verhalten, doch für die »Gedenkkerzen« kommen sie einer Offenbarung gleich, von der sie sich bis dahin nicht einmal eine Vorstellung haben machen können. Erst jetzt wagen sie es, einigermaßen offen über ihre intimen Partnerbeziehungen zu sprechen und über ihre Schwierigkeiten, eine enge Beziehung über einen langen Zeitraum hinweg aufrechtzuerhalten.

Wie gesagt, haben die Gruppenmitglieder bis jetzt weder Empfindungen von Nähe, Liebe oder sexueller Anziehung noch von Konkurrenz, Aggressivität und Haß zum Ausdruck gebracht. Es scheint, als fühlten sie sich an ein geheimes Abkommen gebunden, sich gegenseitig zu schützen: »Eine Hand wäscht die andere« (anders gesagt: »Erwarte von mir keine überschwenglichen Gefühlsäußerungen, dann erwarte ich auch keine von dir«). Sie wagen es noch immer nicht, sich in der Gruppe als Männer und Frauen mit einer klar definierten persönlichen und sexuellen Identität zu zeigen. Sie stehen nach wie vor unter dem Einfluß der ineinander verschwimmenden Identitäten in ihrer Familie und haben selbst im Treibhaus der Gruppentherapie Mühe, sich davon zu lösen. In der letzten Therapiephase fällt es ihnen allmählich leichter, und sie fangen an, Konkurrenz und Anziehung, Aggression und Sexualität, Haß und Liebe klarer zum Ausdruck zu bringen. Diese Empfindungen kommen zuerst in Träumen zum Vorschein, treten aber bald auch im Gruppengespräch an die Oberfläche. Die meisten Menschen durchlaufen die Phase der Loslösung vom Elternhaus, eine der wichtigsten Phasen im Prozeß des Erwachsenwerdens, in ihrer Jugend. Die »Gedenkkerzen« dagegen erleben diese Phase erst viele Jahre später, als es eigentlich ihrem chronologischen Alter entsprechen würde, und treten erst dann in sie ein, wenn sie mit therapeutischer Hilfe das entsprechende emotionale Alter erreicht haben.

In einer Gruppensitzung erzählte Yacov einen Traum, den er kürzlich gehabt hatte:

»Ich habe mit ein paar anderen Leuten jemanden geschnappt, und wir vernehmen ihn. Ich packe ihn an der Kehle und schneide ihm mit der Hand die Luft ab. Danach sagt jemand, daß das der zukünftige Leiter meiner Abteilung gewesen ist. Ist er tot, dann bedeutet das, daß ich jetzt Abteilungsleiter werden kann. Dann bin ich mitten in der Nacht völlig verstört aufgewacht und konnte nicht wieder einschlafen. Ein paar Tage später aber hatte ich noch so einen Traum. Ich sah einen Jugendlichen daliegen, einen Jungen, dem sämtliche Geschlechtsteile fehlten, als hätte man ihm alles abgeschnitten, ihn kastriert. Ich weiß nicht genau, womit das zusammenhängt, aber in letzter Zeit fühle ich mich körperlich nicht zu Malka hingezogen. Ich merke, daß ich sehr viel an ihr auszusetzen habe, an ihrem Aussehen, ihrem Körper und ihrer Figur. Nichts an ihr ist mir gut genug. Die Muskeln sind nicht fest genug, sie ist ein bißchen zu dick und so weiter und so weiter. Ich habe völlig das Interesse an ihr verloren. Ich bin mir bewußt, daß in meiner Kritik an ihr viel Aggression mitschwingt, aber ich erinnere mich auch, daß ich schon früheren Freundinnen gegenüber sehr viel Feindseligkeit an den Tag legte, wenn ich gehässige Kommentare über sie abgab, die stets gegen ihren Körper, ihr Gesicht, ihre Brüste und so weiter gerichtet waren. Es gab immer etwas, das mir nicht gut genug war. Und jetzt ... Manchmal schreie ich herum, ich fluche, verliere die Beherrschung. In letzter Zeit fühle ich mich ganz asexuell. Wenn ich mich zu einer Frau hingezogen fühlte, konnte ich das immer nur mit Taten ausdrücken. Ich lud sie beispielsweise zum Tanzen ein, konnte aber nichts in Worte fassen, bevor ich es nicht konkret in Taten geäußert hatte. Ich erinnere mich, daß meine Mutter zu Hause nie in irgendeiner Form über intime Beziehungen oder über Sex sprach. Mein Vater hat das ganze Thema völlig ignoriert, so als existiere es überhaupt nicht. Ich habe nie eine innige Berührung zwischen meinen Eltern gesehen, in der irgendwas Zärtliches oder Sexuelles gewesen wäre. Meine Mutter hat zumindest ein paarmal versucht, ein bißchen mit mir über diese Dinge zu reden. Ich spürte dabei ihre Bedürftigkeit, ihr Elend. Schließlich ist sie ja als einzige von ihrer ganzen Familie übriggeblieben. Und mein Vater ... Ich weiß nicht, wieviel er ihr überhaupt geben konnte. Er war immer so verschlossen, ging nie aus sich heraus, weinte nie und zeigte keinerlei Gefühle. Er beherrschte sich immer völlig. Überhaupt fühlt er sich nur sicher und wohl, wenn er alles unter Kontrolle hat. Nie hat er mich oder meine Schwestern berührt. Als ich vier Jahre alt war, wachte ich nachts immer verängstigt auf und ging dann zu ihm. Er gab mir ein bißchen Whisky und erzählte mir Geschichten über die Kinder ›dort‹, in den Lagern, die von Ratten aufgefressen worden waren, und dann schickte er mich zurück ins Bett. Er hat mich nie in den Arm genommen oder beruhigt oder auf den Schoß genommen. Ich habe ihn nie richtig spüren können, ich weiß nicht, was in ihm vorging und was er damals wirklich empfunden hat, als er ›dort‹ in den Lagern war und als er umherwanderte, oder danach im Alltag. Ich bezweifle auch, daß er meiner Mutter je etwas sonderlich Persönliches oder Intimes mitgeteilt hat. Es hätte meiner Mutter, die sowieso schon so deprimiert war, auch bestimmt nicht viel geholfen. Daß ich immer wieder die Bücher von Primo Levi lese, hat vielleicht damit zu tun, daß er ein Mann ist. Er gibt sich wirklich preis und beschreibt genau, was er in jeder einzelnen Situation empfunden hat. Ich habe Zugang zu seiner Gefühlswelt, und das ist genau das, was mir bei meinem Vater so sehr gefehlt hat. Bei Primo Levi suche ich Antworten auf die Fragen, die mich mein ganzes Leben gequält haben. Manchmal finde ich sie auch.«

Yehuda: »Was du über dein Elternhaus erzählst, erinnert mich sehr an mein eigenes! Nur daß es bei meinen Eltern so weit ging, daß sie in getrennten Betten schliefen und später sogar in getrennten Zimmern. Auch mir sind in letzter Zeit meine Schwierigkeiten bewußter geworden. Selbst in einer sexuellen Situation ist es so, daß alles in Ordnung ist, solange ich nur das Gefühl habe, völlige Kontrolle über mich und über die Frau zu haben, mit der ich zusammen bin. Vielleicht ist das ein bißchen so, wie du das von deinem Vater erzählst. Wenn aber die Situation offen und im Fluß ist und ich merke, daß ich nicht alles unter Kontrolle habe, dann werde ich plötzlich ganz klein und verliere mein ganzes Selbstvertrauen. Ich kapsele mich dann irgendwie innerlich ab, und mir ist anzumerken, wie ich zurückschrecke, selbst wenn ich das nicht in Worten ausdrücke. Die Frau, mit der ich zusammen bin, spürt dieses Zurückscheuen meistens, und ein Abgrund tut sich zwischen uns auf. Jedesmal wenn ich einer Frau ein bißchen näherkomme, bekomme ich anscheinend wieder Angst, gehe auf Distanz und verschließe mich. Ich erinnere mich, daß mir meine Mutter vor einiger Zeit erzählt hat, sie wollte einmal für ein paar Tage in Urlaub fahren. Dabei hätten sie und mein Vater ein Wochenende zusammen in einem Hotel verbringen können. Sie wollte das sehr gerne, aber mein Vater weigerte sich entschieden. Er sagte, das wäre reine Geldverschwendung, und zum Schluß haben sie es tatsächlich sein lassen.«

Therapeutin: »Und was meinst du dazu? Glaubst du, daß er sich wirklich wegen des Geldes geweigert hat, oder war da noch etwas anderes? Vielleicht hatte er das Gefühl, ihm drohe irgendeine Gefahr und ihr vielleicht auch?«

Yehuda: »Das kann sein ... Ich weiß es nicht. Am Anfang habe ich das mit dem Geld geglaubt. Aber wenn ich jetzt noch einmal darüber nachdenke, dann glaube ich, daß mein Vater vielleicht Angst davor hatte, mit meiner Mutter im Hotel zu sein. Ein Hotel, das ist etwas anderes, irgendwie Intimes. Im Hotel amüsiert man sich, es ist eine intime und irgendwie sexuelle Situation, anders als sonst. Das ist es, glaube ich, was er als bedrohlich empfand, und sie hat, wie immer, mitgespielt. Auch ich fühle mich manchmal so, wenn eine Situation neu für mich ist, wenn ich nicht auf meinem sicheren und vertrauten Territorium bin. Intimität beängstigt mich irgendwie – ich habe ja erzählt, wie es mir mit Frauen ergeht. Ich habe innerlich das Gefühl, zu ersticken und in großer Gefahr zu sein, so als werde mir irgend etwas Schreckliches zustoßen. Und dann muß ich weglaufen. Vielleicht ist es so ähnlich wie dieses Erstickungsgefühl, das Ziona einmal beschrieben hat und das sie befällt, wenn es zu sexueller Intimität mit ihrem Mann kommt...«

Yacov: »Ja, das Gefühl kenne ich auch. Auch ich habe jahrelang an mir gearbeitet, um meine sexuellen Reaktionen beherrschen zu können. Ich erinnere mich, daß wir einmal, als ich vielleicht zwölf Jahre alt war, mit Freunden und mit meinen Schwestern am Meer waren. Wir waren sehr ausgelassen und fingen an, uns alle gegenseitig zu kitzeln. Ich setzte meine ganze Kraft ein, um ja keine Reaktion zu zeigen: Sie sollten mich berühren, ohne daß sich etwas in mir regte. Wenn ich an mein Elternhaus denke, dann schüttelt es mich. Alles war verschlossen und verriegelt. Berührungen aller Art waren tabu. In einer intimen Situation werde ich sofort förmlich und ernst, selbst wenn sie nicht notwendig sexueller Natur ist, zum Beispiel wenn ich einfach mit einer Frau allein in einem Zimmer bin.«

Therapeutin: »Und wie zeigt sich das hier in der Gruppe? Das Verleugnen und Beherrschen deiner Sexualität? Die Angst vor Intimität und die Aggressivität und Rivalität, die du in deinem Traum gegenüber männlichen Autoritätsfiguren an den Tag gelegt hast? Was hat das alles mit dem Traum zu tun, in dem du bestraft und kastriert wirst, so als dürftest du auf keinen Fall wirklich männlich sein?«

Yacov: »Ich weiß nicht genau... Ich habe darüber noch nicht nachgedacht. Ich weiß nur, wenn ich mir in ganz seltenen Fällen überhaupt erlaubt habe, irgend etwas intensiv zu empfinden, ob sexuelles Begehren oder Rivalität, dann habe ich mich sofort verschlossen und das Gefühl in mir vergraben. Selbst hier habe ich immer Angst, Gefühle dieser Art zur Sprache zu bringen und vielleicht wieder die Kontrolle zu verlieren...«

Yehuda: »Weißt du, ich habe oft darüber nachgedacht, was uns, das heißt was dich und mich miteinander verbindet. Allerdings haben weder ich noch du je gewagt, es laut auszusprechen. Ich identifiziere mich sehr stark mit dir und fühle mich dir sehr nahe, besonders wenn du über dein

Elternhaus, deine Eltern und den Holocaust erzählst. Aber ich glaube, das ist nicht alles. Hier in der Gruppe besteht zwischen uns auch eine Konkurrenz. Wir konkurrieren um den Raum, um die Aufmerksamkeit der anderen, und vielleicht konkurrieren wir auch als Männer: Wer von uns ist männlicher, wer ist der Dominantere? Dein Traum hat mich sehr berührt, aber ich spürte auch eine Anspannung, als du ihn erzähltest. Auch ich habe in letzter Zeit viele Träume, in denen eine Menge Aggression und Gewalt gegen Männer und zwischen Männern vorkommt. Im allgemeinen greife ich energisch an, schlage zu, verletze und töte sogar. Es macht mir wirklich Angst, euch das hier in der Gruppe zu erzählen. Ich weiß nicht, warum bei dir und auch bei mir die Rivalität solche gewalttätigen und aggressiven Formen annimmt.«

Therapeutin: »Es ist wirklich sehr auffallend, wie ihr beiden und auch andere Mitglieder der Gruppe euch in letzter Zeit davor gescheut habt, Gefühle zur Sprache zu bringen und euch offen mit ihnen auseinanderzusetzen. Offensichtlich hattet ihr zuviel Angst davor. Rivalität und Aggressivität sind ja ganz natürliche Regungen, die bei jedem vorkommen, aber in euren Träumen nehmen sie eine extreme Form an. Vielleicht hat das irgendwie mit der Vergangenheit eurer Eltern zu tun, mit der Aggression und Gewalt, der sie ›dort‹ ausgesetzt waren und die es ihnen später immer sehr schwer machte, mit ihrer eigenen Aggressivität und der euren umzugehen – mit der Aggressivität ihrer Kinder. Aber hier und jetzt ist das anders als in eurer Familie.«

Yehuda:« Vielleicht. Vielleicht ist da etwas dran. Ich merke jedenfalls, daß ich es jetzt wagen kann, Yacov zu sagen, wie ich in diesem Punkt ihm gegenüber empfinde. Ich habe dich oft beneidet, weil du hier in der Gruppe eine besondere Position hast. Ich hatte immer das Gefühl, daß du von allen geliebt und geachtet wirst, vor allem von den Frauen der Gruppe. Ich habe das vor allem letzten Monat gespürt, als du bei ein paar Sitzungen gefehlt hast. Denn ich merkte plötzlich, daß da ein Platz für mich freigeworden war, daß ich mich freier ausdrücken und sogar mehr in den Vordergrund rücken konnte. Ich erinnere mich, daß ich mir vor ein paar Sitzungen erlaubt habe, diesen Platz mit großem Nachdruck für mich in Anspruch zu nehmen. Das hat mir anscheinend Angst gemacht und mich belastet, denn danach hatte ich einen Traum, der irgendwie damit zu tun hatte. In dem Traum sah ich eine quadratische Zelle, ohne Fenster, mit vielen Menschen darin. Man ist gerade dabei, die Türen zu schließen. Dann sind sie tatsächlich zu, und der Sauerstoff geht langsam aus, und es ist klar, daß am Ende alle ersticken werden. Da mache ich rasch die folgende Rechnung auf: Ist es besser, wenn ich schnell soviel Sauerstoff wie möglich einatme? Vielleicht bleibe ich dann ein bißchen länger am Leben. Das würde allerdings bedeuten, daß ich auch einen Teil des Sauerstoffs der anderen einatme. Oder ist es besser, normal zu atmen wie alle anderen und einfach auf den Tod zu warten? Wenn er kommt, dann kommt er eben ...«

Itamar: »Dein Traum erinnert mich an einen Alptraum, den ich immer wieder habe: Eine Baracke, wie die Blocks in den Filmen über die Lager. Die Baracke ist voller Männer, alles wandelnde Skelette. Ganz mager, in gestreifter Kleidung. Ich liege auf einer der Pritschen und bin sehr schwach. Ich habe keine Kraft aufzustehen und merke, daß ich am Ersticken bin. Da sage ich zu mir selbst: ›Wenn du nicht aufstehst, wirst du einfach ersticken und hier ganz langsam sterben.‹ Das fing ich zu träumen an, als ich ungefähr fünfzehn war. Damals lag mein Vater seit fast drei Jahren im Bett und weigerte sich aufzustehen, ja wollte nicht einmal etwas essen. Zum Schluß wog er weniger als vierzig Kilo. Meine Mutter fütterte ihn mit irgendeinem Brei, mit dem Löffel. Er sprach fast nicht und schwieg stundenlang. Heute glaube ich, daß er einfach eine schwere Depression durchmachte, daß er wirklich in die Zeit in den Baracken, im Lager zurückgekehrt war. Das geschah, als ich in der Pubertät war und ihn gerade wirklich gebraucht hätte. Ich hatte keinen, mit dem ich reden, streiten oder alles Mögliche hätte unternehmen können. Er war versunken in seinem Holocaust, seinem Tod und seiner Depression. Meine Mutter war am Ende, die ganze Zeit über damit beschäftigt, ihn irgendwie am Leben zu erhalten. Ich habe mich allein herumgetrieben und hatte keine Ahnung, wohin ich mit all dem sollte, das mir im Kopf herumging.«

Martha: »Es ist wirklich schwierig, die Pubertät auf diese Weise zu erleben, im Grunde ohne einen Vater und mit einer Mutter, die sich mit ihrer Frustration eigentlich nur an dich wenden konnte und selbst damit ihre Mühe hatte. Das erinnert mich an die Zeit, als meine Mutter ganz in sich selbst, in ihre Depression versunken war. Auch ich hatte keine Ahnung, wie ich damit umgehen sollte. Es war zwar nicht so schlimm wie bei dir, aber es war schwierig: Wie kann ich mir das Recht nehmen, mich schön anzuziehen, mich hübsch zu machen, mit Jungs auszugehen, zu tanzen und mich zu amüsieren, wenn meine Mutter in ihrer Depression ertrinkt? Wenn ich mich amüsiere und Spaß habe, wäre das nicht, als würde ich mich von ihr abkehren und sie im Stich lassen? Und sofort fühlte ich mich schuldig. Zumindest war das die ganzen Jahre so ...«

Yehuda: »Ich weiß nicht genau warum, aber das erinnert mich an ... Meine Eltern haben mir erzählt, daß sie mich ein paar Monate nach meiner Geburt in einem Korb unter Lumpen und Gemüse versteckten und mich so auf das Einwanderungsschiff nach Palästina schmuggelten, weil ich ja kein Einwanderungszertifikat hatte. Ich kann mir vorstellen, daß ich da kaum Luft bekam. Ich bin bestimmt beinahe erstickt. Dieses Erstickungsgefühl begleitet mich anscheinend durch mein ganzes Leben, genauso wie Itamar.«

Therapeutin: »Was ihr sagt, ist alles richtig. Das Erstickungs- und Bedrohungsgefühl hängt aber nicht nur mit dem Holocaust und mit eurer Kindheit zusammen, sondern auch mit dem, was ihr jetzt in der Gruppe erlebt. Yehuda hat das für sich selbst, aber auch für alle anderen ziemlich klar ausgedrückt, als er vorhin zu Yacov sprach. Wenn man mit so vielen anderen teilen muß, bleibt dann genug Sauerstoff für alle? In der Gebärmutter, aus der er einst kam, gab es natürlich nicht sehr viel Sauerstoff. Ihr habt ständig das Gefühl, bedroht zu sein, so als müßtet ihr die ganze Zeit einen Kampf auf Leben und Tod führen. Wenn sich einer etwas nimmt, dann geht das auf Kosten der anderen, sogar auf Kosten ihres Lebens. Ihr habt Schwierigkeiten, euch zur Geltung zu bringen und Raum für euch zu beanspruchen, ohne daß ihr dabei das Gefühl habt, andere damit zu bedrohen.«

Die »Gedenkkerzen« haben, wie beschrieben, viele Persönlichkeitsaspekte ihrer Eltern verinnerlicht. In ihrer Psyche tobt, wie in der ihrer Eltern, ein Kampf zwischen dem toten, empfindungslosen Teil und dem lebendigen, fühlenden Teil. Itamar war in seiner Jugend in einem unlösbaren Konflikt gefangen: Wenn er sich die Freiheit genommen hätte, sein eigenes Leben zu leben und zu genießen und im Haus seinen Platz als junger Mann einzunehmen, dann wäre er damit eigentlich an die Stelle des Vaters getreten, der im Bett lag und mit seiner Depression und mit dem Tod kämpfte. Eine solche Situation ist für jeden jungen Mann ohne Zweifel verlockend, zugleich aber auch beängstigend und bedrohlich. Itamar steckt bis zum heutigen Tag in diesem Konflikt. Er versteht noch immer nicht, wie jemand seinen Platz in der Familie und in der Gesellschaft einnehmen kann, ohne daß das auf Kosten eines anderen geht. Für Yehuda gilt dasselbe: Als Yacov zu einigen Sitzungen nicht erschien, sprang Yehuda sofort ein und übernahm Yacovs Position in der Gruppe. Als Yacov aber zurückkam, kehrte Yehuda an seinen alten Platz zurück und nahm sogar seinen Traum als eine Art Selbstbestrafung hin. In seinem Weltbild ist weder in der Familie noch in der Gruppe genug Platz für zwei Männer. Die Schuldgefühle gegenüber Eltern und Geschwistern werden wieder wach: Itamar fühlt sich gegenüber seinem Vater, Martha gegenüber ihrer Mutter schuldig, wobei die phantasierte Bedrohung stets größer als die reale ist. Von daher ist das, was Yehuda zu Yacov sagt, als ein großer Schritt nach vorn zu sehen. Ebenso wie einigen anderen in der Gruppe ist Yehuda klargeworden, daß seine Worte keine Katastrophe auslösen. Vielmehr rücken sie die eingebildeten Ängste ins Licht der Realität und nehmen ihnen viel von ihrer Brisanz und Bedrohlichkeit. Die »Gedenkkerzen« wagen es in dieser Phase, die Gefühle preiszugeben, die sie seit Jahren mit sich herumtragen, und dies ist letztlich auch die Voraussetzung dafür, daß sie sich aus der Innenwelt der Eltern befreien können.

In der eben zitierten Sitzung waren Männer darum bemüht, ihre Position als Mann innerhalb der Gruppe zu bestimmen. Das folgende Gruppengespräch zeigt, wie sich die Töchter von Überlebenden sowohl in der Familie wie auch in der Gruppe mit der Ausgestaltung ihrer Identität als erwachsene Frauen auseinandersetzen.

Dalia: »Vor einiger Zeit habe ich mir einen sehr schönen Morgenrock aus Wolle gekauft, etwas sehr Feminines. Aber ich habe das Gefühl, daß ich ihn noch nicht tragen kann. Ich fühle mich nicht wohl darin. Meine Mutter hatte nie einen Morgenrock. Sie kauft sich nie etwas Schönes zum Anziehen. Immer trägt sie irgendein zerschlissenes Hemd unter dem Pullover und ist stolz darauf, daß sie spart, indem sie alte Sachen aufträgt. Ich erinnere mich auch, daß nur meinem Vater etwas an meinem Aussehen lag, als ich erwachsen wurde. Mein feminines Äußeres war ihm wichtig, und er unterstützte mich dabei. Es war nicht leicht für sie, das zu akzeptieren, sie fühlte sich bedroht dadurch. Überhaupt war es in allen Krisensituationen, zum Beispiel als ich operiert wurde, mein Vater, der neben mir saß und meine Hand hielt. Und überhaupt, wenn ich nachts schrie, als ich noch klein war, oder wenn meine Geschwister schrien, dann war immer er es, der aufstand, nie meine Mutter. Ich habe tatsächlich keine Erinnerung daran, daß meine Mutter in diesen Situationen an meiner Seite gewesen wäre. Mein Vater kümmerte sich auch um den Garten und die Blumen am Haus. Er war vom Typ her sehr lebendig und brachte es fertig, daß sich das von ihm auf mich und die ganze Familie übertrug. Vielleicht weil er nicht wie meine Mutter in Auschwitz gewesen war. Meine Mutter sehe ich immer in diesen abgetragenen Kleidern vor mir, sie hat nie auf ihr Äußeres geachtet und ihre Weiblichkeit nie gepflegt. Deshalb hatte ich diese Woche das Gefühl, daß ich den Morgenrock, den ich eigentlich für mich gekauft habe, im Grunde ihr geben möchte.«

Ariela: »Weißt du was, Dalia, das erinnert mich ganz stark an meine Mutter. Auch sie pflegt sich nie. Mehr noch, sie lehnt es strikt ab. Wenn sie zu Hause ist, zieht sie sich meistens nicht einmal richtig an. Sie sagt, daß es ihr wegen ihrer Krankheit schwerfällt, sich anzuziehen. Sie sitzt die ganze Zeit im Pyjama da, mit irgendeinem Morgenrock darüber. Ich habe ihr so oft vorgeschlagen, sie könne eine Gesichtscreme oder eine Körperlotion benutzen, und habe ihr sogar welche mitgebracht, aber sie will nie etwas davon wissen. Sie sagt, daß ihr die Cremes unangenehm sind, daß sie unangenehm riechen. Auf der anderen Seite aber hat sie mich immer hübsch und geschmackvoll angezogen. Als Kind trug ich immer die schönsten und am sorgfältigsten gestärkten Kleider. Nur sie selber will nicht hübsch aussehen. Sie war einmal eine sehr schöne Frau, das kann man immer noch ein bißchen sehen, aber heute löscht sie das völlig aus, vertuscht es.«

Dalia: »Da sind sich unsere Mütter ziemlich ähnlich. Aber du siehst immer so gepflegt aus, bist immer geschminkt und schön angezogen, wenn du herkommst, und das imponiert mir wirklich. In der Gruppe schaue ich dich immer an und bin richtig beeindruckt und sogar ein bißchen neidisch. Aber ich habe nie gewagt, dir das zu sagen. Ich habe mich geschämt. Du bekommst auch immer soviel Aufmerksamkeit von den Männern hier. Mir dagegen macht es immer Schwierigkeiten, daß ich womöglich allzu weiblich oder sexy wirken könnte. Ich bin wie meine Mutter. Auch ich muß meine Weiblichkeit verstecken und sie auslöschen.«

Yael: »Stimmt. Ich habe hier nie offen darüber gesprochen, aber mir ist tatsächlich aufgefallen, daß ich meinem Aussehen neuerdings viel mehr Zeit widme. Bevor ich aus dem Haus gehe, verbringe ich manchmal Stunden damit, mich zurechtzumachen, und widme mich jedem Detail – den Kleidern, den Schuhen, dem Make-up. Wie Ariela vielleicht, ich weiß nicht. Wir zwei haben nie miteinander darüber gesprochen. Schlomo ist deswegen manchmal böse auf mich, er regt sich richtig auf. Wegen meiner Vorbereitungszeremonien komme ich immer überall zu spät und er folglich auch. Aber ich kann nicht anders. Ich verstehe das immer noch nicht so ganz, aber gerade diese Woche kam da allmählich etwas mehr Klarheit hinein. Ich verstand ein bißchen, woher das kommt.«

Ariela: »Was ist dir zum Beispiel klargeworden? Das interessiert mich. Auch mir ist die äußere Erscheinung sehr wichtig, obwohl ich ihr nicht soviel Zeit widme wie du.«

Yael: »Ich war diese Woche bei meiner Großmutter. Wie ihr wißt, besuche ich sie in letzter Zeit wieder sehr oft, nachdem ich eine Zeitlang viel seltener bei ihr war. Und diese Woche, ich weiß gar nicht, wie wir darauf kamen, fragte ich sie, wie es damals im Lager gewesen ist und was sie und meine Mutter dort wirklich mitgemacht haben. Ich weiß nicht genau warum, aber diesmal war meine Großmutter tatsächlich bereit, darüber zu sprechen. Vielleicht hat sie gespürt, daß ich diesmal wirklich bereit war zuzuhören und dem nicht wie sonst immer aus dem Weg gehen wollte. Sie erzählte, daß man sie im Lager zunächst einmal getrennt hat: die Männer auf die eine und die Frauen auf die andere Seite. Dann ließ man die Frauen in Fünferreihen antreten, und ein Nazioffizier stand da und begutachtete sie. Aus jeder Reihe holte er die heraus, die für ihn am besten aussahen, das heißt die Jüngeren und Hübscheren. Meine Mutter war damals sechzehn und sehr hübsch. Meine Großmutter gab ihr einen Schubs, damit sie sich am Ende der Reihe aufstellte und gesehen wurde. Der deutsche Offizier schrie, daß sie aus der Reihe treten solle. Da fing meine Mutter an zu weinen und sagte, daß sie ohne ihre Mutter nicht gehen würde. Wie und warum weiß ich nicht, aber es geschah ein Wunder: Meine Großmutter durfte auch aus der Reihe treten. Die Mutter und die Schwestern meiner Großmutter waren in der gleichen Reihe. Dort blieben sie stehen, und das war das letzte Mal, daß meine Mutter und meine Großmutter sie gesehen haben. Man hat sie sofort ins Gas geschickt.«

Yael versagte die Stimme, und sie begann zu schluchzen. Es dauerte lange, bis sie sich wieder gefangen hatte und weiterreden konnte, während ihr die Tränen über die Wangen liefen: »Wißt ihr, es ist, als hätte ich immer, mein ganzes Leben lang, tief in mir drin diese Geschichte gekannt. Ich kannte sie und kannte sie doch nicht. Eigentlich wußte ich sehr gut Bescheid. Ich wußte Bescheid und habe daraus gelernt. Ich wußte Bescheid und zog meine Schlüsse daraus: Wenn ich mich retten und am Leben bleiben will, dann muß ich hübsch sein. Das wird mich retten. Ich weiß, daß der Drang dazu vor allem dann stärker wird, wenn mein Selbstvertrauen nicht so groß ist. Wenn ich mich dann wieder sicherer fühle, kann ich es mir schon eher erlauben, meinem Äußeren nicht so viel Aufmerksamkeit zu widmen und mich nicht wie besessen um jedes kleinste Detail zu sorgen. Versteht ihr das? Man könnte sagen, daß die Schönheit meiner Mutter den zweien das Leben gerettet hat. Als meine

Großmutter mir das erzählte, zeigte sie ein wenig mehr Gefühl als sonst, aber richtig geweint hat sie nicht. Ich glaube, sie hat immer noch Angst, sich diesen Gefühlen ganz zu überlassen. Ich aber habe schrecklich geweint, richtig vor mich hingeschluchzt. Danach sagte sie mir, sie habe bisher Angst gehabt, mir das alles zu erzählen, weil es mich vielleicht zu sehr erschüttert hätte. Sie wußte nicht, daß ich sie nicht danach gefragt hatte, weil ich Angst hatte, es würde *sie* zu sehr erschüttern. Von meiner Mutter hatte ich nie ein einziges Wort darüber gehört.«

Therapeutin: »Äußerlich betrachtet, seid ihr alle sehr verschieden voneinander. Ariela und Yael zum Beispiel haben ein sehr gepflegtes Äußeres, Dalia dagegen hat damit Schwierigkeiten. Aber ihr wißt ja, daß das Äußere nicht immer das widerspiegelt, was drinnen vor sich geht. Wie wir von Yael erfahren haben, versteckt sich hinter ihrem gepflegten Äußeren die traumatische Geschichte ihrer Familie.«

Ariela: »Auch für mich ist das alles nicht so einfach, wie es den Anschein hat. Vielleicht fällt es mir leichter, mich hübsch anzuziehen und auf mein Äußeres zu achten, aber du, Dalia, liegst ja gewissermaßen schon vor Anker. Du bist verheiratet, bist sogar schon Mutter. Obwohl ich älter bin als du, fällt es mir immer noch so schwer, eine echte Beziehung aufzubauen. Überhaupt habe ich das Gefühl, daß ich noch sehr weit vom Heiraten entfernt bin. Tatsache ist, als ich noch sehr jung war, habe ich mir geschworen, daß ich nicht wie meine Mutter werden will, aber eigentlich ist das nur an der Oberfläche so. Innerlich bin ich ganz durcheinander. Ich weiß überhaupt nicht, was ich bin, wer ich bin und wie ich mein Leben in verschiedener Hinsicht eigentlich gestalten möchte.«

Ruth: »Deine Verwirrung kann ich wirklich sehr gut nachempfinden. Mir ist diese Woche aufgefallen, daß ich mich recht undeutlich ausdrücke, daß ich die grammatischen Geschlechter durcheinanderbringe, Maskulinum und Femininum und so weiter. Ich glaube, diese Verwirrung steckt tief in mir drin. Meine Mutter war wirklich immer sehr schick angezogen. Ein richtiges Glamourgirl. Aber eine Sicherheit und Gelassenheit als Frau, die habe ich bei ihr nie gespürt. Ich hatte das Gefühl, daß sie ein Mädchen, ja sogar ein kleines Mädchen geblieben ist, so wie sie damals während des Holocaust war. Sie war erst achtzehn, als ich geboren wurde. Das war schon nach dem Holocaust. Wann hatte sie also Zeit, erwachsen zu werden? Als ich heranwuchs, bekam ich von ihr alle möglichen doppeldeutigen Botschaften. Einerseits gab sie sich heiter, aber andererseits spürte ich ihre innere Distanz. Sie konnte mir weder Wärme noch Unterstützung geben, noch das Gefühl, daß sie wirklich für mich da war. Äußerlich ist sie eine Frau, aber innendrin ist etwas aus dem Gleichgewicht. Ich sehe in ihr ein verwirrtes kleines Mädchen. Eigentlich fällt es mir sehr schwer, sie als Frau zu sehen, denn das würde bedeuten, daß ich mit ihr als Frau rivalisiere, und das macht mir zuviel Angst. Das ist wie damals, als ich die Puppe aus Modelliermasse knetete und die Gruppe mir zeigte, daß die Puppe wie ein Zwitter zwischen einem kleinen Mädchen und einer Frau aussah, mit ganz verschwommenen Gesichtszügen und Körperformen. Selbst damals wußte ich nicht genau, wen das darstellen sollte: sie oder mich. Und vielleicht symbolisierte die Puppe ja uns beide. Ich strenge mich jetzt sehr an, mir mein Frausein innerlich zu erkämpfen, damit ich ein bißchen weniger verwirrt in die Welt hinausgehen kann, aber es ist nicht leicht. Als ich meine Mutter neulich sah, sagte sie mir, in ihrer Jugend habe sie schönere Beine gehabt als ich. Seit ich ein kleines Mädchen war, hat sie mir immer wieder gesagt, ich sei nicht hübsch. Bedeutet das nicht, daß zwischen uns eine Rivalität besteht? Schließlich braucht man dafür zwei, und das heißt doch wohl, daß ich tatsächlich ihre Konkurrentin bin. Ich weiß, daß ich gar keine schlechte und sogar eine recht hübsche Figur habe. Ich bekomme auch viele Komplimente von allen möglichen Männern, aber eigentlich ist mir nicht wohl dabei. Ich weiß nicht genau, was ich damit anfangen soll. Es kommt mir vor, als würde mein Körper nicht so richtig zu mir gehören.«

Ariela: »Ich bin froh, daß du das alles heute gesagt hast, denn in letzter Zeit warst du meistens so still, wenn wir über diese Dinge redeten. Weißt du, ich habe oft gespürt, daß du zum Rivalisieren neigst, aber du hast die Karten nie auf den Tisch gelegt. Du hast dich nie klar zu erkennen gegeben. Deine wahren Gefühle hast du immer versteckt. Schließlich siehst du ja sehr gut aus, und die Leute reagieren darauf, selbst wenn du es leugnest und keine Verantwortung dafür übernimmst. Heute hatte ich zum ersten Mal das Gefühl, daß ich verstehen kann, warum du Schwierigkeiten mit diesem Thema hast. Und weißt du was? Ich bin dir dankbar. Dadurch hat sich in mir viel Spannung dir gegenüber gelöst. Auch mir ging es zu Hause mit meiner Mutter manchmal ähnlich wie dir, selbst wenn ich da ein paar kleine Unterschiede sehe. Ich glaube, du hast einmal erzählt, daß du dich deinem Vater sehr nahe fühlst und sogar einmal einen erotischen Traum über ihn hattest, stimmt das? Du bist die einzige Tochter, weil du nur Brüder hast, aber ich bin ein Einzelkind. Meine Beziehung zu meinem Vater ist ziemlich kompliziert. Er sucht oft meine Nähe, will mit mir allein sein. Er will sich beklagen, mir über alles Mögliche etwas vorjammern, unter anderem auch über meine Mutter und den Ärger, den er mit ihr hat. Und ich spiele mit. Ich glaube, du machst das mit deinem Vater genauso.«

Dalia: »Auch mein Vater war immer auf vertrauliche Momente aus, in denen er mit mir allein reden konnte. Auch er wollte mit mir immer über meine Mutter sprechen, darüber, wie schwer er es mit ihr hatte. Er hat mir sogar von ihrer sexuellen Beziehung erzählt. Es war sehr schwer für mich, damit umzugehen. Es hat mich wahnsinnig unter Druck gesetzt, aber ich habe nie gewagt, mich ihm zu widersetzen. Du hast also recht, auch ich habe mitgespielt. Ich habe nie darüber nachgedacht, wie es meiner Mutter damit geht, mit dieser Koalition zwischen uns.«

Ahuva: »Mein Vater hat mich in vielerlei Hinsicht immer wie seine Partnerin behandelt. An meinem letzten Geburtstag hat er darauf bestanden, mit mir ein Geschenk kaufen zu gehen, und stellt euch vor, was er mir gekauft hat? Ein Paar Ohrringe.« Sie lächelte verlegen. »Als ich ein kleines Mädchen war, fürchtete ich mich nachts immer und ging zum Bett meiner Eltern. Meine Mutter stand dann auf und legte sich in mein Bett, während ich neben meinem Vater liegenblieb. Das ging jahrelang so, und es gefiel mir sehr. Erst in letzter Zeit wird mir unbehaglich, wenn ich daran denke. Wegen ihr. Schließlich hatte sie für mich auf den Platz verzichtet, der ihr als Ehefrau zustand. Immer trug sie Schwarz, und dick war sie auch. Ich schreie sie immer an, daß sie abnehmen und eine Diät machen soll, aber es hilft nichts. Sie schminkt sich auch kaum. Nur manchmal hat sie etwas Schickeres an und trägt hohe Absätze. Aber Parfüm, um Gottes Willen! Und apropos Schönheitscremes – sowas nimmt sie nie. Ich erinnere mich, daß ich ihre Berührungen sehr unangenehm fand. Ihre Haut war immer hart und rauh. Ich konnte sie einfach nicht anfassen. Und sie hatte immer diesen unangenehmen Geruch an sich, wie um andere auf Distanz zu halten. Ich habe oft darüber nachgedacht, wie sie wohl als Mädchen und als junge Frau gewesen ist, vor dem Holocaust. War sie damals auch so, oder war sie vielleicht anders? Meine Mutter sagt mir immer, daß mein Vater ihr auf die Nerven fällt, daß er über ihre Kraft geht, daß er aggressiv ist und sie rumkommandiert. Wenn sie das sagt, habe ich immer das Gefühl, daß sie über Sex spricht, obwohl sie das nie ausdrücklich sagt. Hier in der Gruppe habe ich das Gefühl, daß jeder von euch seinen Platz hat. Ich nicht. Ich bin die letzte in der Reihe. Und das hat für mich auch mit meiner Weiblichkeit und meiner Sexualität zu tun. Ich habe große Schwierigkeiten, sie wirklich zu spüren und sie nach außen hin zu zeigen.«

Therapeutin: »Mir scheint, daß heute nicht nur die Verständigung zwischen euch ein wenig besser geglückt ist, sondern daß ihr im Prinzip auch in verschiedenen Variationen über das gleiche Thema gesprochen habt, jede von ihrem Standpunkt aus. Das Thema ist die weibliche Identität eurer Mutter, wie ihr sie in eurer Kindheit und Pubertät und bis heute erlebt und verinnerlicht habt. Wir haben von Müttern gehört, die nicht in der Lage sind, sich schön zu machen oder sich zu pflegen, die immer Schwarz oder alte Kleider tragen. Von Frauen, die es sich nicht erlauben können, ihre Weiblichkeit und ihre Sexualität zu zeigen, und die sich mit sich selbst und ihrem Körper nicht wohl fühlen. Aus diesen Beschreibungen ergibt sich eine wichtige Frage: Wie hängt das mit dem zusammen, was eure Mütter ›dort‹, während des Holocaust, als Mädchen oder junge Frauen durchgemacht haben? Was hat es damit zu tun, daß ihre Mütter und ihre Schwestern und alle anderen, die ihnen lieb waren, auf einmal aus ihrem Leben verschwanden und sie allein in Angst, Hunger und schrecklicher Erniedrigung zurückließen, mit einem Körper, der sich zusammenzog und nach und nach zu einem wandelnden Skelett wurde? Vielleicht haben sie auch sexuelle Traumata erlitten, über die sie nur schwer reden können.«

Seit der Befreiung aus dem Lager trägt Ahuvas Mutter fast immer nur Schwarz. Arielas Mutter zieht sich meistens gar nicht erst richtig an. Make-up, Parfüms und andere Kosmetika sind diesen Frauen fremd. Trauer, Depression und Schuldgefühle haben ihre Lebensfreude abgetötet. Wie hätten sie also ihre Töchter in der Pubertät anleiten, unterstützen, sich mit ihnen freuen können, als sie von Mädchen zu jungen Frauen wurden? Dies ist die wesentliche Frage, die die Töchter von Überlebenden in dieser Therapiephase immer wieder in den Sitzungen aufwerfen.

Eines der größten Probleme, die das verspätete Erwachsenwerden der Töchter von Überlebenden mit sich bringt, besteht darin, daß sie nur unter Schwierigkeiten rebellieren, auf die Mutter wütend werden und offen mit ihr rivalisieren können. Wie sollte man auch offen zu Müttern in Konkurrenz treten, die den Holocaust am eigenen Leib erfahren haben? Dalia hat sich endlich einen schönen Morgenrock aus Wolle gekauft, wagt ihn aber nicht zu tragen und möchte ihn am liebsten ihrer Mutter schenken. Anscheinend verbirgt sich tief in ihr der Wunsch, ihre Mutter für alles zu entschädigen, was sie erlitten hat, und sei es auch nur symbolisch. Ahuva bringt ihrer Mutter Parfüms und Kosmetika mit und versucht sie zu überreden, daß sie abnehmen und sich hübsch anziehen soll, so als versuche sie ihr zu sagen, daß sie den Tod, die schrecklichen Depressionen und die Trauer endlich hinter sich lassen und so wie die anderen Mütter sein soll. Dies sind verzweifelte Versuche von Töchtern, ihrer Mutter ein bißchen Glück zurückzugeben und sich eine Mutter zu schaffen, mit der sie in Konkurrenz treten können, auf die sie sogar böse sein dürfen und von der sie doch zugleich etwas über Weiblichkeit zu lernen vermögen. Das heißt, sie versuchen zu jener ausgewogenen Identifizierung mit dem Bild einer reifen Frau zu gelangen, die jedes junge Mädchen braucht. Doch dieser Weg ist ihnen versperrt. Es bleibt ihnen nichts anderes übrig, als sich mit der Situation abzufinden, die Hoffnung auf das Unmögliche aufzugeben, den Schmerz und die Wut hinter sich zu lassen und sich von ihren Erwartungen und Illusionen freizumachen, die Mutter wäre irgendwann wirklich in der Lage, ihnen zur Seite zu stehen und ihnen zu helfen, ohne daß sie die Kontrolle über die Innenwelt ihrer Tochter haben wollte. Die Töchter der Überlebenden müssen ihre komplizierte Identifizierung mit der verworrenen Identität ihrer Mütter aufgeben, denn die Mütter sind selber Mädchen geblieben und nie erwachsen geworden und brauchen selbst noch Unterstützung und Halt. Die Töchter müssen ihre eigene, separate weibliche Identität aufbauen. Die Identifizierung mit der Mutter aufzugeben ist aber ein schwieriger Schritt, nicht nur weil die Identitäten von Kindern und Eltern unzureichend voneinander abgegrenzt sind, sondern auch weil es in der Realität weiterhin sowohl eine materielle als auch eine emotionale Abhängigkeit zwischen Eltern und Kindern gibt.

Eine besondere Rolle kommt der Beziehung zwischen den Töchtern von Überlebenden und ihren Vätern zu. Auch in dieser Beziehung gibt es keine klaren Grenzen. Wie den Berichten der Patientinnen zu entnehmen ist, suchen viele Väter eine intime Nähe zu ihren Töchtern, die manchmal ins Verführerische geht. Die Beziehung zwischen Vater und Tochter verschärft den ödipalen Konflikt im Tochter-Vater-Mutter-Dreieck. Manchmal hegt die Tochter den – meist unbewußten – Wunsch, diese verbotene innige Beziehung zu ihrem Vater weiterzuführen, nicht nur weil sie die Phantasie hat, den Vater für die tatsächlich oder nur in ihrer Einbildung unbefriedigende Beziehung zu seiner Frau zu entschädigen – was ein ganz übliches ödipales Phänomen ist –, sondern auch weil sie sich als »Gedenkkerze« unaufhörlich mit dem Bedürfnis plagt, die Eltern auf jede erdenkliche Weise für die Verluste und narzißtischen Kränkungen zu entschädigen, die der Holocaust ihnen zugefügt hat. Infolge der untergründigen Intimität mit dem Vater lädt sich die Beziehung zwischen Mutter und Tochter mit unerträglicher Spannung auf. Einerseits möchte die Tochter ihrer Mutter näherkommen, doch andererseits will sie sich gegen sie absetzen. Es ist für kein junges Mädchen einfach, erwachsen zu werden, wenn der Vater sie zu benutzen versucht, um eine unermeßliche emotionale Leere in sich zu füllen, und wenn die Mutter aufgrund ihrer eigenen Probleme bereitwillig ihren Platz an der Seite des Vaters räumt, um ihn der

Tochter zu überlassen. Um wieviel schwieriger muß die Situation also für eine Tochter von Überlebenden sein: Auf ihren Schultern lastet die Erwartung der Eltern (vor allem des Vaters), daß sie in ihr einen Ausgleich finden werden für den Verlust weiblicher Bezugspersonen und für die weibliche Zuwendung und den Halt, die ihnen dadurch abhanden gekommen sind. Damit sie ganz erwachsen werden können, müssen die Töchter von Überlebenden noch viele weitere Lücken in ihrer Identität auffüllen. Dazu müssen sie von ihrer Kindheit, von ihrer Mutter und von der traumatischen Vergangenheit ihrer Familie Abschied nehmen. Ebenso müssen sie sich aus der emotional aufgeladenen Beziehung zum Vater lösen, der, wie gesagt, oft unbewußt die Erwartung auf seine Tochter übertragen hat, daß sie ihm anstelle seiner Mutter, seiner Schwestern und manchmal auch seiner Ehefrau emotionalen Halt geben soll.

Last und Klein (1974) konnten keine direkte Korrelation zwischen dem Ausmaß der Traumatisierung des Vaters und der Beziehung zwischen Mutter und Tochter feststellen. Es wurde jedoch verschiedentlich nachgewiesen, daß das Ausmaß der Traumatisierung Einfluß auf die Beziehung zwischen Mutter und Sohn und auch auf das Verhältnis des Vaters zu seinen Söhnen wie zu seinen Töchtern hat. Wenn die Ehefrau eines Überlebenden nicht genügend emotionale Zuwendung von ihm bekommt und ihm ihre Frustration nicht direkt zu zeigen vermag, wird sie ihre Gefühle von Entbehrung und Enttäuschung vor allem auf die Söhne richten. Der Sohn muß also anstelle des Vaters die Frustration und die Wut auffangen, die das Herz der Mutter überfließen lassen. In seiner Not wendet der Sohn sich an den Vater und sucht bei ihm Trost und Ansatzpunkte zur Identifizierung mit ihm. Der Vater aber ist aufgrund der schweren Traumata, die er erlitten hat, nicht nur außerstande, sich den Gefühlen des Sohnes zu öffnen oder ihm Einlaß in seine innere Welt zu gewähren, sondern kann auch nicht die selbstbewußte und starke Vaterfigur sein, mit der sich sein Sohn gerne identifizieren würde. Dem Sohn fehlt also ein Objekt für eine emotionale Identifizierung, das er nachahmen und verinnerlichen könnte.

Hinzu kommen noch weitere Komplikationen. Zum einen spürt der Sohn während seiner ganzen Jugend, wie der Anspruch seiner Umgebung auf ihm lastet, daß er dem unter seiner emotionalen Verarmung leidenden Vater in sich

Halt bieten soll, und zum anderen hindert ihn dieser Anspruch daran, wie jeder heranwachsende Junge mit seinem Vater zu kämpfen oder zu rivalisieren. Der Vater erscheint als schwache Figur: Anstatt mit ihm zu konkurrieren, muß man ihn bemitleiden und beschützen. Wut, Aggressivität, Rivalität und der natürliche Drang zur Rebellion – das alles bleibt in der Psyche des Sohnes eingeschlossen und kann sich nicht entladen.

Man hat zwar, wie gesagt, in den Familien Überlebender keinen direkten Einfluß der Traumata, die der Vater während des Holocaust erlebt hat, auf die Beziehung zwischen Mutter und Tochter festgestellt, doch ist damit wohl nicht ausgeschlossen, daß die spannungsgeladene Familienstruktur indirekt auf diese Beziehung einwirkt. Auch wenn die Wut und Frustration der Mutter sich nicht offen entladen, so bleibt doch in vielen Familien von Überlebenden der Tochter nicht verborgen, daß der Vater in den Augen der Mutter nicht gut wegkommt. Um ihren Vater dafür zu entschädigen, identifiziert sie sich mit dem Bild des Schwachen und Gedemütigten, das er abgibt, und hat das Bedürfnis, ihn zu beschützen und die emotionale Leere zu füllen, die ihn umfängt. Gleichzeitig identifiziert sie sich aber auch mit ihrer frustrierten Mutter, so daß sie am Ende in einen Konflikt hineingerät, weil sie sich mit zwei Objekten identifiziert, deren Beziehung zueinander voller Spannungen ist.

Last und Klein (1974) sind auch der Ansicht, daß das Ausmaß der Traumatisierung der Mutter sich nicht auf die Beziehungen zwischen Vater und Sohn oder zwischen Mutter und Tochter auswirkt, sondern nur auf die Sozialisationsmuster, unter deren Einfluß sich das Verhalten des Vaters gegenüber seinen Töchtern und das Verhalten der Mutter gegenüber ihren Söhnen entwickelt. Viele der Aussagen von Söhnen und Töchtern, die ich zitiert habe, stützen diesen Befund. Je stärker die Mütter traumatisiert wurden, desto unfähiger waren sie, mit ihrer Rolle als Ehefrau in emotionaler wie sexueller Hinsicht zurechtzukommen. Auch in dieser Konstellation umgibt den Vater eine große emotionale Leere, und zwar gerade dann, wenn er durch den Holocaust weniger stark traumatisiert worden ist als seine Frau. Er versucht, diese Leere mit seinen Töchtern auszufüllen, die ihm als eine Art Ersatz dienen. Wenn sich ein Vater auf diese Weise seiner Tochter zuwendet, sind seine

Beweggründe natürlich in erster Linie emotionaler Natur, aber auch nicht ganz frei vom Aspekt der Verführung, und sie schließen den unbewußten Wunsch ein, daß die Tochter seine Frustration und den Kummer seiner Einsamkeit in sich auffängt und ihn nicht verläßt. Die Tochter ist auf die archaischen, aus dem Über-Ich abgeleiteten Identifizierungen fixiert, die sie und ihr Vater miteinander teilen, und bleibt daher in einem ödipalen Konflikt verhaftet, dessen inzestuöser Aspekt wachgehalten anstatt verdrängt wird, so daß er keine Auflösung erfahren kann. Infolgedessen entwickelt sie Phantasien und Gefühle, die in der Tat auch sexuell getönt sind. Je tiefer außerdem die psychischen Wunden der Mutter sind, um so weniger kann sie der Tochter als ein weibliches Vorbild dienen, dem sie nacheifern und mit dem sie sich identifizieren kann.

Die Mutter ist außerstande, ihrer Tochter direkt und unmißverständlich die ganze Liebe und Wärme zu geben, die sie in ihrer Kindheit und Jugend nötig hätte. Hinzu kommt, daß es der Mutter aufgrund ihrer emotionalen Verarmung unmöglich ist, die Empfindungen ihrer Tochter – Schmerz, Wut, Aggression und den Wunsch, mit der Mutter zu rivalisieren und gegen sie aufzubegehren – aufzufangen und zu »halten«. Unter diesen Umständen ist es für die Tochter noch schwerer, in der Mutter eine starke, eigenständige und souveräne Gestalt zu sehen. Es liegt auf der Hand, daß der Reifungsprozeß eines heranwachsenden Mädchens zwangsläufig Schaden nimmt, wenn eine solche Gestalt in seinem Leben fehlt, und daß seine Individuation und seine Ablösung von den Identitäten der Eltern verzögert verlaufen wird. Die Tochter verinnerlicht, wie gesagt, die Identifizierung mit dem Leid der Mutter und das Bedürfnis, sie zu beschützen und zu entschädigen, tief in ihrer Psyche und macht diese Regungen zu einem Teil ihrer Persönlichkeit. Diese Verinnerlichung vollzieht sich aber in so früher Kindheit, daß sie nur in einem langwierigen und schwierigen Kampf aufzulösen ist. Es ist für die Tochter nicht leicht zu begreifen, daß das Erwachsenwerden und die innere Loslösung von Mutter und Vater weder Tod noch ein endgültiges und totales Verlassen bedeuten, wie das die Eltern seinerzeit erlebt haben. Um zu dieser Erkenntnis vorzustoßen, brauchen die »Gedenkkerzen« viel innere Bereitschaft, Entschlossenheit und Kraft, die Therapeuten viel Geduld und Ausdauer. Am Ende sind die

»Gedenkkerzen« soweit, daß sie sich der wahren Identität ihrer Eltern als Männer und Frauen stellen können, deren psychische Schwierigkeiten, Beschädigungen und Konflikte sich in ihrer erschütterten sexuellen Identität widerspiegeln. Diese Annäherung ist schwierig und braucht Zeit, doch sie befähigt die »Gedenkkerzen«, eine eigenständige Identität zu konsolidieren und sich von den Aspekten des elterlichen Selbst zu lösen, die sie in das eigene Selbst assimiliert haben. Indem sie ihre gegenwärtigen Schwierigkeiten und Konflikte, insbesondere die beim Aufbau einer intimen Partnerbeziehung, offenlegen und durcharbeiten, gelingt es den »Gedenkkerzen« – manchen besser, manchen weniger gut –, sich von den archaischen Identifizierungen mit ihren Eltern zu lösen und eine eigenständige Identität zu festigen.

Kooperation, Nähe und gegenseitige Identifizierung, die sich in der Gruppe entwickeln, stellen Faktoren von elementarer Bedeutung dar und üben einen heilsamen und förderlichen Einfluß auf den schwierigen Prozeß aus, in dem sich reife und unabhängige Identifizierungsmechanismen gegenüber den Eltern und der übrigen Umgebung bilden und verinnerlicht werden. Für die »Gedenkkerzen« ist dies ein entscheidender Schritt auf ihrem langen Weg zu einer reifen Identität.

Kapitel 7

Loslösung von der Rolle der »Gedenkkerze«

»Gestern spürte ich sehr stark und deutlich, daß ich es leid bin, ein Symbol für den Holocaust zu sein«, sagte Dvorah, »daß ich dieses Mal nicht nachgebe. Ich beschloß, diese Last mit meiner Schwester zu teilen und mit meinen Eltern offen zu reden. Und so unglaublich es klingen mag – es kam wirklich dazu! Ich will die Toten nicht mehr alleine tragen, ich will sie nicht alle auf dem Buckel haben, und ich will sie auch nicht mehr für meine Eltern mit mir herumschleppen. Ich werde nicht mehr, wie die ganzen Jahre, nur ein Leichenwagen sein. Ich werde die Gräber der Toten öffnen, und wir werden alle zusammen bei ihnen sein. Ich möchte von diesen Toten, die so lange an mir, in meiner Seele klebten, Abschied nehmen. Ich möchte sie sehen, mit ihnen reden und sogar anfangen, sie zu lieben. Aber ich möchte nicht länger mit ihnen begraben sein! Es ist genug! Ich habe dazu keine Kraft und keine Lust mehr. Vierzig Jahre habe ich das mitgemacht, jetzt reicht's. Ich spüre wirklich, daß für mich ein anderer Abschnitt beginnt.«

Wenn die »Gedenkkerzen« in der letzten Therapiephase einen großen Teil der Hemmungen und Bedrohungsgefühle überwinden, die ihre innere Welt erfüllen, kann sich die Integration ihrer Persönlichkeit vollziehen. Ihre Abwehr läßt allmählich nach, und sie beginnen, ihre emotionalen Bedürfnisse sowie ihr Vertrauen in die Therapeuten und die Gruppe immer klarer zum Ausdruck zu bringen. Sie nehmen die Traumdeutungen der Therapeuten an und verinnerlichen sie nach und nach als positive Elemente, die ihre Persönlichkeit stützen und stärken, statt sie wie zu Beginn als furchterregende Bedrohung aufzufassen, die man besser von vornherein zurückweist. Das Mißtrauen, die Aggressivität und die Schweigsamkeit, die für die vorangehenden Phasen der Therapie typisch waren, verschwinden allmählich. Jetzt, da die »Gedenkkerzen« zu erkennen beginnen, daß ihre innere Welt keinen Schaden nimmt, wenn sie sie offenlegen und durcharbeiten, sondern vielmehr gestärkt wird, sind sie fähig, das letzte Stück des Weges mit vereinten Kräften zu bewältigen. In den frühen Phasen der Therapie haben es die Kinder von Überlebenden, wie ich beschrieben habe, im allgemeinen vermieden, Wut und Frustration, Neid und Rivalität, Liebe und erotisches Interesse zum Ausdruck zu bringen. In der dritten Phase der Therapie beginnen sie nun, unterstützt und ermuntert durch die Therapeuten wie auch die Gruppe, diese Gefühle zu äußern. Zwar geht das offene Artikulieren von Gefühlen anfänglich mit Schwierigkeiten und Ängsten einher, doch wird es für die »Gedenkkerzen« zu einer wichtigen und heilsamen Erfahrung, weil es sich radikal von dem unterscheidet, was in ihren Familien üblich war. In der letzten Phase der Therapie tauchen noch einmal dieselben Inhalte wie in den vorangegangenen auf, doch sie haben nun eine andere Intensität und sind von anderen Empfindungen begleitet. Natürlich sind die Kinder von Überlebenden wie in den vorhergehenden Phasen noch immer hin- und hergerissen zwischen der Anziehung, die die Bilder der Vergangenheit – insbesondere die Gefühle der Leere und des Todes, die ihre innere Welt bislang dominiert haben – auf sie ausüben, und dem Wunsch, diese Bilder abzuschütteln und die innere und äußere Realität mit allen ihren Freuden und Schmerzen zu erleben. Inzwischen aber haben sich in ihrer Persönlichkeit bereits große Inseln herausgebildet, die Raum bieten für den Wunsch und die Fähigkeit, das auszudrücken, was in ihnen vorgeht, so daß die Beschäftigung mit dem Leben für sie allmählich verlockender wird als die mit dem Tod. In ihrer Innenwelt kommen Heiterkeit und Traurigkeit, Freude und Schmerz, Rivalität, Liebe und Zuneigung zur Entfaltung und nehmen nach und nach den Platz von Depression, innerer Leere und unbestimmten

Ängsten ein. Weil die »Gedenkkerzen« zusehends mehr Vertrauen in sich selbst und in andere haben, nehmen ihre Empfindungen immer klarere Konturen an. Sie sind immer besser in der Lage, ihren Emotionen und auch ihren Wünschen Ausdruck zu geben. Dies ist ein Zeichen dafür, daß ihr Ich sich konsolidiert und die Grenzen zwischen ihrem Selbst und dem der Eltern sich immer schärfer abzeichnen.

In der letzten Phase der Therapie lösen sich die Kinder von Überlebenden aus der Rolle, die ihnen die Eltern zugedacht haben: Sie wollen nicht mehr länger eine »Gedenkkerze« für den Holocaust, für die Geschichte der Familie und für die umgekommenen Angehörigen sein. Sie stehen kurz davor, die Last von Depression und unverarbeiteter Trauer abzulegen und zu erkennen, daß die Eltern unbewußt von ihnen erwarten, ein Verbindungsglied zwischen der Vergangenheit und der Zukunft der Familie zu bilden und den künftigen Generationen statt eines toten, bloß historischen Gedenkens eine lebendige Erinnerung an die umgekommenen Verwandten weiterzugeben. Die »Gedenkkerzen« sind nun mit der Suche nach den Wurzeln ihrer Eltern und Familien beschäftigt. Ihnen geht auf, daß die Städte, Dörfer und Häuser, über die sie nur Bruchstückhaftes gehört haben, tatsächlich existiert und daß in ihnen wirkliche Menschen gelebt haben. Es fällt ihnen nicht länger schwer, sich die Menschen, Familien und Gemeinden der Vergangenheit vorzustellen. Die damalige Welt nimmt Gestalt und Bedeutung an. Die Suche nach den eigenen Wurzeln regt die »Gedenkkerzen« zu einer weiter ausgreifenden Identifizierung an und weckt in ihnen ein Empfinden der Zugehörigkeit zum jüdischen Volk. Dieses Empfinden tritt hauptsächlich in ihren Träumen zutage, die nun Symbole und Motive aus Geschichte, Religion und Kultur des jüdischen Volkes enthalten.

Baruch: »Mir wird immer bewußter, in welcher inneren Armut ich die ganzen Jahre gelebt habe, denn ich wußte nicht, was es heißt, spontan zu lieben, ohne Berechnung. In letzter Zeit, vor allem hier in der Gruppe, schaffe ich es manchmal, ein offenes Herz zu haben und etwas von mir selbst zu geben. Allerdings habe ich dabei immer noch das Gefühl, als sei da hinter mir so ein Auge, das mich beobachtet und kontrolliert. Meistens ist auch immer noch ein wenig Berechnung im Spiel. So als hätte ich tatsächlich nichts anderes zu geben als Ernsthaftigkeit, Wut und Leid. Ich bin noch nicht frei genug, irgend etwas anderes zu geben.«

Therapeutin: »Wer in dir sagt das? Wessen Unterschrift steht darunter?«

Baruch: »Vielleicht meine eigene ... vielleicht auch die meiner Mutter oder meines Vaters. Es steht gewissermaßen die Unterschrift der ganzen Familie darunter. Diese Woche rief ich meinen Vater an und ging ihn besuchen. Das ist etwas, das ich von mir aus nicht sehr oft getan habe. Unser Gespräch ging ein bißchen weiter als sonst. Er erzählte mir von den Problemen, die er mit seinen Füßen hat. Sie kommen daher, daß ihm im Lager beide Füße erfroren sind und er seither manchmal Schmerzen hat. Ich spürte, daß wir uns zwar unterhielten, daß er aber trotzdem innerlich nicht frei war, mir wirklich zuzuhören. Im Grunde war auch ich nicht ganz frei. In der Gruppe geht es mir ganz ähnlich. Ich bin mit mir selbst nicht zufrieden und möchte wissen, wie es ist, wirklich mit anderen zusammenzusein und mich dabei innerlich freier zu fühlen. Aber ich weiß nicht immer, wie ich das anstellen soll, und es gelingt mir nicht immer.«

Chawa: »Wenn ich dich so reden höre, Baruch, habe ich das Gefühl zu ersticken. Ich spüre, daß ich mich noch immer fürchte, die ganze Zuneigung zu zeigen, die ich für die Gruppe und im Moment auch für dich empfinde. Ich möchte lieben, habe aber Angst, mich zu öffnen und etwas von mir zu geben. Zum Beispiel möchte ich dich jetzt umarmen. Eigentlich möchte ich das schon seit einer ganzen Weile, denn ich wußte nicht, wie ich dir die ganze Zuneigung, die ich dir entgegenbringe, zeigen und sie dich spüren lassen kann. Nachdem ich in der Gruppe die ganzen Jahre so passiv und gelähmt war, spüre ich heute zum ersten Mal, daß ich auch etwas geben möchte. Ich hatte die ganze Zeit Angst, zu mir selbst Verbindung aufzunehmen, denn dann hätten mich der Schmerz, die Traurigkeit und die Liebe, die in uns beiden war, wirklich gepackt. Und ich will nicht, daß man mir weh tut. Ich höre, was ich sage, und ich weiß, daß ich für mich selbst und auch für meine Mutter spreche. Ich sehe sie wieder als ein kleines Mädchen im Lager vor mir. Ich will nicht, daß ihr Leid zugefügt wird. Sie muß stark sein. Sie darf ihnen niemals zeigen, was sie innendrin fühlt, denn sie muß überleben.«

Chawa schaute verwirrt und verlegen um sich: »Hier kann ich es jetzt vielleicht wagen, etwas zu empfinden und zu euch darüber zu sprechen, aber die ganze Zeit kehre ich auch immer wieder dorthin zurück und richte mich wieder auf meine Mutter aus ...«

Baruch: »Stimmt, ich mache da etwas ganz Ähnliches. Am Schabbat fing ich wieder an, meinem Vater Fragen zu seiner Familie und zum Holocaust zu stellen. Er war aber nicht gerade in der Stimmung, darüber zu reden.«

Therapeutin: »Anscheinend fühlst du dich nur, wenn du mit deinem Vater über dieses Thema redest und die alte Wunde wieder öffnest, wirklich verbunden mit ihm, und das ist wichtig. Wenn du versuchst, mit ihm über aktuelle Dinge zu reden, hast du das Gefühl, daß sie bedeutungslos sind. Auch Chawa kann es nur dann wagen, starke Empfindungen zu haben, wenn sie Verbindung zu ihrer Mutter ›dort‹ im Lager hat. Sie ist zwar schon so weit, daß sie dir und anderen gern ihre Zuneigung zeigen würde, doch sie fühlt sich noch immer zu sehr bedroht, und ihr ist wohler, wenn sie ›dorthin‹ zurückkehren kann. Das ist einerseits sehr anstrengend, andererseits aber vertraut und sicher. Trotzdem seid ihr jetzt schon fähig, offener darüber zu reden, und das ist ein großer Schritt vorwärts.«

Baruch: »Das stimmt – so übel es ›dort‹ auch sein mag, man ist doch wenigstens auf vertrautem Terrain. Ich bin auf Leiden fixiert. Was habe ich denn schon anderes? Lebensfreude? Liebe? Heiterkeit? Alltag? Ich spüre immer diese Schwere in meinem Bauch.«

Therapeutin: »Das hört sich an, als würdest du nicht vom Holocaust loskommen. Diese Schwere ist zugleich auch deine beste und stärkste Abwehr gegen das Leben.«

Baruch: »Ja, manchmal spüre ich, daß ich unter keinen Umständen bereit bin, von ›dort‹ wegzugehen und Abschied zu nehmen; nicht von meiner Mutter, nicht von meinem Vater und nicht von ihrer ganzen Vergangenheit. Einen Schnitt zu machen und mich von allen Empfindungen zu befreien, die damit zusammenhängen, bedeutet selbständig zu sein, und genau das macht mir immer noch angst. Schließlich ist es genau das, was mich all die Jahre zusammengehalten hat.«

Chawa: »Welche Empfindungen meinst du genau?«

Baruch: »Die Schuldzuweisungen, die Wut, die Depression. Denn wenn ich die einmal nicht mehr habe, heißt das, daß ich wirklich die Augen aufmachen und anfangen muß, in der Welt zu leben. Es bedeutet, in der Welt, so wie sie wirklich ist, meinen Aufgaben nachzugehen, ohne daß ich noch meine eigene, ganz besondere Geschichte habe, die mich zu etwas Einzigartigem macht. Meine Besonderheit hat mich immer beschützt. Dank ihr brauchte ich, anders als alle anderen, in den verschiedensten Situationen keine Verantwortung dafür zu übernehmen, wenn ich einer Aufgabe nicht gerecht wurde. In bestimmten Lebensbereichen ist es mir immer leichtgefallen, eine gute Figur zu machen; wo ich mich dagegen anstrengen mußte, habe ich es mir immer erlaubt, rasch aufzugeben. Wenn ich zum Beispiel nichts für mein Studium tue, also an einem bestimmten Tag nicht zur Uni gehe, sage ich sofort zu mir selbst: ›Schließlich habe ich doch so viele andere Dinge im Kopf. Ich bin mit den Konzentrationslagern beschäftigt, mit meinem Vater, der über lange Zeiträume weg von zu Hause war, mit meiner Mutter, die mich beherrscht hat, ohne mich wirklich wahrzunehmen.‹ Was mache ich also? Ich grüble über alle diese Dinge nach, und indessen rückt die ganze Außenwelt langsam immer weiter von mir weg. Das alles sein zu lassen, bedeutet auch, zu kapitulieren und meinem Vater und meiner Mutter zu verzeihen, und das fällt mir nach wie vor schwer, auch wenn ich manchmal schon eine größere Bereitschaft dazu in mir spüre.«

Therapeutin: »Du bist noch immer nicht bereit, diese Abwehr ganz aufzugeben, aber sehr wohl bereit, mit deinen Eltern und ihrer Vergangenheit ebenso wie mit deiner eigenen Vergangenheit bis zu einem gewissen Grade Frieden zu schließen – und somit auch mit dem ins reine zu kommen, was dir bei ihnen gefehlt hat. Vielleicht ist das eine Gelegenheit für dich, an ihnen dasjenige besser wahrzunehmen, was sehr wohl da war – alle die Stärken, die sie ja doch besaßen und dank derer sie ihr Leben zu bewältigen vermochten und trotz allem standhielten.«

Baruch wirkte nachdenklich und antwortete zögernd: »Ja ... ich glaube, das stimmt. Im Grunde ist mein Vater heute viel lebendiger und sogar etwas fröhlicher als früher, und ich sehe auch, daß meine Mutter mehr hinbekommt und viel mehr Freude an ihrer Arbeit hat. Ich sehe das für einen Moment, aber dann verdränge ich es wieder und gehe zu dem zurück, wie es vorher war, und so ist das die ganze Zeit, vor und zurück, vor und zurück.«

Ruth: »Was Baruch da gerade beschreibt, erinnert mich an einen Traum, den ich diese Woche hatte. In dem Traum bin ich an irgendeinem Ort und von Menschen umgeben. Sie kommen mir bekannt vor, aber ich kann sie nicht genau identifizieren; vielleicht sind es die Mitglieder der Gruppe, vielleicht meine Schulfreunde oder meine Familie, aber die Hauptsache ist, ich weiß, daß ich begraben werden soll. Sie müssen mich begraben, und ich habe keine Ahnung, ob ich lebend davonkommen werde, aber ich habe eine Chance. Ich muß in der Erde begraben werden und dann da wieder herauskommen und ins Leben zurückkehren. Ich denke, daß es besser ist, mich auf den Bauch zu legen, denn läge ich auf dem Rücken, würde mir die Erde in Nase und Augen kommen, und ich könnte ersticken. Im letzten Teil des Traumes gehe ich mit einer Gruppe von Mädchen in einem dunklen Tunnel. Die ganze Zeit fahren Züge an uns vorbei, immer mehr Züge, und wir müssen da heraus. Wir springen auf und laufen irgendwohin, aber in dem Tunnel ist es schrecklich dunkel, und ich weiß nicht, wohin wir gehen. Schließlich gelangen wir in einen sehr dunklen Raum, und ich spüre, daß ich dort heraus muß, um zu überleben. Ich suche nach Licht, ich suche und suche den Lichtschalter, aber der Traum geht zu Ende. Ich bin mir nicht sicher, ob ich das Licht doch noch gefunden habe. Als ich aus dem Traum aufwachte, war ich immer noch am Suchen.«

Rachel: »Und wie hast du dich beim Aufwachen gefühlt?«

Ruth antwortete mit erstickter und tonloser Stimme: »Ich spürte einen enormen Druck auf mir lasten. Ich wachte früh am Morgen auf, es drang schon etwas Licht durchs Fenster, und das war eine gewisse Erleichterung für mich. Aber der Druck fiel den ganzen Tag über nicht von mir ab. Ich spüre, daß diesmal sehr viel Wut und Schmerz in mir ist und nicht nur Angst wie sonst immer. Aber ich weiß nicht genau, worauf ich wütend bin. Ich bin mir nicht sicher, gegen wen sich diese Wut richtet. In gewisser Weise gegen die ganze Welt.«

Ruths Wut steckte Rachel an: »Während du aber jetzt darüber redest, ist diese Wut gar nicht recht zu spüren. Hast du nicht gesagt, daß du die Wut rauslassen willst? Ich habe das Gefühl, mir platzt schon der Kopf, und du, du redest immer noch ganz ruhig weiter.«

Avraham, der sich im allgemeinen mit Ruth identifiziert, schloß sich ihr dieses Mal nicht an: »Jedesmal, wenn du etwas über deine Eltern sagst, beginnst du sofort, Verständnis für sie zu zeigen und Rechtfertigungen für sie zu suchen. Das macht mich wahnsinnig. Je länger du redest, desto deutlicher merke ich, wie ich immer mehr verzage. Da ist so eine Art Schwäche und Hilflosigkeit in mir.«

Therapeutin: »Anscheinend fällt es dir nach wie vor schwer, die ganze Wut, die in dir ist, wirklich herauszulassen. Es scheint, daß die anderen in der Gruppe, zum Beispiel Avraham und Rachel, das an deiner Statt tun. In deinen Träumen aber fängst du bereits an, zu kämpfen und nach einem Weg zu suchen, um das Licht am Ende des dunklen Tunnels zu finden. Um zum Leben und zum Licht zurückkehren zu können, mußt du dich aber der Dunkelheit und dem Tod stellen. Du hast den Willen, die Mauer der Dunkelheit zu durchbrechen und die Hilflosigkeit und Unfähigkeit, deine Wünsche oder Gefühle klar auszudrücken, zu überwinden. Und anscheinend hast du hier einige Verbündete.«

Ruth: »Du hast recht. Es fällt mir noch immer schwer, Wut energisch und deutlich zu äußern, wie das Rachel oder Avraham tut. Zu Hause war ich immer das brave Mädchen, das nicht wagte, zu rebellieren oder wütend zu werden oder sich gegen irgend etwas zur Wehr zu setzen. Mein Bruder dagegen tat immer, was er wollte, und erlaubte sich alle möglichen Dinge, die ich mich nie traute.«

Avraham: »Genau wie hier, in der Gruppe, hast du die ganzen Jahre die Rolle der Netten, der Lächelnden, der Stillen gespielt, die niemals genervt ist und nie jemanden hart anfaßt. Aber in letzter Zeit sprichst du viel klarer und bestimmter, nicht mit dieser piepsigen, schwachen und erstickten Stimme, die uns alle immer wahnsinnig gemacht hat. Endlich traust du dich, hin und wieder offen zu zeigen, daß du mit etwas nicht einverstanden bist, Einwände zu erheben und deine eigenen Wünsche klar zu äußern. Laß dir gesagt sein, daß sich dadurch alle hier wohler und unbefangener fühlen. Vorher war es, als wärest du aus rosaroter Watte, und wenn dich einer schlagen wollte, erstarrte ihm im Ausholen die Hand. Jetzt hat man endlich das Gefühl, etwas Reales vor sich zu haben.«

Ruth: »Wißt ihr, vor zwei Wochen habe ich meinen Eltern zum ersten Mal nicht von einer bevorstehenden wichtigen Prüfung erzählt. Ich erzählte es ihnen erst danach. Meine Mutter war sprachlos. Sie brauchte Stunden, um das zu verdauen. Ich hatte diesmal sehr deutlich gespürt, daß es mir nicht recht war, wenn sie sich um meine Angelegenheiten kümmerte, daß es mich nur gestört und mir alles verdorben hätte. In letzter Zeit habe ich das Gefühl, daß ich nicht das geringste von ihnen haben möchte. Nach all den Jahren der Abhängigkeit, sowohl finanziell als auch emotional, finde ich nun, daß es reicht.«

Rivka: »Ich hatte diese Woche ein ähnliches Erlebnis mit meiner Mutter. Sie versuchte wieder wie üblich, sich einzumischen und die Kontrolle über mein Leben zu übernehmen, und zwar was meine Arbeit angeht. Aber diesmal habe ich nicht wie sonst immer nachgegeben und nicht mit ihr kooperiert. Ich reagierte auf der Stelle und sagte ihr mit großem Nachdruck, daß sie sich da nicht einzumischen hat, daß da für mich die Grenze ist.«

Miriam: »Ruth kann ihre Gefühle inzwischen viel klarer ausdrücken, Wut, wenn sie wütend ist, und Trauer, wenn sie traurig ist – und da geht es mir in letzter Zeit ganz ähnlich wie ihr. Ich spüre deutlich, wann ich lebendig bin und wann nicht. Doch selbst wenn ich das Gefühl habe, leblos zu sein, nehme ich diese Leblosigkeit auf eine sehr aktive Weise wahr.«

Miriam hielt einen Moment inne und fuhr dann mit einem verschämten Lächeln fort: »Ich weiß, daß das, was ich gerade gesagt habe, ziemlich komisch und paradox klingt, aber es ist wirklich so. Einsamkeit und Schmerz klar und tief zu spüren, ist etwas anderes, als so zu sein, wie ich mein ganzes Leben war, in Depression versunken, ohne irgend etwas tun zu wollen, ja ohne überhaupt dazu imstande zu sein. Nur stundenlang rumsitzen und die Wände anstarren. Diesmal ist es aber absolut eindeutig, wo der Schmerz hingehört. Ich habe an viele Leute gedacht, die ich gern anrufen würde, wenn ich könnte, denn das möchte ich wirklich. Am Ende habe ich aber gemerkt, daß ich einfach noch nicht soweit bin. Aber wenigstens ist da schon der klare Wunsch, und ich glaube, daß ich schließlich auch dazu fähig sein werde. Was werde ich ihnen dann sagen? Optimismus, und sei er auch noch so leise, ist an sich schon etwas ganz Neues bei mir.«

So beginnt die innere Welt der »Gedenkkerzen« zum Leben zu erwachen. Sie haben noch immer Schwierigkeiten, ihre Ängste ganz zu überwinden und überschwengliche Freude oder tiefe Traurigkeit in ihrer ganzen Intensität zu empfinden. Ebenso fällt es ihnen nach wie vor schwer, die eigene Persönlichkeit klar abzugrenzen und von den Persönlichkeiten der Eltern und der anderen Angehörigen zu differenzieren. Weil sie jetzt Schmerz empfinden, wütend sein und weinen können, ist es den »Gedenkkerzen« möglich, das Ausmaß des Verlustes zu erfassen, den ihre Eltern erlitten haben. Da sie nun in die Tiefen dieses Verlustes vorgedrungen sind, können sie sich endlich von der Last, die ihnen aufgeladen wurde, trennen und befreien. Wenn sie sich aber von den verblichenen Bildern leidender Menschen, die sie in ihrer Kindheit verinnerlicht haben, lösen können, entsteht dadurch ein Freiraum, der ihnen einen neuen Zugang zum Zentrum der realen Vergangenheit ihrer Eltern eröffnet, und sie beginnen, schmerzliche Fragen zu stellen, die ihnen bis dahin nie in den Sinn gekommen sind: Was genau ist dem Vater im Lager widerfahren? Wo genau war die Mutter an einem ganz bestimmten Tag? Wie und wo sind der Großvater und die Großmutter umgekommen? Der Abschied von der Rolle der »Gedenkkerze« ermöglicht es ihnen also, mit der Realität in Kontakt zu treten, und sei sie auch noch so schmerzlich. Zwar ist der Schmerz, der in der Familiengeschichte verborgen ist, ungeheuer groß, doch die Fähigkeit, ihn zu spüren, ist gleichbedeutend mit der Fähigkeit zu einem Gefühlsleben, in dem nicht mehr ganze Bereiche ausgespart bleiben.

Die »Gedenkkerzen« arbeiten ihre neuen Empfindungen nun durch und verinnerlichen die Fähigkeit, Emotionen klar und intensiv zu empfinden. In einem der vorangegangenen Kapitel hörten wir Baruch davon berichten, wie er in seiner Familie zur »Gedenkkerze« auserwählt wurde. In einer Einzelsitzung in der letzten Phase seiner Therapie kehrte Baruch zu dieser Szene zurück. Seine Reaktionen waren diesmal jedoch völlig anders.

Baruch: »In mir stieg große Wut auf alles hoch. Auf den Holocaust, auf die Rollen, die mir übertragen wurden, auf meinen Vater, der doch so aktiv gewesen war und im Untergrund alles organisiert hatte und der nachher, als er in den Zug' stieg, dennoch dachte, es sei alles in bester Ordnung und der Zug werde ihn in die Freiheit bringen. Und als er dann schließlich in Bergen-Belsen ankam, ging alles wieder von vorne los.«

Therapeutin: »Und ›dort‹ haben sie dich gezeugt.«

Baruch: »Ja, auch diese Verantwortungslosigkeit macht mich wütend …«

Voller Zorn stockte er in seinem Redefluß und fuhr erst nach längerem Schweigen fort: »Ich bin so wütend auf meinen Vater, auf das, was er getan hat. Denn letztendlich hat er nicht mich gezeugt. Er hat mich betrogen. Er hat mich zwar gezeugt, doch er hat keineswegs mich gemeint. Vielmehr hatte er seinen jüngeren Bruder im Sinn, den er vor dem Krieg mit aufgezogen hatte. Weil mein Vater gar nicht mich meinte, habe ich alle möglichen Rollen übernommen und sie gelebt – nur nicht mein eigenes Leben. Ich war der Vater meines Vaters, war sein Bruder, sein Gegenspieler, was immer du willst, nur ich selbst war ich eigentlich nie.

Während all der Jahre in der Therapie habe ich dir immer gesagt, daß ich mich selbst nicht spüre, sondern nur eine gefrorene Leere. Jedesmal, wenn ich etwas mit einer Frau hatte, empfand ich am Anfang ein bißchen etwas, und dann kehrte ich sofort zu dieser inneren Starre und diesem Tod zurück, den ich meine Grabeshöhle nannte. Dort, in der Höhle, fand ich Ruhe. Immer bin ich dorthin zurückgegangen. Ich habe so viele Jahre in dieser Grabeshöhle verbracht. Kein Wunder, daß ich mich heute, mit vierzig, gerade mal wie zwanzig fühle. Ich habe mir kein eigenes

Leben aufgebaut, nicht geheiratet, habe keine Kinder. Wie soll ich da nicht wütend sein? Meine Mutter machte einfach die Augen zu und akzeptierte sämtliche Entscheidungen meines Vaters, passiv und blindlings – und darüber soll ich nicht wütend sein? Aber was hilft das schon? Im Grunde bin ich ihr ja ähnlich. Wie sie habe ich die Geschichten meines Vaters für bare Münze genommen. Als ich mit Zafrira lebte, hatte ich oft das Gefühl, daß es in allen möglichen Situationen mein Vater war, der auf sie reagierte, daß eigentlich er mit ihr zusammen war und nicht ich.

Es fällt mir sehr schwer, mich zu lösen. Ich spüre, daß ich wütend bin, aber gleichzeitig bin ich auch verletzt. Letztes Mal haben wir darüber gesprochen, daß ich nach dem jüngeren Bruder meines Vaters benannt bin, den man ›dort‹ erschossen hat, nahe beim Fluß, als er kaum zwanzig Jahre alt war. Vielleicht lebe ich an seiner Stelle. Erinnerst du dich daran, als ich irgendwie durcheinander war und meinen Onkel Bruder anstatt Onkel nannte? Aber ich habe ihn ja schließlich auch nie kennengelernt. Ich weiß nicht, wie es angehen kann, daß ich *ihn* lebe. Ich habe oft das Gefühl gehabt, mein Vater würde von mir erwarten, daß ich das bin, was er nicht sein konnte, das, was er von seinen zwei Brüdern auf mich übertragen hat. Vielleicht hat er das, was mein Onkel war, auf mich übertragen, oder das, was er sich von ihm erwartet hätte. Dieser Onkel, von dem mein Vater immer mit Respekt und Bewunderung sprach, war sehr intelligent. Als wir Kinder waren, zwang mich mein Vater immer, sehr angestrengt und diszipliniert zu lernen. Er war niemals mit mir zufrieden, das heißt, mit meinen Leistungen. Seine Beziehung zu mir ...« An dieser Stelle begann Baruch plötzlich zu stottern. »Seine Beziehung zu mir bestand im Grunde darin, daß er mich auf eine zwanghafte und aggressive Weise unterrichtete. Als Kind habe ich das so sehr gehaßt, daß ich damals, genau in dem Alter, zu stottern begann. Ich wäre gar nicht überrascht, wenn das irgendwie mit meiner Einstellung zu seinem ermordeten Bruder zusammenhängt. Ich weiß nicht wie, aber ich habe das Gefühl, daß es da einen Zusammenhang gibt. Das Stottern war ja einer der Gründe, warum ich in Therapie kam, und in letzter Zeit gibt es lange

Phasen, in denen es nicht mehr auftritt. Sobald ich diese Themen aber auch nur antippe, kommt es mit Macht zurück.

Mein Vater liebte diesen jüngeren Bruder immer sehr und sprach fortwährend und mit Bewunderung von ihm. Ich war ihm niemals gut genug. Jetzt spüre ich endlich ein wenig Erleichterung. Als ich heute hierher kam, war ich sehr angespannt. Als ich gestern mit Zafrira sprach, konnte ich ihr zum ersten Mal klar sagen, wie es mir in den ganzen Jahren mit ihr gegangen war, wie ich ihr gegenüber alle möglichen Rollen spielte, Rollen, die ich von zu Hause her kenne und in meine Beziehung zu ihr übertrug. Daß das in Wirklichkeit gar nicht ich war, sondern vielleicht mein Vater. Mir war deutlich bewußt, daß ich selbst damals überhaupt nicht da war. Das ist der Grund, warum ich unsere Trennung so leicht überwunden habe. Es ist erstaunlich, aber ich vermisse das, was zwischen uns war, nicht einmal.

Die Nähe meiner Eltern ist jetzt weniger bedrohlich. Sie können mir jetzt näher sein, ohne daß ich mich gleich unter Druck gesetzt fühle. Sie sind bereits weniger mit mir verwoben. Sie sind sie, und ich bin ich; sie tun, was ihnen entspricht, und ich tue, was mir entspricht.«

Therapeutin: »Es scheint, daß diese Wut, die vierzig Jahre in dir verschlossen war, jetzt endlich klar und stark zutage tritt – was zuvor viel zu bedrohlich für dich gewesen wäre.«

Baruch: »Ja, das stimmt. Ich merke, wenn ich mit meinem wirklichen Selbst Verbindung aufnehme, fällt es mir leichter, meine eigentliche Persönlichkeit zu zeigen, und ich kann mich klarer ausdrücken.«

Therapeutin: »Das kommt daher, daß du inzwischen eine eigenständige Persönlichkeit hast, die nicht mehr so stark mit den anderen Aspekten und Rollen vermengt ist.«

Baruch: »Du hast recht. Aber hör' mal, ich hatte diese Nacht einen Traum, worüber genau, habe ich vergessen. In dem Traum rekonstruieren irgendwelche Leute den Tod meines Onkels, und ich erkläre mich bereit, mit ihnen zusammenzuarbeiten. Da ist ein Mann mit einem langen Schwert in der Hand, das er in Richtung meines Herzens stößt. Ich weiß nicht, ob er am Ende wirklich auf mich einstößt oder nicht, aber den

Schmerz in meinem Herzen habe ich gespürt. Als ich am Morgen aufwachte, spürte ich noch immer diesen Schmerz in der Brust, und das Herz schlug auch sehr schnell. Du weißt ja, daß das Herz das Gefühlssymbol schlechthin ist.

Ich empfinde Schmerz und Trauer um diesen Onkel, der zwanzig war, als er ›dort‹ erschossen wurde, und um den Großvater, der umgekommen ist. Die ganzen Jahre habe ich immer von dieser inneren Leere und dem Gefühl des Todes und des Nichts gesprochen. Heute ist es umgekehrt: Ich verwechsele Trauer und Schmerz mit Emotionalität und Leben. Das ist etwas ganz anderes als das Gefühl der Depression. Ich glaube, die Figur mit dem Schwert ist mein Vater, der sich gegen seinen eigenen Vater auflehnte, Zionist wurde und ihn ›dort‹ zum Sterben zurückließ. Er bekam sogar noch eine Postkarte von seinem Vater, mit der dieser ihn bat, zu kommen und sie zu retten, aber er entschied sich, nicht zurückzukehren. Großvater war damals schon im Gefangenenlager, auf dem Weg nach du-weißt-schon. Zu seiner Zeit war mein Großvater Offizier in der österreichisch-ungarischen Armee gewesen. Ich habe Photos von ihm mit so einem Schwert in der Hand gesehen. Mein Vater verehrte ihn zutiefst. Er selbst war nie wirklich Soldat und bewunderte Offiziere immer sehr. Jetzt empfinde ich einerseits wirkliche Trauer um den Onkel und den Großvater, die ›dort‹ umgekommen sind, aber ich spüre auch, daß ich mich von ihnen und vielleicht auch von Anteilen meiner selbst getrennt habe. Und zugleich verspüre ich Erleichterung. Ich will diese Last von mir abschütteln. Ich würde gern zu meinem Vater sagen: ›Nimm das von mir weg, es gehört dir‹, und meiner Mutter möchte ich sagen: ›Nimm das von mir, es gehört dir‹, und meinem Onkel: ›Nimm das von mir, es gehört dir‹, und zu allen zusammen: ›Laßt mich endlich ich selbst sein.‹ Zum ersten Mal in meinem Leben habe ich das Gefühl, daß ich am Anfang eines neuen Lebensabschnittes stehe. Tod und Leben – ich schwanke zwischen beiden hin und her. Einige Tage lang war ich sehr müde. Ich vernachlässigte den Haushalt und konnte überhaupt nichts tun – das war anscheinend der Tod. Aber nachdem ich die Wut rausgelassen hatte, kam ich bis zu einem gewissen Grad aus diesem

Zustand heraus und hatte einiges mehr an Energie in mir – das dürften wohl Lebenszeichen sein.«

Einige Tage nach dieser Sitzung erzählte mir Baruch einen Traum, an dem man sehr gut erkennen kann, daß in seiner Seele ein Kampf zwischen dem Willen zu leben und dem Willen zu sterben stattfindet und daß seine Identifizierung mit der Rolle als »Gedenkkerze«, dem Tod und dem damit verbundenen Verlust in heftigem Wettstreit mit dem Wunsch steht, sich nun, da er zu eigenständigen Entscheidungen in der Lage ist, aus dieser Rolle zu befreien.

Baruch: »Diese Nacht hatte ich einen Traum, der mir sehr bedeutungsvoll vorkommt, zumindest dachte ich, daß du das wohl auch findest … Ich träumte, daß irgendein wichtiger Mönch gestorben war, und ich wollte gemeinsam mit ihm begraben werden oder vielleicht an seiner Stelle, das ist nicht so ganz klar. Kurz vor der Beerdigung kamen mein Freund Arieh – du weißt, daß auch er ein Sohn von Überlebenden ist und sich ständig mit dem Thema Holocaust beschäftigt –, also auf meinen Wunsch hin kommen Arieh und seine Frau Warda, um mir zu helfen. Auf dem Weg fällt Warda in eine Wasserpfütze. Ich bin derjenige, der ihr heraushilft, Arieh aber zeigt überhaupt keine Anteilnahme. Ich lege mich auf den Grabstein, und sie wickeln mich in breite Plastikstreifen ein, wie in Leichentücher. Die Zeremonie ist sehr beeindruckend, aber ich kann mich nicht bewegen. Arieh richtet mich schön her, und der Moment rückt näher. Auf einmal wird mir klar, daß ich nicht gefragt habe, was für eine Zeremonie das eigentlich ist, wie man mit mir verfahren wird, ob man mich zunächst einschläfert oder so etwas. Im allerletzten Moment beschließe ich, daß ich da heraus muß. Genug, ich will nicht sterben. Ich sage Arieh, er soll mich herausholen, und tatsächlich schaltet er den Strom ab, wie sich das gehört, schneidet die Plastikstreifen durch, die mich einhüllen, und ich komme frei. Jetzt fliehen wir in einem Transit. Apropos, das Auto, in dem wir – ich, meine Schwestern und meine Eltern – letzten Sommer diese berühmte Reise zu unseren Wurzeln unternahmen, von der ich dir erzählt habe, nach Budapest, in die

Geburtsstadt meiner Eltern, das war auch ein Transit. Aber laß mich zum Traum zurückkehren. Ich fange sehr heftig an zu weinen, und Arieh wird äußerst nervös. Dann sage ich ihnen mit großer innerer Bewegung, Weinen in einer solchen Situation bedeute, daß ich Verbindung zu den Gefühlen meiner Eltern und zum Holocaust aufnehme und daß man sich nur befreien kann, indem man zunächst diese Verbindung herstellt.«

Baruchs Traum ist ein klarer und prägnanter Traum vom Tod und von der Rückkehr ins Leben. Der Traum spiegelt sowohl das Leben Baruchs wider als auch das seiner Eltern; sie treten hier in Gestalt des Freundes und seiner Frau auf. Der Mönch in dem Traum verkörpert seinen Vater und zugleich die jüdische Tradition, die eine zentrale Rolle im Leben Baruchs und seines Vaters spielt. Baruch ist dazu bestimmt, anstelle des Mönches zu sterben, der seinen Vater darstellt, das heißt, er soll an seiner Statt den Verlust tragen, den er im Holocaust erlitten hat. Am Ende aber steht Baruch aus dem Grab auf. So wie er in der Realität viele Jahre lang die Last der Depression und des emotionalen Todes und die Bilder des toten Onkels und des Großvaters, die ihm der Vater aufgeladen hatte, im Herzen trug, so akzeptiert er im ersten Teil des Traumes die Rolle, in die der Mönch ihn drängt. Arieh, der Baruchs Vater repräsentiert, hat im Traum nicht die nötige innere Freiheit, seiner Frau zu helfen, als sie in die Pfütze fällt. Es ist Baruch, der Hilfe leistet, so wie er sein ganzes Leben lang gezwungen war, sich um die emotionalen Bedürfnisse seiner Mutter zu kümmern.

Baruch flüchtet vor dem Tod in einem Auto des Typs, in dem er mit der Familie zur Geburtsstadt seiner Eltern fuhr. Der einzige Weg, sich zu befreien, besteht darin, zunächst eine Verbindung herzustellen, sagt Baruch in seinem Traum. Die Suche nach den Wurzeln, die ein Symbol für das Erwachen zum Leben ist und auf Baruch eine befreiende Wirkung hatte, hängt also eng mit der Beerdigungszeremonie im Traum zusammen, die eine Begegnung mit dem Tod darstellt.

Aber das ist noch nicht alles. In dem Traum kommt eine Szene vor, die sich auf eine sehr frühe Phase in Baruchs Leben beziehen läßt. Er liegt eingehüllt in Plastikstreifen, die an die Wickeltücher erinnern, in die das noch nicht zu willentlichen Bewegungen fähige Neugeborene sofort nach der Geburt gepackt wird. Baruchs Mutter wurde schwanger, als seine Eltern im Lager waren und ihr Leben jeden Augenblick an einem seidenen Faden hing. Im Traum liegt Baruch im Grab/im Mutterleib und wartet auf das schicksalhafte Ereignis: Tod/Geburt. Am Ende vollzieht sich die Geburt, freilich nicht ohne die Hilfe Ariehs, der nun anscheinend die Therapiegruppe und die Therapeutin verkörpert. Im letzten Moment entscheidet sich Baruch für das Leben und liefert sich nicht dem Tod aus. Als er aus dem Grab steigt, beginnt er sofort heftig zu weinen, was an das erste Schreien des Neugeborenen erinnert, wenn es aus der Gebärmutter kommt und verkündet, daß es am Leben ist und schon aus eigenen Kräften atmen kann. Baruch weint aber auch über den emotionalen Tod, der ihn vierzig Jahre lang umschlossen hat, und er weint die Tränen seines Vaters, der niemals um seine verlorenen Verwandten getrauert hat. Tod und Leben sind also in Baruchs Weinen ineinander verwoben. Das Weinen ist das deutlichste Zeichen dafür, daß sich eine Katharsis seines Schmerzes und seiner Trauer vollzieht. Im Gegensatz zu seinen Eltern, die nicht weinen, weil die Trauer in ihnen eingeschlossen ist und nicht heraus kann, ist es Baruch jetzt gelungen, wirklich zu trauern. Der Abschied von der Rolle der »Gedenkkerze« setzt also die Fähigkeit voraus, den Trauerprozeß zu Ende zu bringen. Nur dann kann die Geburt, der Auszug ins Leben, erfolgen.

Dvorah, die wir bereits in den früheren Phasen ihrer Therapie kennengelernt haben, sagte mir bei einer unserer letzten Einzelsitzungen Folgendes:

> »Seit einigen Wochen bin ich traurig und fühle mich, als wäre ich am Ersticken. Ich dachte daran, daß meine Unruhe und mein beständiges Unbehagen angesichts der inneren Leere und Angst wohl mit den ganzen Symbolen, Rollen und Bedeutungen zusammenhängen, die alle meine Verwandten mir aufgebürdet haben – meine Mutter und mein Vater und in gewisser Weise sogar meine Schwester.«
>
> Tränen stiegen ihr in die Augen. Sie fuhr fort: »Manchmal weine ich, nicht nur, weil ich immer mehr Wut in mir spüre. Ich weine, weil kein Mensch in mir einfach ein menschliches Wesen sah, auf das man eingehen

und das man lieben muß. Man hat mich lebendig mit den Toten begraben. Es fällt mir schwer, die ganze Zeit die Toten und ihre Botschaften mit mir herumzuschleppen. ›Leg sie nicht ab‹, sagen sie mir, ›wir fühlen uns wohl so.‹ Ich möchte, daß sie ihre Toten zurücknehmen. Ich bin nicht der Leichenwagen der Familie. Ich glaube, ich habe diesen Satz oder einen ähnlichen schon einmal gesagt, aber jetzt spüre ich in mir viel mehr Kraft, das nicht nur zu sagen, sondern auch meinen Worten entsprechend zu handeln.

Seit sehr vielen Jahren bin ich in der Familie immer von einer unbehaglichen Atmosphäre umgeben. Ich hatte immer das Gefühl, daß ich für sie wie eine Muschel war, hübsch, aber ohne Inhalt. Das Problem ist, daß ich die ganzen Jahre innerlich auch so gelebt habe. Jetzt, nach all den Jahren in der Therapie und in der Gruppe, spüre ich, daß durchaus sehr viel in mir drin ist und daß ich ganz bestimmt nicht nur eine schöne Muschel bin. An meinem Arbeitsplatz habe ich das sehr deutlich gespürt. Ich hatte das Gefühl, daß ich mit einem viel größeren Verantwortungsgefühl an alles herangehe. In letzter Zeit habe ich sehr viel Elan, nicht nur am Arbeitsplatz. Insgesamt habe ich das Gefühl, daß ich nicht länger mit dieser ›unerträglichen Leichtigkeit‹, die immer so typisch für mich war, über den Dingen schwebe. Schließlich war das meine wichtigste Abwehrtaktik. Wann immer etwas Tiefes hätte entstehen können, ein Gefühl, ein Gedanke oder eine Verpflichtung, begann ich sofort, in der Luft zu schweben. Ich war glücklicherweise begabt genug, mein Studium und andere Dinge trotzdem irgendwie zu schaffen. Jetzt spüre ich, daß ich fähig und auch willens bin, mich tiefer auf etwas einzulassen und ihm auf den Grund zu gehen, ohne dabei Angst zu haben.

Vielleicht ist das Ziel von all dem der Tod, dieses Nichts, dem ich mich in letzter Zeit wirklich gestellt habe. So kommt es mir momentan zumindest vor. Und ich habe keine Angst mehr davor. Es hat mich auch in anderer Hinsicht beeinflußt: Gestern war ich bei meinen Eltern und habe meinen Vater und meine Mutter nach ihren Angehörigen gefragt, die ›dort‹ geblieben sind. Wer sie genau waren, und was sie waren … Meine Mutter erzählte mir von ihrer ganzen Familie, und ich schrieb mir ihre Namen und ihr Alter auf. Es ist das erste Mal, daß ich das zu ordnen versucht habe. Auf einmal habe ich auch einen Stammbaum, selbst wenn er sich in der Mehrzahl aus schwarzen und nicht aus goldenen oder grünen Mosaiksteinchen zusammensetzt. Trotzdem ist es ein Stammbaum, der etwas Ordnung in meinem Kopf schafft. Gestern erfuhr ich auch zum ersten Mal, daß die Familie meines Vaters im Warschauer Ghetto war und der Sohn seiner Schwester, mein Cousin also, sich dort am Aufstand beteiligte. Als ich das hörte, fühlte ich mich ganz merkwürdig. Sicher, ich fühlte einen Schmerz, aber dieser Schmerz war mit viel Stolz vermischt, und das ist im Zusammenhang mit ›dort‹ ein völlig neues Gefühl für mich. Da waren immer nur diese vage Depression oder eine Traurigkeit und Schwere, und plötzlich kann ich mir meinen Cousin vorstellen, wie er dort im Ghetto aktiv im Aufstand kämpft.

Mein Vater sagte mir, am meisten mache ihm der Gedanke daran zu schaffen, auf welche Weise seine Eltern in den Tod geschickt wurden. Wie Vieh in einen Zugwaggon gepfercht, wo sie keine Luft bekamen und sich nicht hinsetzen, ja nicht einmal wie Menschen ihr Bedürfnis verrichten konnten. Unter solch erniedrigenden Schikanen. Ich weinte, und selbst mein Vater hatte ein paar Tränen in den Augen. Du wirst es nicht glauben, aber das war das erste Mal in vierzig Jahren, daß wir miteinander über dieses Thema reden und uns einander nahe fühlen konnten. Wir konnten offen miteinander trauern, statt nur unter Belastung, Anspannung und Depression zusammenzurücken – das macht einem ja sowieso nur angst und sonst nichts, und am Ende fühlt sich jeder doch völlig allein, wie gehabt. Er erzählte mir von zwei Cousins, die allein im Warschauer Ghetto zurückgeblieben waren, und von dem Blick des einen von ihnen, eines kleinen Jungen, der erst acht Jahre alt war, als man ihn von seiner Mutter trennte, die dort im Ghetto umkam. Später wurde ihm auch sein Vater genommen, der ebenfalls umkam, und am Ende auch sein Bruder, und dann schickte man ihn allein in den Tod. Ich denke, dieser Blick in seinen Augen, dieser angstvolle Blick, ist auf mich übertragen worden. Ich habe geweint und geweint und konnte nicht aufhören. Wie oft hat man mir in der Gruppe gesagt, ich hätte so einen verängstigten Blick. Die Gruppenmitglieder haben diesen Blick erfaßt, trotz der

Maske, meiner fröhlichen Maske, die ich im allgemeinen zustande bringe. Hier in der Gruppe konnte ich nichts verbergen. Neuerdings merke ich, daß es immer längere Zeitspannen gibt, in denen ich frei von diesem Terror bin und schon ohne Maske in die Welt hinausgehen kann.

Ich ging dann zu meiner Schwester und erzählte ihr, daß mir Vater aus dem Tagebuch vorgelesen hatte, das unser Cousin im Warschauer Ghetto führte. Sie sagte mir, es habe Jahre gegeben, in denen dieses Tagebuch und die Geschichten über den Holocaust ihr Leben kaputtgemacht hätten und daß sie sich seither vor Ärzten und Vorgesetzten fürchtet und überhaupt ängstlich ist. Das Tagebuch gelangte gleich nach dem Krieg, 1946, in die Hände meiner Eltern. Meine Schwester erzählte, Mutter sei danach in eine derart schwere Depression verfallen, daß sie kaum noch zu etwas in der Lage war. Auch Vater war sehr depressiv. Ich war damals ungefähr zwölf Monate alt, aber man schickte mich für beinahe ein Jahr in ein Heim, bis sich Mutter wieder einigermaßen erholt hatte.

Gestern habe ich auch eine größere Nähe zu meiner Schwester gespürt. Zum ersten Mal konnten wir über alle diese Dinge wirklich miteinander reden; unser Verhältnis war partnerschaftlich. Ich begann mit ihr genau so zu reden, wie ich während der letzten Jahre mit der Gruppe geredet habe. Ich bin sicher, ich wäre ohne das, was ich in der Gruppe durchlebt habe, niemals fähig gewesen, dieses Thema zur Sprache zu bringen und tatsächlich mit jemandem darüber zu sprechen.

Nachdem ich gestern das Haus meiner Eltern verlassen hatte, wanderte ich in den Straßen umher und weinte und weinte. Selbst zu Hause weinte ich noch ein wenig weiter. Meine Mutter sah sogar, daß ich weinte, ignorierte es allerdings vollkommen. Aber das macht mir nichts mehr aus. Die Hauptsache ist, daß ich nicht mehr alles verstecken und selbst dort diese verdammte Maske aufsetzen muß. Es ist mir gestern gelungen, sie sowohl gegenüber meinen Eltern als auch gegenüber meiner Schwester abzusetzen – das ist kaum zu glauben.«

Arieh, der sich ebenfalls in der Phase des Abschieds von der Rolle der »Gedenkkerze« befand, sagte etwas Ähnliches:

»In letzter Zeit fühle ich mich so blockiert im Kopf. Schon seit einigen Wochen will sich einfach nichts mehr in mir lösen. Freunde interessieren mich nicht. Ich ging auf eine *Purim*-Feier, konnte aber keinen Spaß daran haben. Ich gehe mit Schoschi die Straße entlang und sehe schöne Dinge, aber ich finde keine Freude daran. Nachts schlafe ich schlecht, wache viele Male auf und bin dann schrecklich unruhig. Mit der Arbeit geht es mir allerdings etwas besser. In meiner Abteilung ist ein neuer Chef, und ich habe recht offen mit ihm geredet. Wir haben geklärt, was er von mir erwartet und was meine Wünsche sind. Es ist das erste Mal, daß ich mir über die Beziehung zu meinem Chef und die gegenseitigen Erwartungen klarwerden konnte. Diesmal war ich bereit zu diesem Schritt, und mir ging es sogar gut damit. Früher wußte ich nie, wie ich das hinbekommen soll. Zur Zeit drehen sich meine Gedanken und Träume wieder um den Tod. Mir ist klar, woher das kommt: In mir ist etwas Trauriges, das nicht fröhlich sein kann, doch ich kann es nicht Trauer nennen.«

Therapeutin: »Warum kannst du es nicht Trauer nennen?«

Arieh: »Letzte Woche gab es zwei Tage, an denen ich spürte, daß die Freude in mich zurückkehrt, doch danach verschwand sie wieder. Wenn ich Trauer dazu sagen würde, hieße das, daß ich andauernd dranbleibe, über meine Eltern nachdenke, Bücher zu dem Thema lese und wieder die ganze Zeit damit zugange bin – das heißt, ich würde darin eintauchen und lange Zeit nicht wieder herauskommen.«

Therapeutin: »Ist das aber nicht genau das, was in den letzten Wochen mit dir geschieht?«

Arieh: »Ja, anscheinend hast du recht. Diese Woche dachte ich, daß ich gern auf Besuch zu meinen Eltern fahren und irgendwie mit der ganzen Familie zusammensein möchte. Ich erinnerte mich, daß ich in meiner Kindheit zu *Pessach* mit meinem Vater zur Synagoge ging und meine Mutter Gäste einlud, immer die gleichen: zwei mit uns bekannte Familien, die jedes Jahr kamen. Schließlich hatten wir ja keine Verwandtschaft. Es gab bestimmte Dinge, die mein Vater immer tat – er spielte zum Beispiel mit dem *Afikoman*, und manchmal schaffte er es auch, ein wenig fröhlich zu sein, den einzigen Tag im Jahr. Er erzählte ein bißchen von seinem Elternhaus. Und meine Mutter kochte Eiersuppe, so wie sie sie in Polen immer gegessen haben – vor dem Holocaust. Plötzlich wurde mir bewußt, daß ich wieder auf der Suche nach jener Wärme bin, die unser Haus an Pessach erfüllte, sonst aber fehlte. Für dieses kleine bißchen Wärme, das an Pessach da war, bin ich bereit, viele Hürden zu überwinden.«Ariehs Gesicht verdunkelte sich, und seine Augen füllten sich mit Tränen. »Eigentlich ist es, als hätte ich mein Leben lang einen Vater gesucht, wie ich ihn immer haben wollte. *Pessach* ist in meiner Erinnerung die einzige Zeit, zu der mein Vater so war, wie ich ihn gerne haben wollte. Verstehst du? Der Unterschied ist einfach der zwischen einem lebenden Vater und einem toten Vater. Ich spüre wieder diesen Druck im Kopf.«

Therapeutin: »Aber heute gestehst du dir zu, nicht nur den Druck und die Anspannung zu spüren, sondern auch Traurigkeit und insbesondere die Sehnsucht nach etwas, das es im alltäglichen Zusammenleben mit deinem Vater, und vielleicht auch mit deiner Mutter, so gut wie nie gegeben hat.«

Arieh: »Erinnerst du dich, wie wir einmal über meine ganzen Namen redeten? Diese Woche habe ich wieder daran denken müssen. Ich habe drei Namen: Ich heiße nicht nur Arieh, sondern auch noch Zwi und Mosche, und außerdem habe ich auch drei Familiennamen. Die Namen stehen für den Bruder meines Vaters, den Vater meines Vaters und den Vater meiner Mutter. Im Grunde schleppe ich die ganze Familie auf den Schultern herum. Bis vor kurzem habe ich mir selbst nicht eingestanden, was das wirklich bedeutet – was für eine schwere Last sie mir auferlegt haben, ohne im geringsten an mich zu denken oder zu überlegen, was sie mir damit wohl antun. Alles in allem macht mich das sehr wütend. Nur Tod und sonst nichts. Das ist alles so kompliziert, und ich komme mit dem Tod eigentlich nicht sehr gut aus. Warum haben sie nicht versucht, die Last aufzuteilen, so daß alle gleich viel zu tragen haben? Ein bißchen für meine Schwestern, ein bißchen für meine Eltern und ein bißchen für mich. Sie bürdeten mir eine derart negative Last auf, als wollten sie mir sagen: ›Du bist eben einfach der, welcher die Toten zu tragen hat.‹ Am letzten *Pessach*-Fest, als ich mit der ganzen Familie zusammen war, ging es mir ein wenig anders damit. Zunächst einmal herrschte zu Hause eine etwas lebendigere Atmosphäre. Außerdem begann mein Vater, mir Familiengeschichten aus der Vergangenheit zu erzählen, und ich spürte, daß er einen Teil der Last von mir nahm, um sie sich selbst aufzuladen, und mir im Gegenzug sogar noch etwas Positives gab. Auch meine Schwestern waren da, hörten zu und stellten Fragen. Ich hatte das Gefühl, daß sie zwar emotional immer noch einigen Abstand zu dem Ganzen haben, sich aber trotzdem zugehörig fühlen und irgendwie Anteil daran nehmen. Vielleicht, nein, mit Sicherheit hat sich auch in mir etwas verändert. Ich bin bereit, meine Schwestern stärker einzubeziehen, die ungeheure Last ein wenig mit ihnen zu teilen, dieses beschwerliche, erdrückende Etwas, das nur mir gehört, wie das ›Heilige des Heiligen‹, das niemand anderes berühren darf. Das ist die kostbare Last, die sie mir aufgebürdet haben, mit den vielen Namen und dadurch, daß ich 1946 geboren wurde. In letzter Zeit sehe ich darin tatsächlich eine kostbare Last, die für mich von unermeßlichem emotionalem Wert ist. Sie enthält meine Geschichte und die meiner Familie und meiner Vorfahren, und ich möchte damit verbunden sein, allerdings auf eine völlig andere Weise als bisher.«

Therapeutin: »Was meinst du genau mit ›auf eine völlig andere Weise‹? Und was hat das mit den toten und lebendigen Anteilen deines Vaters zu tun, die du vorhin erwähnt hast?«

Arieh: »Weil mein Vater innerlich unsicher war, während er sich doch nach außen hin völlig unter Kontrolle hatte, und weil er sich wie tot fühlte und depressiv war, konnte er mir nie das geben, was ich wirklich gebraucht hätte und was ich die ganzen Jahre über vergeblich gesucht habe.«

Therapeutin: »Du sprichst von den emotionalen Behinderungen, unter denen dein Vater litt und die auf die verschiedenste Weise und in allen möglichen Situationen, in denen er mit dir zusammen war, zum Ausdruck kamen. Deine Trauerreaktion diese Woche und überhaupt in letzter Zeit zeigt: Du beginnst tatsächlich langsam zu akzeptieren, daß die depressive Seite deines Vaters ein Teil von ihm ist, während seine lebendige und fröhliche Seite nur von Zeit zu Zeit zum Vorschein kommt und offenbar nie so viel Raum einnehmen wird, daß du zufrieden bist.«

Ariehs Augen füllten sich erneut mit Tränen, und er sagte: »Ja, ich weiß, genau so ist es. Aber es tut so weh.«

Therapeutin: »Du hast eine jahrelange Therapie gebraucht, um diese Situation zu akzeptieren und dich mit ihr zu versöhnen. Aber du weißt auch bereits, daß Trauern ein Teil des Schmerzes ist, der zur Versöhnung dazugehört.«

Arieh: »Ja, du hast recht, aber da ist noch etwas, und das ist sogar noch komplizierter. Vielleicht ist es so etwas wie eine Nabelschnur. Mein Vater und ich, ich und mein Vater – das hatte viele Jahre lang etwas Symbiotisches an sich. Was er empfand, empfand auch ich, und was ihm widerfuhr, widerfuhr auch mir, und wenn es ihm gut ging, ging es auch mir gut.«

Arieh war so bewegt, daß er seinen Vater direkt ansprach: »Erst jetzt bin ich imstande zu sehen, daß du nicht der Vater bist, den ich mir immer erhofft habe, und zum ersten Mal bin ich nicht in derselben Stimmung wie du. Wie sehe ich dich also jetzt? Ich kann nur symbiotische Beziehungen aufbauen, sei es zu einem Mann oder zu einer Frau. Wie werde ich dich also sehen, wenn du nicht länger ein Teil von mir bist? Und wie werde ich meine Mutter sehen, wenn sie von mir getrennt ist? Ich habe zwei Nabelschnüre. Das so klar zu erkennen, ist neu für mich und auch ein wenig beängstigend, aber vielleicht bedeutet es, daß ich wirklich beginne, mich abzunabeln.«

Therapeutin: »Ja! Wenn du dich der Situation stellst, läßt du sie damit auch hinter dir. Du siehst und empfindest die Dinge jetzt viel intensiver als jemals zuvor. Mir scheint, daß du innerlich schon bereit bist, noch einen weiteren Schritt zu tun. Diese symbiotische Beziehung, wie du sie nennst, begann mit den Namen, die dir dein Vater und deine Mutter gaben. Jetzt ist es an der Zeit, einen davon auszusuchen. Einen Namen, der von jetzt an dein Name sein wird und der zu deinen gegenwärtigen Gefühlen paßt. Das schließt nicht aus, daß die anderen Namen bleiben können, als eine Art Schmuck oder Zusatz.«

Ein weiterer Aspekt, der für das Verständnis des Therapieprozesses wichtig ist, bezieht sich auf die Gruppentherapie. In der Gruppe erleben die »Gedenkkerzen«, wie allmählich Beziehungen entstehen, die von Vertrauen, Kooperation und Gegenseitigkeit bestimmt sind. Das gemeinsame Hauptthema ist der familiäre Hintergrund der Gruppenmitglieder. Sie alle tragen Geheimnisse aus der Vergangenheit ihrer Familie mit sich herum, Geheimnisse, die sie seit vielen Jahre für sich behalten haben und mit niemandem teilen wollten – nicht einmal mit den engsten Familienangehörigen. In der Gruppe kommen diese Geheimnisse immer wieder zur Sprache, und von Mal zu Mal mit größerer Offenheit. Die Geheimnisse bilden außerdem den beständigen Knotenpunkt aller Beziehungen in der Gruppe und den Brennpunkt sämtlicher gegenseitigen Identifizierungen. In der Gruppe erleben die »Gedenkkerzen«, wie ihre familiären und individuellen Tabus, mit denen das Sprechen über den Holocaust belegt ist, durchbrochen werden. Der Druck und die Anspannung, die diese Themen in ihnen meist ausgelöst haben, lassen langsam nach.

Die heilende Erfahrung, die die Gruppe für ihre Mitglieder bedeutet, trägt in der letzten Phase der Therapie Früchte, wenn viele der »Gedenkkerzen« soweit sind, daß sie einige der Verhaltensmuster, die sie in der Gruppe geübt haben, auch in der Familie anzuwenden versuchen. Dies ist wohl das wichtigste Ergebnis ihrer Therapie: Sie sind nun in der Lage, offen mit ihren Eltern zu sprechen, ihnen direkte und hartnäckige Fragen zu stellen und so lange keine Ruhe zu geben, bis sie eine befriedigende Antwort erhalten haben; dazu gehört auch, daß sie bereit sind, sich die Antworten anzuhören, sich mit ihnen auseinanderzusetzen und den Schmerz und die Trauer ihrer Eltern zu teilen. In der Gruppe lernen sie, daß man Schmerz durchaus gemeinsam erfahren kann. Und wenn sie das zusammen mit den anderen in der Gruppe können, warum sollte es nicht auch in der Familie möglich sein?

Wie bereits erwähnt, fällt es vielen Geschwistern, deren Eltern Überlebende sind, sehr schwer, einander ihre Empfindungen mitzuteilen oder das Gefühl zu haben, wirklich gleichgestellt zu sein. Die Ursachen dafür sind sehr komplex, und ihre Erörterung würde den Rahmen dieses Buches bei weitem sprengen. Jedenfalls kommt es in der letzten Therapiephase auch in diesen gestörten Beziehungen zu einer wichtigen Veränderung. Durch die Erfahrung in der Gruppe wandelt sich die Haltung der Mitglieder gegenüber ihresgleichen, so daß die »Gedenkkerzen« fähig werden, die Mauer der emotionalen Isolation zu durchbrechen, die sie seit ihrer frühen Kindheit umgibt und die sie bewußt oder unbewußt mit aufgebaut und aufrechterhalten haben. Die neuerworbene Fähigkeit der »Gedenkkerzen«, mit ihren Geschwistern offen über die Vergangenheit der Eltern und die Auswirkungen auf ihr eigenes Leben zu reden, gründet auf der inneren Stärke und Sicherheit, die sie aus ihrer neuen unabhängigen Identität ziehen. So können sie einen weiteren wichtigen Schritt tun, um sich aus ihrer Rolle als »Gedenkkerze« der gesamten Familie zu befreien. Von nun an ist die »Gedenkkerze« in der Lage, sich zu sagen: »Ich bin nur ein Familienmitglied unter mehreren, und wie die anderen auch trage ich auf den Schultern nur einen Teil der Last anstatt wie bisher die ganze.«

Diese Veränderung kommt in dem zum Ausdruck, was Miriam während einer Gruppensitzung kurz vor dem Holocaust-Gedenktag sagte:

»Ich merke, daß ich dieses Jahr nicht wie jedes Jahr wieder allein nach *Yad Vashem* gehen und mich in das alles vertiefen will, zumindest nicht, wenn ich die einzige aus der ganzen Familie bin. Außerdem habe ich nicht viel Zeit übrig. Ich bin mit anderen Dingen in meinem Leben beschäftigt, mit meiner Arbeit, mit dem Freund, den ich jetzt habe. Ich habe meinem Bruder ganz direkt gesagt, daß diesmal vielleicht er zu der Zeremonie nach *Yad Vashem* gehen sollte oder wir beide zusammen. Ich merke wirklich, daß ich von diesem Druck, den ich die ganzen Jahre in mir spürte, wirklich genug habe.«

Die »Gedenkkerzen« entwickeln nun eine Neugierde auf bedeutsame Details ihrer Familiengeschichte, und in vielen regt sich zugleich der Wunsch, zusammen mit ihren Eltern und Geschwistern die Geburtsorte der Eltern aufzusuchen, die Umgebung, in der die Eltern aufwuchsen, mit eigenen Augen zu sehen, den Wald, das Städtchen und, wenn möglich, das Haus, in dem sie damals lebten.[2] Natürlich löst diese »Reise zu den Wurzeln« zu Beginn gemischte Gefühle aus: Neugierde und Interesse gehen einher mit Angst und Zurückschrecken. Für die Eltern wie für die Kinder ist dies eine Reise voll intensiver Emotionen und Konflikte. Manche Eltern wollen sich unter keinen Umständen auf eine solche Reise einlassen; sie weigern sich, zurückzukehren und je wieder einen Fuß auf den Boden zu setzen, wo ihre Familien ermordet wurden. Manche gehen auf den Vorschlag ihrer Kinder ein, während andere sogar selbst den Anstoß zu der Reise geben. In der Gruppe kommen Eindrücke von diesen Reisen und die komplexen Empfindungen, die sich damit verbinden, zur Sprache.

Arnona: »Als ich diese Woche nach Hause kam, machten meine Eltern den Vorschlag, zusammen mit mir nach Polen zu fahren. Freunde von ihnen waren vor kurzem dorthin gefahren und erzählten ihnen davon, und anscheinend haben sie daraufhin angefangen, über eine solche Reise nachzudenken. Nachher jedoch, als wir darüber sprachen, gaben sie zu verstehen, daß sie auf keinen Fall ohne mich dorthin fahren würden und daß sie im Grunde gar nicht für sich selbst, sondern wegen mir fahren möchten, um mir zu zeigen, wo sie in Polen vor dem Holocaust geboren wurden und aufwuchsen. Freilich teilten sie mir das auf eine völlig konfuse Art mit. Meine Mutter meinte, sie sei bereit zu fahren, weil mein Vater gern fahren wolle. Mein Vater dagegen sagte, er würde nur wegen meiner Mutter fahren, aber sie würden beide nicht fahren, wenn ich nicht mitkäme. Ich war reichlich verwirrt, wer denn nun eigentlich fahren will und wem zuliebe. Es war nahezu grotesk, ich wußte nicht, ob ich nun weinen oder lachen sollte. Meine Mutter sagte auch noch, eigentlich wolle sie ja dorthin fahren, um noch einmal die schönen Schlösser ihrer Geburtsstadt zu sehen, und sie habe gehört, daß man

---

[2] An dieser Stelle ist erwähnenswert, daß gerade in den letzten Jahren mehr und mehr junge Israelis, die durchaus nicht alle Kinder von Holocaust-Überlebenden sind, Reisen zu den Überresten der Konzentrationslager, der Ghettos und Gemeinden unternehmen. Manche sehen darin ein Zeichen für ein sowohl persönliches als auch nationales Bedürfnis, der Verleugnung und Verdrängung der traumatischen Vergangenheit ein Ende zu setzen.

dort nach dem Krieg ein neues Museum gebaut habe, das sie noch nicht kenne, und so weiter und so weiter. Es war wirklich irrwitzig. Ich sagte zu ihnen, daß sie doch wohl wegen des Holocaust nach Polen fahren wollten. Schließlich wurden dort Millionen von Juden ermordet, und ich habe oft gedacht, daß man dort überall auf die Asche der Toten tritt und daß alles, was dort wächst, wegen dieses ›Düngers‹ gedeiht. Mir war klar, daß ich, falls wir tatsächlich dorthin fahren sollten, nichts würde essen können, was dort auf ihrem Boden gedeiht. Ich würde sämtliche Lebensmittel von zu Hause mitnehmen. Als ich sagte, dort seien doch so viele Juden umgebracht worden, darunter auch ihre eigenen Angehörigen, wirkte mein Vater plötzlich ziemlich verlegen. Er setzte an und sagte, ja, das sei richtig…, aber… in Wahrheit hätten sie den Holocaust gar nicht in der denkbar schrecklichsten Weise miterlebt. Vielmehr hätten sie es sogar verhältnismäßig leicht gehabt, diese Zeit zu überstehen, und es gebe ja andere, die es sehr viel schwerer gehabt haben, die bis heute darunter leiden und nachts Alpträume davon haben.«

Arnona hielt plötzlich inne, und es herrschte eine drückende Stille. Nach einer Weile fuhr sie fort: »Wißt ihr, es hörte sich so an, als würden sie eine Reise machen, um sich zu vergnügen und um Schlösser und Museen zu besichtigen, so als hätten diese überhaupt keinen Bezug zum Holocaust. Ich selbst aber habe in letzter Zeit die ganze Nacht hindurch Alpträume von Nazis und Konzentrationslagern, mit schrecklichen Ängsten, daß man mich verfolgt.«

Therapeutin: »Wenn ich mich recht erinnere, hast du uns erzählt, daß du auch als kleines Mädchen nachts unter Angst und Alpträumen gelitten hast.«

Arnona: »Ja, das stimmt, Angst vor Skeletten und Toten. Ich lag im Bett und wartete zitternd darauf, daß die Skelette aus den Schränken und Regalen kommen würden. In letzter Zeit aber passiert mir etwas noch Merkwürdigeres. Ich habe plötzlich diesen komischen Geruch in der Nase, er kommt in Wellen, und mir wird richtig übel davon.«

Avraham: »Kannst du sagen, was für ein Geruch das ist?«

Arnona: »Ich weiß nicht so genau ... Es ist ein süßlicher Geruch. Mir fällt dazu ein, was ich in einigen Büchern gelesen habe, in denen Leute beschreiben, was sie in Lagern wie Auschwitz und Treblinka durchgemacht haben, wo Krematorien waren. Sie waren ständig, Tag und Nacht, eingehüllt in diesen Geruch der Krematorien, in denen man Juden verbrannte. Ich glaube, was ich rieche, ist so ähnlich.«

Avraham: »Das ist doch aber wirklich verrückt! Du warst schließlich ganz einfach nicht ›dort‹, und trotzdem phantasierst und träumst du nicht nur von Skeletten und Toten und von Nazis, die dich in der Nacht verfolgen, sondern hast sogar den Geruch in der Nase, der aus den Krematorien aufstieg. Wirklich kaum zu glauben. Du schleppst den ganzen Holocaust auf deinen Schultern herum, und sie haben überhaupt nichts mehr damit zu schaffen. Es hat mich wahnsinnig gemacht, als du von dem Gespräch über die Idee der Polenreise erzähltest. Mir ist überhaupt nicht klar, ob du tatsächlich dorthin fahren willst und ob das für dich zum jetzigen Zeitpunkt wirklich das Richtige wäre. Ich zum Beispiel bin mir sicher, daß ich momentan auf keinen Fall bereit wäre, so etwas zusammen mit meiner Mutter zu unternehmen. Sie würde mich in den Wahnsinn treiben. Ich würde das nicht aushalten. Anscheinend haben sie wieder einmal dir die Verantwortung zugeschoben, diese höchst wichtige Entscheidung zu treffen. Und du hast ungefähr zum millionstenmal mit ihnen kooperiert. Oder hast du es, wie ich doch sehr hoffe, diesmal geschafft, ein wenig auf Distanz zu ihnen zu gehen und die Dinge so zu sehen, wie sie wirklich sind?«

Avrahams Worte brachten Arnona in Verlegenheit, und sie antwortete zögernd:

»Ja ... Nein ... Ich glaube, diesmal habe ich es geschafft, ein wenig anders zu reagieren, aber es war vielleicht noch nicht genug. Nach dem Gespräch mit ihnen war mir richtig schwindelig. Etwas an der Art und Weise, wie das Gespräch zwischen mir und meinen Eltern ablief, war wirklich merkwürdig, etwas daran war verdreht und verrückt. Aber natürlich war es nicht viel anders als die meisten Gespräche zu Hause. Trotzdem schaffte ich es aber diesmal, das zu bemerken und rechtzeitig zu begreifen, und ich brach das Gespräch ab, anstatt wie sonst immer gleich zuzustimmen, beinahe automatisch, wie ein Roboter. Ich sagte ihnen, daß ich Zeit zum Nachdenken brauche und ihnen erst später eine Antwort geben werde. Das ist der Grund, warum ich das heute in der Gruppe anspreche, damit ihr mir helfen könnt, mir über diese Sache klarzuwerden. Es ist mir sehr wichtig zu erfahren, was ihr von dieser ganzen Idee haltet...«

Martha: »Ich kann sehr gut verstehen, was du gerade durchmachst, diesen Gefühlswirrwarr, ob du diese Reise nun mitmachen sollst oder nicht. Ich erinnere mich, daß ich es euch schon einmal erzählt habe, aber anscheinend steckt das immer noch in mir drin. Als ich mit meinen Eltern in ihre Geburtsstadt fuhr, nach Zagreb, war ich ungefähr 14 Jahre alt. Meine Eltern hatten mich emotional oder seelisch überhaupt nicht auf die Reise vorbereitet. Ich glaube, sie selbst bereiteten sich auch nicht vor. Wir haben vorher über nichts geredet, was wichtig gewesen wäre – nicht darüber, was sie damals dort zurücklassen mußten und was sie dabei empfanden, und vor allem nicht darüber, wie es für sie war, nach all den Jahren dorthin zurückzukehren. Wir wanderten in den Straßen umher, und mein Vater zeigte mir das Haus, das der Familie über Generationen gehört hatte. Der Großvater seines Großvaters hatte es gebaut, und mein Vater war dort geboren worden und aufgewachsen, bis er eines Nachts hatte fliehen müssen. Er zeigte mir das Haus, und alles, was er sagte, war: ›Hier, in dieser Tür, sah ich meine Eltern und meine Schwester, die genau 14 Jahre alt war, zum letzten Mal.‹ Es ist erstaunlich. Zu dem Zeitpunkt habe ich nichts begriffen und keinerlei Zusammenhänge hergestellt. Meine Mutter erzählte mir, daß sie etwa 14, vielleicht auch 15 Jahre alt war, als sie zusammen mit ihrem Bruder und ihren Eltern die Stadt verließ. (Meine Mutter und mein Vater stammen beide aus der gleichen Stadt.) Das heißt also, ich gehe mit ihnen dorthin, wo sie herkommen, und ich bin genauso alt wie die Schwester meines Vaters, der er so nahestand, und auch im selben Alter wie meine Mutter, als sie auf so grausame Art dort herausgerissen wurde. Das alles habe ich damals nicht erfaßt, aber nachdem wir drei Tage dort waren, begann ich mich krank zu fühlen. Ich hatte einfach das Gefühl, daß ich keine Luft bekam, und schließlich hatte ich einen derart schweren Asthmaanfall, daß sie mich dort für zehn Tage ins Krankenhaus bringen mußten.«

Arnona: »Sie haben dir einfach, ohne das bewußt zu wollen, die ungeheure emotionale Last aufgebürdet, die sie für sich allein, aber auch beide gemeinsam mit sich herumschleppten. Natürlich konntest du sie nicht tragen, vor allem weil du niemanden hattest, mit dem du darüber hättest reden können, und damals hattest du bestimmt noch nicht die nötigen Fähigkeiten, um das alles zu bewältigen. Dein Asthma ist wie meine nächtlichen Alpträume. Wenn ich aufwache, habe ich auch das Gefühl, fast keine Luft zu bekommen.«

Martha: »Ja, du hast recht, aber es ist interessant, sich vorzustellen, wie es wäre, wenn ich jetzt dorthin fahren würde. Ob ich wohl jetzt, als Erwachsene mit mehr Wachheit und Selbstvertrauen, genauso oder doch anders reagieren würde? Während ich mit euch darüber rede und erzähle, was mir auf dieser Reise widerfuhr, kommt es mir vor, als ob da schon jetzt etwas anders ist. Ich spüre einen Unterschied im Vergleich zum letzten Jahr, als ich zum erstenmal von der Reise erzählt habe.«

Yuval: »Ich bin in Polen geboren und war noch sehr jung, ungefähr neun Jahre alt, als wir weggingen. In all den Jahren, die seither vergangen sind, habe ich Polen vollkommen aus meinem Bewußtsein gestrichen. Kein Gedanke, keine Erinnerung, keine Sehnsucht – so als wäre das Teil eines abgeschlossenen, endgültig abgeschlossenen Lebens, ohne jeden Wunsch und ohne jedes Bedürfnis, dorthin zurückzugehen. In letzter Zeit aber habe ich mehrere Male von Polen geträumt. Das ist sehr merkwürdig. In den Träumen kehre ich in das Haus zurück, in dem ich aufwuchs, bis ich neun war. Ich sehe das Haus sehr deutlich vor mir, mit allen Einzelheiten. In dem Traum taucht auch eine alte Frau auf, anscheinend die Hauseigentümerin, die sich noch immer an meine Mutter erinnert. In letzter Zeit geht es mir einfach so, daß ich mich nach Polen sehne, daß ich hingehen möchte, um mich dort umzuschauen, mich zu erinnern und – ich weiß nicht genau, was noch. Nach Polen zu fahren ist für mich natürlich etwas anderes als für Arnona und selbst für

Martha, denn sie reiste in die Stadt ihrer Eltern, nicht in ihre eigene Stadt.«

Therapeutin: »Unter einem bestimmten Gesichtspunkt ist es sicherlich etwas anderes, denn für dich ist es deine eigene Vergangenheit und für die anderen die ihrer Eltern. Aber sie tragen die Vergangenheit ihrer Eltern in sich. Sie ist zu einem Teil ihrer inneren Welt geworden und quält und belastet sie fortwährend. Wir haben das hier schon tausendmal festgestellt: Um sich davon lösen zu können, muß man sich erst einmal darauf einlassen. Hier aber geht es nur um die Trennung von dem alptraumhaften Aspekt, von den Ängsten und der inneren Anspannung, die bei Arnona zu Alpträumen und bei Martha zu Asthmaanfällen führen.«

Die reale oder imaginäre Begegnung mit den Wurzeln der Eltern, mit den Orten, an denen die Familie über Generationen lebte, kann in dieser Therapiephase durchaus beruhigend auf die Kinder von Überlebenden wirken und die leeren Räume ihrer Innenwelt füllen helfen. Während der Therapie vergleichen sich viele »Gedenkkerzen« mit entwurzelten Bäumen. Diese Assoziation ist zweifellos eine direkte Folge dessen, daß sie ohne eine Familiengeschichte aufgewachsen sind. Jetzt erwacht in ihnen das Bedürfnis, die fehlenden Glieder der Familiengeschichte zu finden. Falls eine solche Reise in die Vergangenheit den emotionalen Bedürfnissen der Kinder von Überlebenden entspricht, vermag sie innere Spannungen zu lösen und zur Konsolidierung und Integration ihrer Identität beizutragen.

In einer Gruppensitzung erzählte Ziona von der Reise mit ihren Eltern nach Ungarn:

»Als wir, das heißt meine Eltern und ich, nach Ungarn fuhren, kam meine Schwester nicht mit. Sie hatte damals bereits eine eigene Familie, und im allgemeinen war es immer ich, die die Eltern an jeden Ort begleitete und alles mit ihnen teilte, was mit dem Holocaust in Verbindung stand. Meine Schwester hatte das alles von sich abgeschüttelt, zumindest nach außen hin. Sie sagte immer, das würde sie nicht interessieren oder beschäftigen. Allerdings merke ich in letzter Zeit, daß dem wohl nicht ganz so ist ...

Was mir jedenfalls von der ganzen Reise am stärksten in Erinnerung geblieben ist, ist das ziemlich armselige Dorf, in dem meine Mutter aufgewachsen ist. Als wir uns dem Dorf näherten, erzählte mir meine Mutter mehr und mehr von ihren acht Brüdern und Schwestern, die alle in dem Dorf geblieben waren und deren Weg in den Krematorien endete. Sie hat sie also nie wiedergesehen. Da die finanzielle Situation im Elternhaus meiner Mutter bereits vor Kriegsausbruch nicht sehr gut war, zogen meine Mutter und ihre Schwester nach Budapest, um dort zu arbeiten, und so haben sie überlebt.

Als wir den Rand des Dorfes erreichten, war da ein Holzzaun. An dieser Stelle hatte sich meine Mutter von ihrer Familie verabschiedet, als sie in die große Stadt ging. Sie hat sie niemals wiedergesehen und war seither auch nie wieder in das Dorf zurückgekehrt. Dort also, an diesem Zaun, war meine Mutter sehr bewegt und weinte. Im Grunde hatte sie die Reise gar nicht so gerne machen wollen. Es war vielmehr mein Vater, der sie drängte und dorthin fahren wollte. Während der gesamten Reise aß meine Mutter so gut wie überhaupt nichts. Sie war einfach nicht in der Lage, etwas hinunterzuschlucken. Dort in ihrem Geburtsort bot uns irgendeine Bäuerin, die sich gut an meine Großmutter und an alle Geschwister meiner Mutter und sogar an meine Mutter als kleines Mädchen erinnern konnte, rote Kirschen an, und wir aßen sie. Schließlich konnten wir doch nicht ablehnen! In der Nacht wurde meine Mutter wach und übergab sich immer wieder – sie erbrach irgend etwas Rotes. Wir haben uns sehr erschrocken und dachten, es sei Blut. Wir dachten, es ginge tatsächlich zu Ende mit ihr, sie würde das alles nicht mehr verkraften. Sowohl mein Vater als auch ich fühlten uns irgendwie schuldig. Schließlich hatte sie ja gesagt, daß sie nicht dorthin fahren wollte, vielleicht war es zuviel für sie. Ausgerechnet ich hatte darauf bestanden, daß wir auch ihr Dorf und ihr Elternhaus sehen sollten, wo wir schon einmal dorthin fuhren. Das ganze Haus war im Grunde nichts als eine Holzhütte, in der sie gelebt hatten. Meine Mutter war sehr bewegt. Sie verfiel in einen irgendwie kindlichen Zustand und lachte, weinte und redete wie ein kleines Mädchen. Die Rückkehr an diesen Ort versetzte sie anscheinend in jene Jahre zurück, als sie noch ein kleines Mädchen war und mit ihren Eltern und Großeltern und Geschwistern – einer richtigen Großfamilie – in dieser Holzhütte lebte.«

Ziona begann zu schluchzen und konnte nicht weiterreden.

Ahuva: »Meine Mutter und ich sind auch nach Ungarn gefahren. Das war vor einigen Jahren. Nur wir zwei sind gefahren. Ich glaube, es war ihr wichtig, daß gerade ich sie begleitete. Mir ist völlig unklar, warum mein Vater nicht mitfuhr. Insgesamt empfand ich diese Reise als eine große emotionale Belastung, obwohl ich mir der Bedeutung dessen, was wir taten, und der Situationen, in denen wir uns befanden, keineswegs immer klar war. Im Rückblick glaube ich, daß ich zwar die emotionale Last meiner Mutter übernommen habe, aber ohne daß mir die Fähigkeit mitgegeben wurde, über diese Last nachzudenken, sie zu verstehen oder darüber zu reden. Und trotzdem war auch mir diese Reise wichtig. Ich hatte die ganze Zeit das Gefühl, daß es wichtig ist, mit meiner Mutter dorthin zurückzukehren. Ein Vorfall hat sich meinem Gedächtnis eingegraben. Das war, als wir das Ghetto besuchten, oder besser das, was davon übrig ist. Dort erzählte mir meine Mutter ein wenig von dem, was ihr oder, genauer gesagt, ihnen in der Zeit widerfahren ist, als sie dort lebten. Eines Morgens sagte sie mir, ich solle im Hotel bleiben. Sie ging zum Grab ihrer Tochter, dem drei Monate alten Baby, das im Ghetto verhungert war. Ich wäre sehr gern mitgegangen und bat und flehte sie an, mich mitzunehmen, aber sie lehnte es strikt ab. Das brachte mich völlig aus der Fassung. Warum wollte sie nicht zulassen, daß ich mit ihr dorthin ging und wir das gemeinsam durchstanden? Als sei es etwas, das nur ihr gehöre und das sie nicht mit mir teilen wolle. Schließlich ist dieses Baby, das dort im Ghetto begraben ist, doch meine Schwester, zumindest mütterlicherseits. Ich klebte den ganzen grauen und verregneten Morgen über am Fenster und weinte und weinte und wartete, daß meine Mutter zurückkehren würde. Es war ein schrecklicher Morgen.«

Das folgende Gespräch mit Yael fand statt, nachdem sie von einer Europareise mit ihrem Freund zurückgekehrt war.

Yael: »Die Reise nach Europa mit Zvika war im großen und ganzen sehr gelungen. Fast hätte ich vergessen, dir zu erzählen, daß wir auch in Dachau waren.«

Therapeutin: »Als du mir von deinen Reiseplänen erzähltest, hast du das mit keinem einzigen Wort erwähnt!«

Yael antwortete nicht sofort. Sie zögerte und sagte dann: »Was? Habe ich das wirklich nicht erzählt? Merkwürdig. Im Grunde hatten wir eine ganz andere Route geplant, aber weil es Probleme mit den Flügen gab, kam am Ende heraus, daß München der Ausgangspunkt unserer Reise war, und von dort aus haben wir dann Dachau aufgesucht. Ich war völlig damit einverstanden, daß wir zu dem Lager fuhren. Ich wollte wirklich dort sein. Ich spürte, daß ich diesmal vom Gefühl her wirklich darauf vorbereitet war. Ich glaube, mit mir ist dort etwas geschehen, das mit meiner Mutter zu tun hat und schon seit geraumer Zeit in mir heranreift. Wir kamen dort an, und ... nun ja ... wir fuhren mit dem Zug dorthin. Wir hätten eigentlich auch unser Auto nehmen oder mit dem Bus fahren können, aber ich bestand darauf, daß es mit dem Zug sein mußte.«

Plötzlich begann Yael zu weinen. Unter Tränen fuhr sie fort: »Als ich im Zug saß, schaute ich mir all die Leute um mich herum an, diese Gesichter, von denen jedes, so schien es mir, ›dorthin‹ gehörte. Die Alte, die mich anschaute, sie muß gewußt haben, was ›dort‹ geschehen war. Der Schaffner, der nicht sehr nett zu mir war, erinnerte mich wirklich sehr eindringlich an das, was ›dort‹ geschehen war. Und dann ... weißt du, ich hatte einfach das Gefühl, daß ich mit diesem Zug fahren mußte.«

Therapeutin: »Im Grunde wolltest du dem Weg folgen, den deine Mutter gegangen war.«

Yael: »Ja, ja.«

Ihr Weinen wurde heftiger, und sie konnte nicht weiterreden. Schließlich beruhigte sie sich, sagte jedoch lange Zeit nichts mehr. Ich versuchte sie zu ermuntern, mit der Geschichte fortzufahren, und fragte sie, was danach geschehen war.

Yael hob den Kopf und starrte mich überrascht an, so als hätte sie völlig vergessen, daß ich neben ihr saß. Einige Augenblicke lang sah sie mich schweigend an, bis sie sich schließlich aufraffte und weitersprach:

»An der Bahnstation stiegen wir in einen speziellen Bus um. Weißt du, es gibt dort eine eigene Buslinie, die zum Lager fährt. Dachau selbst ist ein nettes und gepflegtes Städtchen. In den Straßen sieht man gutgekleidete Leute, die sprechen und lachen, als wäre nie etwas geschehen. Das war wirklich ein sehr merkwürdiges Gefühl. Ich ging durch die Straßen, und es lief mir immer wieder kalt den Rücken herunter.

Im Bus fuhr eine Gruppe blonder deutscher Kinder mit, die ihren jährlichen Schulausflug machten – nach Dachau. Fröhlich und ausgelassen. Der Fahrer stellte das Radio an, und den ganzen Weg dröhnte mir diese sehr laute Disco-Musik in den Ohren. Verstehst du, ich dachte, ich sterbe! Laute Disco-Musik den ganzen Weg nach Dachau! Wirklich bis zum Lager! Ich saß den ganzen Weg wie gelähmt da. Ich brachte kein Wort heraus. Im Lager selbst hatten sie eigentlich alles zerstört! Von den ganzen Baracken hatten sie nur eine einzige übriggelassen. Wir gingen hinein. Da drin hatte man diese Holzpritschen so belassen, wie sie waren, und auch einen Holztisch, einen gestreiften Anzug und ein Paar Holzschuhe. Diese merkwürdigen Holzschuhe, weißt du, so wie die, die meine Mutter ›dort‹ trug, als ihr die Zehen erfroren; sie sind bis heute sehr empfindlich und nicht wirklich verheilt. Weißt du, es wirkte so real. Diese Holzpritschen, eine über der anderen. Meine Mutter war gar nicht in Dachau, sondern in Auschwitz, aber im Grunde ist es dasselbe, nicht wahr? Dort in Dachau haben sie die Krematorien so belassen, wie sie waren. Jemand erzählte uns, daß man die Krematorien wegen irgendwelcher technischer Schwierigkeiten nie hatte in Betrieb nehmen können. Als wir auf sie zugingen, mußte ich an meinen Großvater denken, der in Auschwitz verbrannt wurde, aber ich war absolut außerstande, in das Gebäude selbst hineinzugehen. Ich spürte, daß das zuviel für mich wäre, und ich blieb in der Tür stehen und schaute nur hinein. Weiter konnte ich nicht.

Als wir zur Baracke zurückkamen, setzte ich mich auf eine dieser Holzpritschen. Ich spürte, daß ich bei ihr war, daß ich wie meine Mutter war. Ich saß lange da und konnte nicht aufstehen. Ich hatte das Gefühl, daß ich dort tagelang hätte sitzen können, ohne aufzustehen.«

Yael fing wieder zu weinen an. Kurz darauf hatte sie sich wieder etwas beruhigt und fuhr fort: »Während ich gerade weinte, hatte ich ein seltsames Gefühl, als würde mein ganzer Körper auf das Weinen reagieren – meine Beine, meine Arme, meine Brust. Aber zum Bauch ließ ich es nicht ganz vordringen, nur so ein bißchen. Der Bauch blieb leer. Wenn ich höre, was ich da sage, kommt mir das Ganze noch paradoxer vor. Eigentlich war die stärkste Empfindung, die ich dort verspürte, eine Nähe zu meiner Mutter – dieses neue Gefühl, das ich bis dahin nicht kannte, das Gefühl, daß ja schließlich sie es ist, die mich geboren hat und der ich meine Existenz verdanke.«

Therapeutin: »In den letzten Gesprächen haben wir ziemlich viel darüber geredet, wie schwer dir die Entscheidung fällt, ob du Mutter werden sollst oder nicht; wir haben über deine Zweifel gesprochen und über deinen Wunsch, in naher Zukunft schwanger zu werden und ein Kind zur Welt zu bringen. Denkst du, daß zwischen diesen Dingen irgendein Zusammenhang besteht?«

Yael sah mich verwundert an, und unter den Tränen zeigte sich ein leichtes Lächeln auf ihrem Gesicht. »Ja, es scheint da tatsächlich eine Verbindung zu geben zwischen der Beziehung zu meiner Mutter, diesem Gefühl in meinem Bauch und meinen Gedanken über das Mutterwerden.«

Therapeutin: »Deine Gedanken über das Mutterwerden sind in letzter Zeit immer realitätsnäher und konkreter geworden. Es besteht kein Zweifel, daß das irgendwie mit deiner Mutter und ihrem Muttersein zusammenhängt – damit, wie sie so wenige Jahre nach Auschwitz die Schwangerschaft, deine Geburt und das Stillen erlebt hat.«

Yael: »Ja, das leuchtet mir ein. Ich wollte nur sagen, daß das ein völlig neues Gefühl war, als mir so richtig aufging, daß meine Mutter mich ja schließlich zur Welt gebracht hat.«

Therapeutin: »Und was empfandest du gegenüber deiner Mutter, als du von der Reise nach Hause kamst? Konntest du ihr davon erzählen und sie bis zu einem gewissen Grad daran teilhaben lassen?«

Yael: »Nicht so richtig. Ich schaute sie an und hatte dabei innerlich ein etwas anderes Gefühl, aber über all das wirklich mit ihr zu reden – das ist noch immer sehr schwer für mich. Die Eindrücke waren noch viel zu frisch. Ich merkte, daß ich sie noch nicht herauslassen konnte. Ich wollte zwar, aber im selben Moment blieben mir die Worte im Hals stecken. Das war eine ziemliche Enttäuschung für mich.«

Therapeutin: »Ich verstehe. Anscheinend überfordert dich das noch. Vielleicht schaffst du es doch noch, mit ihr zu reden, wenn du dich innerlich etwas beruhigt hast und die eigenen Empfindungen mit etwas mehr Abstand betrachten kannst. Die Reise war aber ohne Zweifel sehr wichtig für dich, allein schon durch die Tatsache, daß du sie machen wolltest und dann auch genug Kraft hattest, diese intensiven Gefühle durchzustehen und dich nicht von ihnen abzuwenden. Uns bleibt nichts als abzuwarten, welchen Einfluß die beiden Reisen, die innere und die äußere, auf deine Zukunft haben werden.«

So gelangt in der letzten Therapiephase die Integration der disparatesten Anteile des Selbst zu ihrem Abschluß. Zusammen mit der Fähigkeit, intensiven Emotionen standzuhalten, entwickeln die »Gedenkkerzen« auch die Fähigkeit, die Spaltung ihres Ich aufzugeben. Nachdem die Gruppenmitglieder in der vorherigen Phase der Therapie das Bedürfnis verspürt haben, zugleich positive wie auch negative Gefühle zu äußern, können sie nun sich selbst und die anderen als Individuen mit vielen Facetten und mannigfachen und widersprüchlichen Eigenschaften begreifen. Dies führt zu einer Abschwächung des polaren Gegensatzes, der bislang zwischen verschiedenen Fraktionen innerhalb der Therapiegruppe bestanden hat. Von hier ist es nur noch ein kleiner Schritt hin zur Intensivierung von Gefühlen der Nähe und Liebe zwischen den Gruppenmitgliedern, und ihre Äußerungen sind nun wesentlich klarer, sicherer und nuancierter.

Rina: »Was in unserer letzten Gruppensitzung geschehen ist, hat mich die ganze Woche über beschäftigt. Vor allem ging mir die Frage nicht aus dem Kopf, ob hier in der Gruppe Liebe zu spüren ist, und zwar sowohl zwischen den Gruppenmitgliedern als auch zwischen uns und den Therapeuten. Ich habe viel darüber nachgedacht, was ich von den Therapeuten bekommen habe, war mir aber nicht immer sicher, ob bei dem, was sie uns geben, auch Liebe dabei ist. Ich möchte allen sagen, daß ich mich in letzter Zeit in der Gruppe wirklich sehr wohl fühle. Ich spüre, daß ich sehr viel Wärme und Unterstützung bekomme, die ich in meiner zerrissenen und versprengten Familie nie erfahren habe. Ich spüre, daß ich jetzt sowohl der Gruppe – jedem einzelnen und euch allen zusammen – als auch den Therapeuten vertrauen kann, daß es hier einfach eine Grundstruktur gibt, in der es mir gut geht. Das erinnert mich jetzt an eine Szene in einem komischen Traum, den ich diese Woche hatte. In dem Traum sitzt die ganze Gruppe im Kreis, und ich kann das Gesicht eines jeden einzelnen ganz deutlich sehen. Auch die Therapeuten sind dabei, und auch sie sehe ich sehr deutlich. Die Gruppenmitglieder sind allerdings nicht wie sonst gekleidet, sondern haben alle winterliche Flanellschlafanzüge an, wie sie Kinder tragen. Ich erinnere mich nicht genau, was gesprochen wurde. Aber ich weiß noch, daß alle dicht gedrängt im Kreis saßen und daß da dieses gute Gefühl von Wärme und Nähe war, wie bei Kindern, die man nach dem Baden abgetrocknet und in warme Schlafanzüge gesteckt hat und die nun eng aneinandergeschmiegt dasitzen ...

Diese Woche rief mich mein Bruder aus dem Ausland an und sprach mit mir zum millionstenmal über die Probleme in unserer Familie. Über meine Schwestern, von denen ich schon lange nichts mehr gehört habe, und über unser Haus, das seit dem Tod unserer Eltern verschlossen und verlassen dasteht, ohne daß sich jemand um irgend etwas kümmert. Aber ich glaube, daß es mir am Ende vielleicht gelingen wird, da etwas in Bewegung zu bringen. Ich habe ihm gestern gesagt, daß er mir sehr wichtig ist, daß für mich in letzter Zeit Familienangelegenheiten überhaupt viel wichtiger geworden sind. Von dem Moment an, als ich nach Israel kam, ignorierte ich das alles, jahrelang habe ich mich verschlossen und alles weggeschoben und aus meinem Bewußtsein gestrichen. Jetzt verstehe ich, daß das im Grunde gar nicht möglich ist. Denn die innere Verbindung zu meiner Familie und meinen Wurzeln ist ja geblieben, auch wenn ich das jahrelang alles verdrängt und mich davon abgeschnitten habe. Ich habe mir überlegt, daß ich eine Sache wirklich gern tun würde, sobald ich nur ein wenig mehr Zeit habe: Ich möchte die Geschichte unserer Familie aufschreiben. Es ist, wie ihr wißt, eine lange und verwickelte Geschichte.«

Rina lächelte und ließ den Blick in die Runde schweifen, zu jedem einzelnen Mitglied der Gruppe: »Wißt ihr, eigentlich fing das alles mit den Träumen von dieser antiken Brosche an, die mir meine Mutter gab und die sie selbst von ihrer Mutter bekommen hatte, und diese wieder von ihrer Mutter und so weiter. Durch diese Träume begann ich meine Beziehung zu dem Erbe, das mir meine Mutter weitergegeben hat, zu verstehen und auch zu spüren, und ich fing an, die Kontinuität zu sehen, die Vergangenheit und Gegenwart miteinander und, so hoffe ich, auch mit der Zukunft verbindet. Meine Großmutter, die ich nie kennengelernt habe – schließlich hat die Brosche ja einmal ihr gehört, und davor gehörte sie wiederum ihrer Mutter. Das ist wirklich ganz erstaunlich!«

Mordechai: »Was Rina gerade zu uns über Liebe gesagt hat, erinnert mich an einen Traum, den ich diese Woche hatte und der anscheinend irgendwie damit zusammenhängt. In meinem Traum sitzt die Gruppe im Kreis. Einige Personen sind sehr deutlich, andere weniger deutlich zu erkennen, die Gestalt der Therapeutin aber hat sehr klare Konturen und Farben. Ich schaue mich um und sehe, daß alle im Kreis sitzen und jeder eine Thorarolle in der Hand hält. Es sind ziemlich alte Rollen, mit einer Schrift bedeckt, die wie Alt-Hebräisch aussieht. Die Therapeutin sitzt in der Mitte des Kreises und zeigt mit dem Finger auf eine bestimmte Stelle in der Rolle, und alle suchen sie mit dem Finger. Ich glaube, es ist eine Stelle aus dem Buch der Sprüche Salomos ... Nein, ich bin mir nicht sicher. Es scheint doch eher eine Stelle aus dem Hohelied Salomos zu sein. Alle haben den Vers, auf den die Therapeutin gezeigt hat, schon gefunden, nur ich nicht. Von dem, was wir suchen sollten, weiß ich nur noch das Wort ›Liebe‹. Ich suche und suche und verstehe nicht, warum ich es so schwer finden kann. Schließlich helfen sie mir, und auch ich finde die Stelle. Alle Gruppenmitglieder lächeln einander zu und vor allem mir, so als wollten sie mir sagen: ›Wir sind froh, daß du deine ganze Wut und dein Mißtrauen endlich rausgelassen hast und dich nun zu uns in den Kreis der Liebe gesellst.‹«

Leah: »Du erinnerst dich bestimmt, daß ich vor einigen Monaten, als ich geheiratet habe, ein Geschenk von der Gruppe bekam – eine Stelle aus dem Hohelied Salomos, auf Pergament geschrieben. Eigentlich ist das wie eine Thorarolle. Ziona und Yitzhak hatten das im Namen der Gruppe ausgesucht, und ich spürte, daß in diesem Geschenk viel von der Liebe enthalten war, die ich von der Gruppe bekommen habe.«

Mordechai: »Du hast recht. Das hatte ich völlig vergessen. Ich möchte dir aber sagen, Leah, daß deine Hochzeit bei mir viel in Bewegung gebracht hat. Eine Hochzeit ist ja schließlich auch ein Inbegriff der Verbundenheit und Liebe. Ich merke, daß mittlerweile auch ich sehr gern dahin kommen möchte. In letzter Zeit denke ich andauernd über die Beziehung zu meiner Freundin nach. Es geht mir viel besser damit, und ich hoffe, daß es dieses Mal klappen wird.«

Miriam: »Auch ich hatte einen Traum, in dem es um Liebe ging. Er spielte im Ghetto. In irgendeiner grauen und düsteren Stadt in Europa. Das Ghetto war von hohen Mauern umgeben, und es war nicht erlaubt, diese Mauern zu verlassen. Da waren ein Junge und ein Mädchen, die waren befreundet oder, besser gesagt, ein Liebespaar, und selbst da im Ghetto schafften sie es, zusammenzusein und sich zu lieben. An einem bestimmten Punkt beschließen sie, zu fliehen und die Mauern zu überwinden. Während des Fluchtversuches haben sie alle möglichen Gefahren zu überstehen, aber am Ende schaffen sie es, finden eine kleine Lücke, schlüpfen hindurch und rennen nach draußen. Dort sind grüne Wiesen, sonnige Hügel und ein plätschernder Bach. Sie sind aus der Düsternis des Ghettos in eine Welt voller Leben und voller Farben entkommen. Ich glaube, das ist ein optimistischer Traum, der meine Gefühle der letzten Monate ausdrückt. Eigentlich bin ich schon eine ganze Weile nicht mehr depressiv gewesen und empfinde sogar eine gewisse Lebensfreude. Ich bin auch wesentlich optimistischer, was meine Chancen angeht, doch noch Liebe zu finden. Mir scheint, daß sich in diesem Traum mein Wunsch erfüllt.«

Yitzhak: »Ich hatte einen etwas ähnlichen Traum, aber vorher möchte ich dir sagen, Miriam, daß ich mit 15 Jahren einmal ein Buch über das Warschauer Ghetto gelesen habe. Ein Kapitel handelte von einem Paar, das im Ghetto heiratete, und die Frau wurde sogar schwanger. Trotz der schrecklichen Zustände, die dort herrschten, fanden sie Zeit, um zusammenzusein, und ich erinnere mich, daß ich sehr neugierig war, wie sie das wohl anstellten. Dein Traum hat mich an diese Geschichte erinnert.

In meinem Traum bin ich mit Nurit in irgendeinem Schwimmbad mit zwei Becken auf unterschiedlicher Höhe, und darüber ist eine Abdeckung mit viereckigen Löchern darin. Ich springe in das erste Becken und finde auf dem Grund alle möglichen alten hebräischen Münzen. Dann gehe ich zusammen mit Nurit in das zweite Becken, obwohl sie nicht sehr begeistert darüber ist. Oben sind Luftlöcher. Plötzlich sagt Nurit, sie hat keine Kraft mehr zum Schwimmen, und sie merkt auch, daß ihr die Luft ausgeht. Wir schwimmen auf eines dieser Luftlöcher zu, aber es ist verschlossen. Sie beginnt ohnmächtig zu werden, aber ich ermuntere sie, zur zweiten Öffnung zu schwimmen. Dann wurde ich wach. Wißt ihr, das erinnert mich an eine Beschreibung der Gaskammern, die ich mal gelesen habe, an diese vorgetäuschten Fenster. Allerdings schaffte ich es im Traum, an ein wirkliches Fenster zu gelangen, wo man Luft kriegte. Außerdem fand ich auch viele alte Münzen. Das heißt, ich fand Dinge von großem finanziellen, aber nicht *nur* finanziellem Wert. Mein Vater erzählte mir einmal, daß er den Holocaust vor allem dank seines Gürtels, der voller Goldmünzen war, überlebt hat. Wann immer es nötig war, konnte er jemanden bestechen und so in vielen Situationen sein Leben erkaufen. Gestern, als wir über etwas sprachen, das mit Geld zu tun hatte, kam mir plötzlich dieser Gedanke, daß es vielleicht besser ist, einen Teil zu verstecken, für den Fall, daß wir einmal aus Israel fliehen müssen... Was für ein merkwürdiger Gedanke!«

Therapeutin: »Bei mir ruft der Traum eine andere Assoziation wach. Die antiken israelischen Münzen deuten doch eigentlich auf das hin, was du in letzter Zeit in dir selbst gefunden hast, das heißt, auf deine Wurzeln, dein Gefühl der Zugehörigkeit, deine Vergangenheit und so weiter.«

Yitzhak: »Ja, das kann sein. Du meinst die Erfahrungen, die ich hier in der Therapie gemacht habe. Weißt du, ein großer Teil der Therapie war ja so, wie wenn man auf den Dachboden steigt und dort Bilder, Briefe und alle möglichen alten Dinge von den Großeltern findet – was mir in der Realität natürlich niemals möglich war.«

Miriam: »Was du da sagst, berührt mich sehr, zumal ich in letzter Zeit manchmal etwas ganz Ähnliches empfunden habe.«

Yitzhak: »Glaub bloß nicht, daß es mich nicht auch berührt. Ich habe euch noch nicht erzählt, daß ich einen Hain gepflanzt habe, hier in den Bergen, bei Jerusalem, im Gedenken an alle aus meiner Familie, die umgekommen sind – oder besser aus meinen beiden Familien. Jeder Baum in dem Hain hat einen Namen. Einer trägt den Namen meines Großvaters, des Vaters meines Vaters, einer den meiner Großmutter, der Mutter meines Vaters, und einer den Namen meines anderen Großvaters, des Vaters meiner Mutter und so weiter und so weiter. Ja, ganz viele von diesen frischen grünen Kiefern. Seit ich diesen Hain pflanzte, habe ich das Gefühl, daß ich sie wiedergefunden habe und daß meine Begegnungen mit ihnen eine viel größere Klarheit haben. Ich fühle mich wirklich erleichtert und befreit, und ich spüre auch diese Freude in mir, eine Freude, in die sich manchmal noch Traurigkeit mischt.«

Therapeutin: »In dem Traum warst du erst fähig, in das zweite Schwimmbecken zu gehen, das heißt in die Gaskammern, nachdem du deine Wurzeln gefunden hattest – die antiken israelischen Münzen. Ist das nicht genau das, was hier in den letzten Monaten geschehen ist?«

Yitzhak sah bleich aus, und man merkte ihm an, daß er innerlich sehr bewegt war. »Warum sagst du das? Jetzt fühle ich mich wieder unter Druck. Das hängt mit den Gaskammern zusammen, denn ich habe es noch nie geschafft, wirklich in sie hineinzugehen.«

Therapeutin: »Vielleicht solltest du es jetzt versuchen?«

Yitzhak: »Primo Levi, dessen Bücher ich in letzter Zeit wieder einmal lese, sagt an irgendeiner Stelle etwa folgendes: ›Sie haben mir ›dort‹ alles weggenommen, mein Menschsein, meine Kleider, mein Haar, meine Familie, meine Identität, einfach alles.‹ Für ihn war das ein derart beschämendes Gefühl, daß er oft dachte, eigentlich seien die, die direkt in die Gaskammern gingen, die Glücklicheren gewesen. Ich versuche mir jetzt meine Großmutter und meine zwei Tanten vorzustellen, wie sie da nackt stehen, in der Reihe, mitten im Lager. Es fällt mir immer noch schwer, aber wie du siehst – ich schaffe es.«

In der letzten Phase der Therapie sind Situationen der Vertrautheit der Prüfstein dafür, ob die psychische Integration gelungen ist. Und tatsächlich legen die Gruppenmitglieder in dieser Phase viel gegenseitige Nähe und Vertrautheit an den Tag, sowohl gegenüber den Therapeuten als auch gegenüber der ganzen Gruppe. Nach und nach eignen sie sich die Fähigkeit an, Nähe und Liebe im offenen und direkten Gespräch zum Ausdruck zu bringen, und infolgedessen haben sie es immer weniger nötig, auf die Symbolsprache der Träume zurückzugreifen, die trotz all ihrer Intensität nur ein indirekter Weg zum Ausdruck von Gefühlen ist.

In der Gruppensitzung, aus der ich gerade zitiert habe, gehen die zwei Ebenen der gruppeninternen Kommunikation – direktes Gespräch und Symbolsprache – ineinander über.

Das Wort »Liebe« kommt explizit sowohl in Mordechais Traum als auch in den Aussagen der Gruppenmitglieder vor. Das Gefühl der Vertrautheit ist eng mit traditionellen jüdischen Symbolen verknüpft, die auf die Identifizierung mit einem größeren Ganzen verweisen – dem jüdischen Volk. Das Bild aus Mordechais Traum könnte aus dem jüdischen *Cheder* stammen: Eine Gruppe Schüler sitzt im Kreis, den *Chumasch* in Händen, und ein Rabbiner lehrt sie die *Thora*; oder *Yeshiva*-Studenten sitzen im Kreis und lernen Abschnitte des *Talmud*. Der Rabbiner erscheint in Gestalt der Therapeutin, die die Mitglieder der Gruppe die »Thora« lehrt und mit dem Finger auf die passende Passage zeigt.

Das Motiv des Kreises taucht ebenso in Mordechais wie auch in Rinas Traum auf. Es symbolisiert mütterlichen Halt, Weiblichkeit und vielleicht sogar den Mutterleib – das erste Zuhause eines Kindes. In beiden Träumen rufen der <u>symbolische</u> Mutterleib und der mütterliche Halt, den er bietet, Empfindungen von Wärme, Nähe und Liebe wach. In Rinas Traum tragen die Kinder warme Schlafanzüge und sitzen eng beieinander in einem Kreis voller Wärme, Geborgenheit und Vertrautheit, während die Eltern – die Therapeuten – im Hintergrund für sie sorgen.

Rina und Mordechai sehen die verschiedenen Personen in dem vollkommenen Kreis der Gruppe klar und deutlich vor sich. Dies verweist darauf, daß die Gruppenmitglieder die Fähigkeit erworben haben, zu jedem einzelnen der anderen eine besondere und individuelle Beziehung zu pflegen. Obwohl sie sich den anderen nahe fühlen, ist in ihren Augen die Persönlichkeit jedes einzelnen doch klar abgegrenzt – auch wenn Rina immer noch alle Gruppenmitglieder in ein und derselben Kleidung ohne eine persönliche Note vor sich sieht. Im Traum bildet die Gruppe, wie gesagt, einen vollkommenen Kreis; und tatsächlich zerfällt die Gruppe längst nicht mehr so sehr in verschiedene Fraktionen wie in vorherigen Therapiephasen.

In Miriams und Yitzhaks Träumen tauchen im Hintergrund immer noch düstere Holocaust-Motive auf. Dennoch sind Partnerschaft und Vertrautheit die Hauptthemen, für die der Holocaust und seine Schrecken nur die Kulisse abgeben. In dem zentralen Kampf, der sich jetzt in der Innenwelt der »Gedenkkerzen« abspielt, geht es um die Aneignung und Anwendung der Fähigkeit, eine enge Vertrauensbeziehung aufzubauen und aufrechtzuerhalten. An der Vertrautheit zwischen den Gruppenmitgliedern ist zu erkennen, daß die Integration ihrer Persönlichkeit sich nun konsolidiert. Dies zeigt sich zugleich darin, daß sie immer besser in der Lage sind, mit unterschiedlichen engen Beziehungen sowohl zu ihren Eltern und Geschwistern als auch zu ihren Partnern umzugehen.

In Miriams Traum ist es möglich, den Mauern des Ghettos zu entfliehen. Sie stehen für die Mauern der Abwehrmanöver und Hemmungen, die sie bislang von engen Beziehungen jeglicher Art abgehalten haben. Dem Paar in dem Traum gelingt es, die Beziehung zueinander auch innerhalb der Mauern aufrechtzuerhalten, und am Ende schaffen sie es sogar, in die Freiheit auszubrechen und an einen Ort voller Licht und Wärme zu gelangen. Dieser optimistische Traum spiegelt die neuerwachten Empfindungen Miriams wider sowie ihre Fähigkeit, in engen Beziehungen ihre Wünsche und Bedürfnisse auszudrücken und umzusetzen.

Auch Yitzhak kämpft noch immer mit dem Gefühl, emotional abgestorben zu sein und zu ersticken, doch er kämpft nicht länger allein. In seinem Traum ist er mit seiner Freundin – seiner späteren Frau – zusammen. Er hat nun die innere Freiheit, sie wahrzunehmen, auf sie einzugehen und ihr zu helfen. Die Hauptkonflikte innerhalb seines Selbst kreisen um die verschiedenen Dimensionen einer intimen Partnerschaftsbeziehung.

Auch in Mordechais Traum ist das zentrale Thema Liebe und die Umsetzung ihrer emotionalen wie ihrer sexuellen Aspekte in einer intimen Beziehung. Mordechai ist sich einen Moment lang nicht sicher, ob die Gruppe einen Abschnitt aus den Sprüchen Salomos liest, bemerkt dann aber sogleich, daß der Abschnitt aus dem Hohelied Salomos stammt. In den von Shulamit und ihrem Liebhaber gesungenen Liebesliedern finden sich sehr starke und klare Motive jugendlicher Liebe und Hingabe. Es ist zu erkennen, wie in der Innenwelt der »Gedenkkerzen« nun Optimismus und Kontinuität des Lebens miteinander verwoben sind.

Die folgende Gruppensitzung zeigt, wie sich der Dialog über die Suche nach den eigenen Wurzeln fortsetzt.

Yoel: »Auch mich beschäftigt das Thema der Identität und der eigenen Wurzeln in letzter Zeit sehr stark. Dich habe ich immer sehr beneidet, Mordechai. Du warst für mich der Inbegriff des Verwurzeltseins, der Zugehörigkeit zu Israel und, soweit ich darüber überhaupt etwas weiß, zum Judentum. Du hast einmal erzählt, daß du nicht wirklich orthodox, sondern eher traditionell eingestellt bist, daß du den Schabbath einhältst, in die Synagoge gehst und so. Sogar in deinem Traum gibt es alte Thorarollen. Ich hingegen bin während meines bisherigen Lebens in allen möglichen Ländern herumgezogen und weiß bis heute nicht so recht, wohin und zu wem ich gehöre. Den *Tanach* kenne ich sogar heute noch kaum. Wenn wir von einem Land ins andere zogen, habe ich das vorherige Land niemals vermißt oder davon geträumt. Selbst hier, in Jerusalem, vergingen viele Jahre, bis ich etwas zu empfinden begann. Die ganzen Jahre, die ich hier nun lebe, hatte ich das Gefühl, immer auf dem Sprung zu sein – heute hier und morgen dort. Bei unserem letzten Gespräch ging es um Wurzeln. Ich habe dagesessen, euch zugehört und geschwiegen. Ich hatte niemals irgendwelche Wurzeln. Ich wußte nie und konnte nicht spüren, was das sein soll. Für mich verband sich auch nie eine klare Empfindung mit der Tatsache, daß ich Jude bin. Was bedeutet es eigentlich, Jude zu sein? Lange Jahre war ich froh, daß mir meine Eltern einen polnischen und keinen jüdischen Namen gegeben hatten. Ich weiß nicht, ob ich mich wirklich schämte, im Nachkriegspolen ein jüdisches Kind zu sein. Ich war das einzige jüdische Kind, aber ich habe mich mit den polnischen Kindern geprügelt, wenn sie es wagten, auch nur ein Wort darüber zu verlieren. Richtig vermöbelt habe ich sie, ich hatte vor keinem Angst. Daß man mich nicht beschnitten hatte, störte mich damals überhaupt nicht – ganz im Gegenteil. Als ich beschloß, mich beschneiden zu lassen, war ich vierzehn Jahre alt, und es hatte damit zu tun, daß wir in ein anderes Land und eine Stadt mit einer großen jüdischen Gemeinde umgezogen waren. Erst damals fing ich an, irgendwelche Empfindungen mit meinem Jüdischsein zu verbinden. Als ich letztes Mal dich, Gideon, über deine Kindheit in Rußland reden hörte und über die Identitätsprobleme, die du dort hattest, fühlte ich mich dir sehr nahe. Ich habe plötzlich verstanden, was wir gemeinsam haben. Ich glaube mich zu erinnern, daß man auch dich als Kleinkind nicht beschnitten hat. Unsere Eltern standen in Osteuropa, unmittelbar nach dem Krieg, noch ganz im Bann der schrecklichen Angst und der Traumata, die sie in den Jahren vor unserer Geburt erlitten hatten. Sie wollten ihre Kinder um jeden Preis retten, so wie man Moses in einen Korb gelegt und auf dem Nil ausgesetzt hat.«

Yoel lachte entschuldigend. »Ihr seht, es ist doch etwas von der *Thora* hängengeblieben, nur daß ich diese Geschichte von meinem Sohn hörte, der sie im Religionsunterricht gelernt hat. Erst in letzter Zeit fühle ich mich hier etwas mehr verwurzelt oder zugehörig. Zum großen Teil liegt das daran, daß ich fünf Jahre ununterbrochen hier in der Gruppe war; ich glaube, außer wenn ich auf Reservedienst war, habe ich keine einzige Sitzung versäumt. Und wenn das stimmt, dann war es mir anscheinend wichtiger, als ich dachte. Aber ich habe noch immer das Gefühl, daß ich mich nicht voll und ganz mit dem Judentum identifiziere. Auf die Frommen, besonders die in *Mea Shearim* mit ihren langen schwarzen Kaftanen, reagiere ich schon immer mit Abscheu und Wut. In letzter Zeit stellt mir mein kleiner Sohn viele Fragen zu meiner Vergangenheit, zu der Zeit in Polen und auch zum Judentum. Ihm zuliebe, und eigentlich auch durch seine Hilfe, war ich gezwungen, nachzudenken und für mich selbst viele offene Fragen zu klären. Es macht mir mehr zu schaffen als bisher, daß ich mit meinen Gefühlen, die mit Zugehörigkeit und Identität zu tun haben, so zwischen den Stühlen sitze, und das hängt bestimmt auch mit dem zusammen, was ich mit euch erlebt, was ich in der Gruppe gehört und selbst erzählt habe. Am Abend des letzten Feiertages war ich mich mit meinem jüngsten Sohn in den Straßen von *Mea Shearim* spazieren, und ich glaube, es ging mir anders damit als sonst. Nicht, daß ich vorhabe, religiös zu werden, Gott behüte, aber ich fühlte mich ihnen doch ein wenig näher und identifizierte mich vielleicht sogar ein bißchen mit ihnen. Ich habe dann meinem Sohn das wenige erklärt, was ich über das Judentum, die Ultra-Orthodoxie, *Mea Shearim* und Polen weiß. Ich habe ihm erzählt, daß dort früher einmal alle so gekleidet waren, das heißt in den jüdischen Dörfern und Städtchen und sogar in den Städten, und daß sie so und so ausgesehen und so und so gelebt haben. Aber vor lauter Geschichten übers Judentum habe ich ganz vergessen, euch den merkwürdigen Traum zu erzählen, den ich letzte Nacht hatte.

In meinem Traum sah ich Jerusalem, und da war eine Straße, die aus der Stadt herausführte und auf der eine lange Schlange von Menschen ging. Es war Krieg, ich wußte nicht welcher, und alle mußten Jerusalem verlassen. Es waren sehr viele Menschen unterwegs, ganze Familien, Männer, Frauen und Kinder, und alle schleppten Pakete, aber sie gingen sehr ruhig, sehr langsam, ohne jeden Tumult. Nicht wie in den Filmen über den Holocaust, wo alle in Panik rennen und drängeln. Vielmehr bewegten sich hier alle geordnet fort, irgendwie ohne jede Nervosität. Langsam leerte sich die Stadt, und am Eingang der Stadt, am Wegrand, standen zwei ältere Männer mit Bärten, in Schwarz gekleidet wie Ultra-Orthodoxe in *Mea Shearim*. Und jedem, der dort vorbeikam, zerrissen sie das Revers seiner Kleidung – den Männern das Revers des Hemdes und den Frauen das des Kleides, aber einem jeden, einem nach dem anderen, zerrissen sie das Revers. Das war's. Das ist der ganze Traum.«

Yoel schwieg, und wir alle waren bestürzt. Dieser apokalyptische Traum hatte uns mit der Wucht eines Blitzes getroffen. War das ein Traum von der dritten Zerstörung Jerusalems? Von einem weiteren Holocaust? In Polen war das Haus der Eltern von Yoel zerstört worden, und sie mußten hungernd und frierend auf den Straßen umherwandern und verloren sogar ihre Tochter, die noch ein Baby war und am Wegrand vor ihren Augen verhungerte. Dort in Polen waren sie gedemütigt und verfolgt worden, doch hier in Jerusalem hatte sich Yoel einen sicheren Ort schaffen können. Wurde ihm im Traum vorhergesagt, daß ihm wie schon seinen Vätern das Exil bevorstand?

Auf den ersten Blick ist dies tatsächlich das Bild, das sich aus Yoels Traum ergibt. Wenn man aber ein bißchen tiefer geht und die Einzelheiten gründlich untersucht, kann man nicht umhin, einen wichtigen Unterschied festzustellen. Die Exilanten in Yoels Traum werden auf ihrem Weg nicht bedrängt, sondern gehen »sehr ruhig, sehr langsam, ohne jeden Tumult«. Für Yoel ist wichtig, daß die Flüchtlinge des zweiten Holocaust nicht diskriminiert und niedergetreten werden, sondern ruhig und würdevoll dahinschreiten, im stolzen Bewußtsein ihrer Identität als menschliche Wesen. Sie bleiben in Familien zusammen und verlieren ihr menschliches Antlitz nicht. Außerdem zerreißen die älteren Männer, die aussehen »wie Ultra-Orthodoxe in *Mea Shearim*«, entsprechend der jüdischen Tradition das Revers an der Kleidung eines jeden, der die Stadt verläßt. Wie wir zuvor von Yoel gehört haben, fällt es ihm nach wie vor schwer, die jüdische Tradition zu akzeptieren und sich mit seinen jüdischen Wurzeln zu identifizieren. Er weist diese immer noch von sich, doch andererseits beginnt er sich hier schon »etwas mehr verwurzelt oder zugehörig« zu fühlen. Im Traum scheint es tatsächlich ganz klar zu sein, daß er das Zerreißen der Revers akzeptiert, das im Judentum ein Zeichen der Teilnahme an der Trauer ist. Yoels Unentschlossenheit ist im Schwinden begriffen, und seine jüdische Identität ist bereits recht gefestigt, so daß seine Angst vor einem zweiten Holocaust mit einem Gefühl der Zugehörigkeit zum jüdischen Volk verwoben ist. Yoel ist sich nicht sicher, ob seine Wanderschaft und die seiner Familie schon ein Ende gefunden hat. Der Staat Israel hat in seiner kurzen Geschichte mehrere Kriege erleben müssen. Die Angst vor einem Krieg, der mit einer Niederlage und der Besetzung Jerusalems enden könnte, liegt ihm, wie vielen anderen, auf der Seele. Dies zeigt sich in seinem Traum ganz deutlich. Ab diesem Punkt aber ist sein Schicksal an das der Menschen in seiner Stadt gebunden, und er identifiziert sich voll und ganz mit ihnen.

In der letzten Phase der Therapie greifen die »Gedenkkerzen« oft auf Motive zurück, die mit ihrer persönlichen wie auch kollektiven Identität verknüpft sind. Das Gefühl der Zugehörigkeit zu irgendeiner Gemeinschaft, zum jüdischen Volk oder sogar zur gesamten Menschheit, tritt vor allem in symbolischer Form zutage, wie etwa im Zerreißen der Kleidung in Yoels Traum.

Baruch zum Beispiel betrachtete sich bereits zu Beginn der Therapie als Fahnenträger, als einen, der eine Aufgabe im Dienst der Allgemeinheit zu erfüllen hat, doch war zu dem Zeitpunkt sein Gefühl, berufen zu sein, noch mit Motiven von Vernichtung und Tod durchsetzt. Gegen Ende der Therapie verspüren die »Gedenkkerzen« nun mehr und mehr Optimismus und neigen manchmal sogar dazu, sich selbst übermenschliche Kräfte zuzuschreiben oder sich in einer beinahe messianischen Mission zu sehen. Indem ihr Selbst in der realen Welt zu einem Gleichgewicht zu finden beginnt, konsolidiert es sich und nimmt klare Konturen an; dabei scheint es große seelische Energien freizusetzen, die bislang im schwierigen Kampf um das psychische Überleben gebunden waren. Diese ins Bewußtsein der »Gedenkkerzen« dringenden Kräfte sind es, die ihnen das Gefühl übermenschlicher Stärke verleihen. Damit ist es zu erklären, daß sie den Aufgaben in ihrem Beruf und überhaupt in ihrem Leben nun besser nachzukommen vermögen. Wie erwähnt, zeichnen sich viele Kinder von Überlebenden bereits vor Beginn der Therapie durch besondere

Kreativität und beeindruckende intellektuelle Leistungen aus. Jetzt, da neue psychische Kräfte freigesetzt werden, treten ihre kreativen Talente noch deutlicher hervor. Dies gilt auch für das Empfinden, einzigartig und zu etwas Besonderem berufen zu sein, das sie seit ihrer Kindheit begleitet. Ihre Sensibilität gegenüber der Vergangenheit erhält nunmehr eine neue Ausrichtung. Die Vergangenheit ist nicht mehr etwas Totes, das Angst und Schrecken hervorruft, sondern eine Quelle des Lichtes und der Wärme, die auf eine zutiefst bewegende Weise in die Gegenwart hineinreicht und als ein Teil der eigenen Lebensrealität erfahren werden kann.

An dem folgenden Traum, den mir Ariela in einer Einzeltherapiesitzung erzählte, ist zu sehen, wie die Träume der Kinder von Überlebenden ihre neuerwachten psychischen Kräfte symbolisch widerspiegeln.

»Ich befinde mich mit meiner Mutter auf einem Schiff illegaler Einwanderer [auf dem Weg nach Palästina unter britischem Mandat]. Das Schiff ist bis auf den letzten Platz voll. In einem bestimmten Moment befiehlt man uns, ins Meer zu springen. Irgend etwas wird offensichtlich gleich passieren, und das Schiff ist in Gefahr. Wir springen ins Meer, und ich sehe meine Mutter untertauchen und ganz tief im Meer versinken. Ich hingegen gehe nicht nur nicht unter, sondern ich stelle fest, daß ich einfach über das Wasser gehen kann.« Ariela schwieg für einen Moment und grinste. »Das klingt komisch ... Es ist wie bei Jesus, der auf dem See Genezareth wandelt. Jedenfalls gehe ich mit großer Leichtigkeit über das Wasser und folge meiner Mutter, die den Boden des Meeres berührt hat und jetzt wieder langsam an die Oberfläche treibt. Hast du bemerkt, daß ich mich nicht beeile, nach ihr zu tauchen? Das habe ich ja bislang immer getan, mein Leben lang, weil ich mich irgendwie verantwortlich für sie fühle, so als müßte ich sie ständig beschützen und retten. Irgendwie vertraue ich darauf, daß sie den Weg nach oben aus eigenen Kräften finden wird. Jedenfalls warte ich geduldig auf sie. Nicht daß ich ihr den Rücken zukehren und sie im Stich lassen würde, Gott behüte. Im Gegenteil, ich stehe dort mit offenen Armen, um sie zu empfangen, wenn sie nach oben kommt.«

Auch Nira hatte einen Traum, in dem sie in sich selbst übermenschliche Kräfte entdeckte.

»Wir flüchten aus dem Lager, und man verfolgt uns. Wir sind aber eine Gruppe von jungen Leuten und rennen und gelangen an einen breiten Strom. Wir steigen in Ruderboote, jeweils zwei in ein Boot. In dem Boot, das ich rudere, sitzt auch meine Mutter. Das Gesicht ist das meiner Mutter, aber der Körper ist der eines vielleicht zwölfjährigen Mädchens. Ich rudere gegen den Strom, werde aber überhaupt nicht müde. Ich entdecke enorme Kräfte in mir. Plötzlich sehe ich, daß dieses Mädchen, das ja meine Mutter ist, ganz schwach vor Hunger ist und bald sterben wird. Ich beschließe, daß ich um jeden Preis anhalten muß, um ihr zu essen und zu trinken zu geben, damit sie nicht stirbt. Irgendwie halte ich an, und da ist so ein Kiosk mit einer alten Verkäuferin. Sie sagt, daß sie nur Milch hat, und ich fange an, meiner Mutter Milch einzuflößen, Glas um Glas, aber sie erholt sich nicht. Schließlich sagt diese Frau zu mir, daß man da nichts mehr machen kann, daß das Mädchen tot ist.«

Nira schwieg. Erst nach einer ganzen Weile fuhr sie fort. »Danach tauchte im Traum ein völlig anderes Bild auf. Ich war an einem wunderschönen, sonnigen Strand und ging dort mit irgendeinem Jungen spazieren. Es war klar, daß wir ein Paar waren, denn es war so viel Freude und Liebe in uns. Das ist es, das ist der ganze Traum. Ich wachte mit einem Gefühl der Freude und des Optimismus auf. Schön, nicht wahr?«

Nira und Ariela setzen sich in ihren Träumen mit dem Akzeptieren der Vergangenheit und dem Prozeß der Loslösung auseinander. Wie bereits erwähnt, war Niras Mutter während des Holocaust in einem engen und düsteren Unterschlupf versteckt, wo ihre Gefühle, so erschien es Nira, gestorben waren. Viele Jahre lang hat Nira mit ihr die Rollen getauscht – sie hat ihrer Mutter emotionalen Halt gegeben, sie also, in der Sprache des Traumes, mit Milch gefüttert in einem verzweifelten Versuch, diejenigen Anteile ihrer Psyche wiederzubeleben, die im Versteck gestorben sind. Die alte Frau in Niras Traum stellt anscheinend das Kindermädchen dar, das sie vom Säuglingsalter an aufzog und für sie eine höchst wichtige Figur in den Jahren war, als die Mutter zu depressiv war, um sich um sie zu kümmern. Die Frau in dem Traum liefert die für die Wiederbelebung der Kind-Mutter benötigte Milch. Sie ist aber auch diejenige, die Nira sagt, daß das Mädchen tot ist und nicht wiederbelebt werden kann. Die Gestalt des Kindermädchens, die sowohl Autorität als auch Fürsorglichkeit ausstrahlt und die Nira vor vielen Jahren verinnerlicht hat, geht nun über in die Gestalt der Therapeutin. Diese macht Nira klar, daß es keinen Sinn mehr hat, Ich-Anteile wiederbeleben zu wollen, die schon so viele Jahre tot sind, und daß es besser ist, wenn sie sich mit der traurigen Verfassung der Mutter abfindet, sich von ihr löst und in die Welt hinaustritt, um endlich ihr eigenes Leben zu leben.

Das interessanteste Motiv in Arielas und Niras Träumen ist die unermeßliche, beinahe übermenschliche psychische Kraft, die sie in sich entdecken – die eine wandelt auf dem Wasser wie Jesus, die andere rudert auf einem Fluß gegen die Strömung. Ariela versinkt zum einen, anders als ihre Mutter, nicht im Wasser und weiß zum anderen auch schon, daß es keinen Sinn hat, etwas zur Rettung der versinkenden Mutter zu unternehmen; es genügt zu warten, bis die Mutter den Meeresboden berührt und dann von allein wieder nach oben kommt. Ariela vertraut jetzt auf ihre eigenen Kräfte und sogar auf die ihrer Mutter. Sie weiß bereits, wie sie ihr eigenes Leben zu leben hat und wie sie ihre Mutter auf eine neue Weise »halten« kann, die der Realität des Lebens angemessener ist.

Ein weiterer Traum, der davon kündet, daß in der Psyche der Kinder von Überlebenden neue Kräfte erwachen, ist der Traum Mordechais. Er spielt ebenfalls auf dem Wasser.

»Ich bin auf so einem Floß, mitten im Meer. Meine Brüder paddeln auf ebensolchen Flößen dahin, jeder auf seinem eigenen, und außer ihnen noch andere Leute. Mir kommt es vor, als seien das die Mitglieder der Gruppe. In einem bestimmten Moment blicke ich hinter mich und sehe einen großen Schwarm Delphine, die uns verfolgen. Sie kommen sehr nahe und werfen diese hohen Wellen auf. Die Delphine und die Wellen bringen ein Floß nach dem anderen zum Kentern. Ich werde nervös und fahre fort, mit aller Kraft zu paddeln. Aber ein großer Delphin verfolgt mich und schafft es schließlich, auch mein Floß zum Kentern zu bringen. Ich bin aber bereits ganz nah an der Küste, und eine große Welle spült mich an den Strand. Ich weiß, daß ich der einzige bin, der am Leben geblieben ist, und daß ich einen sehr wichtigen Auftrag habe. Im Traum ist nicht ganz klar, worin dieser Auftrag besteht, aber das Empfinden, im Namen aller anderen zu etwas berufen zu sein, ist sehr deutlich.«

Tatsächlich ist Mordechai, als einziger Sohn von Eltern, die ihre Familien verloren hatten, mit einer Mission betraut worden. Als erste Assoziation zu dem Traum fiel Mordechai der Prophet Jonah ein, der von dem Wal verschluckt und später an Land gespien wurde. Gott hatte dem Propheten Jonah einen Auftrag erteilt, doch was war der Auftrag, den Mordechai durch seine persönliche und familiäre Geschichte und vielleicht sogar durch die Geschichte seines Volkes erhalten hatte? Vielleicht war es der Auftrag der »Gedenkkerzen«, die am Ende den Tod, das Erbe ihrer Eltern, überwinden und ihren eigenen Weg finden sollen.

Nach seiner abenteuerlichen und schwierigen Reise landet Mordechai an einem sicheren Strand. Seine Eltern gingen im Holocaust durch die sieben Kreise der Hölle, fanden am Ende aber den Weg an einen sicheren Ort. Auch Mordechai trieb jahrelang auf dem wackeligen Floß seines Lebens dahin, bis er es schaffte, aus eigenen Kräften an einen sicheren Strand zu gelangen und ein neues Leben zu beginnen.

In den hier vorgestellten Träumen fällt das Motiv des Wassers auf. Wasser ist ein universelles archaisches Symbol. Bei der Schöpfung schied Gott das Land vom Wasser; das Wasser, das die ganze Erde bedeckte, wich zurück, und so entstand das Festland. Der Fötus verbringt neun Monate im Fruchtwasser der Gebärmutter und verläßt bei der Geburt also das Wasser. Wasser ist demnach ein Ursymbol für ein Chaos, aus dem heraus Leben geboren wird. Das Wasser in den Träumen löst zwar durchaus ein Gefühl der Gefahr und Bedrohung aus, doch die »Gedenkkerzen« werden mit einer gefestigten Psyche gleichsam aus ihm geboren. Im Hintergrund der Träume erahnt man Hinweise auf den Holocaust der Eltern wie auch auf den »ganz persönlichen Holocaust«, den eine jede »Gedenkkerze« in ihrer Kindheit und Jugend durchleidet. Mordechai treibt auf einem kleinen Floß dahin, inmitten von Wellen und verfolgt von einem Schwarm Delphine. Ariela und ihre Mutter springen von einem Schiff, das wie ein völlig überladenes Flüchtlingsschiff aussieht, und Nira rudert auf der Flucht vor bedrohlichen Gestalten stromaufwärts. Aber nun werden die neuen Kräfte sichtbar, die sich in den »Gedenkkerzen« gebildet haben. Ihr Ich und ihr Über-Ich sind im Verlauf der Therapie immer stärker geworden, so daß sich erwachsenere und reifere Identifizierungsmechanismen entwickeln konnten, die zunächst gegenüber den Therapeuten und den Gruppenmitgliedern und später auch gegenüber anderen Menschen mobilisiert wurden. Dank dieser Identifizierungsprozesse, die der Stärkung des Ich dienten, konnten die »Gedenkkerzen« zu einer vollständigeren Integration der Elemente ihres Selbst gelangen, indem sie sich wieder und wieder mit Aspekten ihrer verinnerlichten und assimilierten Objekte (im allgemeinen ihrer Eltern) auseinandersetzten, um sich sodann von ihnen zu lösen. Diese Aspekte – vor allem sind dies die Schuldgefühle, die Depression und die unverarbeitete Trauer der Eltern sowie die Schrecken des Holocaust – verschwinden nach und nach aus ihrer Innenwelt, und an ihre Stelle treten emotionale und psychische Bindungen an die reale Welt. Dies ist die psychische Geburt der Kinder von Überlebenden. Jetzt bleibt ihnen nichts zu tun, als ihr Leben auch weiterhin auf einem Gefühl der Einzigartigkeit und der Berufung aufzubauen, denn man hat ihnen die Lebensaufgabe zugewiesen, die Kontinuität zwischen den Generationen wiederherzustellen.

Yitzhak setzte die Empfindungen von Berufung und Kontinuität, die ihn erfüllten, in der Weise um, daß er zum Gedenken an seine im Holocaust umgekommenen Angehörigen einen Hain in den Bergen Jerusalems pflanzte – einen Baum für jeden einzelnen von ihnen. Die realen Bäume, die er gepflanzt hat, symbolisieren den gekappten Familienstammbaum: Sie sind ein Denkmal für diejenigen Menschen, für die Yitzhak nun nicht länger als »Gedenkkerze« dient.

»Gestern besuchte ich den Hain«, erzählte Yitzhak. »Manchmal habe ich das Bedürfnis, dort allein zu sein. Dort bin ich ruhig und kann über vieles nachdenken. Ich sah, daß einige der Kiefern etwas gelb geworden sind, und war traurig. Ich fürchtete, sie könnten sterben. Ich setzte mich hin und weinte. Ich sprach mit meinem Großvater, dem Vater meines Vaters, und auch mit meinen Großeltern mütterlicherseits. Ich glaube, diese Großmutter hieß Pnina, aber ich bin mir nicht ganz sicher. Nicht einmal ein Bild von ihr ist geblieben. In letzter Zeit, wenn ich mit Nurit über unsere Hochzeitsvorbereitungen spreche ..., ich weiß nicht warum, aber ich empfinde trotz der Freude auch viel Trauer. Ich denke an all jene, die nicht an der Freude unserer Hochzeit werden teilhaben können. Aber gestern im Hain dachte ich plötzlich, daß sie ja ein Leben vor den Lagern hatten und daß sie damals von einer großen Familie umgeben waren, die ihnen Wärme und Halt bot. Da war Leben. In Polen hatte mein Vater eine Menge Freunde, die er dort zurückließ. Ich fühle mich meinen Freunden nicht immer so nahe wie mein Vater den seinen. Als ich mir gestern die Kiefern ansah, dachte ich, daß ich das für mich selbst getan habe, aber eigentlich ist es auch für meinen Vater und meine Mutter. Ich sah meinen Vater zum ersten Mal weinen, als ich ihm den Hain zeigte und er die Kiefern sah, die ich eigenhändig gepflanzt hatte. Er umarmte mich, legte seinen Kopf auf meine Schulter und weinte, weinte wie ein Kind. Ich spürte so viel Wärme in mir. Ich war so stolz, daß ich für ihn stark sein und ihm ein solch echtes Gefühl von Nähe und Wärme geben konnte.

Das Schlimmste für meine Eltern sind die Gedanken an das, was sie und auch meine Großeltern ›dort‹ durchmachen mußten. Daran, daß mein Großvater in Sobibor umkam. Er mußte nicht allzusehr leiden, bevor man ihn in die Gaskammer schickte. Jedesmal, wenn mein Vater nicht schlafen konnte, gingen ihm diese Gedanken im Kopf herum: Haben sie gelitten? Was ist ›dort‹ wirklich geschehen? Wie sind sie gestorben?

Ich habe gestern mit meinem Großvater gesprochen und ihm von meinen Schwierigkeiten erzählt, davon, daß es mir nicht immer leichtfällt, mit Menschen zurechtzukommen. Ich habe ihm Nurit vorgestellt und gefragt, ob er sie leiden mag. Ich habe ihn auch gefragt, was ich machen soll, wenn ich Probleme habe. Ich habe mir vorgestellt, daß ich auf seinen Knien sitze und er mich streichelt. Mein Vater war niemals fähig, mich zu streicheln oder zu umarmen. Meistens war er sehr distanziert und verschlossen.«

Yitzhak begann zu weinen und konnte nicht mehr weiterreden. Nach einer ganzen Weile fuhr er sehr bewegt fort:

»Insgesamt hatte ich gestern ein sehr gutes Gefühl. Ich spürte das Band, das mein Großvater meinem Vater gereicht und das dieser an mich weitergegeben hat. Meine Mutter hat es sogar manchmal geschafft, mir ein wenig Wärme zu geben, aber das ist eine andere Sache. Die männliche Wärme ist es, die Selbstvertrauen gibt. Das ist es, was mein Vater mir nicht zu geben vermochte, und das ist es, was ich gestern im Hain von meinem Großvater bekommen habe.«

Als die letzte Therapiesitzung näher rückte, bat mich Yitzhak, sie aus dem Sitzungszimmer, wo wir uns mehr als sechs Jahre lang getroffen hatten, in den von ihm gepflanzten Hain zu verlagern. Wir fuhren zusammen in den Wald, setzten uns zwischen die Bäume und sprachen lange miteinander. Yitzhak war sehr bewegt, und seine Ergriffenheit übertrug sich auf mich. Abwechselnd lachten und weinten wir. Er begann von einer Stelle zur anderen zu springen und zeigte mir jeden einzelnen Baum, den er gepflanzt hatte, wobei er den Namen der Person wiederholte, an die der Baum erinnerte, und mir erklärte, an welchen Platz im Familienstammbaum sie gehörte. Als ich ihn fragte, warum es für ihn so wichtig gewesen war, die letzte Sitzung in dem Hain abzuhalten, antwortete er:

»Du und die Gruppe, ihr habt mich auf diesem langen Weg begleitet. Ihr habt zusammen mit mir diese ganzen Phasen der Depression mit den schrecklichen Todeserinnerungen durchgestanden und auch den langen und schwierigen Prozeß, in dem ich alle Teile des in mir verstreuten und versteckten Mosaiks zusammentrug. Ihr habt mir geholfen, Verbindung zu den Angehörigen aufzunehmen, die nicht mehr da sind, und die Bilder dieser Personen zu etwas zusammenzufügen, was mir endlich das

Gefühl eines Ganzen, einer Einheit gibt. Für mich ist der Hain das Ende dieses Weges. Er symbolisiert die Vollendung von zwei Kreisen: Es schließt sich zum einen der Kreis meiner inneren Entwicklung, zum anderen der Kreis meiner Familie – ich spüre endlich ganz deutlich, wo genau mein Platz in ihr ist. Während der ganzen Jahre haben du und die Gruppe eine sehr wichtige Rolle bei der Ausgrabungsarbeit gespielt, als es darum ging, verlorengegangene Teilstücke zu finden und sie von dem Staub und Dreck, den sie angesetzt hatten, zu säubern. Und nachher habt ihr mir geholfen, den Platz zu finden, an den jedes einzelne Stück gehört, und die Teile Schritt für Schritt zusammenzufügen und das Bild zu vervollständigen. Weißt du, manchmal denke ich, daß die Arbeit eines Therapeuten der eines Archäologen sehr ähnlich ist. Dich hierher in den Hain zu bringen, ist das letzte Stück, das noch gefehlt hat, damit sich der Kreis der Therapie schließen kann. Ich merkte, daß es mir sehr wichtig war, dir die Bäume wirklich zu zeigen und dich mit meinen Angehörigen bekannt zu machen. Schließlich kennst du sie bereits sehr gut. Mit dir zusammen hier zu sein, das ist wirklich der Schlußstein des Ganzen.«

Und tatsächlich hat sich der Kreis nun geschlossen. Wenn sich der Nebel des Todes von der Psyche der »Gedenkkerzen« hebt, kommt ein klares und deutliches Bild von ihren Familien zum Vorschein: große und kleine, vor Leben sprudelnde Städte und Städtchen im Herzen Europas vor dem Holocaust; Großfamilien, die zu frohen, festlichen Anlässen oder in Zeiten der Trauer und des Todes zusammenkommen; und Säuglinge, Kinder und Jugendliche, die einmal ihre Eltern waren, bevor sich diese Welt im Rauch der Krematorien auflöste. Die »Gedenkkerzen« finden nun ihren Platz in der Kette der Generationen und nehmen als Glieder in dieser Kette ihre Aufgabe auf sich, das Erbe der Familie an die nachkommenden Generationen weiterzugeben. Später einmal wird Yitzhak mit seinen kleinen Kindern in den Kiefernhain kommen und ihnen aus dem Buch des Lebens vorlesen.

Bibliographie

Ackermann, N. W. (1967), »Prejudice and scapegoating in the family«, in: Zuk, G. H. und I. Boszormenyi-Nagi (Hg.), *Family Therapy and Disturbed Families*, Palo Alto (Science and Behaviour Books), S. 48–57.

Aleksandrowicz, D. (1973), »Children of concentration camp survivors«, *Yearbook of the International Association of Child Psychiatry and Allied Professions*, 2, S. 385–394.

Appelfeld, Aharon (1971), *HaOr We HaPassim* [hebr.], Tel Aviv (Am Oved).

Appelfeld, Aharon (1983a, 1983b), *HaKuttonet We HaPassim*, Tel Aviv (Hakibbutz Hameuchad).
Deutsche Fassungen der darin enthaltenen zwei Romane:
a: (1995), *Der unsterbliche Bartfuß*, übers. v. Stefan Siebers, Reinbek b. Hamburg (rororo).
b: (1991), *Tzili*, Übers. v. Stefan Siebers, Reinbek b. Hamburg (rororo).

Axelrod, S., O. L. Schnipper und J. H. Rau (1980), »Hospitalized offspring of Holocaust survivors: Problems and dynamics«, *Bulletin of the Menninger Clinic*, 44, S. 1–14.

Barocas, H. (1971), »A note on the children of concentration camp survivors«, *Psychotherapy: Theory, Research and Practice*, 8, S. 189–190.

Barocas, H. und C. Barocas (1973), »Manifestations of concentration camp effects on the second generation«, *American Journal of Psychiatry*, 130, S. 820–821.

Bell, N. W. und E. F. Vogel (1960), »The emotionally disturbed child as the family scapegoat«, in: Bell, N. W. und E. F. Vogel (Hg.), *The Family*, Glencoe (Free Press).

Benedek, Therese (1956), »Psychobiological aspects of mothering«, *American Journal of Orthopsychiatry*, 26, S. 272.

Bergmann, M. V. (1982), »Thoughts on superego pathology of survivors and their children«, in: Bergmann, M. S. und M. E. Jucovy (Hg.), *Generations of the Holocaust*, New York (Basic Books), 1982.

Bettelheim, B. (1943), »Individual and mass behaviour in extreme situations«, *Journal of Abnormal and Social Psychology*, 38, S. 417–452.

Bettelheim, B. (1960), *The Informed Heart*, New York (Free Press).

(1964), *Aufstand gegen die Masse: Die Chance des Individuums in der modernen Gesellschaft*, München (Sczesny).

Bion, W. R. (1961), *Experiences in Groups and other Papers*, London (Tavistock).

(1971), *Erfahrungen in Gruppen und andere Schriften*, Übers. v. H. O. Rieble, Stuttgart (Klett).

Blitzer, J. R. und J. M. Murray (1964), »On the transformations of early narcissism during pregnancy«, *International Journal of Psychoanalysis*, 41, S. 77–89.

Bluhm, H. O. (1948), »How did they survive? Mechanisms of defense in Nazi concentration camps«, *American Journal of Psychotherapy*, 211, S. 3–32.

Bowen, M. (1960), »A family concept of schizophrenia«, in: Jackson, D. D. (Hg.), *The Etiology of Schizophrenia*, New York (Basic Books).

Bowlby, J. (1951), *Maternal Care and Mental Health*, Genf (World Health Organization).

(1973), *Mütterliche Zuwendung und geistige Gesundheit*, München (Kindler).

Caleffi, P. (1955), *La personalità distrutta nei campi di sterminio*, Venedig (Università Popolare).

Chodoff, P. (1963), »Late effects of the concentration camp syndrome«, *Archives of General Psychiatry*, 8, S. 323–333.

Cohen, E. A. (1954), *Human Behaviour in the Concentration Camp*, London (Free Association Books).

Colman, A. (1969), »Psychological state in first pregnancy«, *American Journal of Orthopsychiatry*, 39, S. 788–797.

Danieli, Y. (1980), »Families of survivors of the Nazi Holocaust: Some long and short term effects«, in: Milgram, N. (Hg.), *Psychological Stress and Adjustment in Time of War and Peace*, Washington DC (Hemisphere Publishing).

Davidson, S. (1972), »The treatment of Holocaust survivors«, in: Davidson, S. (Hg.), *Spheres of Psychotherapeutic Activity*, Jerusalem (The Medical Department, Kupat Cholim Center).

Davidson, S. (1980), »Transgenerational transmission in the families of Holocaust survivors«, *International Journal of Family Psychiatry*, 1, S. 95–112.

Deutsch, Helene (1946), *Psychology of Women*, New York (London Research Books).

(1948, 1954), *Psychologie der Frau*, 2 Bände, Bern (Hans Huber).

Devoto, A. und M. Martini (1981), *La violenza nei lager*, Mailand (Franco Angeli Editore).

De Wind, E. (1968), »The confrontation with death: Symposium on psychic traumatization through social catastrophe«, *Journal of Consulting and Clinical Psychology*, 46, S. 302–305.

Dor-Shav, N. K. (1978), »On the long-range effects of concentration camp internment of Nazi victims«, *Journal of Consulting and Clinical Psychology*, 46, S. 1–11.

Dreyfus, G. (1984), »On the problem of identity and Jewish definition« [Hebr.], *Ma'amarim 1984–1985*, Haifa (G. Dreyfus).

Ehrlich, S. (1987), »Narcissim and object love: Towards a metapsychology of experience« [Hebr.], *Sihot*, 1, S. 83–94.

Eitinger, L. (1961), »Pathology of the concentration camp syndrome«, *Archives of General Psychiatry*, 5, S. 371–379.

Eitinger, L. (1962), »Concentration camp survivors in the postwar world«, *American Journal of Orthopsychiatry*, 32, S. 367–375.

Epstein, H. (1979), *Children of the Holocaust*, New York (G. P. Putnam's Sons). (1990) *Die Kinder des Holocaust. Gespräche mit Söhnen und Töchtern von Überlebenden*, übers. v. C. Spiel, München (Deutscher Taschenbuch Verlag).

Erikson, Erik H. (1959), *Identity and the Life Cycle*, New York (International Universities Press).
(1973), *Identität und Lebenszyklus*, übers. v. K. Hügel, Frankfurt am Main (Suhrkamp).

Ferreira, A. J. (1960), »The pregnant mother's emotional attitude and its reflection upon the newborn«, *American Journal of Orthopsychiatry*, 30, S. 553–562.

Fogelman, E. und B. Savran (1970), »Therapeutic groups for children of Holocaust survivors«, *International Journal of Group Psychotherapy*, 29, S. 211–236.

Foulkes, S. H. (1964), *Therapeutic Group Analysis*, London (G. Allen & Unwin).
(1974), *Gruppenanalytische Psychotherapie*, München (Kindler).

Frankl, V. E. (1947), *... trotzdem Ja zum Leben sagen. Ein Psychologe erlebt das Konzentrationslager*, München (Deutscher Taschenbuchverlag), 1987.

Freud, A. (1967), »Comments on trauma«, in: Furst, S. (Hg.), *Psychic Trauma*, New York.
(1980), »Anmerkungen zum psychischen Trauma«, in: *Schriften*, Bd. 6, S. 1819–1838.

Freud, A. und S. Dann (1951), »An experiment in group upbringing«, *Psychoanalytic Study of the Child*, 6, S. 127–169.
(1980) »Gemeinschaftsleben im frühen Kindesalter«, in: *Schriften*, Bd. 4, S. 1161–1228.

Freud, S. (1921), *Massenpsychologie und Ich-Analyse*, Gesammelte Werke, Bd. 13, London (Imago).

Freud, S. (1923), *Das Ich und das Es*, Gesammelte Werke, Bd. 13, London (Imago).

Gampel, Yolanda (1982), »A daughter of silence«, in: Bergmann, M. S. und M. E. Jucovy (Hg.), *Generations of the Holocaust*, New York (Basic Books), 1982, S. 120–136.

Gampel, Yolanda (1987), »Aspects of intergenerational transmission« [Hebr.], *Sihot*, 2, S. 27–31.

Gill, M. und G. Klein (1964), »The structuring of drive and reality: David Rapaport's contribution to psychoanalysis and psychology«, *International Journal of Psychoanalysis*, 45, S. 483–498.

Grossman, David (1986), ‹Ayen› *Erekh: Ahava*, Jerusalem (Hoza'at Hakibbuz Hameuchad).

— (1994), *Stichwort: Liebe*, Übers. v. Judith Brüll, München (Deutscher Taschenbuch-Verlag).

Grubrich-Simitis, Ilse (1979), »Extremtraumatisierung als kumulatives Trauma«, *Psyche*, 33, S. 991–1023.

Hazan, Y. (1977), »Clinical symptoms of Holocaust survivors as a possible explanation for social phenomena« [Hebr.], unveröffentlichte Seminararbeit, Hebräische Universität Jerusalem.

Hazan, Y. (1987), »The second generation of the Holocaust – A doubtful concept« [Hebr.], *Sihot*, 1, S. 104–108.

Heller, D. (1982), »Themes of culture and ancestry«, *Psychiatry*, 45, S. 247–261.

Hopper, E. und L. Kreeger (1980), »The survivor syndrome workshop«, in: Garlans, C. (Hg.), *Group Analysis*, London (The Trust for Group Analysis), S. 67–81.

Jackson, D. D. (1957), »The question for family homeostasis«, *Psychiatric Quarterly Supplement*, 31, S. 79–90.

Jung, C. G. (1946), »Die Psychologie der Übertragung«, in: *Gesammelte Werke*, Bd. 16, Olten (Walter-Verlag).

Jung, C. G. (1952), »Symbole der Wandlung«, in: *Gesammelte Werke*, Bd. 5, Olten (Walter-Verlag).

Kaplan, D. M. und B. A. Mason (1960), »Maternal reaction to premature birth«, *American Journal of Orthopsychiatry*, 30, S. 539–552.

Kernberg, O. (1975), *Borderline Conditions and Pathological Narcissism*, New York (J. Aronson).

— (1978), *Borderline-Störungen und pathologischer Narzißmus*, Übers. v. Hermann Schultz, Frankfurt (Suhrkamp).

Kestenberg, Judith S. (1972), »Psychoanalytic contributions to the problem of children of survivors from Nazi persecution«, *Israel Annals of Psychiatry and Related Disciplines*, 10, S. 311–325.

Kestenberg, J. S. (1982), »Survivor-parents and their children«, in: Bergmann, M. S. und M. E. Jucovy (Hg.), *Generations of the Holocaust*, New York (Basic Books), S. 83–102.

– (1995), »Überlebende Eltern und ihre Kinder«, in: Bergmann, M. S., M. E. Jucovy und J. S. Kestenberg (Hg.), *Kinder der Opfer – Kinder der Täter. Psychoanalyse und Holocaust*, Frankfurt/M. (S. Fischer), S. 103–126

Kestenberg, Judith S. (1982a), »A metapsychological assessment based on an analysis of a survivor' child«, in: Bergmann, M. S. und M. E. Jucovy (Hg.), *Generations of the Holocaust*, New York (Basic Books), 1982, S. 137–158.

– (1995a), »Die Analyse des Kindes eines Überlebenden: Eine metapsychologische Beurteilung«, in: Bergmann, M. S., M. E. Jucovy und J. S. Kestenberg (Hg.), *Kinder der Opfer – Kinder der Täter. Psychoanalyse und Holocaust*, Frankfurt/M. (S. Fischer), S. 103–126.

Khan, M. M. R. (1963), »The concept of cumulative trauma«, *Psychoanalytic Study of the Child*, 18, S. 286–306.

– (1977) »Das kumulative Trauma«, in: ders., *Selbsterfahrung in der Therapie*. München (Kindler).

Klein, Hillel (1968), »Problems in the psychotherapeutic treatment of Israeli survivors of the Holocaust«, in: Krystal, H. (Hg.), *Massive Psychic Trauma*, New York (International University Press), S. 233–248.

Klein, Hillel (1971), »Families of Holocaust survivors in the kibbutz: Psychological studies«, *International Psychiatry Clinics*, 8, S. 67–92.

Klein, Hillel (1973), »Children of the Holocaust: Mourning and bereavement«, in: Anthony, E. J. und C. Koupernik (Hg.), *The Child in His Family*, S. 393–409.

Klein, Hillel (1987), »Living in the shadow of the threat of death – forty years after the Holocaust: therapeutic aspects« [Hebr.], *Sihot*, 1, S. 94–98.

Klein, M. (1948), *Contributions to Psycho-Analysis 1921–45*, London (Hogarth Press).

Krystal, Henry (Hg.) (1968), *Massive Psychic Trauma*, New York (International University Press).

Krystal, Henry (1978), »Trauma and affects«, *Psychoanalytic Study of the Child*, 33, S. 81–116.

Krystal, H. und W. G. Niederland (1971), *Psychic Traumatization: Aftereffects in Individuals and Communities*, Boston (Little, Brown & Co.).

Last, U. und H. Klein (1974), »Cognitive and emotional aspects of the attitudes of American and Israeli youth towards the victims of the Holocaust«, *Israeli Annals of Psychiatry and Related Disciplines*, 12.

Levi, P. (1947), *Se questo è un uomo*, Turin (Francesco de Silva).

– (1979), *Ist das ein Mensch? Erinnerungen an Auschwitz*, Frankfurt (Fischer).

Levi, P. (1986), *I Sommersi e i Salvati*, Turin (Einaudi).
(1990), *Die Untergegangenen und die Geretteten*, München (Hanser).
Lifton, R. J. (1967), *Death in Life: Survivors of Hiroshima*, New York (Random House).
Lifton, R. J. (1980), »The concept of the survivor«, in: Dimsdale, J. E. (Hg.), *Survivors, Victims and Perpetrators*, New York, Washington und London (Hemisphere Publishing), S. 113–126.
Lipkowitz, M. H. (1973), »The child of two survivors: A report of an unsuccessful therapy«, *Israeli Annals of Psychiatry and Related Disciplines*, 2, S. 363–374.
Mahler, M. und M. Furer (1972), *Symbiose und Individuation*, Stuttgart (Klett).
Masterson, J. und D. Rinsley (1975), »The borderline syndrome: The role of the mother in the genesis and psychic structure of the borderline personality«, *International Journal of Psychiatry*, 56, S. 163–178.
Meissner, W. W. (1970), »Thinking about the family: Psychiatric aspects«, in: Ackerman, N. W. (Hg.), *Family Process*, New York (Basic Books), S. 131–170.
Mitscherlich, A. (1979), »Die Notwendigkeit zu trauern«, in: P. Märtesheimer und I. Frenzel (Hg.), *Im Kreuzfeuer: Der Fernsehfilm »Holocaust«*, Frankfurt/M. (Fischer Taschenbuch).
Niederland, W. G. (1964), »Psychiatric disorders among persecution victims: A contribution to the understanding of concentration camp pathology and its aftereffects«, *Journal of Nervous and Mental Disease*, 139, S. 458–474.
Niederland, W. G. (1968), »Clinical observations on the ›survivor syndrome‹«, *International Journal of Psychoanalysis*, 49, S. 313–315. – (1980), *Folgen der Verfolgung. Das Überlebenden-Syndrom. Seelenmord*. Frankfurt/M. (Suhrkamp).
Nilsson, A. (1970), »Prenatal emotional adjustment: A prospective investigation of 165 women«, *Acta Psychiatrica Scandinavia*, Suppl. 220.
Rakoff, V. (1966), »Long term effects of the concentration camp survivors«, *Canada's Mental Health*, 14, S. 24–26.
Rotenberg, M. (1987), *Re-biographing and Deviance*, New York (Praeger).
Rottman, G. (1974), »Untersuchungen über die Einstellung zur Schwangerschaft und zur fötalen Entwicklung«, in: Grabner, H. (Hg.), *Geist und Psyche*, München (Kindler).
Russel, A. (1974), »Late psychological consequences in concentration camp survivor families«, *American Journal of Orthopsychiatry*, 44, S. 611–619.
Sandler, J. (1960a), »On the concept of the superego«, *Psychoanalytic Study of the Child*, 15, S. 215–221.
Sandler, J. (1960b), »The background of safety«, *International Journal of Psychoanalysis*, 41, S. 352–356.

Satir, V. (1968), *Conjoint Family Therapy*, Palo Alto (Science and Behavior Books).
(1973), *Familienbehandlung*, Freiburg i.B. (Lambertus).
Semel, N. (1985), *Kowa Mshuhit* [hebr.], Tel Aviv (Sifriat Poalim).
Shoham, S. G. (1985), »Valhalla, Golgotha and Auschwitz« [Hebr.], *Zemanim*, 17, S. 21–24.
Sigal, J. (1971), »Second generation effects of massive trauma«, *International Psychiatry Clinics*, 8, S. 55–65.
Sigal, J. (1973), »Hypotheses and methodology in the study of families of Holocaust survivors«, *Yearbook of the International Association for Child Psychiatry and Allied Professions*, 2, S. 411–416.
Sigal, J., Silver, D., Rakoff, V. und B. Ellin (1973), »Some second generation effects of survival of the Nazi persecution«, *American Journal of Orthopsychiatry*, 43, S. 320–327.
Silvermann, M. A. (1986), »Identification in healthy and pathological character formation«, *International Journal of Psychoanalysis*, 67, S. 181–192.
Smith, M. E. (1968), »Maturational crisis of pregnancy«, *Dissertation Abstracts*, 28, S. 3354–3355.
Stern, M. (1959), »Anxiety, trauma and shock«, *Psychoanalytic Quarterly*, 34, S. 202–218.
Titchener, J. L. (1967), »Family system as a model for ego system«, in: Zuk, G. H. und I. Boszormenyi-Nagy (Hg.), *Family Therapy and Disturbed Families*, Palo Alto (Science and Behaviour Books), S. 96–105.
Trossman, B. (1968), »Adolescent children of concentration camp survivors«, *Canadian Psychiatric Association Journal*, 12, S. 121–123.
Verny, T. und Kelly, J. (1981), *The Secret Life of the Unborn Child*, London (Sphere Books).
(1984), *Das Seelenleben des Ungeborenen*, Frankfurt/M, Berlin (Ullstein).
Wiesel, E. (1972), *One Generation After*, New York (Bard Books).
Winnicott, D. W. (1965), *The Maturational Processes and the Facilitating Environment*, New York (International Universities Press).
(1974) *Reifungsprozesse und fördernde Umwelt*, Übers. v. G. Theusner-Stampa. Frankfurt am Main (Fischer).
Zwerling, I. (1982), »A comparison of parent-child attachment and separation in American Holocaust survivor families«, Vortrag anläßlich eines Symposiums der American Health Association for Israel (AMHAI), Chicago.

Glossar

Afikoman Eine Hälfte der *Matze*, des ungesäuerten Brotes, welches an *Pessach* in Erinnerung an den Exodus aus Ägypten gegessen wird. Der *Afikoman* wird am *Seder*-Abend, an dem die Geschichte des Exodus aus Ägypten gemeinsam gelesen wird, als Vorrat beiseite gelegt und ist Sinnbild des *Pessach*-Lammes. Gegen Ende der Feier dürfen die Kinder den *Afikoman* suchen und »stehlen«, vielleicht, um zu veranschaulichen, daß sie schon früh der Elterngeneration den Geist der *Matze* »stehlen« und in die nächste Generation weitertragen sollen.

Cheder Hebr. Zimmer, das Schulzimmer, welches sich früher in Privatwohnungen befand.

Chevrah Kadischa Wörtlich »Heilige Gemeinschaft«, die für die Vorbereitung des Toten für das Begräbnis verantwortlich ist.

Chumasch Pentateuch, die fünf Bücher Mose.

Chuppa Hochzeitsbaldachin.

Halacha Die jüdische Gesetzgebung.

Das Heilige des Heiligen In dem auf dem Berg Moriah erbauten und zweimal zerstörten Tempel befand sich das sog. »Heilige des Heiligen«, welches nur von Angehörigen bestimmter Familien einmal im Jahr betreten werden durfte.

Holocaust-Gedenktag Der Opfer des Holocaust wird jedes Frühjahr in Israel offiziell gedacht. An diesem Tag erklingt ein langer Sirenenton, bei dem alle Tätigkeiten unterbrochen werden und man sich schweigend für zwei Gedenkminuten erhebt.

Jahrzeit Der jährliche Gedenktag des Todestages.

Jerusalem Sie gehört zu den Städten auf der Welt mit der wechselvollsten machtpolitischen Geschichte und wurde immer wieder anderen Herrschaftsbereichen einverleibt. Der Tempel in Jerusalem wurde zweimal zerstört – 587 v. Chr. durch Nebukadnezar und 70 n. Chr. durch Titus, den Sohn des römischen Kaisers Vespasian –, und beide Male wurde das jüdische Volk ins Exil verbannt.

Jeschiwah Wörtlich Sitzplatz; die von fortgeschrittenen Schülern besuchte *Talmud*-Hochschule.

Kaddisch Das jüdische Totengebet, das im allgemeinen ein Verwandter des Verstorbenen, vorzugsweise der Sohn, bei der Beerdigung sagt, das aber auch regelmäßig beim Gottesdienst gesprochen wird.

Mea Shearim Hebr. hundert Tore: ein ultra-orthodoxer Stadtteil Jerusalems.

Pessach Mit dem siebentägigen *Pessach*-Fest gedenkt man des Exodus der Kinder Israels aus Ägypten, ihrer Befreiung aus der Sklaverei sowie ihrer Wanderschaft in der Wüste Sinai.

Psiakrew Polnisch für »Hundeblut«, Fluch.

Pulke Jiddisch für Hühnerkeule.

Purim Das Losfest. Der Minister des Persischen Königreiches, Haman, plante einen Massenmord an den Juden des Landes. Dieser Plan wurde von Königin Esther vereitelt, die dem König Ahasveros zu erkennen gab, daß sie Jüdin war. An Purim wird die Geschichte der Königin Esther gelesen und in den Synagogen aufgeführt. Es ist ein ausgelassenes Fest, an dem sich die Kinder verkleiden.

Reservedienst In der israelischen Armee leisten sowohl Männer als auch Frauen obligatorisch bis zu drei bzw. zwei Jahre Armeedienst. Die Männer müssen bis zu ihrem 55. Lebensjahr mehrere Wochen im Jahr Reservedienst leisten.

She'arit HaPleta Der »Rest der Geretteten«, biblischer Begriff aus dem Buch Esra (9, 14; 9, 15): »Können wir nach alledem von neuem Deine Gebote brechen und uns mit diesen greuelbeladenen Völkern verschwägern? Mußt Du uns dann nicht zürnen, bis wir ganz vernichtet sind, so daß kein Rest von Geretteten mehr übrigbleibt? Herr, Gott Israels, Du bist gerecht; darum hast Du uns als geretteten Rest übriggelassen, wie es heute der Fall ist.« Ähnliches im Buch Könige (19, 30; 19, 31).

Talmud Die »Enzyklopädie des Lehrguts«, setzt sich zusammen aus *Mischnah*, der Auslegung der mündlichen *Thora*, und *Gemara* (»Vervollständigung«), der Aufzeichnung der auf der *Mischnah* fußenden rabbinischen Kommentare.

Tanach Hebr. Abkürzung für Heilige Schrift.

Thora Hebr. für Lehren, bezieht sich im engeren Sinn auf die fünf Bücher Mose, bezeichnet aber auch allgemein das gesamte Alte Testament.

»Weise von Zion« Dies bezieht sich auf die sogenannten »Protokolle der Weisen von Zion«, die längst vor 1933 als Fälschung erkannt wurden, den nationalsozialistischen Theoretikern, z. B. Alfred Rosenberg, aber als authentisch galten.

WIZO Women's International Zionist Organization.

Yad Vashem Die nationale Gedenkstätte des Staates Israel für die Opfer des Holocaust, die sich in Jerusalem befindet.

Zerreißen der Kleidung
Beim Tod eines nahen Verwandten nehmen die Trauernden häufig die *Kerija* vor, d.h. das Einreißen der Kleider. Diese Handlung ist in der Bibel an vielen Stellen erwähnt, z.B. in 1. Mose 37, 29 und 34, in Hiob 1, 21, und in 5. Mose 32, 4. Sie wurde zu einem rituellen Zeichen, mit dem Schmerz, Trauer und Verzweiflung geäußert werden. Sind Vater und Mutter gestorben, nimmt man die *Kerija* oberhalb des Herzens, etwas links davon, vor, beim Tod des Ehepartners, von Kindern, Brüdern oder Schwestern an der rechten Seite.

Betty Jean Lifton:
Der König der Kinder
Das Leben von Janusz Korczak
Aus dem Amerikanischen von Annegrete Lösch
2. Auflage 1990. 540 Seiten, Leinen,
ISBN 3-608-95678-6

»Betty Jean Lifton hat sich auf die Lebensspuren Korczaks begeben, sie hat alle Zeugen aufgetan, die noch von Korczak erzählen konnten, in Polen und Israel. Sie hat Kinder aus dem Waisenhaus und überlebende ehemalige Mitarbeiter gesprochen. Sie hat aus der Fülle von Erinnerungen, aus Texten und Überlieferungen eine mitreißende Biographie geschrieben, die von Empathie für diesen ungewöhnlichen Menschen Janusz Korczak und seine Arbeit nur so strotzt und die dennoch Distanz erlaubt. Diese Biographie des 'Königs der Kinder' ist auch eine Geschichte Polens und der Juden in diesem Jahrhundert. Es ist ein Buch gegen das Vergessen.«
Frankfurter Rundschau

Robert Jay Lifton:
Ärzte im Dritten Reich
1988. 681 Seiten, Leinen,
ISBN 3-608-93121-X

Eine umfassende Gesamtdarstellung der Rolle der Mediziner im Dritten Reich: der Täter, Mittäter, Mitläufer, Opfer und einiger weniger, die Widerstand leisteten.
Erarbeitet aus Hunderten von – hier original zitierten – Interviews und meist unzugänglichen Prozeßprotokollen. Vor allem aber eine psychologische Studie, entstanden im direkten Dialog mit Tätern und Opfern, die ein Stück weit zu erklären versucht, wie Ärzte zu Mördern werden konnten.
»Robert Jay Liftons *Ärzte im Dritten Reich* ist eine Lektüre, die einem den Hals zuschnürt ...«
FAZ

Otto F. Kernberg:
Wut und Haß

*Über die Bedeutung von Aggression bei
Persönlichkeitsstörungen und sexuellen Perversionen*
Aus dem Amerikanischen von Christoph Trunk
1997. 390 Seiten, Leinen,
ISBN 3-608-91743-8
Das Buch ist ein wichtiger Meilenstein auf dem Weg zu einer
umfassenden psychoanalytischen Behandlungslehre.

Dinora Pines:
Der weibliche Körper

Eine psychoanalytische Perspektive
Aus dem Englischen übersetzt von Georgia Hanenberg
1997, 224 Seiten, Leinen,
ISBN 3-608-91665-2
Ein Buch nicht nur für Analytiker, Ärzte und Therapeuten,
sondern für alle, die der »weiblichen Identität« auf die Spur
kommen wollen.
»Das Buch ist in einer klaren, unprätentiösen Sprache
geschrieben, die die Tiefe und Differenziertheit der klinischen
Argumentation zu Wort kommen läßt. Die Aufsätze sind aus-
gezeichnet komponiert und fokussieren immer einen besonderen
Aspekt der Übertragungs-Gegenübertragungsmanifestationen in
der analytischen Arbeit.«
*Rotraut De Clerck/ Zeitschrift für psychoanalytische
Theorie und Praxis*